# 郭沫若金文著作的文獻學研究

## 以《兩周金文辭大系》爲中心

A Philologic Study on Guo Moruo's works on Jinwen:
Focusing on Liangzhou Jinwenci Daxi

李紅薇　著

中国社会科学出版社

## 圖書在版編目（CIP）數據

郭沫若金文著作的文獻學研究：以《兩周金文辭大系》爲中心 / 李紅薇著. —北京：中國社會科學出版社，2023.4
ISBN 978-7-5227-1794-4

Ⅰ.①郭⋯  Ⅱ.①李⋯  Ⅲ.①金文—研究—中國—周代  Ⅳ.①K877.34

中國國家版本館 CIP 數據核字（2023）第 065429 號

| | |
|---|---|
| 出 版 人 | 趙劍英 |
| 責任編輯 | 王沛姬 |
| 責任校對 | 劉江濤 |
| 責任印製 | 李寡寡 |

| | |
|---|---|
| 出　　版 | 中国社会科学出版社 |
| 社　　址 | 北京鼓樓西大街甲 158 號 |
| 郵　　編 | 100720 |
| 網　　址 | http://www.csspw.cn |
| 發 行 部 | 010-84083685 |
| 門 市 部 | 010-84029450 |
| 經　　銷 | 新華書店及其他書店 |

| | |
|---|---|
| 印　　刷 | 北京君昇印刷有限公司 |
| 裝　　訂 | 廊坊市廣陽區廣增裝訂廠 |
| 版　　次 | 2023 年 4 月第 1 版 |
| 印　　次 | 2023 年 4 月第 1 次印刷 |

| | |
|---|---|
| 開　　本 | 710×1000　1/16 |
| 印　　張 | 23 |
| 插　　頁 | 2 |
| 字　　數 | 321 千字 |
| 定　　價 | 128.00 元 |

凡購買中國社會科學出版社圖書，如有質量問題請與本社營銷中心聯繫調換
電話：010-84083683
版權所有　侵權必究

# 出 版 説 明

　　爲進一步加大對哲學社會科學領域青年人才扶持力度，促進優秀青年學者更快更好成長，國家社科基金 2019 年起設立博士論文出版項目，重點資助學術基礎扎實、具有創新意識和發展潛力的青年學者。每年評選一次。2021 年經組織申報、專家評審、社會公示，評選出第三批博士論文項目。按照"統一標識、統一封面、統一版式、統一標準"的總體要求，現予出版，以饗讀者。

全國哲學社會科學工作辦公室<br>
2022 年

# 序　　言

　　郭沫若的巨著《兩周金文辭大系圖錄考釋》，在金文研究發展史上的重要位置，學術界早有肯定性評價。著名古文字學泰斗唐蘭曾於 1934 年 3 月爲《兩周金文辭大系圖錄》作序强調："後之治斯學者，雖有異同，殆難逾越。"（見《唐蘭先生金文論集》第 382 頁）唐蘭預言，後世學者在具體銅器的斷代上"雖有異同"，但郭老構築的學術體系，即"西周繫以年代，東周區以國别，……若網在綱，有條而不紊"，則"殆難逾越"。换句話説，《大系》具有劃時代的里程碑意義。1983 年 3 月，另一位古文字學家張政烺在郭老逝世後，發表《郭沫若同志對金文研究的貢獻》一文，又曾指出：《兩周金文辭大系圖錄》和《考釋》，"是郭老對金文研究的最大貢獻"，"這部巨著在當時出版意義是很大的"。"一切要研究中國社會發展史的人都要從這裏找材料"，"它是銅器研究的一根標尺，專家學者定銅器年代，考銘文辭義，釋古代文字都要檢查它"，我們在方法上"無一不是在郭老開闢的這條道路上向前邁進的啊！"

　　但是，數十年來，大家對郭老的金文研究、對郭老代表作《大系》的成書歷程，泛泛而談者居多。1992 年，爲紀念郭沫若誕生一百周年，林甘泉、黄烈曾主編《郭沫若與中國史學》一書，筆者承乏撰寫"殷周青銅器銘文研究"章，仍然流於泛泛，並未對郭沫若的金文研究貢獻進行深入探討。現在高興地看到，吉林大學古籍研究所 2019 年畢業博士生李紅薇的優秀論文《郭沫若金文著作的文獻學研究——以〈兩周金文辭大系〉爲中心》，並且獲知中國社會科學出版社已接受出版，堪補前人的不足。承彼索序，甚感喜悅。

李紅薇的導師吳振武教授，是著名古文字學家于省吾的弟子和賢婿。這本書體現了作者既具較高的古文字學修養，又對文獻學校勘方法有嫻熟掌握，潛移默化的傳承關係十分明顯。其可貴之處是通過不同版本《大系》的潛心核校，作出了三個方面的貢獻：（一）釐清了郭老《大系》的成書經過。郭沫若是在大革命失敗後，被迫流亡日本的艱難條件下，為了在馬克思主義指導下探究中國古代社會而進行古文字研究的。就青銅器銘文來說，當時僅有王國維《宋代金文著錄表》和《國朝金文著錄表》可供檢索，郭老在自己沒有什麼藏書的情況下，主要依靠日本文求堂店主、國內容庚等人，以及其他中外學者的幫助，搜集所需資料，盡可能找到拓本和照片（如無拓本和照片，則代之以摹本和線圖）。從1932年1月出版《兩周金文辭大系》最初的本子，到1935年出版《兩周金文辭大系圖錄》（3月）和《考釋》（8月），歷時三年。其間，兩年"大致備齊"所需圖像及拓本，再用一年編纂成書，這是何等的不易。（二）發現"全集版《大系》存在不少問題，1957年修改版才是最接近作者原意的學術性善本"。1957年12月科學出版社出版的《兩周金文辭大系圖錄考釋》，是作為中國科學院考古研究所編輯的"考古學專刊甲種第三號"。當時由考古研究所圖書室提供考古所前身原北平研究院史學研究所舊藏日本文求堂1935年本為底本，又由陳公柔從考古所圖書室借出于省吾舊藏金文拓片進行抽換，據統計約有230件。郭老在1956年10月30日所寫增訂序記中提到："此次增訂，拓本多經選擇更易，務求鮮明。摹本刻本，凡能覓得拓本者均已改換。器形圖照亦略有增補，而於著錄書目則增補尤詳。關於圖書照片之蒐集尚賴考古研究所各同志之協助，其繙檢移易則黃烈同志一手之烈也。"（據《夏鼐日記》記載，黃烈曾於1958年1月18日到考古所找夏鼐"談《兩周金文辭大系》出版事"。）（三）以《大系》為中心，參以郭老其他著作及相關史料，找到郭老觀點變動的時間節點及其關於某個問題的最終看法，依照《大系》所收銅器的順序，梳理郭老學術觀點的發展脈絡。著重介紹對器物斷代、字詞考釋、銘文釋讀等重要觀點的産生與變動過程，從而使讀者一目了然。

關於《郭沫若全集·考古編》的編輯出版，編後記說："《考古編》的編輯工作由編委夏鼐負責，黄烈協助，張政烺任顧問。……全部編輯、校勘、注釋工作由傅學苓承擔。"又説某幾卷，"夏鼐，張政烺先後負責審閲、定稿"。筆者認爲，這與複雜的歷史情況有一定出入，有責任和義務根據所知情況向讀者作些補充交代。

郭老關於甲骨金文著作的編輯，早在二十世紀五十年代即列爲中國科學院考古研究所編輯的"考古學專刊甲種"（即專著類），除前已述及的《大系》1957年本外，曾於1961—1965年出版《殷周青銅器銘文研究》和《甲骨文字研究》《殷契粹編》三種，編爲"考古學專刊甲種"第七、十、十二號。當時，考古學專刊的編輯工作在夏鼐的領導下進行，主要親自審閲、定稿田野考古方面專刊（丁種），古文字方面委託陳夢家掌握，具體編輯工作都由徐保善負責，科學出版社則大約從1958年起由傅學苓任責任編輯。

陳夢家不能工作，傅學苓往往直接向夏鼐和徐保善傳達郭老對自己著作出版的某些意見或經郭老同意的她的某些建議。夏鼐不在自己辦公室時，筆者曾接待過她。大約1961年傅學苓經于省吾作媒成爲張政烺夫人，編輯工作中張政烺隨時充當"顧問"自屬當然之事。六十年代初出版社之間進行業務分工，社會科學方面著作從科學出版社劃出，考古學專刊中的田野考古報告轉歸文物出版社，古文字方面著作基本上轉歸中華書局；但郭沫若院長的著作特殊處理，仍留在科學出版社，由傅學苓相應的專司其職，有關資料也都交她保管。前此，考古所曾將《殷契粹編》和《卜辭通纂》的曬藍本寄給于省吾徵求意見。《殷契粹編》編爲"考古學專刊甲種第十二號"出版時，考古所將全部拓本更換成鳩工新拓的善齋拓本（出版後收回）。《卜辭通纂》編爲"考古學專刊甲種第九號"，傅學苓爲該書增編的索引得到郭老首肯，但未及出版。郭老在二書考釋部分添加的眉批中，采納了于省吾批註的部分意見，眉批由考古所編輯室人員邵友誠抄清。另外，還擬將《金文叢考》編入"考古學專刊甲種第八號"，又由傅學苓收集四十年代至六十年代發表的二十多篇文章，也編入"考古學專刊甲種第九號《金文叢考·補錄》"，交考古所編輯室臨時工作人員商復九（商承祚的堂兄）謄抄，由於編輯工作尚未完成，並未交付出版，也就沒有確定考古學專刊編號。這些都是"文化大革命"前郭老健在時在夏鼐的領導下進行的。《郭沫若全集·考古編》中的甲骨金文著作，除《兩周金文辭大系圖錄考釋》後來有所變動外，當時已基本完成編輯工作。

1978 年郭沫若著作編輯出版委員會成立後，名義上《考古編》由編委夏鼐負責，實際上夏鼐並未過問具體編輯事務。責任編輯仍由接近退休之年的傅學苓擔任，張政烺自然地被夏鼐委託為顧問，1985 年夏鼐去世。此後，傅學苓身兼《考古編》整理和責編兩個方面的工作，在大部分時間沒有專項經費和專人協助的情況下，孜孜不倦地奮力堅持二十來年，執著的精神可敬可佩。前已由傅學苓經手編入考古所"考古學專刊甲種"的幾部書：《甲骨文字研究》和《金文叢考·補錄》增錄了 1966 年以後發表的少數幾篇論文，仍請商復九幫忙補抄（未付抄寫費）；《卜辭通纂》增添了吉林大學陳雍在姚孝遂指導下所作摹本，《殷契粹編》則由考古所重新提供善齋原拓。新編第十一卷中的《石鼓文研究》，郭沫若在 1954 年人民出版社重印時所寫《弁言》中提到，"三井所藏的原拓本不知是否安全無恙"，編者未能增加眉批說明實際情況，更未能換用日本二玄社後來印入《原色法帖選》的最佳照片。新編第十卷《考古論集》（梁天俊謄抄），收入兩篇並非郭老親自撰寫的講話（是兩次會議組織單位起草經郭老審閱的），另有一些題跋屬即興性之作與論文有所不同，類似情況文集其他卷並未收入，均屬編者任意而為。

傅學苓花費時間最長、投入精力最多，而又心存莫大遺憾的，還是《兩周金文辭大系圖錄考釋》。《大系》既是金文研究發展史上具有劃時代意義的歷史性著作，又是初學金文的最佳讀本，因而傅學苓希圖從各方面把書編印得完美無瑕。除力主增添著錄書名和更換拓片、照片外，特別爲增注文字采用郭老手跡費了不少工夫。無奈她畢竟年事漸高，從六旬達到七旬，難免力不從心，顧此失彼，還要照顧張政烺的起居，往往爲某件事臨時找某人幫忙，先後找過數人，大多並不熟悉金文資料。真正較長時間協助工作的，有郭沫若紀念館的趙笑潔，剪剪貼貼爲時三年。在傅學苓自感並未完成的情況下，於郭沫若誕辰110周年即將來臨前夕，移交科學出版社閻向東、邱璐倉促承擔最後的責編，終於在2002年末將《考古編》十卷出齊。大約2001年某個時候，筆者和馮時應邀將書稿在全集交付出版前翻閱一過，由於時間和水準所限，未能發現李紅薇書稿提出的諸多問題。慶幸的是，編後記中沒有提到我們看過書稿，說我們"爲提供增補資料做了不少工作"，饒恕了我們的失察。但是，我們發現第四卷中編入的《殷周青銅器銘文研究》，未采用1954、1961年兩次出版時郭老親自校閱的排印本，卻另行找人手抄一份不像樣的書稿，筆者堅持仍用排印本，建議破例增收《郭沫若全集》開始編輯後發現而另行出版的《商周古文字類纂》，以彌補該卷頁碼太少的缺陷。

鑒於本書作者李紅薇女士已對《大系》，通過自己縝密的校勘，以充分的證據肯定"1957年修改版才是最接近作者原意的學術性善本"，而全集版"存在多處編輯挖改、錯改的現象，不少地方甚至與作者觀點相乖，違背作者本義。"因此，建議科學出版社或其他出版社，重新出版《大系》定本，廣大讀者必將額首稱慶。

王世民

2022年8月20日

時年八十又八

# 摘　　要

郭沫若在古文字學研究方面貢獻卓犖，其代表作《兩周金文辭大系》依年代與國別科學系統地整理了兩周金文，開創了"標準器"斷代法，奠定了現代金文研究的範式。該書是郭沫若所有學術著作中修改次數最多，持續時間最久的一部，也是二十世紀金文研究最重要的著作之一。

本書以《兩周金文辭大系》爲中心，參郭沫若其他著述中的相關意見，以文獻學理念觀照郭沫若古文字學著作，並廣求論學書信、日記、批註等材料，在考辨的前提下，鉤沉相關史料，梳理觀點演變脈絡，考索變更的背景及原因，盡可能還原學術研究歷程，通過細節考證深入學術史的書寫。目前古文字學研究日趨精密，學科的學術史也同樣需要展開。以傳統文獻學方法觀照古文字學經典學術著作，不僅有助於細緻深化古文字學學術史的書寫，也爲古文字學學科體系建設的深化與拓展提出了新的方向。

全書由六部分組成。

一、緒論。簡要介紹古文字學學術史研究概況、郭沫若古文字學的研究現狀、以往研究中的不足，本文的選題意義及研究方法。

二、《兩周金文辭大系》（以下簡稱《大系》）成書史及其版本綜述。從版本學出發探求《大系》的成書史，從文獻學角度釐清《大系》成書過程，在鑒別版本的基礎上梳理源流及嬗變關係，確定有校勘價值的異本。

1932年初版《大系》與其他諸版實屬兩個系統。1957年版、全集版《大系考釋》均以 1935 年版爲底本影印,增加批註、挖改字句。1957 版《大系圖錄》以 1935 版爲母本作了增刪抽換,全集版又在 1957 版的基礎上增删修改。

三、《兩周金文辭大系圖錄》研究。對所收器圖、銘文逐一溯宗考源,輯錄諸版差異,從學術史的角度認識其價值。一直以來學界多重視《大系》的考釋成果,而對《大系圖錄》關注不多,我們窮盡地比對了《圖錄》每一幀圖像與之前著錄的關係,察考《圖錄》中每一幀圖像的來源。盡可能還原了郭沫若編纂《圖錄》時使用的所有著錄,甚至精確到同一著作的某個版本。

通覽《圖錄》,足見郭沫若搜羅勤苦與鑒別精審,《圖錄》並非簡單的圖像彙編,而是凝結了作者的大量見解與學術創造。作者有意識地利用考古類型學知識,將器形、花紋相同或相近的器物圖像排在一起,開創了我國以類型學著錄青銅器圖像的先河。

四、《兩周金文辭大系考釋》研究。利用校勘學方法,以對校法逐字逐句比對同一著作的不同版本,並綜合運用本較、他較、理校等方法,參以郭沫若其他論著,依時間爲序,梳理其觀點演變脈絡,綜合考察,找到作者生前關於某問題的最終意見。總結觀點變動原因,並詳細考索了全集版《大系考釋》的底本來源。

目前通行易得、學者最常使用的全集版《大系》存在較多問題,1957 年修改版才是最接近作者原意的學術性善本。全集版在 1935 版基礎上,重新剪裁粘貼原 1957 版眉批,且正文中存在多處編輯挖改、錯改的現象,不少地方甚至違背作者本義。

五、專題研究。該部分包括《郭沫若全集》金文著作相關問題的考訂;訂正關於《大系》版本信息的錯誤記載並分析產生的原因;新見日藏郭沫若手批《兩周金文辭大系考釋》的介紹研究。

六、附錄。包括郭沫若金文著述編年長編、著錄簡稱表兩部分。

**關鍵詞**:金文;郭沫若;《兩周金文辭大系》;文獻學

# Abstract

Guo Moruo has made outstanding contributions to the study of ancient Chinese characters. His masterpiece *Liangzhou Jinwenci Daxi* was organized systematically for Eastern Zhou and Western Zhou in accordance with the chronology and country science, and created the "Standard bronzes" method, which laid the paradigm of modern Inscriptionsnon bronze research. This book is one of the most revised and long-lasting works among all his academic works, and one of the most important works on Jinwen in the twentieth century.

The book is centred on *Liangzhou Jinwenci Daxi*, with reference to the relevant opinions in Guo Moruo's other writings, and is based on a documentary concept of Guo Moruo's ancient writings. It seeks out a wide range of materials such as theological letters, diaries, and annotations, and, on the premise of identification, hooks into relevant historical materials, sorts out the evolution of views, examines the backgrounds and reasons for changes in views, restores his academic research history as far as possible, and delves into the writing of academic history through detailed testimony.

The study ofancient Chinese characters is becoming increasingly sophisticated, and the academic history of the discipline needs to be developed as well. The use of traditional documentary methods in the study of classical works on ancient Chinese characters not only helps to refine and deepen the academic history of ancient Chinese characters, but also suggests new directions for deepening and expanding the construction of the discipline.

This book consists of six parts.

The first part is the introduction, in which we introduce the research overview of the academic history of ancient Chinese characters and the research status of Guo Moruo's ancient philology, analyze the deficiencies in previous studies, and narrate the significance of the topic selection and research methods of this paper.

The second part is about Summary of the History and Versions of *Liangzhou Jinwenci Daxi*. It is a study of the history of *Daxi* from the point of view of edition studies, a clarification of the process of its formation from a documentary point of view, an examination of the sources and transmutations based on the identification of the editions, and the identification of dissimilar texts with proof-reading value.

The 1957 edition and the complete works edition of *Daxi* were both photocopied from the 1935 edition, with the addition of annotations and changes to the wording, while the 1957 edition of *Daxi* was added, deleted and replaced from the 1935 edition, and the complete edition was modified from the 1957 edition.

The third part is the research of *Liangzhou Jinwenci Daxi Tulu*. In this part, the collected pictures and inscriptions of the bronzes are traced back to the source, and the differences in the editions are recorded. The value is recognized from the perspective of academic history. We have exhaustively compared the relationship of each image in the *Tulu* to previous records, examining the provenance of each image in the *Tulu*. As far as possible, we have restored all the records used by Guo Moruo in compiling the *Tulu*, even down to the exact version of the same work.

The *Tulu* is not simply a compilation of images, but a collection of the author's insights and scholarly creations. The author has made conscious use of his knowledge of archaeological typology to group together images of objects of the same or similar shape and pattern, pioneering the use of typology to record images of bronze vessels in China.

The fourth part is the research of *Liangzhou Jinwenci Daxi Kaoshi*. Using the method of proof-reading, we compare word by word and sentence by sentence different editions of the same work, using a combination of original comparison, other comparison and rational proof-reading, and with reference to other works by, we sort out the evolution of his views in chronological order and examine them in a comprehensive manner to find the author's final opinion on an issue during his lifetime. The reasons for the change of viewpoint are summarised, and the source of the base text of the complete works edition of *Daxi* is examined in detail.

The 1957 revised edition is the most scholarly and good copy of the book, which is the closest to the author's original intention. The complete works edition is based on the 1935 edition, with the original 1957 edition's eyebrow commentary cut and pasted in, and there are many editorial errors, gouges and indiscriminate changes in the text, many of which are even at odds with the author's views and contrary to his original meaning.

The fifth part is monographic study. This part includes an examination of issues related to the gold writings in Guo Moruo's complete works; a correction of misstatements in the edition information of *Daxi* and an analysis of the reasons for their occurrence; and an introduction to the Japanese collection of Guo Moruo's handwritten comment on *Liangzhou Jinwenci Daxi Kaoshi*.

The last part is appendix. It includes two parts: the chronology of Guo

Moruo's bronze inscription works, and the list of abbreviations for books with bronze inscriptions

**Key words**: Bronze Inscriptions; Guo Moruo; *Liangzhou Jinwenci Daxi*; Philological research

# 目　　錄

**緒　論** ································································· (1)

**第一章　《兩周金文辭大系》成書史及其版本** ·············· (13)
　第一節　革命經歷與馬克思主義語境下的史學研究 ········· (15)
　第二節　《大系》成書過程稽考 ··································· (21)
　第三節　《大系》版本遞嬗 ········································· (37)

**第二章　《兩周金文辭大系圖錄》研究** ························ (47)
　第一節　諸版《兩周金文辭大系目錄表》差異 ················ (48)
　第二節　諸版《兩周金文辭大系圖編》差異 ···················· (52)
　第三節　諸版《兩周金文辭大系錄編》差異 ···················· (56)
　第四節　《兩周金文辭大系圖錄》器影、銘文來源考 ······· (72)
　小　結 ······································································· (96)

**第三章　《兩周金文辭大系考釋》研究** ······················· (107)
　第一節　57版與35版《大系考釋》差異對照 ················· (108)
　第二節　02版與57版《大系考釋》差異對照 ················· (130)
　第三節　諸版《大系》觀點變動輯考 ···························· (145)
　第四節　02版《大系考釋》底本來源 ···························· (275)
　小　結 ····································································· (279)

**第四章 專題研究** …………………………………………… (285)
　第一節 《郭沫若全集·考古編》金文著作的編輯問題 … (285)
　第二節 一處誤讀牽出的連環錯 ………………………… (295)
　第三節 新見日藏郭沫若手批《兩周金文辭大系考釋》
　　　　 輯錄 ……………………………………………… (301)

**附　錄** ………………………………………………………… (313)
　一　郭沫若金文著述編年長編 ………………………… (313)
　二　著錄簡稱表 ………………………………………… (330)

**主要參考文獻** ………………………………………………… (332)

**索　引** ………………………………………………………… (348)

# Contents

**Introduction** ································································· (1)

**Chapter 1** **The History of the *Liangzhou Jinwenci Daxi* and its Editions** ······················································ (13)

    Section 1  Revolutionary Experiences and Historiographical Research in a Marxist Context ····························· (15)

    Section 2  A Study of the Formation of the *Daxi* ················ (21)

    Section 3  The Transmigration of the Editions of the *Daxi* ······ (37)

**Chapter 2** **A Study of the *Liangzhou Jinwenci Daxi Tulu*** ············································································ (47)

    Section 1  Differences between the Editions of the Catalogue of *Liangzhou Jinwenci Daxi* ······························ (48)

    Section 2  Differences between the Editions of the *Liangzhou Jinwenci Daxi Tubian* ································ (52)

    Section 3  Differences between the Editions of the *Liangzhou Jinwenci Daxi Lubian* ································ (56)

    Section 4  A Study of the Origin of the Inscriptions and Shadows in the Catalogue of the *Liangzhou Jinwenci Daxi Tulu* ····················································· (72)

    Summary ······································································ (96)

**Chapter 3**　**A Study of the *Liangzhou Jinwenci Daxi Kaoshi*** ················ (107)
　Section 1　A Comparison of the Differences between the 57 Edition and 35 Edition of the *Daxi Kaoshi* ········ (108)
　Section 2　A Comparison of the Differences between the 02 Edition and the 57 Edition of the *Daxi Kaoshi* ····· (130)
　Section 3　A Study of the Changes in Perspectives in the *Daxi* ································ (145)
　Section 4　Sources of the Base Copy of the 02 Edition of *Daxi Kaoshi* ································ (275)
　Summary ······················································· (279)

**Chapter 4**　**Special Topics** ·················· (285)
　Section 1　The Editorial Problems of Guo Moruo's Works on Bronze Inscriptions in Guo Moruo's Complete Works on Archaeology ···················· (285)
　Section 2　A Series of Errors Arising from a Misreading ······ (295)
　Section 3　An Introduction to the Japanese Collection of Guo Moruo's Handwritten Comment on *Liangzhou Jinwenci Daxi Kaoshi* ······················ (301)

**Appendixes** ···················································· (313)
　Ⅰ. A Long Chronology of Guo Moruo's Bronze Inscription Works ······················································ (313)
　Ⅱ. List of Abbreviations for Books with Bronze Inscriptions ··· (330)

**Main References** ··············································· (332)

**Index** ························································· (348)

# 緒　　論

　　任何一門學科的發展，均離不開對其自身發展歷程的審視性回顧。學術史是一切學術研究的出發點和基礎，① 也是學科成熟的重要標誌。學術史研究不僅可以促進學科發展，完善學科建設，也在一定程度上推動了學術規範化。

　　自然科學領域，科學史在西方早已作爲一門獨立學科存在，其奠基人喬治·薩頓多次強調"科學史是唯一能夠説明人類進步的歷史"。② 楊振寧在推薦丹皮爾的《科學史》時說"《科學史》是理解西方科學發展的有效途徑"。③

　　人文科學領域，20世紀90年代初陳平原等學者呼籲學界調整發展戰略，關注現代學術史研究。此後逐漸形成學術史研究的熱潮，甚至一度成爲"焦點"。④

　　古文字學研究日趨精密化的今天，古文字學科的學術史也同樣需要展開。宏觀上，透過學術史可以有效認識古文字學這門學科的發展歷程，了解疑難問題的歷史與現狀。微觀上，由於古文字研究

---

① 董乃斌：《關於"學術史"的縱橫考察》，《文化遺產》1998年第1期。
② 轉引自吳國盛：《走向科學思想史研究》，《自然辯證法研究》1994年第2期。
③ 《清華北大教授推薦的120本必讀書》編委會編：《清華北大教授推薦的120本必讀書》，民主與建設出版社2002年版，第346頁。
④ 王學典：《"20世紀中國史學"是如何被敘述的——對學術史書寫客觀性的一種探討》，《清華大學學報》2008年第2期。

歷來側重考據，因爲"優先權是保障科學發展的制度安排"，① 文字考釋發明權的正確敘述自然也要求學術史的縝密爬梳。

目前常見的古文字學學術史，多以甲骨、金文、簡帛等某一分支爲對象論述，如《甲骨學一百年》②《新中國甲骨學六十年》③《二十世紀金文研究述要》④《二十世紀出土簡帛綜述》⑤《當代中國簡帛學研究》⑥ 等。這些論著多以時間爲軸，梳理學科發展進程。

其次，也有以代表性學者爲中心，綜述學術研究成果的著作，如《二十世紀甲骨文研究述要》⑦《容庚青銅器學》⑧ 等。陳平原在談及當代學術史寫作時強調"做學術史研究，從具體的學者入手"。⑨ 但古文字學中這類以人爲主的學術史著作目前還不多見。

此外，更多的是就材料或文字本體的回顧總結。或以某批材料的研究成果爲對象：如《清華簡〈保訓〉集釋》⑩《西周青銅重器銘文集釋》⑪《安徽壽縣朱家集出土青銅器銘文集釋》⑫ 等；或以某類材料、某一專題的學術成果爲對象，如《楚喪葬簡牘集釋》⑬《楚官

---

① 2018年10月30日，吴國盛人文清華演講《我們對科學有多少誤解》，後正式刊載於張小琴、江舒遠主編《守望與思索：人文清華講壇實録Ⅲ》，清華大學出版社2019年版，第223—244頁。
② 王宇信、楊升南：《甲骨學一百年》，社會科學文獻出版社1999年版。
③ 王宇信：《新中國甲骨學六十年（1949—2009）》，中國社會科學出版社2013年版。
④ 趙誠：《二十世紀金文研究述要》，書海出版社2003年版。
⑤ 駢宇騫、段書安：《二十世紀出土簡帛綜述》，文物出版社2006年版。
⑥ 李均明、劉國忠、劉光勝、鄔文玲：《當代中國簡帛學研究（1949—2009）》，中國社會科學出版社2011年版。
⑦ 趙誠：《二十世紀甲骨文研究述要》，書海出版社2006年版。
⑧ 陳英傑：《容庚青銅器學》，學苑出版社2015年版。
⑨ 陳平原："當代學術"如何成"史"（"'當代學術史'學科建設"筆談），《雲夢學刊》2005年第4期。
⑩ 劉麗：《清華簡〈保訓〉集釋》，中西書局2019年版。
⑪ 周寶宏：《西周青銅重器銘文集釋》，天津古籍出版社2007年版。
⑫ 程鵬萬：《安徽壽縣朱家集出土青銅器銘文集釋》，黑龍江人民出版社2009年版。
⑬ 劉國勝：《楚喪葬簡牘集釋》，科學出版社2011年版。

璽集釋》①《西周有銘銅器斷代研究綜覽》② 等；或以文字爲中心集錄各家考釋成果，如《古文字詁林》③《甲骨文字詁林》④《金文詁林》⑤《出土戰國文獻字詞集釋》⑥ 等。以上三類著作的主要特點在於彙集諸家學術成果，間有作者自己的觀點或價值判斷，是相關領域研究的重要工具書。但囿於體例，一般不對觀點產生的背景、觀點變動的過程等問題作深入探討，不能簡單地等同於學術史。

"學術史一定包含若干對該門學術起重大作用的學術人物。考察這樣的學術人物，會使人們更多地了解該門學術的進步歷程，從而窺見其在將來的發展方向"。⑦ 作爲二十世紀最傑出的古文字學者之一，郭沫若的研究範圍之廣、歷時之長、貢獻之巨，直至今日仍罕有其匹。近年已有不少專著或學位論文以郭沫若古文字學爲對象展開研究，如江淑惠《郭沫若之金石文字學研究》，⑧ 符丹《郭沫若古文字整理方法研究》，⑨ 郝雯雯《郭沫若的甲骨學研究》，⑩ 劉琳珊《郭沫若甲骨文字考釋研究》⑪ 等。這些論著或綜述郭沫若的研究成果，歸納釋字方法；或比較郭沫若與其他學者釋字觀點的差異，評述其學術貢獻與不足；或以今日古文字學成果考量得失，作是非對錯判斷，鮮少措意到郭沫若著作版本眾多、觀點多變的特點，對其

---

① 邱傳亮：《楚官璽集釋》，學苑出版社2016年版。
② 黃鶴：《西周有銘銅器斷代研究綜覽》，上海古籍出版社2021年版。
③ 古文字詁林編纂委員會：《古文字詁林》，上海教育出版社1999年版。
④ 于省吾主編：《甲骨文字詁林》，中華書局1996年版。
⑤ 周法高主編：《金文詁林》，香港中文大學1974年版。
⑥ 曾憲通、陳偉武主編：《出土戰國文獻字詞集釋》，中華書局2018年版。
⑦ 李學勤：《〈容庚青銅器學〉序》，初載陳英傑《容庚青銅器學》，學苑出版社2015年版；後收入李學勤《清華簡及古代文明》，江西教育出版社2017年版，第436—438頁。
⑧ 江淑惠：《郭沫若之金石文字學研究》，華正書局1992年版。
⑨ 符丹：《郭沫若古文字整理方法研究》，碩士學位論文，西南交通大學，2010年。
⑩ 郝雯雯：《郭沫若的甲骨學研究》，碩士學位論文，西南大學，2011年。
⑪ 劉琳珊：《郭沫若甲骨文字考釋研究》，碩士學位論文，山東師範大學，2017年。

學術思想源流與觀點變動原因的考索則多闕如，仍有繼續研究的必要。

彭衛在《〈制土域民：先秦兩漢土地制度研究一百年〉序》中說：①

> 對既往學術研究的梳理和總結，確實需要看到前人研究存在的不足，我們由此可以站得更高。但這種'功利性'（沒有貶義）的追求並不是學術史研究的全部。我們還需要的是理解，理解來自於我們對學術尤其是人文學科學術進步的把握，理解交付給我們的是提高自己認識能力的精神基因。

現代的學術史研究不應局限於"研究綜述"式梳理，更不能僅以"是非對錯"作為評判某人學術貢獻的唯一標準。以今日之學術水準反觀歷史，以今度古的思考方式，其結果常常是得出超越於時代的判斷，② 我們應該更多地關注研究對象的歷史境遇，深入作者研究的細節和過程中去，盡可能還原當時的學術場景。本質上，學術史是"研究的研究"，前一個研究是對象，兩個研究屬於不同層面的話語系統，但很多時候容易陷入"以學術為本體"的誤區。只有跳脫學術問題本身是非對錯的糾纏，注重揭示史的線索，利用各種史料，結合當時的社會情況，體貼當日的學術情境，將學術史置諸特定的歷史背景中去考察，得到深刻的認識和全面的理解。

郭沫若不僅是歷史學家、古文字學家，還是文學家、革命家，相較其他同時代的古文字學者如容庚、唐蘭、于省吾、董作賓等，郭沫若的生平史料最為豐富。研究郭沫若的學術團體即有中國郭沫若研究會、日本郭沫若研究會、四川郭沫若研究會等，學術專刊有

---

① 彭衛：《〈制土域民：先秦兩漢土地制度研究一百年〉序》，見徐歆毅《制土域民：先秦兩漢土地制度研究一百年》，廣西師範大學出版社2020年版。
② 羅志田：《民國史研究的"倒放電影"傾向》，《社會科學研究》1999年第4期。

《郭沫若學刊》《郭沫若研究》，"郭沫若研究"也一度成爲顯學。郭沫若生平文獻史料的搜集、整理、出版已有了較好基礎，這爲研究郭沫若古文字學學術史提供了宏闊背景和豐厚史料。

郭沫若在古文字學研究上貢獻卓犖，在甲骨、金文等諸多領域著述宏富，均有建樹。但誠如張政烺所説"郭老在學術見解上卻並不固執，有新的發現必改正舊説"。① 郭沫若在不同著作、同一著作的不同版本中常常改動字句、變更觀點。之前不少學者已經注意到了這些現象。如裘錫圭《説"僕庸"》一文詳細梳理了郭沫若1928年至1956年間對"附庸"認識的前後5次變動。② 細節處如遣詞造句也會變動，如孫稚雛曾舉及一例：32版《兩周金文辭大系》考釋虢仲簋銘文時説："器文之‧作'十一又月'，又字作彡，多一橫勾，案乃古文勾倒之一例。"爾後，再版、三版又重複了這一觀點，但將"一例"改爲"確例"，説的更加肯定，"表明了作者立論的堅强信心"。③ 可見，比較相關著作的不同版本，對釐清某一具體問題的學術史至關重要。

談到版本，自然離不開文獻學的方法。

文獻學歷史悠久，千百年來逐漸形成了一套相對完善的理論體系。文獻學是關於文本的學問，以文獻自身作爲研究本體,④ 關注文本的形成演變、版本的真僞優劣等問題。目録、版本、校勘是傳統文獻學的三大分支。

葉德輝説"版本之學，爲考據之先河，一字千金，於經史尤關緊要"。⑤ 古籍講求版本，而傳統文獻學多關注於歷史古籍的研究，

---

① 張政烺：《郭沫若同志對金文研究的貢獻》，《考古》1983年第1期。
② 裘錫圭：《説"僕庸"》，原載《紀念顧頡剛學術論文集》上册，巴蜀書社1990年版；后收入《裘錫圭學術文集》第5卷，復旦大學出版社2012年版，第107—120頁。
③ 孫稚雛：《金文釋讀中一些問題的商討》，《中山大學學報》1979年第3期。
④ 杜澤遜：《文獻學概要》（修訂本），中華書局2008年版，第4頁。
⑤ 葉德輝著，漆永祥點校：《書林清話（外二種）》，北京聯合出版公司2018年版，第399頁。

對近現代的經典著作過去關注不多，但也有人試圖以文獻學方法研究現當代文學名著。如20世紀90年代引起風波的《〈圍城〉彙校本》即是一例。錢鍾書本人對《圍城》有過多次改寫，行世的多種版本有不少異文。胥智芬對諸版差異詳加考察，編成《〈圍城〉彙校本》一書。① 這項工作引起了學者對現當代文學著作校勘的關注，正如湯炳正所言：

> 這是現代文學研究領域裏的新創獲。這項工作，不僅會給一般讀者以許多方便，更會對現代文學研究者以諸多啟發。從《圍城》的彙校本中，我們可以看到作者的藝術思想，寫作技巧等都在不斷地發展與精妙，這就爲現代文學史的研究者對作家創作的探討提供最可靠的依據。②

湯先生所言切中肯綮。不單文學作品，學術著作的不同版本也需深入比較。諸版之間可能會出現如遣詞變化、內容增損、篇目易動，甚至觀點改變等諸多情況。梳理不同版本，一方面可以辨析差異的來源是作者有意爲之，還是編輯無心疏忽。另一方面更多體現的是作者認知的變動，是學術發展的重要表現。

具體到郭沫若而言，截止到1978年同一著作不同版本的差異就已相當複雜，如僅《中國古代社會研究》即有二十餘種版本，群益出版社、新文藝出版社出版時於《古金中有稱男之二例》文後增加作者按語：

> 寺男不得爲寺君之稱，依金文通例當是叔姬之名。即遣小子簋一例，亦疑乃王姬之名。一九四七年四月十七日晨記

---

① 錢鍾書著，胥智芬彙校：《〈圍城〉彙校本》，四川文藝出版社1991年版。
② 湯炳正著，湯序波整理：《湯炳正書信集》，大象出版社2010年版，第177頁。

正文言"'寺男'爲寺君之稱",按語表明作者此時觀點有所改變。而 1954 年人民出版社出版時並無"後案",後諸版同。換言之,作者後來觀點又回改爲"'寺男'爲寺君之稱",故刪去"後案"。僅群益版與新文藝版保存了作者曾改變過觀點的痕跡。

《殷周青銅器銘文研究》初版有《公伐郯鐘之鑒別與其時代》一文,作者後來認識到公伐郯鐘銘文乃僞刻,故 1954 年版刪改原文,改稱《雜説林鐘、句鑃、鉦、鐸》。

《甲骨文字研究》初版收有《釋繇》篇,釋卜辭中[字]、[字]、[字]等字爲"繇",是繇兆之繇的本字,象契骨呈兆之形。並在初版《殷周青銅器銘文研究》、32 版《金文叢考》、32 版及 35 版《大系》中多處提及該文。1952 年人民出版社再版《甲骨文字研究》時,作者認爲舊釋有誤,故刪去《釋繇》,其他著作中提及該文處或增加按語或作了挖改。

初版《殷周青銅器銘文研究·齊侯壺釋文》謂"謚號之興究不知始於何時",1930 年作者對謚法問題有了新認識,① 故 1954 年版《殷周青銅器銘文研究》改爲"謚號之興當在戰國中葉以後"。

《金文韻讀補遺》初載《支那學》,《湯盤孔鼎之揚搉》初載《燕京學報》,二文均收入《金文叢考》。與期刊上的原文相較,均爲作者重新謄寫,無論是篇章安排、行文字句,還是釋字觀點等方面均有不少改動。

初版《殷周青銅器銘文研究·戊辰彝考釋》中提及《新獲卜辭寫本》時出注曰"董作賓著,有單行本……",1954 年版作"董作賓編,有單行本……"到 1961 年版時僅剩"有單行本……",這可視爲在特殊歷史環境下隱去敏感信息。

另有大量措辭表述的變動,如將"斷無是理"② 改爲"殊爲可

---

① 郭沫若:《謚法之起源》,《支那學》第 6 卷第 1 號。
② 郭沫若:《殷周青銅器銘文研究》,大東書局 1931 年版,第 27 頁首行。

異";改"當係同時所作之器"①爲"當係同時事"等等。

此外,各種著作的後印本,作者常會校改早期版本的錯字,導致版本面貌不同。需要說明的是,其中不少原爲排版或印刷環節致誤,實與作者無關。如《臣辰盉銘考釋》原載《燕京學報》時是排印版,"先王"誤作"先生",②且文中所附器銘拓片方向亦反置。③《殷周青銅器銘文研究》初版爲手稿影印,1954年版改爲排印本。其中《戊辰彝考釋》引及一片甲骨,釋文本爲"□辰貞其桒生于祖丁母妣母"。54版誤"桒生"爲"求生",61版改正。

1978年郭沫若逝世後,郭沫若著作編輯出版委員會彙集作者生前著作,編成《郭沫若全集》,其中古文字學著作編入《考古編》。全集底本來源蕪雜,牽涉問題較多,此處不能過多展開,另有專文討論。④

以上數例僅是管中窺豹,郭沫若的古文字學專著達十種之多,每一著作又有很多版本,其中牽涉學術觀點變動之處已難以計數,遑論其他差異。而這些差異,尤其觀點差異不但是作者個人見解的變動,更是學術認識發展的重要體現。比勘核對相關著作的不同版本,對釐清某一具體問題的學術史至關重要。

本文以《大系》爲中心,參照郭沫若其他著作中相關意見,從文獻學角度對郭沫若金文研究進行整理與研究,梳理其觀點演變脈絡。

之所以選《大系》爲中心,原因有三:

首先,全書依年代與國別科學系統地整理了兩周金文,開創了"標準器"斷代法,奠定了現代金文研究的範式,是郭沫若金文研究

---

① 郭沫若:《殷周青銅器銘文研究》,大東書局1931年版,第41頁第5行。
② 郭沫若(署名郭鼎堂):《臣辰盉銘考釋》,《燕京學報》第9期,第1739頁第9行。
③ 李紅薇:《郭沫若"臣辰盉"研究史——古文字著作的文獻學考察一例》,《郭沫若研究》2020年第1輯。
④ 詳第四章第一節《〈郭沫若全集·考古編〉金文著作的編輯問題》。

方面最重要、最具系統性的著作。

其次，該書是郭沫若所有學術著作中修改次數最多，用力最勤，持續時間最久的一部，足見作者對其珍視程度。

最後，該書版本多達八種，1932 年版與後來諸版差異很大。後來的版本雖以 35 版爲底本，但每次出版都會不同程度批注挖改，具有較高的校勘價值。

郭沫若的金文觀點貫穿其歷史考古研究始終，散見各處，前後多有差異，需要全盤梳理綜合考察，才能釐清其觀點演變的具體脈絡，找到變動的時間節點。略舉數例說明，如：驫芳鐘"⿱今于晉公"，⿱今，32 版《金文叢考·驫羌鐘銘考釋》釋"旁"，謂"旁字劉（謹案：指劉節）釋賓，是也。案當讀爲儐，與賞同義"。《古代銘刻彙考續編·驫氏鐘補遺》改釋爲"令"。35 版《大系》同。54 版《金文叢考·驫芍鐘銘考釋》較 32 版挖改爲"令字劉釋賓，非是。令有錫義，故與賞對文"。32 版《大系》未收驫芳鐘，若僅就《大系》諸版來看，就很難體會到作者前後的易動。

令彝、令簋⿱字，《殷周青銅器銘文研究·令彝令簋與其它諸器物之綜合研究》認爲以金文常例按之當是"休"字，《說文》休字重文作庥，从广與从宀同意。宫象屋下有牀榻之形。35 版《大系·令簋》從之。《長安縣張家坡銅器群銘文彙釋》考釋孟簋時，提及令簋、令彝"宣"字，改動觀點，釋"宣"爲"宁"字，假爲"醻"。關於"宣"字的改釋意見，鮮有人注意。

郭沫若視康鼎爲卯簋、同簋、奠井叔盨、奠井叔鐘等的標準器，32 版《大系》均歸入孝王。35 版《大系》改變觀點，改隸於懿王世。57 版同。《輔師嫠簋考釋》一文認爲"康鼎與輔師嫠簋當同屬於厲世……其他如奠井叔盨、奠井叔鐘均當爲厲世器"，訂正舊說。如此一來，不僅康鼎年代應歸於厲王，卯簋、同簋等一系列器物的年代亦隨之改動。也就是說，《大系》原定爲懿王的十七件器中至少有五件當剔出，惜大多學者都未及意。①

又如大篆 ▨ ▨，《殷周青銅器銘文研究·公伐郤鐘之鑒別與其時代》逕釋"奔朕"。32 版《大系》釋文作"臍朕"。35 版《大系》改作"趡奰"，無說。▨，《商周古文字類纂》摹寫作 ▨，歸入"趙"字下，並注"柯昌泗釋趙"。《商周古文字類纂》是 1944 年著成於重慶的一部文字編，郭沫若生前並未付梓，去世後由家人將其手稿交由文物出版社影印，學界鮮有徵引。其實文字編的歸字及批注也能反映出作者的觀點，這部文字編實有重要學術史價值。

因此本文選擇以《大系》爲中心，但又不僅限於《大系》。

除了郭沫若已有的學術著作外，論學書札、日記等生平文獻資料對學術史研究亦具有重要的史料價值。如陳騂壺、子禾子釜二器斷代，郭沫若現行的所有學術著作中均定陳騂壺爲"齊襄王五年（公元前 279）齊軍敗燕師時所獲之燕器"。32 版《金文餘釋之餘·丘關之釜考釋》認爲子禾子釜與左關釜爲同時器，左關釜記齊宣公四十四年伐魯葛及安陵時事，35 版《大系》改動觀點，謂子禾子釜"大率皆齊湣王（公元前 300—284）末年之器"。1935 年 12 月 23 日郭沫若致函張政烺，提及二器年代，謂："子禾子釜、陳騂壺年代之推考，確較余説爲勝。墮尋之爲惠子得尤屬創獲，可賀之至。子禾子之稱，與壺銘子墮騂相同，疑釜乃禾子父莊子未卒時器，若然，則壺之王五年蓋是周定王五年（公元前 602），於時惠子自尚在，尊説確不可易。"由信文可知，郭沫若此時改從張政烺意見。

故本文寫作過程中廣求論學書札、日記等材料，在考辨的前提下，鉤沉相關史料，探求作者觀點變更的背景及原因，盡可能還原郭沫若學術研究歷程。

---

① 孫作雲：《孫作雲文集》第 2 卷，河南大學出版社 2002 年版，第 227 頁；孫瑞：《西周、春秋時期頒布令書傳播信息的方法和渠道》，收入吉林大學古籍研究所編《吉林大學古籍研究所建所 30 週年紀念論文集》，上海古籍出版社 2014 年版，第 197—205 頁。

研究方法上，本文主要引入文獻學理論。從版本學出發探求《大系》的成書史，在鑒別版本的基礎上梳理版本源流及嬗變關係，確定有校勘價值的異本，找到最佳版本。利用校勘學方法，以對校法逐字逐句比對同一著作的不同版本，綜合運用本較、他較、理校等方法，參證作者其他著作及相關史料，找到郭沫若生前關於某問題的最終看法，釐清其學術觀點發展脈絡。

最後談談本文撰寫過程中的幾點體會和收穫：

一、文獻學的目的在於正本清源，確定較全、較可靠的版本。本文在逐一核對諸版《大系》後發現，目前通行易得、學者最常使用的 02 版《大系》並非最優版本，57 版才是最接近作者原意的善本。①

02 版編輯新增了不少眉批，以方便讀者了解作者相關意見，看似優於 57 版，但仔細對校正文可發現，02 版與 57 版有異而與 35 版相同者多達 73 處，且多涉及釋字等觀點變動。57 版是 35 版的增訂本，以 35 版爲底本作者作了批注挖改。02 版郭沫若的眉批與 57 版眉批雖然都是郭沫若的字跡，但位置、行款不完全吻合。綜合考察後，我們認爲 02 版的底本實爲 35 版，即在 35 版基礎上，將原 57 版眉批重新剪裁粘貼，故 02 版底本實際上是未經作者增訂的 35 版，當然很多地方是不能體現作者後來觀點的。

二、《郭沫若全集·考古編》金文著作的版本存在不少問題。如底本選擇不善，銘文拓本處理不當，編輯正文影響文本原貌，編輯整理校勘過程中產生了不少新錯誤等。

三、一直以來學界多重視《大系》的考釋成果，而對《大系圖錄》關注不多，其實《圖錄》包含了作者的大量學術見解與創造。

鉤沉《圖錄》成書過程，我們發現該書所錄器影、銘文並非隨意選擇，而是作者精心取捨的成果。作者有意識地利用考古類型學

---

① 古籍中的善本一般分爲"校勘性善本"與"文物性善本"，我們這裏的善本主要指其校勘學價值。

知識，將器形、花紋相同或相近的器物圖像排在一起，開創了以類型學著錄器圖的先河。《圖編》不僅收器物整體圖像，還特別收錄了虢叔旅鐘、已侯鐘等器的局部花紋影像。《圖錄》首次著錄公佈了不少稀見的銘文拓本、器影照片、器物全形拓捲軸等，嘉惠學林。值得注意的是，其中公佈的 48 件羅振玉所藏拓本，不僅早於 1937 年《三代吉金文存》的正式出版，而且個別拓本甚至較《三代》更爲完整。

通覽《圖錄》，足見郭沫若搜羅勤苦與鑒別精審，可以說《圖錄》代表了當時青銅器著錄的最高水平。

四、郭沫若一生著作宏富，版本眾多，觀點時有變動且多無説明，各個著作之間的關係也不平衡，常不能改盡。所以在利用郭沫若的研究成果，引用觀點時，絕不能僅局限於一書一文，必須要全盤梳理、綜合考察。當然這項工作很費時費力，《大系》中涉及作者觀點變動處，本文均已一一釐清，可供參考徵引。

五、著作編目是研究過程中的重要參考。已有的郭沫若著作目錄、年表存在不少問題，如篇目版本不全，所收篇目的寫作、出版時間失實等。有鑒於此，我們搜集郭沫若金文研究的全部著作，覆核原書，訂補前人編目，編成《郭沫若金文著述編年長編》，依時間爲序，以篇目爲次，簡述論文的寫作、修改時間，先後收入文集過程，撮述同一著作不同版本的增删情況，以饗讀者。

# 第 一 章

## 《兩周金文辭大系》
## 成書史及其版本

典籍中關於銅器發現的最早記載可追溯到漢武帝元鼎元年,[①] 但真正意義上的金文研究,實肇始於北宋。這一階段產生了不少金石學著作:一類如呂大臨《考古圖》,彙集諸家藏器,圖文並茂,用透視法描繪器圖,標明器物大小尺寸並摹録銘文;宋徽宗敕令王黼等人修纂《博古圖》,集合内府藏器,兼收器圖及銘文。另一類如薛尚功《歷代鐘鼎彝器款識法帖》、王俅《嘯堂集古録》,只輯銘文不傳器圖,附有釋文,間作考證。這兩種方法都爲後世所繼承,開創了金文著録的範式。此外另有一類爲研究專著,如歐陽修《集古録跋尾》、趙明誠《金石録》、張掄《紹興内府古器評》,不收器圖,甚至連銘文都不載,主要側重於考釋文字、評述銘文。

宋人在銅器分類、紋飾命名及器物定名等方面均爲後世研究奠定了基礎,王國維云"凡傳世古禮器之名,皆宋人所定也"。[②] 今天所用的器物名稱大多在宋代就已基本定型,多數器名仍爲沿用。

經過元明兩代的沉寂,清乾嘉以後,金文研究再度興盛。乾隆

---

① 《漢書·武帝紀》載"元鼎元年夏五月,得鼎汾水上",韋昭注"得寶鼎故,因是改元"。
② 王國維:《觀堂集林》,河北教育出版社2003年版,第70頁。

敕撰"西清四鑑"(《西清古鑑》《寧壽鑑古》《西清續鑑甲編》《西清續鑑乙編》),登記造册清宫藏器,客觀上推動了金文學的復興。有清一代,僅著録即有三四十種之多,不僅數量宏富,且質量日益精進。至於著録銘文的方式,除了傳統的摹寫外,還出現了翻刻本及拓本,朱善旂《敬吾心室彝器款識》、劉心源《奇觚室吉金文述》即以拓本著録金文。清嘉道以來,又出現了用全形拓製作器物圖像的技法,較畫圖舊法更爲逼真,如張廷濟《清儀閣所藏古器物文》。同時,隨著收藏風氣日盛,僞器蜂出,古器辨僞日趨重要。清代藏家中,如葉志詵、端方的藏器真贋錯出,泥沙俱下,魚龍混雜,不可不辨。此外,清人在考釋文字、研究銘文方面亦有不少勝邁前人之處,孫詒讓、吳大澂、劉心源等均精于文字考證。代表這一時期金文研究水平的著作當推舉孫詒讓的《古籀拾遺》《古籀餘論》及吳大澂的《説文古籀補》。

進入民國以後,金文研究自當首推羅振玉、王國維二人。羅振玉的功績主要體現在對銅器銘文的搜集、整理及刊佈方面,時有"傳古第一人"的美譽。王國維力踐"二重證據法",利用出土資料與傳世文獻互相發明,在銘文釋讀、器名考訂及古史研究領域多有精闢見解。這一階段的金文著録多達百種,無論在數量還是質量上均遠超前代。不少著録如《夢郼草堂吉金圖》,已開始採用西式攝影法,相比畫圖舊法及全形拓,最大限度地保存了圖像的真實性。

1932年,郭沫若《兩周金文辭大系——周代金文辭之歷史系統與地方分類》(以下或簡稱《大系》)由日本文求堂書店出版。該書有别于以往金文著作:研究對象上,宋代以來的著録多彙集某個時段或公私藏器;《大系》綜合兩周金文,收録作者當時所能見到的年代、國别有徵者,凡二百五十餘器。體例上,已往著録多以器類聚合,同類器物內部以銘文字數多寡排序。《大系》打破了這種"時代不分,一團渾沌"①的狀況,西周器依年代,東周器

---

① 郭沫若:《青銅時代》,科學出版社1960年版,第308頁。

據國別地域排序，這背後自然蘊含了作者自己的見解主張，具有很高的學術價值。研究方法上，過去的金文研究，一般停留在文字考證層面，多以題跋或短札的形式零星考釋個別字詞，偶爾提及銅器年代，總體研究缺乏系統性。《大系》引進西方考古類型學方法，開創了科學劃分研究銘文的"標準器斷代法"，不僅注意文字考釋，更重視器物本身的形制、花紋的研究。概言之，《大系》較之其他金文著作，研究範圍更廣，體例更系統，方法更科學。

郭沫若科學系統地整理研究銅器銘文，不僅大大提高了金文的史料價值，也為後來的青銅器分期斷代研究奠定了堅實的基礎，具有劃時代的歷史意義。《大系》這一里程碑式的著作為何具有鮮明的系統性，郭沫若為何呈現出迥別於其他學者的學術風貌，究其原因，還要從郭沫若的個人經歷及其所處的時代背景談起。

## 第一節　革命經歷與馬克思主義語境下的史學研究

1892年11月，郭沫若出生於四川樂山縣沙灣鎮的一個中產階級的地主家庭，排行老八，取名開貞。父親郭朝沛重視教育，辦家塾請先生為家族子弟授業解惑。可以説，郭沫若接受過很好的啟蒙教育，受大哥郭開文影響，十一二歲即閱讀《啟蒙畫報》《經國美談》《筆算數學》等新學書籍，知道了學實業可以富國強兵。[1] 1910年進入成都高等分社中學堂就讀後，參加國會請願活動，親歷四川保路運動，[2] 這些都喚起了郭沫若顛覆現存體制的反叛精神及民主革命的意識。

---

[1] 郭沫若：《我的幼年》，光華書局1929年版；后收入《沫若文集》第6卷（改名"我的童年"），人民文學出版社1958年版。

[2] 郭沫若：《反正前後》，現代書局1929年版；后收入《郭沫若全集·文學編》第11卷，人民文學出版社1992年版。

1914年在大哥郭開文的資助下東渡日本，開啓了留學生活。在岡山六中期間學習了德文、英文、拉丁文、動植物學、高等數學以及物理化學等，① 接受西方學問，下决心攀登科學之路。② 後升入九州帝國大學醫學部，學習西方醫學，接受現代自然科學的系統訓練，知道了近代科學方法的門徑。③ 雖然郭沫若後來並未走上從醫的道路，但學醫的經歷不僅開拓了思維方式，還促使他掌握了分類、歸納、演繹、比較、分析、實證等一套系統的科學方法。這些觀點理論對郭沫若後來的史學研究無疑注入了新鮮血液。

　　動蕩的社會使郭沫若目睹了下層民衆生活之苦。俄國十月革命促使郭沫若逐漸産生了"革命的情緒和要求，希望對於馬克思主義能夠有一番深入了解"。④ 1924年5月至7月，翻譯日本馬克思主義經濟學家河上肇的《社會組織與社會革命》，初步系統地了解了馬克思主義的有關思想後，便很快徹底地接受了馬克思主義，成爲了一名堅定的馬克思主義者。⑤ 不久後發表的《馬克思進文廟》一文，

---

　　① 郭沫若：《我的學生時代》，原載《野草》第4卷第3期；后收入《郭沫若全集・文學編》第12卷，人民文學出版社1992年版。
　　② 郭沫若：《櫻花書簡》，四川人民出版社1981年版，第58函。
　　③ 郭沫若説："我并不失悔我學錯了醫。我學過醫，使我知道了人體和生物的秘密。我學過醫，使我知道了近代科學方法的門徑。這些，對於我從事文藝寫作，學術研究，乃至政治活動，也不能説是毫無裨補。"見郭沫若《我怎樣開始了文藝生活》，《文藝生活》（香港版）第6期。
　　④ 郭沫若：《社會組織與社會革命》序，收入《社會組織與社會革命》，商務印書館1950年版。
　　⑤ 1924年8月9日郭沫若致信成仿吾："我們是生在最有意義的時代的！人類的大革命的時代！人文史上的大革命的時代！我現在成了個徹底的馬克斯主義的信徒了！馬克斯主義在我們所處的這個時代是唯一的寶筏……我從前只是茫然地對於個人資本主義懷著的憎恨，對於社會革命懷著的信心，如今更得著理性的背光，而不是一味的感情作用了。這書的譯出在我一生中形成一個轉換的時期。"見郭沫若《孤鴻》，《創造月刊》第1卷第2期。另郭沫若謂："通過日本河上肇博士的著作《社會組織與社會革命》來研究馬克思主義。這書我把它翻譯了，它對於我有很大的幫助，使我的思想分了質，而且定型化了。我自此以後便成爲了一個馬克思主義者。"見郭沫若《郭沫若選集》自序，《郭沫若選集》，開明書店1951年版。

可以説是以小説形式表達了舊中國知識分子對馬克思主義的認識和理解。

1924年11月回國後郭沫若投身國民革命，參加北伐，以期通過革命改變中國。1927年大革命失敗，發表討蔣檄文《請看今日之蔣介石》。同年參加南昌起義，在白色恐怖的氛圍中火速入黨，成爲周恩來單綫領導下的秘密共產黨員。應該説，郭沫若是20世紀二三十年代唯一一名有中共黨員身份的古文字學者。

1928年2月因遭南京國民政府通緝，郭沫若被迫流亡日本，開啓了海外十年的學術生涯。

20世紀二三十年代，面對劇烈的社會變革，各派、各界人士開始思考"中國向何處去"的問題，爲尋找中國革命的出路，牽扯到對中國古代社會性質的探討，逐漸引發了中國社會史論戰。是時很多人都懷疑馬克思主義是否符合中國國情，是否行得通。郭沫若陸續翻譯了馬克思的《政治經濟學批判》《德意志意識形態》等書，將馬克思主義相關論著介紹到中國來。此外，郭沫若更要從學術角度回答中國古代社會性質是否符合馬克思主義歷史觀的問題。① 他開始運用馬克思主義理論研究中國歷史，轉向唯物史觀，這既是對馬克思主義"實事求是"精神的體現，更是對當時社會疑古思潮的超越。正如他自己所説：

> 我主要是想運用辯證唯物論來研究中國思想的發展，中國社會的發展，自然也就是中國歷史的發展，反過來説，我也正是想就中國的思想，中國的社會，中國的歷史，來考驗辯證唯物論的適應度。②

---

① 張越：《近現代中國史學史論略》，商務印書館2017年版。
② 郭沫若：《跨著東海》，初載《今文學叢刊》第1本，春明書店1947年版，第2—33頁；收入《郭沫若全集·文學編》第13卷，人民文學出版社1992年版，第305—341頁。

這也是他流亡十年，向中國古代文獻和歷史方面發展的根本動因。

1928年7月郭沫若"忽而想到幼小時讀得爛熟的《周易》裏面，很有豐富的辯證式的意味"，①便買了本《易經》，寫成《周易的時代背景與精神生產》一文，考察周易時代的政治社會生活，認爲春秋戰國是由奴隸制確切地變成封建制的時代。繼而著手研究《詩經》《尚書》，草成《詩書時代的社會變革與其思想上的反映》初稿後，開始懷疑《易》《詩》《書》的真實性，先秦文獻輾轉傳抄幾千年，很多内容已經失真，"因此要論中國的古代，單根據他們來作爲研究資料，那在出發點上便已有了問題"。②

隨著近現代考古學的興起，中國史學遇到了前所未有的新機遇。早期馬克思主義史學家如李大釗、吕振羽等逐漸意識到利用考古學材料探索中國古代社會的重要意義。③ 當然"認識考古學上的史料，不是一件容易事情"，④ 不同知識背景的人對具體史料的理解及處理方式上多有分歧。郭沫若切實地意識到"研究考古學以及和考古學類似的那類學識的必要"，開始尋求第一手資料。⑤

1928年8月開始他前往上野圖書館、東洋文庫，在閱讀甲骨金文的同時，也讀完了王國維的《觀堂集林》。⑥ 後寫成《卜辭中的古

---

① 郭沫若：《我與考古學》，初載《生活學校》第1卷第2期；收入《郭沫若全集·考古編》第10卷，科學出版社2002年版，第5—16頁。
② 郭沫若：《我是中國人》，初載《今文學叢刊》第2本，春明書店1947年版，第1—27頁；收入《郭沫若全集·文學編》第13卷，人民文學出版社1992年版，第342—376頁。
③ 李大釗：《原人社會於文字書契之唯物的反映》，《李大釗史學論集》，河北人民出版社1984年版；吕振羽：《史前期中國社會研究》，人文書店1934年版；吕振羽：《殷周時代的中國社會》，不二書店1936年版。
④ 翦伯贊：《略論搜集史料的方法》，《中華論壇》第2卷第3期。
⑤ 郭沫若：《我與考古學》，《郭沫若全集·考古編》第10卷，科學出版社2002年版，第5—16頁。
⑥ 郭沫若：《我是中國人》，《郭沫若全集·文學編》第13卷，人民文學出版社1992年版，第342—376頁。

代社會》《周金中的社會史觀》，創造性地使用史料，利用已有的甲金文研究成果探討商周時期的政治、經濟以及社會生産狀況，並指出"真實的要闡明中國的古代社會還須要大規模的作地下的挖掘……這些古物正是目前研究中國古代史的絶好的資料"。① 不久集爲《中國古代社會研究》，自詡爲恩格斯《家庭、私有制和國家的起源》的續編，該書被史學界視爲中國馬克思主義史學建立的標誌。②

與此同時西方考古學著作也進入了郭沫若的閲讀範圍，此時他翻譯了《美術考古學發展史》（後改爲《美術考古一世紀》）。該書由美術的視野觀照考古學，介紹了歐洲各國考古挖掘的成績，且在方法論上提供良好範本，"我們是該把它作爲學術研究的指南的"。③ 通過考古學理論的學習，郭沫若聯想到花紋形式對中國青銅器斷代的研究至爲重要，指出"器物時代頗不易定……余意花紋形式之研究最爲切要，近世考古學即注意於此"。④ 這種超前的學術眼光，發前人所未發，是將青銅器研究從傳統文人式的金石學引入現代考古學的一次質變。

概言之，具體到古文字研究，他一方面繼承羅王之學，學習王國維處理材料的方法，⑤ 吸收傳統學術的研究成果；另一方面涉獵西方考古學著作，借鑒類型學等理論方法，分類整理原始材料。這兩方面的學術準備爲他日後的研究打下了扎實的基礎。

郭沫若多次説，之所以研究殷周的甲金文字是爲了探究中國古

---

① 郭沫若：《周金中的社會史觀》，收入《中國古代社會研究》，群益出版社1947年版，第101—102頁。
② 張越：《近現代中國史學史論略》，商務印書館2017年版，第9、21頁。
③ 郭沫若：《美術考古學發展史·譯者序》，收入 A. Michaelis（亞多爾夫·米海里司）著，郭沫若譯《美術考古學發展史》，上海湖風書局1931年版。
④ 1930年4月6日郭沫若致容庚函。
⑤ 郭沫若：《殷周青銅器銘文研究·序》，收入《殷周青銅器銘文研究》，大東書局1931年版。

代社會。① 甚至50年代時仍謂"我研究了中國古代社會,把甲骨文字和青銅器銘文通盤整理了一遍。我會走到歷史和考古的研究上來,完全是客觀條件把我逼成的"。② 他並不滿足於引述王國維、羅振玉等前人研究成果,而是深入到原始材料,用科學方法對甲骨文、青銅器銘文進行了系統整理,分類考釋。正如恩格斯所説:"即使只是在一個單獨的歷史事例上發展唯物主義的觀點,也是一項要求多年冷靜鑽研的科學工作,因爲很明顯,在這裏只説空話是無濟於事的,只有靠大量的、批判地審查過的、充分地掌握了的歷史資料,才能解決這樣的任務,"③ 這正是郭沫若在歷史研究中始終踐行的"必須重新研究全部歷史"④ 的學術精神。

　　流亡十年,郭沫若堅持用學術研究從事革命活動,自覺把個人學術追求同國家和民族發展緊緊聯繫在一起,周恩來稱讚他"不但在革命高潮時挺身而出,站在革命行列的前頭,他還懂得在革命退潮時怎樣保存活力,埋頭研究,補充自己,也就是爲革命作了新的貢獻,準備了新的力量"。⑤ 這也是他與容庚、于省吾、董作賓、唐蘭等同時代的古文字學家迥異之處,郭沫若并不是單純的學者,更是一位革命家,學術是他從事革命的手段。特殊的革命經歷致使他研究歷史的目的與一般學者不同:有馬克思主義歷史觀的理論指導,並將古文字研究置於人類文明發展的進程中去考察。郭沫若是最早

---

　　① 1929年8月27日郭沫若致信容庚"因欲探討中國之古代社會,近亦頗用心於甲骨文字及金文字之學"。《殷周青銅器銘文研究·序》謂"余治殷周古文,其目的本在研究中國之古代社會"。又見《中國古代社會研究·序》《金文叢考·跋》《我與考古學》《我是中國人》等。
　　② 郭沫若:《郭沫若選集·自序》,收入《郭沫若選集》,開明書店1951年版。
　　③ 恩格斯:《卡爾·馬克思〈政治經濟學批判〉》,收入中共中央馬克思恩格斯列寧斯大林著作編譯局編《馬克思恩格斯選集》第2卷,人民出版社1995年版,第39頁。
　　④ 中共中央馬克思恩格斯列寧斯大林著作編譯局編:《馬克思恩格斯選集》第4卷,人民出版社1995年版,第475頁。
　　⑤ 周恩來:《我要説的話》,原載《新華日報》1941年11月16日;收入《新文學史料》第2輯。

利用馬克思主義研究古文字材料的學者，更是馬克思主義史學中國化的先行者。

## 第二節　《大系》成書過程稽考

文本的形成過程是文獻學研究必不可少的關鍵環節。成書背景、成書過程對細緻書寫學術史至關重要。《大系》作爲郭沫若古文字研究最重要的一部著作，其寫作成書的歷史，不僅是窺究郭氏學術活動的絕佳範例，也是二十世紀初金文研究發展歷程的一個縮影。

1928 年，郭沫若開始有意識地接觸金文，前往東洋文庫查閱考古資料，"就在這一兩個月之內，我讀完了庫中所藏的一切甲骨文和金文的著作，也讀完了王國維的《觀堂集林》。我對於中國古代的認識算得到了一個比較可以自信的把握了"。① 1929 年作《卜辭中的古代社會》《周金中的社會史觀》②《甲骨文字研究》時，已大量引用金文材料。但主要是直接利用王國維等人的學術成果，並未深入研究。其中《周金中的社會史觀》一文，利用徐國、莒國、吳國、郜國等國銘文，闡釋"諸侯可稱王""公侯伯子無定稱"等觀點。此時作者在利用金文材料時已有了區分國別的意識，這可視爲他系統研究金文分域的先聲。

目前所知郭沫若研究金文最早的文章是作於 1930 年 2 月的《由矢彝考釋論到其他》。此後，又陸續寫成《殷彝中圖形文字之一解》《大豐簋韻讀》《令彝令簋與其它諸器物之綜合研究》《秦公簋韻讀》等一系列研究商周銘文的文章，後集爲《殷周青銅器銘文研究》一書。③ 另有踵武王國維《兩周金石文韻讀》而作的《金文韻讀補

---

① 郭沫若:《我是中國人》，《郭沫若全集·文學編》第 13 卷，人民文學出版社 1992 年版，第 342—376 頁。
② 後改名《周代彝銘中的社會史觀》。
③ 郭沫若:《殷周青銅器銘文研究》，大東書局 1931 年版。

遺》，綜合銘文、器形、紋飾等詳細考證銅器年代的長文《毛公鼎之年代》等單篇論文。這些文章，雖不成體系，但都是科學系統研究兩周金文的學術準備。

為何要系統梳理兩周金文，作者在《大系》序言中已作說明。簡言之，分國斷代是利用金文研究歷史的前提，而一般常用後代曆法推算彝器年代，① 作者質疑此方法的科學性，進而提出標準器斷代法，重新梳理兩周銘文，目的在"求周代彝銘之歷史系統與地方分類"。

其實，早在 1930 年 4 月，郭沫若就已經提出關於銅器斷代的新思路。

<u>器物時代頗不易定，歷來大抵依據款識以為唯一之標準，然此標準亦往往不可靠。</u>例如以日為名者古即歸於商器，然遹簋乃穆王時器猶稱"文考父乙"，即其一例也。<u>余意花紋形式之研究最為切要，近世考古學即注意於此。</u>如在銅器時代以前之新舊石器時代之古物，即由形式或花紋以定其時期。足下與古物接觸之機會較多，能有意於此乎？<u>如將時代已定之器作為標準，就其器之花紋形式比彙而統系之，以按其餘之時代不明者，余意必大有創獲也。</u>

（1930 年 4 月 6 日郭沫若致容庚）

……然此等于年有徵之器物，余以為其圖象與銘文當專輯為一書，以為考定古器之標準。蓋由原物之器制與花紋，由銘文之體例與字跡，可以作為測定未知年者之尺度也。……可知器制與花紋于鑒定之事甚關重要，其標準之設置與系統之追求之不可或緩；然目前為此事者似尚無人，而余則無此便宜，且無此餘裕。

（1930 年 7 月 29 日作《殷周青銅器銘文研究·序》）

---

① 如吳其昌所著《金文曆朔疏證》，即利用曆法研究金文年代，郭沫若對兩周金文的斷代與之全然不同。

第一章　《兩周金文辭大系》成書史及其版本　23

　　臣辰盉拓片及圖能見否……<u>蓋花紋形式於器之製作時代上大有攸關也。</u>

　　　　　　　　　　　　　（1930 年 12 月 4 日郭沫若致容庚）

　　余之意于器物之年代系統，先求其有可徵者，既有可徵，則將進而求其花紋與形式以定一時之器之楷模。凡器之同時者其花紋形式必同，就所得之楷模以爲測量它器之標準，則銘無可徵或無銘可徵之器，其時代之鑒定將有如探囊取物矣。夫如是則古器物之混沌方可以鑿通，古器物學之系統方可以成立，而古曆古禮古俗古代藝術古代思想等等之實際與演進亦方有可言，言之亦方有可準。

　　（1930 年 11 月 20 日作《殷周青銅器銘文研究Ⅱ·序》）①

　　花紋定名弟尚未嘗試，惟於花紋研究之方針早有腹案，惜無資料耳。定時分類爲要，定名次之，分類已成即名之爲甲乙丙丁，或 ABCD 均無不可。定時乃花紋研究之吃緊事。此與陶磁研究及古新舊石器之研究同。此事最難，<u>須就銘文之時代性已明者作爲標準，逐次以推求之也。花紋之時代性已定，則將來無銘文之器物或有銘而不詳者，其時代之辨別將有如探囊取物矣。</u>　　　　　　　（1931 年 7 月 17 日郭沫若致容庚）

　　以上可知，郭沫若較早注意到了傳統斷代方法的弊端，借鑒西方考古學理論提出利用紋飾形制判斷銘文年代的想法，並很快在《毛公鼎之年代》中得以實踐。② 文中專列"花紋形式上之考證"一節，從形制上比較毛公鼎與確定爲殷末周初的圓鼎，認定毛公鼎之形式決非周初所宜有；就花紋而言，毛公鼎亦不同於殷末周初銅器的一般紋飾特徵，而與鬲攸从鼎之花紋形式全同。該文不僅分析了

---

①　未刊。轉引自蔡震《郭沫若著譯作品版本研究》，東方出版社 2015 年版，第 127—131 頁。

②　該文作於 1930 年 11 月 25 日，1931 年 3 月 14 日校改，初載《東方雜誌》第 28 卷第 13 號，1932 年經過多處校改後，重新謄寫收入《金文叢考》。

毛公鼎的形制紋飾，還從方法論的角度，詳細作了闡述，今摘錄如下：①

> 大凡一時代之器必有一時代之花紋與形式，今時如是，古亦如是。故花紋形式在決定器物之時代上佔有極重要之位置，其可依據有時過於銘文，在無銘文之器則直當以形式花紋等爲考定時代之唯一綫索。……余謂今後研究殷周彝器者，其最主要之事業，即在求出花紋形式等之歷史系統。求之之法，其一在今後科學的地底之發掘，由地層之先後可以推定器物之先後，就其器物之先後以求其形式或花紋，則自能成一系統，即成一科學。然此事在目前殊未易言。目前所較易舉者有次善之策，則就存世之器就其銘文中之確已透露其時代者以求之。如……其人名年代均確鑿可徵，由此類器物以求之，爲器雖無多，然由殷至周，由周初而宣幽而春秋而六國，大抵可得一疏鬆之系統。由此系統之花紋形式以較驗其它於銘無徵或無銘可徵之器，則存世數千具之古器將如蠏珠之就貫矣。

這些都當視爲《大系》研究方法的先聲。

《大系》開創了科學劃分兩周銘文的方法，即先將"器物年代每有于銘文透露者"定爲標準器，然後據標準器爲中心"以推證它器，其人名事跡每有一貫之脈絡可尋。得此更就文字之體例，文辭之格調，及器物之花紋形式以參驗之，一時代之器大抵可以蹤跡，即其近是者，於先後之相去，要亦不甚遠"。②

關於《大系》的寫作經過，由於史料匱乏，不少環節只能付之闕如。但作者與友人的往來信札中曾多次涉及該書體例、出版等問題，故不少細節可還原到具體某日。

---

① 郭沫若：《毛公鼎之年代》，《東方雜誌》第 28 卷第 13 號。
② 《大系》序。

1931年2月16日，致信容庚，告以最近撰寫《兩周金文辭通纂》一書，已略有眉目，並請教相關銘文。

> 近撰《兩周金文辭通纂》一書，已略有眉目。有數事求教者……此數器均所未見，兄處有拓墨否？能將其辭抄示亦可。
> （1931年2月16日郭沫若致容庚）

3月20日，《兩周金文辭通纂》大體已草就，致函容庚，告之全書體例，並求舀壺蓋、白懋父敦銘文。

> 《金文辭通纂》大體已就，分上下二編：上編錄西周文，以列王爲順；下編錄東周文，以列國爲順。上編仿《尚書》，在求歷史系統；下編仿《周詩》，在求文化範圍。辭加標點，字加解釋，末坿以雜纂及殷文——全書之大體如是。上編頗難，亦頗有創獲處，惟所見有限，待兄援手之處甚多……新出舀壺蓋、白懋父敦辭可錄出否？能得拓本，渴望見示……弟所見列王之器，與吳其昌君所見者幾於全異，如毛公鼎，弟謂乃宣王時器，別有詳考。
> （1931年3月20日郭沫若致容庚）

4月19日，《通纂》大體已就，僅餘索引表未完成。托容庚聯繫傅斯年，有意在中央研究院出版。

> 曩歲兄曾言孟真有印弟《甲骨文釋》意，今欲將近著《兩周金文辭通纂》相浼，署名用鼎堂，願能預支版稅日幣四、五百圓，望兄便爲提及。該著大體已就，僅餘索引表未成。如前方能同意，弟當即走東京製成之也。
> （1931年4月19日郭沫若致容庚）

5月19日，容庚覆信郭沫若，告傅斯年願意出版《通纂》，但暫時無力預付版稅。

> 兄售稿事，俟與孟貞一商再復。此時事集尚未進城。
> 項打電話與孟貞，他對於大箸極所歡迎，惟此時款項支絀萬分，無從支付，囑道歉意。
>
> （1931年5月19日容庚致郭沫若）

6月25日，繕寫《通纂》，需要《泉屋清賞》。

> 《泉屋清賞》複印片弟願得一份（請即擲下，因目前繕寫《通纂》，正需此）
>
> （1931年6月25日郭沫若致容庚）

8月14日，向容庚尋借小臣謎簋拓本，欲攝影收入《通纂》插圖。另提及文求堂書店有意印行《通纂》。

> 小臣謎簋（釋文關於城虢之說有未諦，望寄回修改）拓本如不可得，望將兄藏本再假我，擬攝影插入《通纂》（此書日本文求堂有印行意，約於年內可望出版）中也。
>
> （1931年8月14日郭沫若致容庚）

8月15日，請田中慶太郎影印《御簋》拓本。

> 《沈子簋銘》已領訖。茲別寄《御簋》拓本一紙，亦由容希白君處假得者，望付影印。
>
> （1931年8月15日郭沫若致田中慶太郎）

9月9日，《大系》全書錄成，作解題、序文。裏封以金文字體題寫書名"兩周金文辭大系"。書前附有十三件器銘插圖，多來自容庚。①

> 弟近忙于《兩周金文辭大系》（《通纂》改名）之謄録，《論莊子》一文尚無暇整理。《大系》近已録成，本擬先寄兄一閱，唯出版處催稿頗急，只得待出書後再請教。（以上未經著録諸器即欲插入該書中，務望兄玉成之。）
>
> （1931年9月9日郭沫若致容庚）

綜上可知，《大系》原名《兩周金文辭通纂》，1931年8月14日郭氏仍稱新作爲《通纂》，9月9日已明確改名《兩周金文辞大系》。此外值得注意的是，3月20日郭沫若致信容庚，提及《大系》構思時説"末坿以雜纂及殷文"，這一部分，作者後來"繼嫌蛇足，遂寢置之"，②故《大系》出版時未收。

至於爲何改名爲"大系"，還要從該書的體例談起。作者在《大系》序文、《論古代社會》《青銅器時代》等文中多次談及《大系》體例，摘録如次：

> 整理之方將奈何？竊謂當以年代與國别爲之條貫……其依據國别者，於國别之中亦貫以年代……國别之器，得國三十。曰吴、曰越……曰秦。由長江流域溯流而上，於江河之間順流而下，更由黄河流域溯流而上，地之比鄰者，其文化色彩大抵相同。更綜而言之可得南北二系。江淮流域諸國南系也，黄河流域諸國北系也……全書分爲上下二編，其目的在求周代彝銘

---

① 見32版《大系》解題。35版《大系目録表》"諸家著録"欄中的"初圖"即指32版《大系》插圖。這些插圖在後來的《大系圖録》中或沿用，或替换爲更清晰的拓本。

② 32版《金文叢考》跋尾。

之歷史系統與地方分類，定名爲"兩周金文辭大系"。①

> 我編纂了一部《兩周金文辭大系》，對西周以前的金文，是依照國王文、武、成、康的次序整理的……對春秋到戰國的金文，則是根據國別地域和年代的先後來整理的。其材料，來源很廣，由長江流域溯江而上，復由淮河流域順流而下，再由黄河流域上達陝西。②

> 周代的彝器，我自信是找到了它的歷史的串繩了。③

其實"大系"一詞來自日語，係明治時期田口鼎軒首創，後很快流行於日本出版界。日語中"系"有"絲""綫"的意思，"大系"取"經綫"意，"大系"就是大的經綫，即將零散的歷史串聯在一起。郭沫若將書名中的"通纂"改成"大系"，蓋強調兩周金文按"時間""地域"兩條綫索梳理，最終形成了周代彝器"歷史的串繩"。

1931年9月9日錄成的《大系》，其實並非最終面貌。作者致文求堂主人田中慶太郎的書札中，保存了出版背後的相關史料：

> 別紙就《觀堂遺墨》中將秦《新郪虎符》（《大系》插圖之一）樵出，如羅氏無善本寄至，亦勉強可用也。
> 
> （1931年9月20日致田中）

> 《矢彝》銘文擬亦錄入《大系》插圖。府上有《明公彝》單行本，可僅取其中三種銘文，以爲第一圖，按a（蓋）、b（器）、c（尊）之順序。目錄與插圖説明既爲手寫體，序文與凡例亦當手寫方能統一。望飭印刷所將以上兩種寄下。
> 
> （1931年9月26日致田中）

---

① 32版《大系》序文。
② 郭沫若：《論古代社會》，收入《今昔蒲劍》，海燕書店1949年版，第165—182頁。
③ 郭沫若：《青銅器時代》，收入《青銅時代》，科學出版社1960年版，第297—308頁。

序文、解題皆已謄清。目錄與圖版目次須待數日，因須待索引頁數。近日當攜以奉上。

(1931年11月2日致田中)

《大系》插圖第十四《秦新郪虎符銘》疑僞，決刪去，幷祈飭印刷所將序目及本文最後二葉寄下，以便修改。

(1931年11月10日致田中)

《大系》插圖墨漏處已注入，乞釋念。

(1931年11月12日致田中)

出版屆及奧付二紙已分別蓋章寄上。

(1932年1月2日致田中)

版權頁另函奉上。煩擾種種，甚爲不安。

(1932年1月6日致田中)

據此可知：一，《大系》最初收錄了秦國的新郪虎符，後作者懷疑是僞器，11月10日才決定刪去；① 二，序文及解題原爲排印版，爲求與目錄、插圖説明的手寫體統一，作者重新謄寫更換；三，1931年9月9日《大系》書稿録成後不久即交付文求堂，至遲9月26日書稿已轉至印刷所。自9月26日至次年1月6日的三個月間，② 作者多次去信討論出版細節。

《兩周金文辭大系》最終於1932年1月10日出版發行，這開啓了郭沫若與文求堂長達5年的合作。直至回國，郭沫若研究古文字的9部專著均由文求堂出版。

1932年1月《大系》出版後，郭沫若在金文研究上注入了更多精力。1月21日草寫《釋黄》；3月30日寫定《金文韻讀補遺》；③

---

① 1935年增訂《大系》時，作者改變觀點，認爲新郪虎符不僞，故重新收入《大系圖録》及《考釋》。
② 《大系》版權頁記"昭和七年一月六日印刷"，昭和七年即1932年。
③ 該文初載日本《支那學》雜誌第6卷第1號，後收入《金文叢考》。

3月31日著手撰寫《金文叢考》……①6月6日《金文叢考》全書錄成，文末《跋尾》敘述了寫作緣起：②

> 去歲秋間草《兩周金文辭大系》時，曾有意于書後坿以通說，繼嫌蛇足，遂寢置之。書出後，倏忽已經半載，漸覺舊說多疏，欲爲補苴罅漏……成文若干篇，更益之以舊作數種，錄成斯集，顔之曰《金文叢考》，俾與《大系》竝行。此與《大系》固姊妹行也。

《金文叢考》收錄《大系》以外零散的金文著述十一篇，一定程度上補充、訂正了《大系》。作者將《金文叢考》視爲《大系》姊妹篇，二者相輔相成，以《大系》爲主，《叢考》爲輔。③ 1932年8月1日《金文叢考》出版。11月6日《金文餘釋之餘》出版。次年9月15日作《周代彝銘進化觀》，另有《金文續考》十三篇以"補苴舊業"。④

在撰寫上述金文著述的過程中，郭沫若接觸到了更多材料，認識也隨之增深。這些都促使他產生了編製《大系圖錄》、刊謬補缺《大系》的意向。⑤

1935年3月5日《兩周金文辭大系圖錄》出版，分爲《圖編》《錄編》兩部分，《錄編》依《考釋》順序收錄器銘拓本或摹本。同年8月20日《兩周金文辭大系考釋》印行。《考釋》是在32版《大系》基礎上增删改寫而成的，二者雖同爲考釋，但實屬兩個文本

---

① 1931年3月31日郭沫若致田中函。
② 見32版《金文叢考》跋尾。
③ 1954年版《金文叢考》重印弁言。
④ 後二種均收入12月10日出版的《古代銘刻彙考》一書。
⑤ 《大系圖錄·引言》："《大系》成書後已歷三年，舊時見解有未當意處，新出之器復時有所獲，爰更詳加增訂，改版問世，而別成此《圖錄》以便觀覽。"

系統。①《圖録》與《考釋》既然是相互配合的一套著作，爲何不一起出版？

究其緣由，還要從兩部書的成書過程談起。

1933年12月至1935年9月，郭沫若致田中慶太郎、田中震二的近百封書函，多涉及《大系圖録》《大系考釋》的編纂、出版事宜。由於信文較多，今僅擇取重要時間節點的内容，如下揭。

1933年12月8日，已有出版《兩周金文辭大系》原拓的意向。

> 《兩周金文辭大系》原拓刊行計劃已決定中止了嗎？貴堂有無再版之意？亦乞便中示知爲禱。上海某書局已流露有意出版，姑奉聞。

12月11日，强調選擇拓本與編製樣式須經著者之手。

> 刊行《兩周金文辭圖版》實爲好事，然選擇拓本與編製樣式須著者之手，方合情理。此外，再版時，擬稍加增訂。故翹首盼待斯時之速至也。

1934年2月12日，《大系》所需圖像及拓本，大致備齊。與田中商討《圖録》銘文的尺寸標準及該書的裝幀形式。

> 上海劉體智昨日寄到《善齋金文録》一部。《大系》所需圖象及拓本，大致備齊，擬著手編纂。手邊尚缺左記諸書，尊處如有，乞寄下；缺者，祈設法函購。……潘祖蔭《攀古樓》、吳大澂《恒軒所見所藏吉金録》。此外，版本大小及樣式，亦望作最後決定。敝意以《大系》中《矢彝》銘文爲標準，大於此者縮小之，裁去周圍輪廓，作漢籍式綫裝，如何？

---

① 詳本章第三節。

2月23日，提出《圖錄》編纂方式的初步設想。計劃先撰寫《古代銘刻彙考續編》，然後再著手編輯《圖錄》。

《圖錄》編纂方式，銘文部分擬以《周金文存》爲準。書末附各器之簡要說明，並補充、訂正《大系》之不足及誤謬。先發表新增諸器之詳細考釋，然後收入《圖錄》，所附說明，長短詳略，自然劃一。由此想到可撰成《古代銘刻續編》一冊。當然可望同時完成，但本部分擬先撰。來月上旬著手，一俟纂就，立即著手編輯《圖錄》。

6月17日，繕寫《兩周金文辭大系》。

目前正繕寫《兩周金文辭大系》，已成百數十葉，甚感疲勞。小型原稿紙將用盡，請印一二百張擲下爲盼。

7月12日，決定將福開森英譯《大系》序文轉印入增訂本《大系》後。

又《北平圖刊》有福開森英譯《大系》序文，已得彼同意轉印入增訂本《大系》後，請檢出，依小型原稿用紙樣付排。日前囑爲觀潮樓作書，因撰述（大系）忙碌，尚未執筆。項《大系》不日即可脫稿，當大書而特書也。

7月21日，《大系》增訂完畢。忙於編製《圖錄》與《索引》。

《大系》增訂畢。目前忙於編製《圖錄》與《索引》。《圖錄》若非生小粘貼，則二者頁數不符。另紙追加之諸器銘，請速攝影寄下。

8月30日，圖版貼畢。

　　圖版已貼畢，雖與指定尺寸不符，但較預計五十葉少二十葉之多，且視器物情況，有半面即貼八圖者，權請放心。若貴店有人便中過我，即可奉上原稿。

9月1日，編製目錄表。

　　現正編製目錄表，即將完成，俟編訖即奉上。需追補左記器與銘……

10月9日，草《彝器形象概說》（後改爲《彝器形象學試探》）。

　　《刪訂泉屋清賞》及照片奉到。現正草《彝器形象概說》，已四易稿，頗難洓意。

11月6日，《錄編》脫稿。

　　《錄編》耗時半載有餘，三、四易其稿，想無須再大改。然如有未妥處，乞示知爲盼。

11月20日，作《圖錄》引言。①
11月25日，《圖編》脫稿。

　　《圖編》終於昨晚脫稿。有若干事尚須留意，望近日過我，並攜僕傭一人同來。

---

① 《大系圖錄》引言。

12月17日，確定《圖録》分册情况。

　　《圖録》順序已列於《引言》之後。爲審慎計，復録如左：一、《唐序》，《引言》，《著録書目》，《目録表》，《年代表》，《圖編》。以上第一册。二、《録編》，四分册，後綴《補遺》及《附録》。仍循尊説，釐爲五册。如此，可使各册保持大致均等。又，唐序之校樣，請寄下一、二葉，擬酌情删去。

12月19日，寄去《兩周金文辭大系圖録》題簽。再次重申《圖録》分册情况。（圖1-1）

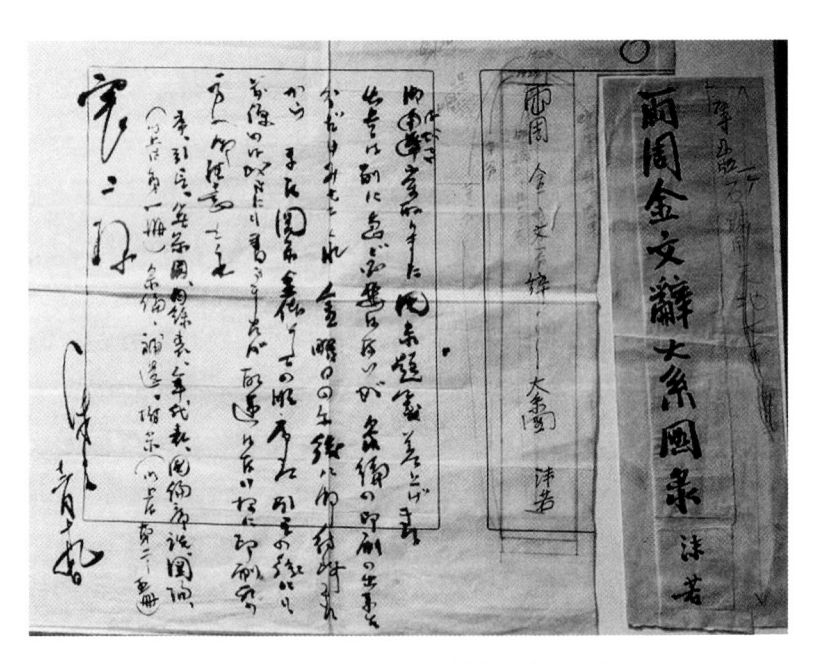

図1-1　嘉德2018年春季拍賣會展品①

1935年3月5日，《兩周金文辭大系圖録》出版發行。

---

① 2018年6月17日筆者攝。

4月5日，對增訂《大系》作最後定稿。

  目前稍有閒暇，正對增訂《大系》作最後定稿。前日於貴堂見吳闓生《吉金文錄》，請寄下以爲參考。

6月13日，請田中將《圖錄》勘誤附於《考釋》之後。

  另紙《圖錄》勘誤，附於此次《考釋》之後。前回奉還之《考釋》原稿166正面第八行或第九行。"不及清宮之半""及"與"宮"之間添入一"清"字，請刪去。……爲製作《考釋》插圖奉上諸書，因需時常翻閱，如攝影訖，請擲回。

7月20日，請田中更換原裏封面題字，並將《考釋》勘誤一紙附於《圖錄》勘誤後。

  《大系》插圖及《補錄》數紙收到。原有裏封面題字，俗不可耐，另書一紙奉上，務請更換爲禱。《考釋》勘誤一紙，請附在《圖錄》勘誤後有半葉空白處。

8月20日，《兩周金文辭大系考釋》出版發行。
由以上尺牘可知：
 一、《圖錄》所收唐蘭序文經由郭沫若刪改，並非其本來面貌。
 二、較32版《大系》插圖不同，《圖錄》係作者親自編製。郭沫若將徵集到的拓本寄往文求堂請人攝影並寄回，由他親自將照片剪貼成《大系》圖版。①

---

① 1934年6月26日郭沫若致信田中"《雙劍誃吉金圖錄》奉到。其中左記諸器之銘與器請攝影"。1934年7月4日致信田中"據《雙劍誃》增拍器銘照片奉到"。1934年7月27日致信田中"所需乃前次據以拍攝之銘文複製件，向開明堂查詢便知"。

三、1933年12月已有刊行《圖錄》之意。次年2月23日提出《圖錄》編纂草案，欲將補充、訂正《大系》的部分附於《圖錄》末。換言之，是時尚無刊行《大系考釋》的計劃。

四、至晚1934年6月9日已有別成《大系》增訂本（即《大系考釋》）的想法。①《考釋》先於《圖錄》與《索引》脱稿，1935年3月5日《圖錄》出版後，又對《考釋》作了最終修訂。

細心的讀者會發現，既然《考釋》先於《圖錄》脱稿，且二書互爲表裏，那麼爲何《圖錄》要先行出版呢？

筆者統計《圖錄》拓本來源時發現，《圖錄》首次公佈的銘文拓本中與羅振玉《三代吉金文存》（以下或簡稱《三代》）相合者，竟達四十八器之多，②而這些拓本多係羅氏私藏。③《三代》出版於1937年，晚於《圖錄》。那麼緣何出現了這一奇怪的現象呢？

郭沫若致文求堂函札透露出不少綫索：

<u>請内藤先生複製之羅氏金文拓本一件</u>，費用幾何？若價過昂，以余目前狀況，能否負擔，尚躊躇，乞詳告之。

（1933年12月8日郭沫若致田中）

先生謂"3月以後著手印刷《金文辭圖版》"，"以後"之意殊難解。倘欲三、四月著手印刷，則必須立即著手編纂。複製羅氏拓本一事亦復如是，皆係口頭之約也。<u>且聞羅氏亦有編輯成書之計劃。倘能先加利用，則於彼此均有益。</u>

（1933年12月14日郭沫若致田中）

---

① 1934年6月9日致信田中"另包寄上鼎一、劍二、《陳侯午敦》一及《陳侯因𢙲敦》，請攝影。均擬收入《大系》及《圖錄》。劍按原大。《三代秦漢金文著錄表》（羅福頤著，墨緣堂石印）《雙劍誃吉金文選》（于省吾撰集，來薰閣代售）右記二書，急需參考，如無存書，請代購買"。

② 詳第二章第四節《〈兩周金文辭大系圖錄〉器影、銘文來源考》。

③ 羅振玉《三代吉金文存·序》："去年乙亥，馬齒既已七十，蓋念四十年辛苦所搜集、良朋所屬望，今我不作，來者其誰？乃努力將舊藏墨本及近十餘年所增益，命兒子福頤分類，督工寫影，逾年乃竣，編爲《三代吉金文存》二十卷。"

乞恕自作主張，羅氏拓本之85元擬自來年《圖版》印稅中扣除。

(1933年12月21日郭沫若致田中)

由此可知，田中慶太郎曾托内藤湖南複製了一份"羅氏拓本"，這份拓本是《圖錄》銘文的重要來源。羅氏拓本即指羅振玉所藏金文拓本，與《三代》拓本屬於同一批，故《圖錄》與《三代》的不少拓本相同。

據"羅氏亦有編輯成書之計劃，倘能先加利用，則於彼此均有益"一句可知，郭沫若在得知羅振玉的計劃後，急欲搶在羅書出版之前印行《圖錄》，以便提升《圖錄》價值。由此一來，作者不等《考釋》寫畢，而先行出版《圖錄》的疑惑也有了一種合理的解釋。

## 第三節 《大系》版本遞嬗

《大系》自1932年行世以來已逾九十年，至今共有八個版本。其中郭沫若生前至少修改過三次，是作者所有學術著作中用力最勤，持續時間最久的一部，足見其珍視程度非同一般。該書在各批次出版印刷時，常常有不同程度的修改，排版、序跋、內容等方面多有變動。下面按出版先後依次介紹各版本的大致情況。

一、32版《兩周金文辭大系》（以下或簡稱"32版《大系》"）

1932年1月10日由日本文求堂書店出版，據作者手稿影印。洋裝一帙一册，共276頁，分精裝本、平裝本兩種，印刷500部。

作者於内封，以金文字體題寫書名"兩周金文辭大系"，且有副標題"周代金文辭之歷史系統與地方分類"（見圖1-2）。全書包括"序文""解題""上編""下編""索引（全書分目及著錄出處）""勘誤表"。其中上編收西周金文凡一百三十七器，自武王至幽王，以列王爲次；下編得東周金文凡一百一十四器，分三十國，以國別地域爲次，分別爲吳、越、徐、盧、楚、䣭、黃、江、蔡、鄧、許、蘇、鄭、陳、宋、曾、滕、薛、邾、䢅、魯、杞、祝、齊、衛、燕、晉、虞、虢、秦。由長江流域溯流而上，復由淮河流域順流而下，更由黃河流域上達陝西。對二百五十一件器銘作了釋文、斷代分國及相關字詞的考釋説明。

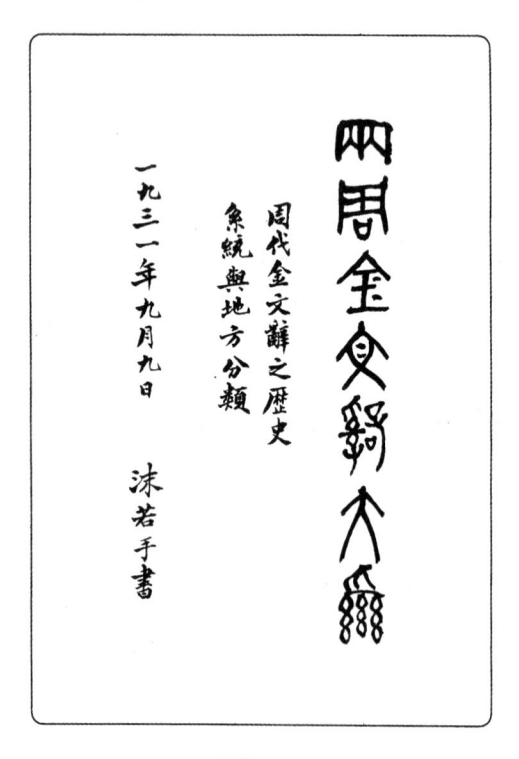

圖 1-2

書前附有十三張銘文插圖，書末另有一紙鉛排版勘誤表。

二、35 版《兩周金文辭大系圖録》（以下或簡稱"35 版《大系圖録》"）

1935 年 3 月 5 日由日本文求堂書店出版，石印本。綫裝一函五册，印刷 500 部。

全書包括"唐蘭序""引言""諸家著録目""目録表""列國

標準器年代表""圖編序說——彝器形象學試探""圖編""錄編""補遺""附錄"。《圖編》輯器物形象，收錄二百五十三件器圖。《錄編》專輯銘文拓本、摹本或刻本，收錄五百零六件器銘。

三、35 版《兩周金文辭大系考釋》（以下或簡稱"35 版《大系考釋》"）

1935 年 8 月 20 日由日本文求堂書店出版，據作者手稿影印。綫裝一函三册，印刷 500 部。

全書包括"插圖""解題""序文""上編""下編""補録（六器）""圖錄勘誤""考釋勘誤"，且書末附有福開森英譯《大系·序文》。其中上編收西周金文凡一百六十二器，較 32 版《大系》删削師旦鼎（成王時器）、交尊（昭王時器）二器，另增二十七器。下編得東周金文一百六十一器，共分三十二國，依次爲吴、越、徐、楚、江、黄、鄀、蔡、鄧、許、鄭、陳、宋、鄫、滕、薛、邾、邽、魯、杞、紀、祝、莒、齊、戴、衛、燕、晉、蘇、虞、虢、秦。此較 32 版《大系》增添了紀、莒、戴三國之器，删去了盧國，一些國別順序亦有調整，即將原"鄀、黄、江、蔡、鄧"改爲"江、黄、鄀、鄧、蔡"；原在"鄭"前的"蘇"，移置"晉"後；"虞、虢"倒爲"虢、虞"。下編較 32 版《大系》删略邽造鼎（邽國器）、司寇良父簋（衛國器）二器，另外添加了四十九器。

32 版《大系》印行後又陸續新出了不少銅器，作者爲補苴罅漏，對 32 版《大系》詳加增訂，《大系考釋》隨之問世。該書雖說是 32 版《大系》的增訂本，基本體例、研究方法與 32 版同，但收錄的器銘更多，考釋更精，且於器物順序、國別斷代等方面也有大量改動。全書的版式行款亦與 32 版完全不同，應爲作者重新繕寫後影印。

從内容上看，是書較 32 版幾乎每件器銘的考釋都有增删。據筆者核對，其中涉及學術觀點變動者多達一百二十餘器。[1]

---

[1] 詳第三章。

四、57 版《兩周金文辭大系圖錄考釋》（以下或簡稱 "57 版《大系》"）

1957 年 12 月，科學出版社將 35 版《大系圖錄》、35 版《大系考釋》增訂合印，作爲 "考古學專刊甲種第三號" 出版。綫裝一函八冊，印制 1280 部。

全書分八冊裝訂，第一至五冊爲《圖錄》部分（以下或簡稱 "57 版《大系圖錄》"），第六至八冊爲 "考釋" 部分（以下或簡稱 "57 版《大系考釋》"）。大體以 35 版《大系圖錄》、35 版《大系考釋》爲底本影印，作者於卷首冠以《增訂序記》一篇，替換原版唐蘭序。另扉頁及内封後分别附有科學出版社撰《說明》及《内容提要》。

值得一提的是，57 版《大系考釋》第七卷首頁左下有一方陽文印（圖 1-3），此印亦鈐於第八卷首頁左下。

圖 1-3

印文不甚清晰，但細審仍可辨識，當爲 "北平研究院史學研究所圖書"。我們比較了不同圖書館保藏的多部 57 版《大系》，均鈐有該印文，可見此印乃爲底本所固有，影印時未作處理。換言之，57版《大系考釋》的底版並非1935年文求堂出版《大系考釋》時所用的作者原稿，而是原北平研究院史學研究所典藏的35版《大系考釋》出版物。作者在這部書上作了批校，增添大量眉批、旁批、夾注，甚至多有刪改、挖補。

除了作者對《大系考釋》作了修改和增補外，還請黃烈等人校對、補充了《大系圖錄》，抽換並增加了一部分新材料，於原"諸家著錄目"後增添"諸家著錄目補"。①

五、臺灣翻印《兩周金文辭大系考釋》（以下或簡稱"臺灣翻版《大系考釋》"）

出版時間與機構不詳，無版權頁，平裝，帙一册。

書衣上有宋體排印書名"兩周金文辭大系考釋"，書脊題"兩周金文辭大系考釋（增訂本）1957"，不著撰人。此書爲臺灣某出版社據1957年科學出版社增訂版《兩周金文辭大系圖錄考釋》第六、七、八册的合訂翻印，凡文中提及"郭沫若"均遭挖改刪除。

該書以57版《大系考釋》爲底本影印，亦帶有原57版的兩處印文"北平研究院史學研究所圖書"。與57版相較，刪去了福開森所譯《序文》，新增了四紙《目錄表》。此外，全書有意抹除了作者的相關信息，如内封僅存作者原題書名，刪削了"一九三五年七月沫若自題"；原57版《序文》尾題"一九三四年九月九日 沫若識"改削後，僅存"若識"二字；原57版上下編正文首頁的"郭沫若選集"五字亦遭抹除。

需要說明是，該書插圖後附有一份標明諸器目次及考釋頁數的"目錄表"，雖爲手寫體，但絕非郭沫若筆跡。這大概是由於原57版《大系圖錄》部分的《目錄表》標註了考釋、圖編、錄編的頁碼，而此次僅印了《考釋》部分，爲方便讀者，故重新作了器物"目錄表"（書影見圖1-4）。

---

① 參1954年8月18日容庚致郭沫若函、1954年11月1日郭沫若致尹達函。

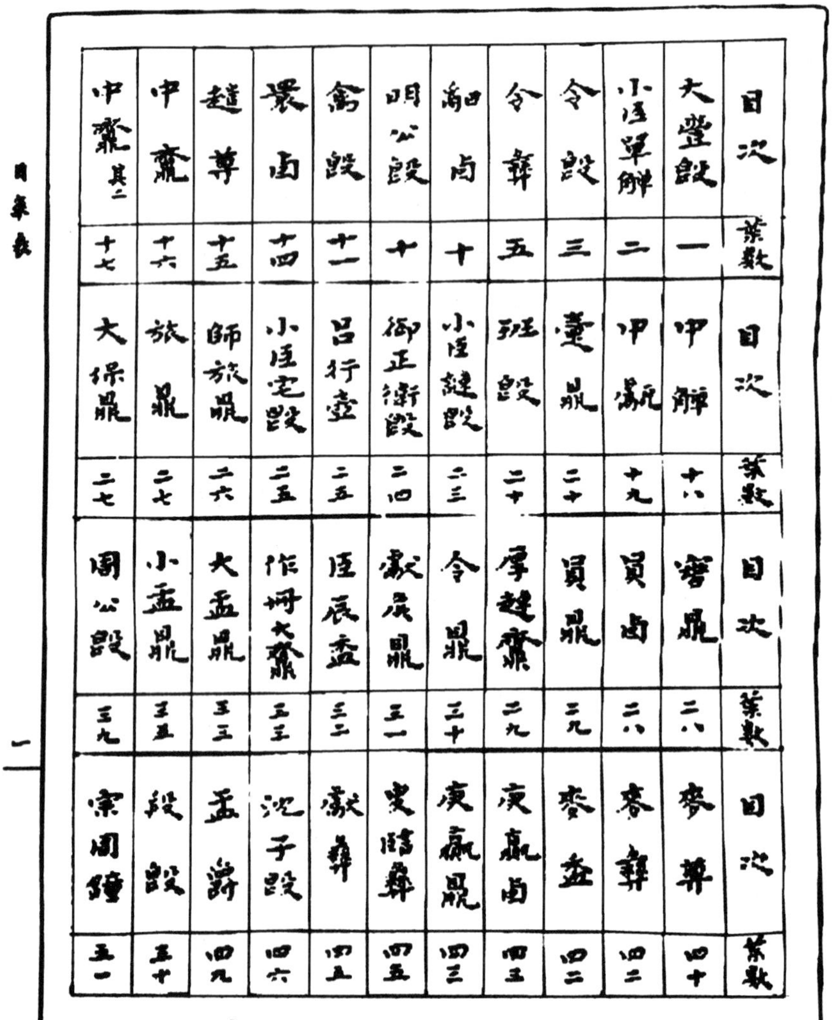

| 目次 | 葉數 |
|---|---|
| 大豐𣪘 | 一 |
| 小臣單觶 | 二 |
| 令𣪘 | 三 |
| 令彝 | 五 |
| 䚄卣 | 十 |
| 明公𣪘 | 十 |
| 禽𣪘 | 十一 |
| 睘卣 | 十四 |
| 趞尊 | 十五 |
| 中甗 | 十六 |
| 中甗其二 | 十七 |
| 中觶 | 十八 |
| 中甗 | 十九 |
| 疐鼎 | 二十 |
| 班𣪘 | 二十 |
| 小臣謎𣪘 | 二三 |
| 御正衛𣪘 | 二四 |
| 呂行壺 | 二五 |
| 小臣宅𣪘 | 二五 |
| 師旂鼎 | 二六 |
| 旅鼎 | 二七 |
| 大保鼎 | 二七 |
| 寓鼎 | 二八 |
| 員卣 | 二八 |
| 員鼎 | 二九 |
| 厚趠齋 | 二九 |
| 令鼎 | 三十 |
| 獻侯鼎 | 三一 |
| 臣辰盉 | 三二 |
| 作册大鼎 | 三三 |
| 大盂鼎 | 三三 |
| 小盂鼎 | 三五 |
| 周公𣪘 | 三九 |
| 麥尊 | 四十 |
| 麥彝 | 四二 |
| 麥盉 | 四二 |
| 庚嬴卣 | 四三 |
| 庚嬴鼎 | 四三 |
| 吏賸彝 | 四五 |
| 獻彝 | 四五 |
| 沈子𣪘 | 四六 |
| 孟爵 | 四九 |
| 段𣪘 | 五十 |
| 宗周鐘 | 五一 |

目錄表　一

圖 1 – 4

六、大通書局版《周代金文圖録及釋文》（以下或簡稱“大通版《大系》”）

1971 年 3 月，臺灣大通書局印行。精裝本，一帙三册。版權頁出版者題“大通書局”，出版時間“中華民國六十年三月初版”，亦未題撰人。

此書雖題爲《周代金文圖錄及釋文》，實際卻是科學出版社1957年版《大系》之翻版。該書以57版《大系》爲底本影印，分三册，第一册與第二册爲"圖錄"部分，第三册爲"考釋"部分。抹除了原57版的兩處印文"北平研究院史學研究所圖書"，並刪略了《增訂序記》《圖錄》内封題字及《考釋》部分的"插圖"。其與57版相較，不僅改書名爲"周代金文圖錄及釋文"，且有意迴避了作者信息。另原《諸家著錄目補》中"楚器圖录一函，安徽博物館編（一九五四年）"改爲"楚器圖录一函，安徽博物館編"，删去年份。

七、99版《兩周金文辭大系圖錄考釋》（以下或簡稱"99版《大系》"）

1999年7月，上海書店出版社出版。精裝本，一帙二册。

全書分上下二册，上册爲"圖錄"部分，下册爲"考釋"部分。以1957年科學出版社增訂本《大系》爲底本影印。另於卷首新增上海書店出版社所撰"内容提要"。

八、02版《兩周金文辭大系圖錄考釋》（以下或簡稱"02版《大系》"）

2002年10月，科學出版社出版，精裝本。爲《郭沫若全集·考古編》之一種。

1978年郭沫若逝世後，相關部門成立"郭沫若著作編輯出版委員會"（以下或簡稱"編委會"），裒輯郭沫若生前出版過的文學、歷史、考古方面的著作，後編成《郭沫若全集》三十八卷，分《文學編》《歷史編》《考古編》三部分，分別由人民文學出版社、人民出版社和科學出版社出版。各卷自1982年陸續出版，至2002年全部出完，歷時20年。

《郭沫若全集·考古編》收入作者考古、古文字方面的著作，共十卷，包括：《甲骨文字研究》（第一卷），《卜辭通纂》（第二卷），《殷契粹編》（第三卷），《殷周青銅器銘文研究》

《商周古文字類纂》（合爲第四卷），《金文叢考》（第五卷），新輯《金文叢考補錄》（第六卷），《兩周金文辭大系圖錄考釋》（第七、八卷），《石鼓文研究》《詛楚文考釋》（合爲第九卷），其餘單篇新輯作《考古論集》（第十卷）。其中第一、九卷分別出版於1982年，第二卷出版於1983年，第十卷出版於1992年，餘七卷2002年方才面世。

《考古編》的編輯工作由夏鼐負責，黄烈協助，張政烺任顧問。傅學苓承擔全部編輯、校勘、注釋工作。其中《兩周金文辭大系圖錄考釋》由唐復年協助，夏鼐、張政烺先後負責審閲、定稿。①

《考古編》第七卷收録的《大系圖錄》，大體以57版《大系圖錄》爲底本。卷首附有編委會撰寫的《説明》，編輯"作了校勘、注釋，增補了個别拓片並更换了原稿中不甚清晰的照片和拓片"。另有意剪除了原《録編》拓片周圍的印文，訂正了原書引文的一些錯誤，但仍有遺漏，且在修改增補過程中又帶來了不少新錯誤。

《考古編》第八卷收録《大系考釋》，卷首附有編委會撰寫的《説明》，編輯"作了校勘、眉批，爲保存郭老手跡，原書中對某些文字的寫法，作者生前未作校改，此版一仍其舊"。

特别需要注意的是，02版《大系考釋》與57版存在較大差異，當是以35版爲底本增訂修改的。②

八、17版《兩周金文辭大系圖錄考釋》（以下或簡稱"17版《大系》"）

2017年1月，科學出版社出版，精裝本。爲《郭沫若全集·考古編》之一種。

---

① 郭沫若著作編輯出版委員會：《〈考古編〉編後記》，收入《郭沫若全集·考古編》第10卷，科學出版社2002年版。

② 詳第三章第四節。

2017年，科學出版社重印出版《郭沫若全集·考古編》（十卷）。叢書第七、八卷仍爲《兩周金文辭大系圖録考釋》，實爲02版《大系》的重印本。

綜上，32版《大系》與其他諸版《大系》實爲兩個系統。57版、02版《大系考釋》均以35版爲底本影印，增加批注，挖改了不少字句。臺灣翻版、大通71版、上海99版以57版《大系考釋》爲底本影印，科學17版係02版的重印本（圖1-5）。57版《大系圖録》以35版爲母本作了增刪抽換，02版又在57版基礎上有所增刪修改。大通71版、上海99版均以57版《大系圖録》爲底本影印。科學17版亦爲02版的重印（圖1-6）。梳清版本系統後可知，《大系考釋》主要有32版、35版、57版、02版四種異本，《大系圖録》主要有35版、57版、02版三種異本。

下文即以上述幾種異本爲主要研究對象，展開討論。

```
              文求堂初版
                  │
              文求堂35版
               ┌──┴──┐
          科學57版    科學02版
          ┌──┤           │
     台灣翻版 │        科學17版
          大通71版
              │
          上海99版
```

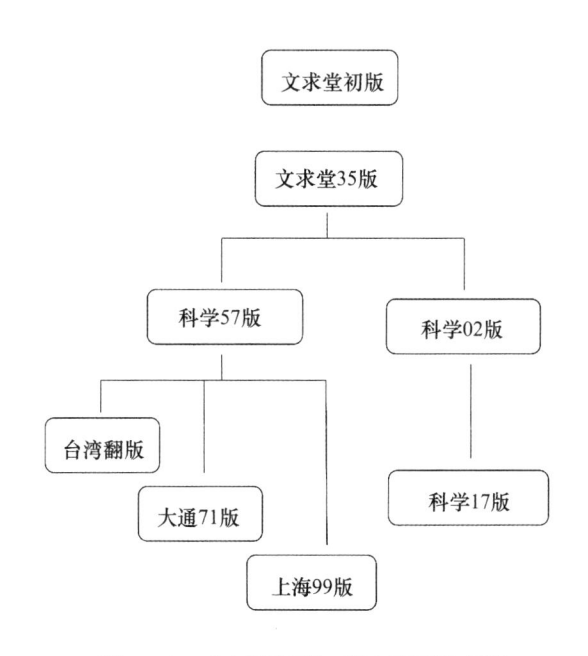

圖1-5　《大係考釋》底本關係示意圖

```
文求堂35版
   ↓
科学57版 ─┬─ 大通71版
          └─ 上海99版
   ↓
科学02版 ─── 科学17版
```

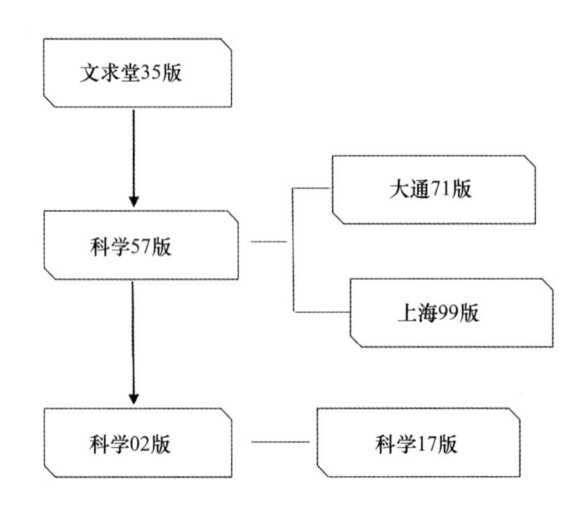

圖1-6　《大係圖錄》底本流傳示意圖

# 第 二 章

## 《兩周金文辭大系圖録》研究

　　研究古器，非圖不明。銅器著録始于宋代，起初用透視法描繪器圖，但由於摹繪水準良莠不齊加之歷代翻刻，故器形多有失真。清嘉道年間，出現了用全形拓製作器物圖像的新技法，即以綫描、繪畫、傳拓、剪紙等手段，將器物原貌轉移到平面拓紙上。① 全形拓較畫圖舊法逼真，於紋飾等細節更有直觀體現，但對拓工本身技術要求很高，且作品往往包含拓工個人的藝術創造，作爲學術研究對象不够客觀，如遇到磨損嚴重的器物，也往往不宜繼續椎拓。晚清以來隨著攝影術傳入，拍照取得的器物圖像能完整呈現器物本來面貌，最大限度地保證了真實性，且較傳拓工藝，對器物損害小得多。

　　1935 年《兩周金文辭大系圖録》（以下简稱"《圖録》"）出版，包括《圖編》與《録編》兩部分。《圖編》專輯器物形象，收録253 件器圖，② "就能蒐集者輯録之，主在觀察花紋形式之系統，故以器制爲類聚，而縮小成約略同樣之大小"。③《録編》專輯銘文拓

---

① 賈雙喜：《周希丁和青銅器全形拓》，收入陳紅彦主編《金石碑拓善本掌故（一）》，上海遠東出版社 2017 年版，第 71—76 頁。

② 其中《圖編》204 號"彔🇺🇸觶"圖（按：當來源於《善齋吉金録》四.91），《大系目録》未記，《録編》未收器銘，《大系考釋》亦無釋文。

③ 郭沫若：《兩周金文辭大系圖録》引言，收入《兩周金文辭大系圖録》，文求堂書店 1935 年版。

本、摹本或刻本，收録了506件器銘，"編次悉依增訂本，間有參考之器亦附出之。銘文選録以拓本爲主，其有器亡而刻本僅存，或器存而拓本未見者，僅能以刻本摹本入録。刻本務求其精，摹本乃暫備一格"。① 但自來著録多有銘文而收圖像者少。② 1957年《圖録》增訂再版，抽换並增加了一部分新材料。③ 2002年《圖録》收入《郭沫若全集·考古編》時，整理者又作了校勘、注釋，增補或替换了個别器圖、銘文。④

## 第一節　諸版《兩周金文辭大系目録表》差異

初版《兩周金文辭大系》在"索引"中列出器物目録、考釋頁碼、著録出處及舊著録中的異名。35版《兩周金文辭大系圖録》另起爐灶，新作《兩周金文辭大系目録表》（以下簡稱"《大系目録表》"），包括目次、圖次、録編頁數、釋文頁數、諸家著録、備考等六項信息。57版《大系目録表》以35版爲底本影印，作了增删修改。⑤ 02版基本沿用57版《大系目録表》，但也有不少挖改，主要集中在"諸家著録"一欄，另增加了不少眉批、注釋等説明文字，因作者已故，非作者本人所加，本節暫不予討論。

諸版《大系目録表》產生差異的原因及類型，主要表現在以下幾個方面。

---

① 《兩周金文辭大系圖録》引言。
② 《兩周金文辭大系圖録》引言。
③ 郭沫若：《兩周金文辭大系圖録考釋》説明，收入《兩周金文辭大系圖録考釋》，科學出版社1957年版。
④ 郭沫若著作編輯出版委員會：《郭沫若全集·考古編》第七卷説明，收入《郭沫若全集·考古編》，科學出版社2002年版。
⑤ "圖次"一欄變動者凡14處。"目次"一欄的器物名稱變動者凡9處。"備考"一欄增删、變更了不少説明文字。

一、補充新著錄。1935年《圖錄》問世後，有不少新著錄相繼面世，57版《圖錄》出版時增補了一些，如"諸家著錄"一欄增加《三代》《小校》《通考》《綴遺》《賸》《華》《庚》等。① 2002年全集出版時，整理者在57版基礎上又作了進一步補充。

二、35版《圖錄》"諸家著錄"有不少遺漏及訛誤，57版作了校勘訂正，02版再次覆核校改。如小盂鼎，57版較35版增補了"綴三27"，02版進一步增補"代四44. 校三43"；宗婦鼎一，57版較35版增補了"校二95"，02版進一步增補"存二補遺裏上"；史頌鼎，35版"存二18"有誤，57版同，02版始訂正爲"存二25"；者減鐘，57版"代一40"有誤，02版訂正爲"代一46"；禽簋，35版"敬卜100"有誤，57版同，02版訂正爲"敬下42"；史頌鼎，35版、57版"存二18"有誤，02版訂正爲"存二25"等。

三、隨著作者研究的深入，在器物銘文辨偽等方面有了新的思考。如宗周鐘，35版"備考"欄無說，57版謂"存乃翻本"，02版同；㝬鼎，35版"備考"欄無說，57版記"善乃偽器"，02版同。

四、作者有意刪削了一些信息。如曾伯黍簋二，35版"諸家著錄"一欄記"胡吉宣氏藏拓軸。承借印"，復旦大學圖書館藏有胡吉宣舊藏35版《圖錄》，該本此處鈐有胡吉宣印，可證此器拓軸確爲胡吉宣所藏。而57版《目錄表》卻刪去了"胡吉宣氏藏拓軸。承借印"一句，02版同。諸版《圖錄》所收簋銘及器圖相同，如此一來，拓本背後的歷史信息亦隨之湮沒。

五、印刷過程產生問題。如大豐簋，35版"諸家著錄"一欄"從十五"後脫頁數，57版同，02版始訂補頁數"8"；競簋，35版、02版"備考"一欄記"二具均在坎拿大，貞錄二銘，誤以爲一器一蓋"，57版作"二具均在坎拿大，貞二銘，誤以爲一器一蓋"，脫"錄"字。

---

① 郭沫若：《兩周金文辭大系圖錄考釋》諸家著錄目補，收入《兩周金文辭大系圖錄考釋》，科學出版社1957年版。

六、作者生前已意識到的錯誤未及訂正。1935年8月30日石井碩致信田中慶太郎，① 請其代向郭沫若提出多處疑問，其實郭沫若當時在信文上已作了批注。其中兩處錯誤，57版已作了訂正。有兩處問題，02版始正誤，如師遽簋，35版《圖編》90號收錄了器蓋圖像，但《目錄表》失收，57版沿誤，至02版始訂補。另有一處錯誤一直未被訂正，即邵鐘又七，35版、57版"圖次"欄記"218（a、b、c）"，02版作"220（a、b、c）"，均誤，當作"229（a、b、c）"。

七、失於照應，未能統一。35版、57版"諸家著錄"卷數"十四""二十四""三十四"等一般作"一四""二四""三四"，② 02版多改爲"十四""廿四""卅四"。如小臣單觶，57版"綴二四15"，02版改作"綴廿四15"；麥盃，35版、57版"西三一31"，02版改作"西卅一31"。

同一本書的卷數標示亦不盡統一，如"諸家著錄"引用《恒齋吉金錄》時一般分上下卷，即"恒上×""恒下×"，而師遽簋，35版、57版僅記"恒39"，02版改爲"恒上39"。

此外，偶有異體、繁簡不一的情況。如郱伯祀鼎，57版"諸家著錄"欄"艺2"，02版改爲"藝2"。

八、02版編輯過程中產生的新錯誤。一些原來正確的02版改錯了。如令簋，02版將原35版、57版"備考"欄記"貞录器蓋二銘而互易"，誤移置小臣單觶下；趞鼎，③ 35版、57版"備考"欄記"皆誤爲鼎"，02版誤移置小臣靜彝下；虢季子組壺，57版較35版"諸家著錄"欄增加了"鈢17"，02版誤改作"鈢14"；宗婦壺一、二，35版、57版"諸家著錄"欄記"愙一四18—20"，02版誤作"愙十四1820"。又如02版《目錄表》"目次"一欄"乖伯簋"與

---

① 馬良春、伊藤虎丸編：《郭沫若致文求堂書簡》，文物出版社2009年版，第312頁。
② 但也不完全一致，如57版著錄《三代吉金文存》時，卷十即作"十"。
③ 57版、02版作"趞簋"。

"師嫠簋一二"的次序誤倒。

另一種情況是02版增補材料後,《目錄表》相關信息未隨之增改或記錄有誤。如作册大鼎一,02版《圖編》較35版、57版增加了293號大鼎器圖,"圖次"一欄誤脫,當補頁數"293";康鼎,02版"圖次"一欄增"369",頁碼有誤,當爲"269";王孫遺者鐘,02版"圖次"一欄增"417(a、b)",頁碼有誤,02版《圖編》王孫遺者鐘的編號實爲"420(a、b)"。

諸版《大系目錄表》仍然存在的問題也不少,如:

一、02版雖已盡力訂正了不少35版、57版的錯誤,但仍有遺漏。如頌簋又五,35版"諸家著錄"欄有"窓十20",57版、02版同,當改爲"窓十22";伯㕞父鼎,35版"諸家著錄"欄"薛九100",57版、02版同,當改爲"薛九99";師酉簋一,諸版《目錄表》"圖次"欄作"93",有誤,實爲《圖編》的94號;師酉簋又二,諸版《目錄表》"圖次"欄作"94",有誤,實爲《圖編》的93號。

二、有些銅器諸版《目錄表》"諸家著錄"欄均失收。如靜卣二,《善齋吉金錄》收了卣銘,當補"善四36"。又如鄒安所著《雙王鉨齋金石圖錄》收錄曾大保盆、① 義楚耑、② 虢季子組壺等三器銘文拓本及器影。35版《目錄表》"諸家著錄目"未收該書,但筆者發現35版《圖編》185號虢季子組壺器影即取自《雙王鉨齋金石圖錄》17。57版《大系》"諸家著錄目補"收有該書,57版《目錄表》虢季子組壺"諸家著錄"一欄增補了"鉨17",而曾大保盆、義楚耑的"諸家著錄"中仍未補《雙王鉨齋金石圖錄》,02版亦失收。

三、02版《目錄表》"諸家著錄"欄雖已盡力統一,但仍有不少失於照應。如大盂鼎,諸版"諸家著錄"欄"恒9",當改爲"恒

---

① 鄒安:《雙王鉨齋金石圖錄》,1916年影印本,第15頁。
② 鄒安:《雙王鉨齋金石圖錄》,1916年影印本,第19頁。

上9"。引用《陶齋吉金續錄》時，或稱"陶續一"或作"陶續上"，史免簋稱"陶續一43"，虢季子組簋又二稱"陶續上35"，未能統一。

## 第二節　諸版《兩周金文辭大系圖編》差異

35版、57版、02版《大系圖編》差異，主要體現在以下幾個方面：

35版《圖編》所錄器圖僅以阿拉伯數字編號，不出器名，於卷末另附有一紙標號與器名對照表。57版、02版《圖編》相較35版，於圖像下增加了器物名稱，卷末不再另紙錄出對照表。但57版、02版《圖編》所記器名略有差異。

35版《圖編》共編253號，收253件器物的圖像。57版較35版增加了10件器影：

　　254大豐簋、255大盂鼎、256趞曹鼎（一）、257趞曹鼎（二）、258小克鼎、259叔向父簋、260乖伯簋、261子禾子釜、262陳純釜、263左關錍

02版較35版增加了185件器物圖像：①

　　254旅鼎、255師旅鼎、256䵼鼎、257大盂鼎、258剌鼎、259趞曹鼎（一）、260趞曹鼎（二）、261師湯父鼎、262史頌鼎、263剌鼎、264頌鼎、265頌鼎、266師奎父鼎、267師望

---

① 其中包括57版254—263號器物，但編號圖像、次序與57版不同。

鼎、268 鄂矦鼎、269 康鼎、① 270 大鼎、271 大鼎、272 禹鼎、273 大克鼎、274 小克鼎、275 毛公鼎、276 無叀鼎、277 徐王糧鼎、278 宗婦鼎、279 鄀公平矦鼎、280 杞伯每刃鼎、281 邿伯祀鼎、282 鮴衛妃鼎、283 虢文公鼎、② 284 弋叔朕鼎、285 寬兒鼎、286 杜伯鬲、287 鄭登伯鬲、288 邾友父鬲、289 邾伯鬲、290 魯伯愈父鬲、291 厚趠齋、292 員鼎、293 大齋、③ 294 吕齋、295 鄧父齋、296 麥鼎、④ 297 矢令彝、298 吳彝、299 師遽彝、300 大豐簋、301 明公簋、302 矢令簋、303 矢令簋、⑤ 304 禽簋、305 班簋、306 大保簋、307 小臣宅簋、308 史䀠彝、309 壺簋、310 遹簋、311 靜簋、312 趞鼎、313 縣妃簋、314 史頌簋、315 豆閉簋、316 師虎簋、317 頌簋、318 頌簋、319 同簋、320 大簋、321 大簋、322 師酉簋、323 效父簋、324 不嬰簋、325 諫簋、326 揚簋、327 兩皇父簋、328 齲簋、329 叔向父簋、330 叔向父作姣姒簋、331 番生簋、332 召伯簋、⑥ 333 師寰簋一、334 師嫠簋、335 乖伯簋、336 師寰簋二、337 師兌簋一、338 宗婦簋、339 蘄矦簋、340 鄀公敄人簋、341 鄭虢仲簋、342 寺季故公簋、343 仲姬俞簋、344 杞伯簋、⑦ 345 陳貯簋、346 賢簋、347 虢季子組簋、348 虢季子組簋、349 吳尨父簋、350 鬲从盨、351 虢仲盨、352 井叔盨、353 杜伯盨、354 甫人盨、355 召叔山父簠、356 曾伯霎簠、357 齊陳曼簠、⑧ 358 許子妝簠、

---

① 02 版《大系目錄表》康鼎的圖次一欄，誤記爲 "369"。
② 02 版《大系目錄表》稱 "虢文公子段鼎"。
③ 即作册大齋，02 版《大系目錄表》未記，誤脫。
④ 57 版《圖錄》21 號收錄麥鼎拓本，但 57 版《大系目錄表》誤脫麥鼎。02 版《大系目錄表》亦未收錄麥鼎，但 02 版《圖錄》26 號收錄麥鼎拓本。
⑤ 302 矢令簋、303 矢令簋，02 版《大系目錄表》稱 "令簋"。
⑥ 即召伯虎簋，02 版《大系目錄表》未記，誤脫。
⑦ 即杞伯每刃簋，02 版《大系目錄表》杞伯每刃簋又二。
⑧ 即陳曼簠，02 版《大系目錄表》陳曼簠一。

359 鑄子簠、360 叔朕簠、361 鄭義伯匜、362 陳子匜、363 杞伯匜、①364 穌甫人匜、365 齊侯匜、366 匽公匜、367 免盤、368 守宮盤、②369 虢季子白盤、370 袁盤、371 休盤、372 兮甲盤、373 薛矦盤、374 魯伯厚父盤、375 吳王夫差鑑、376 曾大保盆、377 㝬卣、378 趞卣、379 𪓑卣、380 員卣、381 臣辰卣、382 彔𢧘卣、383 庚嬴卣、384 效卣、385 貉子卣、386 貉子卣、387 召卣、③388 㝬仲壺④、389 史懋壺、390 舀壺、391 番匊生壺、392 曾伯陭壺、393 曾姬無卹壺、394 曾姬無卹壺、395 庚壺、396 杞伯每刅壺、397 洹子孟姜壺、398 虞司寇壺、399 虞司寇壺、400 臣辰盉、401 盂爵、402 魯侯爵、403 矢令尊⑤、404 趞尊、405 小臣單觶、406 免觶、407 彔𢧘觶⑥、408 趩觶、409 徐王義楚耑、410 徐王尚、411 其㝬句鑃、412 𤴑鐘、413 克鐘、414 克鐘、415 單伯鐘、416 士父鐘⑦、417 者減鐘、418 者減鐘、419 者沪鐘、420a 王孫遺者鐘、420b 王孫遺者鐘⑧421 子璋鐘、422 子璋鐘、423 楚王領鐘、424 邾公牼鐘、425 邾公華鐘、426 邾公鈺鐘、427 邾大宰鐘、428 鳳氏鐘、429 齊鎛鎛、⑨430 鳳氏鐘、431 鳳芳鐘、432 鳳芳鐘、433 伹勺、434 吉日劍、435 子禾子釜、436 陳純釜、437 左関鋘、438 商鞅量

此外，35 版、57 版、02 版《圖編》還有一些細節也有所不同，

---

① 即 02 版《大系目錄表》杞伯每刅匜。
② 即 02 版《大系目錄表》守宮尊，02 版頁眉記"▲此器是盤"。
③ 即 02 版《大系目錄表》𪓑卣。
④ 即 02 版《大系目錄表》㝬仲作佣生壺。
⑤ 即 02 版《大系目錄表》令尊。
⑥ 02 版《大系目錄表》《大系錄編》均未收，或稱"彔𢧘尊"，見集成 05419、通鑒 11803。
⑦ 02 版《大系目錄表》誤脫。
⑧ 王孫遺者鐘圖次一欄誤記作"417（a、b）"。
⑨ 即 02 版《大系目錄表》鎛鎛。

以圖表形式展現。

表 2-1　　　　　　　35 版、57 版、02 版《圖編》對比

| 35 版編號 | 35 版 | 57 版 | 02 版 | 備註 |
|---|---|---|---|---|
| 8（師湯父鼎） | | | | 02 版更換了師湯父鼎圖片，係康鼎圖片的重出，有誤 |
| 55（矢令彝） | | | | 02 版更換了矢令彝圖片 |
| 115（吳龍父簋） | | | | 57 版較 35 版、02 版器圖，簋耳有一帶狀物 |
| 132（曾伯黍簠） | | | | 35 版、57 版同，器圖周圍有些文字殘留，原爲捲軸，有銘文拓本、題跋。02 版剪去了多餘文字，僅存器影 |
| 7 | 窆鼎 | 窆鼎 | 窆鼎 | |
| 14 | 成鼎 | 成鼎 | 禹鼎 | |
| 36 | 宋公䜌鼎 | 戈叔朕鼎 | 戈叔朕鼎 | 35 版有誤 |
| 37 | 戈叔朕鼎 | 徐王糧鼎 | 徐王糧鼎 | 35 版有誤 |
| 38 | 徐王糧鼎 | 宋公䜌鼎 | 宋公䜌鼎 | 35 版有誤 |
| 75 | 矢令簋 | 矢令簋 | （a、b、c）矢令簋 | |
| 105 | 伊簋 | 伊簋 | （a、b）伊簋 | |
| 138 | 楚子簠（一器一蓋） | 楚子簠（一器一蓋） | （a、b）楚子簠（一器一蓋） | |
| 148 | 蘇甫人匜 | 蘇甫人匜 | 甫人父匜 | 35 版、57 版有誤。148 號圖像的器物當爲甫人父匜 |

續表

| 35 版編號 | 35 版 | 57 版 | 02 版 | 備註 |
|---|---|---|---|---|
| 151 | 矢人盤 | 矢人盤 | (a、b) 矢人盤 | |
| 174 | 競卣 | 效卣 | 競卣 | 35 版《圖編》器號與器名對應的目錄中，競卣記 "174"，誤。《圖編》中競卣的器影編號實爲 "175" 號。02 版競卣是 174 號，效卣是 175 號，編號與 57 版相反，但圖像對應的器名無誤 |
| 175 | 效卣 | 競卣 | 效卣 | 35 版《圖編》器號與器名對應的目錄中，效卣記 "175"，誤。《圖編》中效卣圖像實爲 "174" 號。02 版效卣是 175 號，競卣是 174 號，編號與 57 版相反，但圖像對應的器名無誤 |
| 247 | 者汈鐘 | 者汈鐘 | 者沪鐘 | |
| 248 | 者汈鐘 | 者汈鐘 | 者沪鐘 | |
| 249 | (a、b) 者汈鐘 | (a、b) 者汈鐘 | (a、b) 者沪鐘 | |

## 第三節　諸版《兩周金文辭大系錄編》差異

　　35 版、57 版、02 版《錄編》所收銘文拓本、摹本等存在不少差異。同一名目的銘文拓本往往大有優劣，需通過對校反復排比，找出不同拓本的特點，從而判斷同一件器物下的多張拓本是否爲同一張。

　　由於青銅器造型各異，且實用器較多，銘文多處於器內底、內腹、口沿、鏊下、蓋内等位置，很少鑄刻在一個平面上，製作拓本時一般先從器物中間上紙，再向四周展開，展開前需先將拓紙四周邊緣折出皺紋，隨形體變化一步一步上墨，折皺紋時要躲開字口，否則待拓好展平時會出現一字割裂的現象。① 比較有經驗的拓工總結道，大約十行銘文需要在空白處打四五個皺紋，這樣把墨上好揭起，既可平整而字又不會分開，可以得到一張完整精善的拓本。②

了解銅器銘文拓本的製作過程後，我們結合前人研究成果簡單歸納出判斷拓本的具體方法：

一、銅器拓本邊緣的紙張折痕一般比較明顯，紙張折綫是否打破文字、打破文字的狀態、紙質破損情况等，是判斷多張拓本是否爲同一拓本的重要依據。

需要注意的是，僅看拓本邊緣是不够的，同一張拓本再次著録時可能會出現邊緣裁剪的情况，甚至有時編撰者會將新的拓本剪裁後直接粘貼在舊拓本上，如頌簋二、頌簋五、邵鐘一等（詳見表2-2），需綜合多種因素加以辨別。

表2-2　　　　　　　　　拓本對比

| 器名 | 35版《録編》 | 57版《録編》 |
| --- | --- | --- |
| 頌簋二（器銘） | | |

---

① 趙海明：《碑帖鑒藏》，天津古籍出版社2010年版，第175頁。
② 馬子云：《金石傳拓技法》，人民美術出版社1988年版，第11頁。

續表

| 器名 | 35 版《錄編》 | 57 版《錄編》 |
|---|---|---|
| 頌簋五（蓋銘） | | |
| 邵鐘一 | | |

　　二、細審拓本考據處文字是否缺泐、清晰，字口情況，以及無字部分的墊片痕跡、鏽斑、泐痕、花紋等。

　　三、復審拓本銘文的清晰度，拓本邊緣的清晰程度。

　　四、比對拓本周圍的文字、題跋、鑒藏印。兩張拓本相同位置有同一題跋或相同的印文且方向一致，一般可視爲同一拓本。但需留意的是，同一張拓本隨著時間推移，遞藏印文數量往往越來越多，另同一拓本再次著錄時經常出現削刪印文的情況。

此外，前人還注意到個別拓本可能存在二次加工的情況，即椎拓時將缺泐之筆道填蠟，或空而不拓，找到相同的字補拓，或用墨筆描填缺泐之字。①

今依35版《錄編》器物順序，逐器比對35版、57版、02版《錄編》所錄銘文，分類臚列諸版《錄編》收錄器銘的差異情況，主要標明是否更換拓本，需作必要說明時出注。② 大體可分爲如下幾類：

第一類，57版拓本與35版不同，02版同57版的器物如下：

大豐簋、令彝、䰧卣、明公簋、趞尊、小臣諫簋一、衛簋、大保簋、作册休卣③ 旁鼎、厚趠齋、獻矦鼎、臣辰盉（蓋銘）、臣辰卣、大盂鼎、周公簋、庚嬴卣、獻彝、沈子簋、盂卣、過伯簋、壺簋（器銘）、趞鼎④ 君夫簋、刺鼎、㝬鼎⑤ 歔觶⑥ 彔戒卣、彔伯戒簋、善鼎⑦ 競卣（器銘）、競

---

① 黃永年：《古文獻學講義》，中西書局2015年版，第208頁；王壯弘：《碑帖鑒別常識》（修訂本），上海書店出版社2008年版，第161—163頁。
② 35版、57版、02版《錄編》銘文、器名、印文、題跋等完全相同者，不錄。如卯簋，35版、57版、02版拓本均同，且均鈐有陽文印"適廬"。又如宗婦鼎一，35版、57版、02版拓本相同，且均鈐有陽文印"窓齋"。
③ 02版《錄編》增加了一件名爲"作册嗌卣"的銘文拓片，整理者於頁眉處批"▲此器目錄表中無"，不確。諦審可知，此係"作册休卣"的另一件較爲清晰的拓本。
④ 57版、02版改稱"趞簋"。
⑤ 35版、57版《錄編》稱"㝬鼎"，02版改稱"㝬鼎"。
⑥ 35版、57版《錄編》稢卣銘文在前，歔觶銘文在後，02版《錄編》歔觶銘文移置稢卣銘文前。順序略異。
⑦ 35版、57版《錄編》善鼎銘文在競卣銘文之前。02版《錄編》善鼎銘文移置競尊銘文之後。順序略異。

箠、趙曹鼎一、師湯父鼎、史頌簋二（蓋銘）、史頌匜、吳彝、師奎父鼎、利鼎、師望鼎、格伯簋五、①匡卣（第二張拓本）、②貉鐘、師遽簋、③師遽彝（器銘）、康鼎、同簋一、師酉簋二（器銘）、免簋、史免簠、鄦齋二、舀壺、趩觶、虢季子白盤、④噩侯簋二、敔簋二、師俞簋、諫簋、揚簋一、揚簋二、牆簋、虢仲盨、無㠱簋一、克盨（器銘）、小克鼎一、禹從盨、⑤伊簋、袁盤、虢叔旅鐘一、函皇父匜、叔向父簋、番生簋、番匊生壺、兮甲盤、師嫠簋一（器銘）、⑥井人妄鐘二、杜伯鬲、杜伯盨二、師兌簋一、三年師兌簋（蓋銘）、宗婦簋一（器銘）、宗婦盤、⑦者減鐘（癸器）、吳王夫差鑑、姑馮句鑃、者汈鐘四、徐王糧鼎、王孫遺者鐘、義楚耑、徐王義楚錧、王子申盞、楚王酓忎鼎、⑧單鼎、蘇矦簋、郘公钬人簋、郘公平侯盂、⑨郘公钬人鐘、⑩郘公諴簋、鄧伯氏鼎、蔡姞簋、許子妝簋、子璋鐘二、魯生鼎、鄭登叔盨、召叔山父簋一、叔上匜、鄭楙叔賓父壺、王子嬰次盧、⑪陳侯簋、陳子匜、趞亥鼎、鄭

---

① 拓本下均有郭沫若批注"格下奪十四字"。
② 拓本右側均有郭沫若批注："右匡卣二拓本同一銘，因互有顯晦，故竝錄之。"
③ 35 版、57 版《錄編》師遽簋銘文在師遽彝銘文之前。02 版《錄編》師遽簋銘文移置師遽彝銘文之後，順序略異。
④ 35 版、57 版《錄編》蔡簋銘文在虢季子白盤銘文之前。02 版《錄編》蔡簋銘文移置虢季子白盤銘文之後，順序略異。
⑤ 02 版改稱"禹从盨"。
⑥ 57 版器銘拓本與 35 版器銘拓本的銘文行款不同，可能不是同一器的拓本，35 版器銘拓本可能存在問題。
⑦ 35 版、57 版《錄編》宗婦盤銘文在宗婦簋之後。02 版《錄編》宗婦盤銘文移置宗婦簋之前。順序略異。
⑧ 57 版"此銘當在蓋""此銘在鼎腹"兩張拓本較 35 版亦不同，02 版與 57 版相較，將 57 版兩處拓本互置，02 版上欄外有眉批"▲此器銘與蓋銘拓本原相誤置"。
⑨ 02 版《錄編》稱"郘公平侯鋙"。
⑩ 02 版拓本同 57 版，但較 57 版拓本排版略有異。
⑪ 《大系目錄表》作"王子嬰次鑪"。

虢仲簋一、①曾伯陭壺（器銘）、②曾大保盆、薛侯盤、滕侯穌簋、邾公釛鐘（第二張拓本）、③邾大宰簠、邾訐鼎、邾遣簠、邾造遣鼎、邾伯祀鼎、魯伯厚父盤、仲姬鯦簋、魯伯愈父鬲三、魯伯愈父鬲五、杞伯每刃鼎一（蓋銘）、杞伯每刃壺、杞伯每刃盉、己矦貉子簋、己侯簋、鑄公簠、鑄子簠一、齊矦匜、④齊矦罍、洹子孟姜壺二、陳逆簋、齊陳曼簠二、⑤陳矦午錞、陳騂壺、子禾子釜、陳純釜、戈叔朕鼎二、叔朕簋、陳矦午鐏（第一張拓本）、⑥匽矦旨鼎、匽公匜、郘鐘一、⑦郘鐘七、⑧鷹芳鐘三、鷹芳鐘四、穌冶妊鼎、甫人盨、穌公子簋、寬兒鼎、虢文公子㲋鼎二、虢季子組簋一、虢季子組壺、吳尨父簋一、楚王畲忑盤

第二類，57版拓本與35版不同，02版再次更換拓本的器物如下：

令簋、禽簋、盂爵、史頌簋四（器銘）、史頌鼎、頌簋五

---

① 57版但未標明蓋、器。
② 35版、02版器銘拓本下均標明"器"，57版無，但其中57版器銘拓本鈐有陽文印"器"。
③ 其中35版、57版器名下均有郭沫若注語"窓齋本此本文字較前本明晰故重收之"。
④ 57版拓本當源於《三代吉金文存》四14反，拓本左上原有陽文印"鼎"。故57版、02版《大系目錄表》"諸家著錄一欄"記"代四14（誤爲鼎）"。
⑤ 57版較35版拓本下方增加批注"二銘除下列三字外實出一範。下列三字，第二器均反書，而殹逸二字易位。蓋範損，下列另鑄一模，押時誤反也。沫若"，02版批注同，僅移置拓本右側。
⑥ 35版《考釋》後所附"圖錄勘誤"記"陳矦午鐏銘，聞乃未剔本，'母'字爲銹所掩，後經藏家剔出，故二本小有出入。前注不確，今正"。1934年2月13日郭沫若致函容庚："陳侯午鎛錞兄所錄周氏器一拓，與拙著《銘刻彙考》所錄一銘似微有不同，該器有三具耶？"容庚復信雖不見，但可大致推斷其內容。
⑦ 57版拓本是將新拓本銘文部分剪裁後，直接覆蓋在原35版拓本上的，原拓本較大，且呈現出兩種墨色，濃淡不同。
⑧ 57版拓本是將新拓本銘文部分剪裁後，直接覆蓋在原35版拓本上的。

（蓋銘）、①師虎簋、師遽彝（蓋銘）、師酉簋一（蓋銘）、克鐘三、禹攸从鼎、召伯虎簋二、師袁簋一（蓋銘）、三年師兌簋（器銘）、沇兒鐘、邾公牼鐘二、邾公牼鐘四

第三類，57版拓本與35版不同，02版同35版的器物如下：

縣改簋、陳侯因資錞

第四類，35版、57版拓本不同，02版未收的器物如下：

史頌簋三（器銘）、頌簋二（器銘）、②頌簋三、格伯簋一、③格伯簋三、④格伯簋四、⑤同簋二、師酉簋二（蓋銘）、師酉簋一（器銘）、師酉簋三、噩侯簋一、克鐘一、克鐘二、克鐘五、無㠱簋二（蓋銘）、無㠱簋三（蓋銘）、小克鼎三、小克鼎四、小克鼎五、小克鼎六、虢叔旅鐘三、虢叔旅鐘六、虢叔旅鐘七、叔向父作羖姒簋（蓋銘）、師㝨簋二、⑥井人妄鐘一、杜伯盨一（蓋銘）、杜伯盨三（蓋銘）、⑦師兌簋二（蓋銘）、宗婦壺二、徽兒鐘二、楚公豪鐘其五、鄭虢仲簋二、曾伯霏簠二、曾子㠱簋一、曾子□簋、魯伯愈父鬲二、魯伯愈父鬲四、杞伯每刃鼎一（器銘）、杞伯每刃簋二（器銘）、鑄子簠二、戈

---

① 57版蓋銘拓本是將一張新拓本的銘文部分剪裁後，直接覆蓋在原35版拓本上了。
② 57版器銘拓本是將一張新拓本銘文部分剪裁後，覆蓋在原35版拓本上的，仍殘存原35版拓本印文"夢華手拓本"的痕跡。
③ 02版將原35版、57版"格伯簋二"拓本改稱"格伯簋一"，《目錄表》卻未隨之調整，造成"格伯簋一""格伯簋二"的銘文拓本在《目錄表》中的著錄信息有誤。
④ 57版拓本與35版不同，但拓本下均有郭沫若批注"奪保字田字"。
⑤ 57版拓本不同於35版，但拓本下均有郭沫若批注"奪氏剢雩三字"。
⑥ 57版器銘拓本與35版器銘拓本的銘文行款不同，可能不是同一器的拓本，35版器銘拓本可能存在問題。
⑦ 35版蓋銘拓本下方補註"奪一于字"。

叔朕鼎一、賢簋三、孫林父簋、邾鐘二、① 邾鐘三、② 邾鐘八、鼄芍鐘二、鼄芍鐘五、虢文公子段鼎一、吳彭父簋三

第五類，35 版、57 版拓本相同，02 版未收的器物如下：

禽鼎、冕卣、③ 作册大齋二、史頌簋一、史頌簋二（器銘）、④ 史頌簋四（蓋銘）、史頌簋三（蓋銘）、頌鼎二、頌簋一、頌簋二（蓋銘）、頌簋四、頌壺一、頌壺二（蓋銘）、無異簋二（器銘）、無異簋三（器銘）、小克鼎七、虢叔旅鐘二、虢叔旅鐘四、士父鐘一、士父鐘二、師袁簋二、杜伯盨一（器銘）、杜伯盨三（器銘）、師兌簋二（器銘）、⑤ 宗婦鼎二、宗婦鼎三、宗婦鼎四、宗婦簋二、宗婦簋三、者減鐘（庚器）、者汈鐘二、黴兒鐘三、楚公逆鎛、楚公豪鐘其二、楚公豪鐘其三、楚公豪鐘其四、曾姬無卹壺二、子璋鐘一、⑥ 子璋鐘三、子璋鐘五、召叔山父簋二、曾子屢簋二、曾子屢簋三、師虎簋二、邾公牼鐘一、邾公牼鐘三、邾公釪鐘（第一張拓本）、杞伯每刃鼎二、杞伯每刃簋一、⑦ 杞伯每刃簋二（蓋銘）、杞伯每刃簋三、戈叔朕鼎三、賢簋一、邾鐘四、邾鐘五、邾鐘六、邾鐘九、邾鐘十、邾鐘十一、邾鐘十二、邾鐘十三、邾鐘十四、邾鐘十五、

---

① 57 版拓本是將新拓本銘文部分剪裁後，直接覆蓋在原 35 版拓本上的。
② 57 版拓本是將新拓本銘文部分剪裁後，直接覆蓋在原 35 版拓本上的。
③ 35 版、57 版誤將"趞卣"蓋銘拓本當作"冕卣"蓋銘拓本錄入，02 版已訂正。
④ 35 版、57 版器銘拓本右側均有郭沫若旁批："此下三器三蓋均分離，不知孰與孰爲原配，今姑以一器一蓋配置之。史頌簋傳世蓋僅四具也。"
⑤ 拓本下均有郭沫若批注："此器器乃後配，觀其花紋不同，可知。此銘即前器器銘之仿刻，姑揭出之，以資讀者比較。又貞松堂集古遺文錄此器，僅揭蓋銘而擯此不錄，眼識確高。"
⑥ 另 35 版陽面拓本右下側標"均縮小三分之一"，57 版、02 版均無說明。
⑦ 35 版、57 版器銘拓本同，均有郭沫若旁注"器失蓋"。

鷹芎鐘一、虢季子組簋二、虢季子組簋三、虞司寇壺二、虞司寇壺（器銘）、吳尨父簋二、商鞅量（全形拓）

第六類，35 版、57 版拓本相同，02 版更換拓本的器物如下：

趞卣、小臣謎簋二、師旅鼎、趞曹鼎二、頌簋五（器銘）、井叔盨（器銘）、效卣、克鐘四、①克鐘六、②南季鼎、單伯鐘、大克鼎、士父鐘三、矢人盤、毛公鼎、召伯虎簋一、師袁簋一（器銘）、③乖伯簋、④師瘨簋一（蓋銘）、井人妄鐘三、其旡句鑃一、其旡句鑃二、者汈鐘一、⑤籩大史申鼎、無㠯鼎、⑥邾公華鐘、邾大宰鐘、杞伯每刃匜、齡鎛、賢簋二、鷹氏鐘、⑦秦公簋（秦公簋器上刻款）、秦公簋（同蓋上刻款）

第七類，35 版原爲摹本或翻刻本，57 版更換爲拓本，02 版同 57 版的器物如下：

小臣單觶、效父簋、臭生鐘、中子化盤、江君婦穌壺、⑧蔡太師鼎、⑨邾伯御戎鼎、鄧矦奞彝

---

① 未標器名，記"文與上銜接"。
② 35 版、57 版《錄編》克鐘六銘文位於克鐘諸器銘文最後。02 版《錄編》克鐘六銘文移置克鐘諸器銘文的最前面，順序略異。
③ 02 版更換器銘拓本，即將原 35 版、57 版"師袁簋二"的蓋銘拓本改成"器"銘拓本。另 35 版、57 版《錄編》師袁簋一器銘、蓋銘拓本誤重出，實際上均未收器銘拓本。
④ 35 版、57 版《錄編》乖伯簋銘文在師瘨簋銘文之前。02 版《錄編》乖簋銘文移置師瘨簋之後，銘文順序略異。
⑤ 者汈鐘，57 版、02 版改稱"者沪鐘"，下三器同。
⑥ 02 版更易拓本，上欄外頁眉處批注"▲原非同一器的器銘、蓋銘，今更易"。
⑦ 35 版、57 版拓本同，02 版更換爲鉦部陰、陽兩面銘文拓片。
⑧ 02 版改稱"邛君婦穌壺"。
⑨ 35 版據"集古遺文本"及"唐蘭據方濬益舊藏龔孝拱編雙鉤廓填本重摹本"收錄兩種摹本。

第八類，35 版、57 版同爲摹本、摹刻本或石刻殘本，02 版未收銘文的器物，如下：

中齋二、① 虢叔旅鐘五、鄦簠一、許子鐘二

其他一些難以歸類的器物：

員卣，35 版、57 版拓本相同，02 版將原器、蓋拓本互置，並更換蓋銘（即原器銘）拓本。②

班簋，35 版、57 版翻刻本相同，02 版更換爲拓本。

旅鼎，35 版爲摹本，57 版更換爲拓本，02 版拓本與 57 版不同。

麥鼎，35 版未收銘文。57 版增收麥鼎拓本，02 版拓本與 57 版不同。02 版頁眉處批注："▲此器目錄表中無"。

靜卣一，57 版器銘、蓋銘拓本同 35 版，02 版器銘拓本與 35 版、57 版同。02 版削刪原蓋銘拓本，頁眉批注："▲靜卣無第二器，目錄表備考欄 一九五八年本已注容庚語。所謂二拓當是一器之不同時期的拓片。蓋銘亦后補器形時僞刻，今未錄"。

靜卣二，57 版拓本與 35 版不同，02 版削刪未錄該器拓本。另 35 版、57 版拓本右側均有郭沫若旁批："此當是西清古鑑所录一器，與前器異，器方，僅存此銘"。

小臣靜彝，35 版、57 版、02 版摹本同，其中 35 版、57 版摹本右側均有郭沫若所作釋文："隹十又三月王/客蒼京小臣靜/即事王錫貝五十朋/揚天子休用作/父□寶尊彝。"③ 02 版刪削釋文。

伯戈簋，35 版、57 版同爲摹本，02 版增加拓本。

望簋，35 版、57 版摹本相同，02 版將原摹本標示爲蓋銘，並新增了器銘摹本。

---

① 02 版未收原 35 版、57 版 "中齋二" 摹本，而將原 "中齋三" 摹本改稱爲 "中齋二"。

② 02 版增加眉批："依唐蘭及集成將大系原器蓋銘互置"。

③ 原文有換行，今以 "/" 標示換行處。

格伯簋二，35 版、57 版蓋銘拓本相同，02 版未收蓋銘拓本。57 版器銘拓本與 35 版不同，35 版拓本外右上有一手寫的"朱"字，左下有手寫的"格伯簋"三字，① 拓本下方有郭沫若所書"陟字奪"三字。57 版拓本外左上角有手寫篆書"周格伯簋"四字，拓本下方亦有"陟字奪"三字。57 版拓本鈐有陽文印"吉人"。02 版收錄器銘拓本，但改稱爲"格伯簋一"，且器銘拓本與 35 版、57 版均不同，但拓本下方亦有"陟字奪"三字，且標明爲"器"。

畀仲作倗生壺，57 版拓本與 35 版相同，02 版定爲"蓋銘"，另增加器銘拓本。

井叔鐘，35 版、57 版、02 版拓本相同，拓本右側均有郭沫若所作釋文隸定，下葉附有一紙説明文字。

大簋，57 版器銘拓本與 35 版不同，02 版"大簋一"拓本同 57 版器銘拓本，上欄外頁眉處有整理者批注："▲原作器銘，實則二器皆失，此乃另一器之蓋銘。" 57 版蓋銘拓本與 35 版不同，02 版"大簋二"拓本與 57 版蓋銘拓本相同。

大鼎，02 版"大鼎一"拓本與 35 版、57 版"大鼎"拓本相同。02 版另新增一張拓本，稱"大鼎二"。

守宮尊，② 35 版、57 版拓本相同，02 版更換爲拓本照片。

不嬰簋，57 版拓本與 35 版不同。02 版同 57 版，另新增一件器銘拓本。

成鼎，③ 35 版、57 版摹本相同，02 版新增拓本。

師晨鼎，35 版、57 版摹本相同，02 版新增拓本。

無㝬鼎，35 版、57 版、02 版拓本相同。需要説明的是，35 版、57 版《錄編》休盤銘文在無㝬鼎銘文之前。02 版《錄編》休盤銘文移置無㝬鼎之後。銘文順序略異，但當更符合郭沫若原意。《大系

---

① "朱"字及"格伯簋"三字，《周金文存》三 28 所錄拓本即有，非郭沫若所注。

② 改稱"守宮盤"。

③ 02 版改稱"禹鼎"。

目錄表》《考釋》中無更鼎均在休盤之前。1934 年 11 月 6 日（郵戳）郭沫若致田中慶太郎函："《錄編》耗時半載有餘，三、四易其稿，想無須再大改。然如有未妥處，乞示知爲盼。此外，上卷之《無更鼎》與《休盤》，記得似乎順序顛倒，請查核。如顛倒，請將《休盤》移於鼎後。"

鄎簋二，02 版蓋銘摹本、器銘摹本及蓋銘石刻殘本與 35 版、57 版相同。① 02 版新增器銘墨本。

者減鐘，② 35 版、57 版、02 版拓本相同，35 版、57 版拓本周圍的釋文亦同。02 版較 35 版、57 版，删掉鉦部銘文左右兩旁的釋文"吉金""用旛"四字，並將該器拓本移置下器銘文之後。

者減鐘（西清續鑑甲編所錄銘長者六器），35 版、57 版拓本同，器名下均有雙行小注"西清續鑑甲編所录銘長者六器"，02 版較 57 版，删削了前兩器拓本，器名下雙行小注改爲"西清續鑑甲編所录銘長者"。

者汙鐘三，35 版陽面、陰面爲拓本，57 版更换爲拓本照片，銘文更清晰。③ 02 版未收。

伯盠盨，35 版、57 版、02 版銘文摹本均相同，其中 35 版、57 版器銘内一圈有隸定釋文，且書一"脣"字，這些均源於《歷代鐘鼎彝器款識法帖》一六 182。02 版僅存銘文摹本，删削釋文及"脣"字。

宋眉父鬲，35 版爲摹本，57 版换爲拓本。02 版既收了摹本又收了拓本，摹本同 35 版，拓本同 57 版。

宋公戌鐘，35 版、57 版同收六器摹本，02 版僅存第一、六器摹本。

曾子仲宣鼎，35 版、57 版、02 版拓本同，其中 35 版、57 版拓

---

① 35 版蓋銘摹本上方有一簡體"盖"字，器銘摹本上方有一俗寫的"噐"字。
② 以下 35 版記"兩周金文辭大系錄編　下卷　郭沫若　纂集"，57 版作"兩周金文辭大系錄編 下卷"，02 版削删。
③ 57 版與 35 版是否爲同一張拓本，難以判斷。

本，均鈐有陰文印"子有所藏吉金""孤嬭大"，陽文印"德大審定""曾鼎山房"。35版、57版拓本源於唐蘭藏拓軸，拓軸原有陳德大所作《曾鼎説》，02版删削。

郱友父鬲，35版、57版拓本相同，02版拓本與35版、57版爲同一拓本，但拓本方向較原版順時針旋轉了約180度。

魯大司徒匜，35版、57版、02版拓本相同。需要説明的是，35版、57版《録編》魯大司徒匜銘文在魯大宰原父簠之前。02版《録編》魯大司徒匜銘文移置魯大宰原父簠銘文之後。順序略異。

魯士商戲簋，35版、57版、02版拓本相同。35版拓本源於《周金文存》三51，《周金文存》拓本左側原有釋文、題跋、印文，02版删削。

貉子卣一，35版、57版拓本同，02版"貉子卣一"拓本與57版"貉子卣二"蓋銘拓本相同。

貉子卣二，57版蓋銘、器銘拓本與35版不同，02版"貉子卣二"拓本與57版"貉子卣一"拓本相同，僅録一張拓本，未區分器蓋。02版將原"貉子卣一""貉子卣二"拓本互置，然《大系目録表》未作相應調整，換言之，02版"貉子卣一""貉子卣二"拓本對應的"諸家著録"誤倒。

庚壺，35版爲摹本。57版、02版另增拓本，且有旁批"此庚壺銘拓本，遠不及摹本之清晰，故並存之"。

陳逆簠，35版、57版同爲摹本，02版新增拓本。

陳矦午錞，35版、57版、02版第二張拓本均同，均有批注："此與前銘本一器，聞藏家因求與攟古所録者合拍，故意將七行下'母'字剔去云。"另57版拓本較35版新增批注："今案容庚云前季木藏器即得之吴式棻，'堂母'二字乃其后剔出者。"02版較57版誤脱"木藏器""二字乃"等字。

枛氏壺，35版收器物紋飾，另有銘文拓本一紙。① 57版未收紋

---

① 該紙上端黏貼在紋飾書葉上方空白處。

飾，僅收銘文拓本，02 版同 57 版。

嗣子壺，35 版、57 版、02 版拓本相同，02 版另新增"嗣子壺二"拓本。

穌衛改鼎，35 版、57 版、02 版拓本同，02 版另新增一拓本。

新鄭虎符，57 版較 35 版增加銘文部分清晰墨本，57 版墨本鈐有陰文印"于省吾印""羅福頤手摹金石文字"，陽文印"契齋"，02 版同 57 版。

楚王酓肯鼎，35 版、57 版、02 版拓本同，拓本旁批注亦同，35 版、57 版未標器名"楚王酓肯鼎"。

35 版"補遺"收錄楚王酓忎盤及楚王酓肯簠、鼎拓片，後接一紙說明。"附錄"收錄守宮雞彝、玉珮的照片，亦附有一紙說明。57 版較 35 版，將"補遺說明"移置"附錄說明"後，即《大系圖錄》最末。02 版《大系》將"補遺說明"從《圖錄》刪去移置《考釋》最末。

02 版較 35 版、57 版"補遺"部分，於原"楚王酓忎盤"拓本前增加"越王鐘"銘文摹本、"越王矛"器影。02 版較 35 版、57 版"附錄"部分，增加了"附錄一洛陽韓墓所出銘壺及銘""附錄二梁幣三種"，02 版增加的這五紙圖像均出自 35 版（57 版同）《大系考釋》前面的插圖，順序、文字略有差異。02 版將原 35 版、57 版《大系考釋》前面的插圖一（"壽縣所出楚器"照片）、插圖二（"楚王酓肯盤"器影）移至《大系圖錄》最末。

綜上，57 版《錄編》相較 35 版，抽換、增加了大量更爲清晰的拓本，涉及器物凡 230 餘件，其中多爲于省吾、商承祚舊藏，鈐有"于省吾印""思泊""商氏吉金""錫永手拓""契齋所得墨本"等印文。① 有些器銘，35 版原爲摹本，57 版更換爲拓本，凡 10 件，爲小臣單觶、旅鼎、效父簋、臭生鐘、郘伯御戎鼎、宋眉父鬲、蔡

---

① 這些拓本多與《殷周金文集成》中的拓本一致，當爲考古所爲其更換。參 57 版《兩周金文辭大系圖錄考釋·增訂序記》。

太師鼎、江君婦龢壺、中子化盤、郘侯簞彝。57版較35版新增了麥鼎、庫壺、新鄭虎符三器墨本。

02版《錄編》大體沿用57版,① 二者多數拓本相同。02版編委會增補更換了一些拓片。經筆者統計,02版較57版更換了令簋、班簋等63件器物銘文,其中一個有意思的現象是,衛簋、盂卣、陳矦因資鎛三器的銘文拓本,02版與35版相同,而與57版有異。02版較57版新增了成鼎、師晨鼎等10件器銘拓本及望簋、宋眉父鬲2件器銘的摹本。② 02版較57版增删了不少銘文内容相同的拓本。

總體來看,35版、57版《錄編》收録的銘文拓本多附帶原拓本鈐蓋的鑒藏印章。除個别拓本遺有印文外,02版《錄編》絶大多數拓本都没有印文,當爲編委會有意識地剪除的結果。不少銘文拓本周圍留有剪除後的痕跡,如史頌簋二、陳子匜、兔簋、蔡姑簋等等,例見表2-3。

表2-3　　　　　　　　　　拓本對比

| 器名 | 57版《錄編》 | 02版《錄編》 |
|---|---|---|
| 史頌簋二<br>（蓋銘） | | |

---

① 35版、57版《錄編》分上、下卷,02版合二爲一,不再標明上下卷。
② 其中宋眉父鬲的摹本乃35版《錄編》所載。

續表

| 器名 | 57 版《錄編》 | 02 版《錄編》 |
|---|---|---|
| 陳子匜 | | |

02 版《錄編》抹除拓本印文的這一做法，極不可取。舊拓多有題跋、收藏印，可據此確認拓本收藏者，查考拓本的遞藏過程，鉤沉器物的收藏史。拓本周圍的印文被削刪，拓本背後蘊含的歷史信息亦隨之湮没。

02 版《錄編》訂正了 35 版、57 版的不少錯誤，如罨卣，35 版、57 版誤將"趞卣"蓋銘拓本當作"罨卣"蓋銘拓本錄入，02 版已訂正。但 02 版《錄編》在變動過程中也產生了不少新的問題，如貉子卣，02 版《錄編》將 35 版、57 版"貉子卣一""貉子卣二"拓本互置，然《大系目錄表》未作調整，换言之，02 版"貉子卣一""貉子卣二"拓本對應的"諸家著錄"誤倒。相似的情況又見於格伯簋一、格伯簋二等。可能是出於節省版面的緣故，02 版《錄編》器物銘文的次序較 35 版、57 版常有變動，這大概有違於作者編纂《錄編》的初衷，郭沫若曾明言"錄編編次悉依增訂本，閒有參考之器亦附出之"①，"增訂本"當指 35 版《大系考釋》，《錄編》是爲了配合《大系考釋》使用的。02 版《錄編》器銘的順序理應與《考釋》保持一致，且 02 版在調整器銘時，不

---

① 《兩周金文辭大系圖錄》引言。

能同時調整《大系目錄表》，失於照應，産生了新的訛誤。

## 第四節 《兩周金文辭大系圖録》器影、銘文來源考

1935 年初版《大系圖録》由郭沫若親自編纂，集録了不少當時稀見的器影、銘文拓本及摹本。本節以《大系》目録爲次，對 35 版所録每一張器圖、銘文逐一溯宗考源，盡可能找到每張圖的來源，整理爲表 2-4。表中首列記器名，① 次列記器影來源，第三列標明銘文來源，必要的相關説明見脚注。

通過對每張圖版的溯宗考源，進而推求《圖録》的成書過程，特别是當作者面對同一器物多種圖像時，是如何取捨的，以期深入認識 20 世紀 30 年代《大系圖録》的出版在學術史上的價值。

1957 年《大系圖録》增訂再版時，由於郭沫若政務繁忙，曾延請考古所同志幫忙校對，增補、替换了不少器圖。2002 年《大系圖録》收入《郭沫若全集·考古編》再版，作者已辭世多年，編輯又作了不少替换、增補工作。以上兩版的這些變動均非作者本人作爲，本節不予討論。至於諸版《圖編》《録編》具體的變動情况，詳見本章第二、三兩節。

表 2-4　　　　　　　　器影、銘文來源

| 器名 | 器影來源 | 銘文來源 |
| --- | --- | --- |
| 大豐簋 |  | 存三 31 |
| 小臣單觶 |  | 貞九 29 |
| 令簋 | 水野清一見示照片<br>同彙二 1 | 歐 12<br>同彙二 1 |

---

① 悉依 35 版《兩周金文辭大系目録表》器名録之。

第二章 《兩周金文辭大系圖錄》研究　73

續表

| 器名 | 器影來源 | 銘文來源 |
|---|---|---|
| 令彝 | 《周明公彝文釋考》① | （蓋）來源不明，待考<br>同研上38 蓋銘、初圖一A<br>（器）《周明公彝文釋考》<br>同研上39 器銘、初圖一B |
| 令尊 | 《周明公彝文釋考》 | 《周明公彝文釋考》<br>同初圖一C |
| 觶卣 | 善四34 | 善四34 |
| 明公簋 | 西十三8 | 存五8<br>同研上43 |
| 禽簋 | 錢二3 | 存三108<br>同研上79 |
| 禽鼎 |  | 羅氏拓本 |
| 睘卣 |  | （左側拓本）來源不明，待考<br>同研上52<br>（蓋銘拓本）存五89② |
| 趙卣 |  | 存五90 |
| 趙尊 |  | 奇五13 |
| 中齍一 | 博二19 | 嘯上10 |
| 又二 | 博二20 | 嘯上11 |
| 又二 | 博二21 | 嘯上11 |
| 中觶 | 博六32 | 嘯上25③ |
| 中甗 |  | 薛一六172 |
| 疐鼎 | 錢一17 | 錢一17 |
| 班簋 | 西一三12 | 西一三12④ |

---

① 1931年10月26日致函田中："《矢彝》銘文擬亦録入《大系》插圖。府上有《明公彝》單行本，可僅取其中三種銘文，以爲第一圖，按a（蓋）、b（器）、c（尊）之順序。其餘插圖編號依次順延即可。"《明公彝》單行本當即1930年吳寶煒的《周明公彝文釋考》，該書收録令彝及令尊拓本。

② 蓋銘拓本乃趙卣蓋銘的誤置，非睘卣銘文。57版沿其誤，02版始更正。

③ 稱"召公尊"。

④ 稱"周毛伯彝"。

续表

| 器名 | 器影来源 | 铭文来源 |
|---|---|---|
| 小臣謎簋一 | 来源不明，待考 | 疑来自容庚①<br>同初图二 A、B |
| 又二 | 来源不明，待考。 | 善八 91 |
| 衞簋 | 武 57 | 罗氏拓本 |
| 吕行壶 | 西一九 8 | 西一九 8 |
| 小臣宅簋 |  | 罗氏拓本 |
| 师旅鼎 | 善二 81② | 罗氏拓本<br>同彙二 5 |
| 旅鼎 |  | 攈二之三 80 |
| 大保簋 |  | 存三 47 |
| 附 作册睘卣 | 攀下 18 同恒上 64 | 存五 80 |
| 麥鼎 |  | 罗氏拓本<br>同初图五 |
| 員卣 |  | 于省吾影赠③ |
| 員鼎 |  | 愙六 8 |
| 厚趠鼎 | 续四 17 | 存二 33 |
| 令鼎 |  | 存二 25 |
| 献侯鼎 | 宝上 8 | 罗氏拓本 |
| 臣辰盉 | 善九 33 | 善九 33 |
| 臣辰卣 | 善四 37 | 善四 37 |
| 臣辰尊 | 梅原末治氏影赠 | 梅原末治氏影赠 |
| 作册大鼎一 | 善三 11 | 善三 11 |
| 又二 | 善三 12 | 善三 12 |
| 大盂鼎 | 恒上 9 | 存二 10 |

---

① 《郭沫若致容庚书简》1931 年 3 月 20 日、1931 年 3 月 28 日、1931 年 4 月 19 日、1931 年 5 月 19 日、1931 年 5 月 27 日、1931 年 8 月 14 日、1931 年 9 月 27 日。

② 《善斋》称"弘鼎"。

③ 于省吾：《忆郭老》，《理论学习》1978 年第 4 期。

第二章　《兩周金文辭大系圖録》研究　75

續表

| 器名 | 器影來源 | 銘文來源 |
|---|---|---|
| 小盂鼎 |  | 同初圖六① |
| 周公簋 | 歐 103<br>同餘 38 | 獸一 26<br>同餘 39 |
| 麥尊 | 西八 33 | 西八 33 |
| 麥彞 | 西一三 10 | 西一三 10 |
| 麥盉 | 來源不明，待考 | 羅氏拓本 |
| 庚嬴卣 | 兩六 1② | 存五 81<br>同研下 73（器） |
| 庚嬴鼎 | 西三 39 | 西三 39 |
| 史䛬彞 |  | 存三 107 |
| 獻彞 |  | 夢上 25③<br>同彙二 7 |
| 沈子簋 | 來源不明，待考 | 來自容庚<br>同初圖十一、叢四 220 |
| 盂爵 |  | 存五 121 |
| 附盂卣 | 雙上 32 | 雙上 32 |
| 段簋 |  | 存三 36 |
| 宗周鐘 | 來源不明，待考 | 羅氏拓本 |
| 狀簋 |  | 唐蘭影贈 |
| 過伯簋 | 夢上 24 | 夢上 24 |
| 夌簋 | 錢二 13 | 存三 95 |
| 遹簋 | 善八 86 | 羅氏拓本 |
| 靜簋 | 西二七 14 | 羅氏拓本 |

① 疑容庚代郭沫若從孫伯恒處借的印片。參 1930 年 8 月 7 日容庚致郭沫若函、1930 年 9 月 6 日郭沫若致容庚函及初版《大系》第 35 頁眉批。

② 《兩罍軒》稱"周庚羸卣"。

③ 《夢郼草堂吉金圖》卷上 25 著録了該器影像，但郭沫若認爲"器殘破，夢有形，乃後補，不足信"，故《圖編》未收影像，參《大系目録表》獻彞"備考"欄。《金文續考·獻彞》："今就器圖像觀之，其湊合之處皎然可辨，斷非原璧也。"

續表

| 器名 | 器影來源 | 銘文來源 |
|---|---|---|
| 靜卣一 | 善四 35 | 善四 35 |
| 又二 | 西一五 20 | 存五 88 |
| 小臣靜彝 |  | 攈二之三 58 |
| 趞鼎 |  | 存二補遺 |
| 呂齋 |  | 存二補遺 |
| 君夫簋 |  | 存三 42 |
| 剌鼎 |  | 存二 28 |
| 竅鼎 | 夢續 6 | 存二 31 |
| 遹甗 | 泉圖 12 | 存二 31① |
| 稠卣 | 博十 32② | 嘯上 38 |
| 臤觶 | 兩三 14③ | 存五 3 |
| 彔或卣 | 陶二 39 | 存五 82 |
| 彔簋 | 泉圖 105 | 存三 48 |
| 彔伯或簋 |  | 存三 18 |
| 伯或簋 |  | 攈二之三 61④ |
| 善鼎 |  | 存二 19 |
| 競卣 | 泉圖 63 | 羅氏拓本<br>同初圖七 A、B |
| 競簋 | 懷履光氏拓贈 | 懷履光氏拓贈 |
| 附競卣二 |  | 懷氏拓贈 |
| 競甗 |  | 懷氏拓贈 |
| 競尊 |  | 懷氏拓贈 |
| 縣改簋 | 善八 50 | 善八 50 |
| 趙曹鼎一 |  | 存二 26 |
| 趙曹鼎二 |  | 羅氏拓本 |
| 師湯父鼎 | 獲一 6 | 存二 28 |

① 35 版《大系目錄表》備考"存誤爲鼎",57 版、02 版"存誤爲鼎,校亦然"。
② 《宣和博古圖》稱"周淮父卣"。
③ 《兩罍》三 14 稱"周臤尊"。
④ 稱"西宮敦"。

第二章　《兩周金文辭大系圖錄》研究　77

續表

| 器名 | 器影來源 | 銘文來源 |
| --- | --- | --- |
| 史頌簋一 | 恒上 27 | 窓十 17 |
| 又二 |  | 存三 32（器）<br>存三 34（蓋） |
| 又三 | 澂上 20 | 羅氏拓本（器）<br>澂上 20（蓋） |
| 又四 |  | 存三 33（器）<br>存三 34（蓋） |
| 史頌鼎 | 恒上 14 同攀一 10 | 存二 25① |
| 附史頌匜 | 雙上 21 | 雙上 21 |
| 史頌盤 |  | 存四 16 |
| 頌鼎一 | 甲一 31 | 存二 18 |
| 又二 |  | 羅氏拓本 |
| 頌簋一 | 陶二 7 | 存三 2—3 |
| 頌簋二 |  | 存三 5（器）<br>存三 8（蓋） |
| 又三 |  | 善八 99（蓋）<br>存三 6（器） |
| 又四 |  | 羅氏拓本（蓋）<br>存三 9（器） |
| 又五 |  | 窓十 22（器）②<br>存三 4（蓋） |
| 頌壺一 蓋 |  | 存五 39 |
| 又二 | 武下 87 | 不知來源，待考 |
| 師虎簋 |  | 存三 16 |
| 吳彝 |  | 存三 101 |
| 牧簋 | 考三 24 | 薛一四 155 |
| 師毛父簋 | 博十七 16 | 嘯下 52 |
| 豆閉簋 |  | 羅氏拓本 |

① "存二 18"有誤，02 版已訂正。
② "窓十 20"有誤，57 版、02 版沿其誤。

續表

| 器名 | 器影來源 | 銘文來源 |
| --- | --- | --- |
| 師奎父鼎 | 恒 13 | 存二 23 |
| 走簋 | 甲一二 44 | 甲一二 44 |
| 附走鐘 | 考七 2 同博二二 24 | 嘯下 83 |
| 利鼎 | | 存二 26 |
| 望簋 | | 攈三之一 83 |
| 師望鼎 | | 存二 22 |
| 格伯簋一器 | | 存三 27① |
| 又二 蓋器 | | 存三 28 |
| 又三 | | 存三 29 |
| 又四 | 夢上 33 | 存三 29 |
| 又五 | 曹下 28 | 存三 30 |
| （附）格伯作晉姬簋 | 雙上 16 | 雙上 16 |
| （附）曩仲作倗生壺 | 雙上 27 | 雙上 27 |
| 匡卣② | | 存五 84 |
| 猎鐘一 | 善一 10 ③ | 存一 66 |
| 又二 | | 存一 66 |
| 師遽簋 | 攈二 33 同恒 39 | 存三 36 |
| 師遽彝 | | 存三 103 |
| 康鼎 | 寧一 17 | 羅氏拓本<br>同彙二 9 |
| 附井叔盨 | | 存三 160 |
| 井叔鐘 | | 存一 71 |
| 卯簋 | 曹下 26 | 存三 11 |

① "存五 27" 有誤，02 版已訂正。

② 《謚法之起源》（《支那學》版）謂："此器初著録於《攈古録金文》（三之一第三十二葉），題作'匡簋'。《周金文存》卷三補遺亦録爲簋。後復收入卣屬（卷四第八十四葉），三拓同範，然文字互有顯晦處，宜參照。"

③ 《善齋》稱"敔狁鐘"。

第二章 《兩周金文辭大系圖錄》研究

續表

| 器名 | 器影來源 | 銘文來源 |
| --- | --- | --- |
| 同簋一 |  | 存三補遺 |
| 又二 | 甲六 29 | 存三補遺 |
| 大簋 | 甲一二 46 | （器）善八 97<br>（蓋）來源不明，待考 |
| 大鼎 | 曹下 9① | 羅氏拓本 |
| 師西簋一 | 兩六 10 + 14（蓋） | 存三 20 |
| 又二 | 兩六 16 | 存三 21 |
| 又三 | 陶二 14 | （器）來源不明，存疑待考<br>（蓋）存三 22 |
| 免簋 |  | 存三 32 |
| 免簠 |  | 存三 121 |
| 史免簠 | 陶續一 43 | 存三 127 |
| 免盤 |  | 存四 6 |
| 免觶 | 寧三 16 | 存五 83 |
| 史懋壺 |  | 窓一四 13 |
| 守宮尊 |  | 北平圖書館藏拓本<br>徐中舒氏影贈 |
| 盠卣 | 存五補遺<br>同彙二 10 | 來源不明，待考<br>同彙二 10 |
| 鄦鼎一 | 西三 29 | 羅氏拓本<br>同彙二 12 |
| 又二 | 存二 55 | 存二 55 |
| 效父簋 | 曹上 22 | 曹上 22 |
| 舀鼎 |  | 存二 6 |
| 舀壺 | 來源不明，待考 | 來自容庚<br>同初圖八 |
| 陵貯簋 | 西二七 30② | 西二七 30 |

① 《懷米山房》稱"周己伯鼎"。
② 《西清古鑑》稱"周般敦"。

續表

| 器名 | 器影來源 | 銘文來源 |
| --- | --- | --- |
| 趩觶 | 恒 50① | 存五 1 |
| 效卣 | 存五 79 | 存五 78 |
| 效觶 | 鶴 9 | 鶴 9 |
| 蔡簋 |  | 薛十四 148 |
| 虢季子白盤 | 《燕京學報》第一期 128 頁② | 存四 3 |
| 不嬰簋 | 夢上 34 | 存三 1 |
| 噩矦鼎 |  | 存二 24 |
| 附噩矦簋一 |  | 來源不明，待考 |
| 又二 | 武 75 | 羅氏拓本 |
| 〔又三〕 |  |  |
| 成鼎 | 博二 23 | 嘯上 13 |
| 敔簋 | 博十六 39 | 嘯下 55 |
| 附敔簋二 |  | 存三 45 |
| 伯克壺 | 考四 40<br>同博六 33 | 嘯上 25 |
| 克鐘一 |  | 存一 26 |
| 又二 |  | 存一 24 |
| 又三 | 陶續上 8 | 存一 25 |
| 又四 |  | 存一 27 |
| 又五 |  | 存一 28 |
| 又六 |  | 存一 22 |
| 南季鼎 |  | 存二 27 |
| 師𣪘簋 | 博十六 27 | 嘯下 53 |
| 師晨簋 |  | 攈三之二 21 |
| 伯晨鼎 | 曹二 7 | 存二 20 |

---

① 《恒軒》原稱"趩尊"。

② 1934 年 4 月 28 日致田中："《燕京學報》第一期容庚文中亦載有《虢季子白盤》之器圖。東洋文庫當有之。"

續表

| 器名 | 器影來源 | 銘文來源 |
| --- | --- | --- |
| 師艅簋 |  | 窓九 17① |
| 諫簋 | 陶二 10 | 存三 25 |
| 揚簋一 |  | 存三 24 |
| 又二 |  | 存三 19 |
| 單伯鐘 |  | 存一 61 |
| 附臭生鐘 |  | 攈三之一 30 |
| 虢簋 | 善八 88 | 善八 88 |
| 虢仲盨 |  | 羅氏拓本 |
| 何簋 | 續三 25② | 嘯下 97 |
| 無叀簋一 | 夢上 31 | 存三 37 |
| 又二 |  | 存三 38 |
| 又三 | 善八 87 | 存三 40 |
| 〔又四〕 |  | 存三 39 |
| 大克鼎 | 來源不明，待考 | （第一張）校三 32<br>（第二張）來源不明，待考 |
| 克盨 | 歐圖 122 | （器）存三 153<br>（蓋）歐一二二 |
| 小克鼎一 | 陶一 38 | 存二 16 裏③ |
| 又二 |  | 存二 17 表④ |
| 又三 |  | 陶一 38 |
| 又四 | 來源不明，待考 | 陶續上 25 |
| 又五 | 陶一 36 | 陶一 36 |
| 又六 | 陶一 34 | 陶一 34 |
| 又七 |  | 窓五 5 |

---

① "窓九 19" 有誤，02 版已訂正。
② 《西清續鑑》稱"寶敦"。
③ "裏" 指綫裝書一頁紙的背面，下同。
④ "表" 指綫裝書一頁紙的正面，下同。

續表

| 器名 | 器影來源 | 銘文來源 |
|---|---|---|
| 微癲鼎 | 續四 19① | 薛十 110 |
| 禺从盨 | 澂上 22 | 來自容庚<br>初圖十 |
| 伊簋 | 梅原末治氏影拓贈 | 梅原末治影拓贈 |
| 裦盤 | 福開森氏影贈 | 存四 4 |
| 裦鼎 |  | 薛十 111 |
| 禺攸从鼎 | 歐四 314 | 陶一 40 |
| 虢叔旅鐘一 |  | 窓一 12 |
| 又二 |  | 窓一 13 |
| 又三 |  | 存一 8 |
| 又四 | 陶續上 3 | 存一 9 |
| 又五 |  | 攮三之二 5 |
| 又六 | 【215a】泉別圖九<br>【215b】泉別解説 13② | 存一 10 |
| 又七 |  | 存一 10 |
| 士父鐘一 |  | 存一 39—40 |
| 又二 |  | 存一 40—41 |
| 又三 |  | 存一 41 |
| 矢人盤 | 第一張是全形拓，來源不明，待考<br>第二張器影采自《書道全集》（昭和六年十月版）第一卷 | 存四 4 |
| 函皇父簋 |  | 存三 46 |
| 函皇父匜 |  | 存四 27 |

① 《西清續鑑》稱"癲鼎"。王國維《宋代金文著錄表》癲鼎蓋謂"《續考古圖》所錄者乃器而非蓋，然恐偽也"。

② 175 號信（19349）致田中："蒙梅原先生慨諾，《泉屋別集》已假得。茲與《懷米山房》一併奉上。十鐘之中，除第一、第九已完成者外，其餘請全部縮小。解説中亦須附上拓本小圖，以小圖特別表示飛舞圖紋。第一、第九解説中之拓圖亦請一併攝影。"

續表

| 器名 | 器影來源 | 銘文來源 |
|---|---|---|
| 叔向父簋 | | 存三 31 |
| 叔向父作敦姒簋 | | 存三補遺 |
| 番生簋 | 陶二 16 | 存三 12 |
| 番匊生壺 | | 來源不明，待考 |
| 毛公鼎 | 來源不明，待考<br>同叢二 127 | 西泠印社本原大①<br>同叢二 127 |
| 師訇簋 | | 薛十四 152—153 |
| 曶鼎 | 考三 34 | 薛十五 167 |
| 召伯虎簋一 | 中圖十一 | 中圖十與十一<br>同初圖十一 |
| 兮甲盤 | | 存四 2 |
| 召伯虎簋二 | 陶二 12（器） | 存三 23 |
| 師裹簋一 | | 存三 16（蓋） |
| 又二 | | 存三 17 |
| 乖伯簋 | | 存三 11 |
| 師嫠簋一二 | | （一）窓九 17—18<br>（二）窓九 19—20 |
| 井人妄鐘一 | 【216a】泉別圖 1<br>【216b】泉別解説 5 | 存一 53 |
| 又二 | | 存一 54 |
| 又三 | | 存一 55 |
| 裁簋 | 考三 22 | 嘯下 93 |
| 無叀鼎 | 來源不明，存疑待考 | 窓四 22 |
| 休盤 | | 存三 27 |
| 杜伯鬲 | 善三 25 | 善三 25 |
| 杜伯盨一、二、三 | | （一）存三補遺 + 存三 154 裏<br>（二）存三 155<br>（三）存三 156 表 + 存三 154 表 |

---

① 1934 年 7 月 26 日（郵戳）致田中函"毛公鼎（西泠印社本原大）"。

續表

| 器名 | 器影來源 | 銘文來源 |
| --- | --- | --- |
| 師兌簋一 | 善八 93 | 善八 93、94 |
| 又二 | 善八 95 | 善八 95、96 |
| 鄩簋一 | 考三 10（器） | 薛十四 134<br>石刻殘本 |
| 又二 |  | 薛十四 150—151<br>石刻殘本 |
| 三年師兌簋 |  | 存三 15 |
| 宗婦鼎一 |  | 窓六 8 |
| 又二 |  | 窓六 9 |
| 又三 |  | 存二 37 裏上 |
| 又四 |  | 羅氏拓本 |
| 宗婦簋一 | 陶二 2 | 存三 56 裏 |
| 又二 |  | （器）存三 56 表上<br>（蓋）存三 57 裏下 |
| 又三 |  | 存三 58 表上 |
| 宗婦盤 | 恒下 88 | 存四 9 |
| 宗婦壺一、二 |  | （一）窓一四 18—19<br>（二）窓一四 19—20 |
| 者減鐘 | 來源不明，存疑待考 | （又一五二葉表）代一 46 裏<br>（又一五二葉裏）代一 47 表 + 代一 46 裏 |
| 又二至七 |  | 甲一七 6—14 |
| 又庚器 |  | 羅氏拓本 |
| 又癸器 |  | 存一 65 |
| 吳王元劍 |  | 存六 96 |
| 吳王夫差鑑 | 存四 41 | 羅氏拓本 |
| 其㝬句鑃一 |  | 存一 80 |
| 又二 | 來源不明，存疑待考<br>同研上 96 | 存一 81 |

第二章 《兩周金文辭大系圖錄》研究　85

續表

| 器名 | 器影來源 | 銘文來源 |
|---|---|---|
| 姑馮句鑃 | | （陽面）存一78<br>（陰面）存一79 |
| 者汈鐘一 | | （陽面）存一42<br>（陰面）存一43 |
| 又二 | 梅原末治氏影拓贈 | 梅原末治氏影拓贈 |
| 又三 | 泉別圖八 | 梅原末治氏拓贈？<br>同泉別圖八解12 |
| 又四 | 來源不明，存疑待考 | 存一補遺 |
| 徐王糧鼎 | 善二74 | 羅氏拓本 |
| 宜桐盂 | | 存四39 |
| 沇兒鐘 | 陶續上5 | 存一20—21 |
| 王孫遺者鐘 | 陶續下補遺 | 存一2—4 |
| 義楚耑 | 存五138 | 羅氏拓本 |
| 徐王義楚鍴 | | 羅氏拓本 |
| 徐王耑 | | 羅氏拓本 |
| 儆兒鐘一 | | （陽面）存一29<br>（陰面）存一30 |
| 又二 | | 存一31 |
| 又三 | | 存一32 |
| 徐譜尹鉦 | | （陽）存一76<br>（陰）存一77 |
| 楚公逆鎛 | | 復12又33 |
| 楚公家鐘一 | | 存一補遺 |
| 又二 | 【217a】泉別圖七<br>【217b】泉別解説11 | 存一69裏 |
| 又三 | 【218a】泉別圖五<br>【218b】泉別解説9 | 存一68 |
| 又四 | 陶一17 | 存一70 |

續表

| 器名 | 器影來源 | 銘文來源 |
| --- | --- | --- |
| 又五 | 【219a】泉別圖六<br>【219b】泉別解説 10 | 存一 69 表 |
| 楚王鐘 | 考七 12① | 薛六 66—67② |
| 叔姬簠 |  | 存三 126 |
| 楚王酓章鐘一 |  | 嘯下 90 |
| 又二 |  | 薛六 70 |
| 曾姬無卹壺一 | 善四 54<br>同壽圖二 | 善四 54<br>同彙續 39、壽圖二 |
| 又二 | 善四 56<br>同壽圖三 | 善四 56<br>同壽圖三 |
| 王子申盞 | 兩八 1 | 存三 169 |
| 中子化盤 |  | 攗二之二 74 |
| 楚王領鐘 |  | 羅氏拓本 |
| 楚子簠 | 陶二 45<br>陶二 44 | 存三 131 |
| 楚王酓忎鼎 | 壽圖八 | 唐蘭影贈<br>同彙續 34—35 |
| 附 но勺 | 雙上 51<br>壽圖十一 | 雙上 51<br>同壽圖十一 |
| 楚王酓肯匋鼎 |  | 金祖同影贈<br>同彙續 38 |
| 伯盞盤 | 考六 2 | 薛一六 180③ |
| 伯盞盉 | 考五 22 | 薛一六 182 |
| 江君婦龢壺 |  | 攗二之一 75 |
| 黄大子伯克盤 |  | 存四 6 |
| 黄君簠 |  | 存三 59 |

① 《考古圖》稱"楚卬仲嬭南和鐘"。
② "薛六 69"有誤。
③ 稱"邛仲槃"。

第二章　《兩周金文辭大系圖錄》研究　87

續表

| 器名 | 器影來源 | 銘文來源 |
|---|---|---|
| 黃韋俞父盤 | | 存四 10 |
| 單鼎 | 寶上 23 | 羅氏拓本 |
| 鄩侯簋 | | 來源不明，存疑待考 |
| 簡大史申鼎 | 福開森氏影贈 | 存二 33<br>福開森氏影贈？ |
| 郜公孜人簋 | | 存三 42 |
| 郜公孜人鐘 | 善一 14 | 存一 60 |
| 郜公平侯錳 | | 存二 29 |
| 郜公誠鼎 | 考一 9 同博二 33 | 薛十 107① |
| 郜公誠盨 | | 存二 125 |
| 鄧孟壺 | 夢續 25 | 存五 47 |
| 鄧伯氏鼎 | 夢上 12 | 存二 44 |
| 鄧公簋 | 夢續 21 | 存三 62 |
| 蔡姞簋 | | 存三 105 |
| 蔡大師鼎 | | （第一張摹本）貞續上 24<br>（第二張摹本）唐蘭據方濬益舊藏龔孝拱編雙鉤廓填本重摹本 |
| 許子鐘一 | 考七 7 | 薛六 66 |
| 又二 | | 薛六 67 |
| 許子妝簠 | 善九 10 | 來源不明，存疑待考 |
| 子璋鐘一 | 善一 20 | 羅氏拓本 |
| 又二 | | 存一 52 |
| 又三 | | （陽面）存一 50<br>（陰面）存一 51 |
| 又四 | 甲一七 26 | |
| （又五） | 寧十四 1 | 窓二 7—8 |
| 魯生鼎 | | 存二 48 |

① 稱"公誠鼎"。

續表

| 器名 | 器影來源 | 銘文來源 |
|---|---|---|
| 無臭鼎 | 獲一 12 | （蓋）存二 64<br>（器）羅氏拓本 |
| 鄭義伯匜 | 西三二 4 | 羅氏拓本 |
| 鄭登伯鬲 |  | 存二 81 |
| 鄭登叔盨 |  | 來源不明，存疑待考 |
| 鄭戚句父鼎 |  | 來源不明，存疑待考 |
| 鄭虢仲簋一 | 西二七 28 | 存三 60 |
| 又二 | 寧十一 24① | 存三 61 |
| 召叔山父簋一 |  | 存三 124 |
| 又二 |  | 羅氏拓本 |
| 叔上匜 |  | 校九 66 |
| 鄭楙叔賓父壺 | 攀二 21 同恒 55 | 存五 50 |
| 叔賓父盨 |  | 羅氏拓本 |
| 王子嬰次鑪 | 鄭圖 54<br>同研下 3 | 鄭圖 54②<br>同研下 3 |
| 陳公子甗 |  | 存二 87 |
| 陳侯簋 | 夢續 15 | 存三 125 |
| 陳子匜 |  | 存四 21 |
| 陳伯元匜 | 來源不明，存疑待考 | 羅氏拓本 |
| 遏亥鼎 | 獲一 11 | 存二 45 |
| 宋眉父鬲 |  | 攗二之一 54 |
| 宋公戌鐘一 | 博廿二 27 | 嘯下 84 |
| 又二 | 博廿二 28 | 嘯下 84 |
| 又三 | 博廿二 29 | 嘯下 84 |
| 又四 | 博廿二 30 | 嘯下 85 |
| 又五六 | 博廿二 31<br>博廿二 32 | （五）嘯下 85<br>（六）嘯下 85 |

① 《寧壽鑑古》稱"周旅簋"。
② 稱"王子方器"。

續表

| 器名 | 器影來源 | 銘文來源 |
|---|---|---|
| 宋公䜌鼎 | 博三 37 | 嘯上 19 |
| 曾伯霖簠一 | | 胡吉宣氏藏拓軸承借印 |
| 又二 | 胡吉宣藏捲軸 | 存三 120 |
| 曾伯陭壺 | | 代十二 26—27 |
| 曾子屎簠一 | | 存三 145 |
| 又二 | | 存三補遺 |
| 又三 | | 存三 146 |
| 曾子㠭簠 | | 羅氏拓本 |
| 曾子□簠 | 武 38 | 羅氏拓本 |
| 曾于仲宣鼎 | | 唐蘭氏藏拓軸蒙影贈 |
| 曾大保盆 | 善九 59 | 善九 59 |
| 滕侯鉌簠 | | 存三補遺 |
| 滕虎簠一 | 雙上 17（蓋） | （器）存三 110<br>（蓋）雙上 17 |
| 又二 | 夢上 27 | 夢上 27 |
| 薛侯盤 | 陶三 38 | 存四 11 |
| 薛侯匜 | | 存四 24 |
| 薛侯鼎 | | 攈二之一 32 |
| 邾公牼鐘 | | 存一補遺 |
| 又二 | 曹下 2 | 存一 36 |
| 又三 | | 存一 37 |
| 又四 | | 存一 38 |
| 邾公華鐘 | | 存一 5 |
| 邾公釛鐘 | 陶一 15① | （第一張）存一 56<br>（第二張）窻一 21 |
| 邾君鐘 | | 羅氏拓本 |
| 邾大宰鐘 | 甲一七 24② | 羅氏拓本 |

① 《陶齋》稱"邾公釖鐘"。
② 《西清續鑑甲編》稱"周從鐘"。

續表

| 器名 | 器影來源 | 銘文來源 |
|---|---|---|
| 邾大宰簠 | | 存三 122 |
| 邾友父鬲 | | 存二 72 |
| 邾伯鬲 | | 羅氏拓本 |
| 邾伯御戎鼎 | | 攗二之二 24 |
| 邾討鼎 | | 存二 56 |
| 寺季故公簠 | | 存三 84 |
| 郜遺簋 | 甲十二 37 | 存三 59 |
| 郜造遺鼎 | | 存二 56 裏 |
| 郜伯鼎 | 寶上 25 | 寶上 25 |
| 郜伯祀鼎 | | 存二 42 |
| 魯侯爵 | | 存五 118 |
| 魯大司徒匜 | | 存四 21 |
| 魯大宰原父簠 | | 存三 72 |
| 魯原鐘 | 曹下 1 | 存一 72 |
| 魯伯厚父盤 | 曹下 21 | 存四 17 |
| 仲姬俞簠 | 善八 68 | 存三 71 |
| 孟姬姜簠 | 寶下 64 | 羅氏拓本 |
| 魯伯愈父鬲 | | 存二 74 |
| 又二 | | 存二 76 |
| 又三 | | 存二補遺 |
| 又四 | | 存二 75 |
| 又五 | | 存二 75 裏 |
| 魯士商戲簠 | 西二八 4 | 存三 51 |
| 杞伯每刃鼎一 | 澂 5 | 澂 5—6 |
| 又二 | | 存二 50 |
| 杞伯每刃簋一 | | 存三 82 裏左 |
| 又二 | | 存二 82 表 |
| 又三 | | （器）存三 82 裏右<br>（蓋）愙十 11 |

續表

| 器名 | 器影來源 | 銘文來源 |
| --- | --- | --- |
| 又四 |  | 存二 83 |
| 杞伯每刃壺 | 善四 52 | （蓋）存五 45<br>（器）善四 52 |
| 杞伯每刃匜 |  | 存四 25 |
| 杞伯每刃盨 |  | 存四 37 裹 |
| 己疾貉子簋 | 夢續 20 | 夢續 20 |
| 貉子卣一 |  | 存五 88 |
| 又二 | 存五 87 | 存五 86 |
| 己侯鐘 | 【210 a、b】來源不明，待考<br>【210c】泉別解説 8h 【210d】<br>泉別解説 8a | 存一 73 |
| 己侯簋 |  | 存三 88 |
| 員公壺 |  | 薛十二 132① |
| 慶叔匜 |  | 薛十二 132② |
| 鑄公簠 | 西二九 4<br>西二九 3 | 存三 130 |
| 鑄子簠一 |  | 存三 135 |
| 又二 |  | 存三 136 |
| 齊大宰盤 |  | 羅氏拓本 |
| 國差繪 | 寶下 91 | 寶下 91—92<br>研下 52 【不全】 |
| 叔夷鎛 | 博二二 5 | 嘯下 75—78 |
| 叔夷鐘一 | 博二二 11 | 嘯下 79 |
| 又二 |  | 薛八 82 |
| 又三 | 博二二 12 | 嘯下 79—80 |
| 又四 |  | 薛八 84 |

---

① 稱"杞公匜"。
② 稱"孟姜匜"。

續表

| 器名 | 器影來源 | 銘文來源 |
|---|---|---|
| 又五 | 博二二 13 | 嘯下 80 |
| 又六 | 博二二 14 | 嘯下 81 |
| 又七 |  | 薛八 88 |
| 庚壺 | 甲一六 9 | 容庚摹本<br>同初圖十三 |
| 䣄鎛 | 攀二 1① | 存一 1 |
| 鼄氏鐘 |  | 羅氏拓本 |
| 齊侯盤 | 來源不明，存疑待考 | 存四 7 |
| 同匜 | 存四 20 | 存四補遺 |
| 同鼏 | 歐圖 203<br>同彙二 22 | 存四 20 |
| 同鼎 | 來源不明，存疑待考 | 存二補遺 |
| 洹子孟姜壺一 | 存五 36 | 存五 36<br>同研下 61 |
| 又二 | 存五 37 | 存五 37 |
| 陳財簋 | 善八 83 | 來源不明，存疑待考 |
| 陳逆簋 |  | 攗三之一 73 |
| 陳逆簠 |  | 來源不明，存疑待考 |
| 陳曼簠一 | 西二九 6② | 羅氏拓本 |
| 又二 |  | 存三 126 |
| 陳侯午敦 | 來源不明，存疑待考 | （第一張）武 80<br>（第二張）同彙二 25 |
| 陳侯午錍 | 武 79 | 武 79 |
| 陳侯午簠 | 徐中舒《陳侯四器考釋》，《歷史語言研究所集刊》第三本第四分，479—506 頁，1933 年。 | 羅氏拓本 |

---

① 《攀古樓》稱"齊鎛"。
② 《西清古鑑》稱"周餗簠"。

續表

| 器名 | 器影來源 | 銘文來源 |
|---|---|---|
| 陳矦因資敦 | 徐中舒《陳侯四器考釋》 | 存三 30 |
| 陳騂壺 | 歐圖 213<br>同彙二 27 | 歐圖二一三<br>同彙二 27 |
| 子禾子釜 |  | 存六 122 |
| 陳純釜 |  | 存六 122 裏 |
| 左關鋘 |  | 存六 123 |
| 戈叔朕鼎一 |  | 存二 36 |
| 又二 | 善二 75 | 善二 75 |
| 又三 | 善八 49 | 存二 37 |
| 叔朕簋 |  | 存三 123 |
| 戈叔慶父鬲 |  | 愙一七 15 |
| 賢簋一 |  | 愙九 7—8 |
| 又二 |  | 愙九 8—9 |
| 又三 |  | 善八 49 |
| 孫林父簋 |  | 存三 64 |
| 匽矦旨鼎 | 泉圖二 | 存二補遺 |
| 匽公匜 | 存四 29 | 存四 28 |
| 郾矦𦀚彝 |  | 攈二之三 66 |
| 杕氏壺 | 歐圖 207<br>同彙續 26 | 歐圖 207<br>同彙續 27 |
| 晉姜鼎 | 考一 6<br>同（泊如齋本）博二 6 | （第一張）嘯上 8<br>（第二張）薛十 112 |
| 伯郪父鼎 | （泊如齋本）博三 13 | 嘯上 15 |
| 晉公盦 | 存四 35—36<br>同研下 29 | 存四 36<br>同研下 33—34 |
| 邵鐘一 | 攀上 1 同恒上 1 | 存一 11 上 |
| 又二 | 攀上 3 | 存一 11 下 |
| 又三 |  | 存一 12 |
| 又四 |  | 存一 13 |

續表

| 器名 | 器影來源 | 銘文來源 |
|---|---|---|
| 又五 |  | 存一 14 表 |
| 又六 |  | 存一 16 裏 |
| 又七 | 獣二圖 1（$B_1$—$B_3$） | 存一 15 表 |
| 又八 |  | 存一 17 |
| 又九 |  | 存一 15 裏 |
| 又十 |  | 存一 16 表 |
| 又十一 | 攀上 4 | 存一 16 裏 |
| 又十二 |  | 存一 18 |
| 又十三 |  | 存一 19 |
| 又十四① |  | 窓一 11 表 |
| 又十五② |  | 窓一 10 裏 |
| 鬺氏鐘 |  | 洛圖 501<br>彙續 32 |
| 鬺芎鐘一 |  | 洛圖 502<br>同彙續 31 |
| 又二至五③ |  | （二）《鬺氏編鐘圖釋》圖一甲、乙<br>（三）《鬺氏編鐘圖釋》圖二甲、乙<br>（四）《鬺氏編鐘圖釋》圖三乙、甲<br>（五）《鬺氏編鐘圖釋》圖四甲、乙 |
| 嗣子壺 | 洛圖 253<br>同彙二 29 | 洛圖 253<br>同彙二 29—30 |
| 吉日劍 |  | 梅原末治氏影贈 |
| 穌公簠 | 恒 32 | 窓十二 5 |
| 穌治妊鼎 | 夢上 11 | 存二 52 |
| 穌甫人匜 |  | 存四 30 |
| 甫人父匜 | 曹下 11④ | 存四 30 |

① 備考一欄，35 版無，57 版、02 版記"容庚云即第三器"。
② 備考一欄，35 版無，57 版、02 版記"容庚云疑即第十二器"。
③ 圖次一欄，02 版增"432"。備考一欄，35 版無，57 版、02 版記"尊僅第二器"。
④ 《懷米山房》稱"周甫人匜"。

續表

| 器名 | 器影來源 | 銘文來源 |
|---|---|---|
| 甫人盨 | 善九 12 | 善九 12 |
| 穌衛改鼎 | 獲一 8 | 來源不明，存疑待考 |
| 穌公子簋 | 寶 66 | 存三 63 |
| 寬兒鼎 | 善二 77 | 羅氏拓本 |
| 虢文公子㱃鼎 | 曹下 5 | 存二 41 上 |
| 又二 | 來源不明，存疑待考 | 存二 41 下 |
| 虢姜簋 | 考三 18 | 薛十四 144 |
| 虢季子組簋一 |  | 存三 67 |
| 又一 | 陶續卜 35① | 存三 68 |
| 又三 |  | 存三 69 |
| 虢季子組壺 | 鈢 17② | 存五 50 |
| 虞司寇壺一 |  | （器）存五 44 裏<br>（蓋）存五 43 表 |
| 又二 |  | （器）存五 43 裏<br>（蓋）存五 44 表 |
| 吳龙父簋一 |  | 存三 65 |
| 又二 | 澂上 16③ | 澂上 16、17 |
| 又三 | 澂上 18④ | 澂上 18、19 |
| 秦公簋 | 福開森氏影贈？ | 羅氏拓本 |
| 秦公鐘 | 考七 9 | 薛七 72 |
| 商鞅量 |  | （器圖）存六 124<br>（銘文）容 30 |
| 新郪虎符 |  | 容 41 |

① 即陶續卷一 35
② 稱"虢季氏子組壺"。
③ 《澂秋館》稱"庚孟敢"。
④ 《澂秋館》稱"庚孟敢"。

| 器名 | 器影來源 | 銘文來源 |
| --- | --- | --- |
| 補遺:①<br>楚王酓忎盤一、楚王<br>酓肯簠三、鼎二 | | 《壽縣所出銅器考略》(《國學季刊》1934年第4卷第1號) |
| 附錄:<br>守宮雞彝、玉珮一具 | | 金祖同寄來照片 |

## 小　結

　　長期以來，學者大多關注《考釋》部分的文字敘述，而對《圖錄》措意不夠，② 似乎多將其視作《考釋》所附的配圖了。實際《圖錄》的意義遠不止於此。本章通過對《圖錄》全書結構及每一幀圖像來源的考察，我們發現該書背後蘊含了作者豐富的學術見解。只是由於作者沒有明確交代《圖錄》纂述緣由、編排體例、取捨標準、圖像來源等，一直以來學界未能充分認識其學術價值。或評價說"《兩周金文辭大系圖錄考釋》一書對青銅器斷代法雖有開創之功，但仍以銘文爲中心，並未在器形研究上創通條例。"③ 所論多少有失公允，顯然並未注意到《圖錄》內在體例。

　　《考釋》分上下兩編，上編收西周金文，自武王至幽王，以王世

---

① 02版改稱"補錄"。
② 就筆者所見，王世民先生文章中曾涉及過《圖編》的價值，"郭沫若重視銅器形制與花紋的考查，突出地表現是《大系》增訂本中含有'圖編'。他將近代考古學的類型學方法，引入兩周銅器研究領域，成功地進行排比分析，彙編爲這一粗略的參考圖譜，有其開拓性貢獻"(見王世民《郭沫若的殷周青銅器銘文研究》，載《考古學史與商周銅器研究》，社會科學文獻出版社2017年版；原載林甘泉、黃烈主編《郭沫若與中國史學》，中國社會科學出版社1992年版)。
③ 王睿:《遺落的章節（記陳夢家）》，收入《讀書》雜誌編《不僅爲了紀念》，生活・讀書・新知三聯書店2007年版，第412—422頁；王睿、曹菁菁、田天:《中國銅器綜述・譯者前言》，載陳夢家著，王睿等譯《中國銅器綜述》，中華書局2019年版。

爲次；下編收東周金文，以國別地域爲次，分吳、越等三十余國，"由長江流域溯流而上，於江河之間順流而下，更由黃河流域溯流而上，地之比鄰者，其文化色彩大抵相同。更綜而言之可得南北二系。江淮流域諸國南系也，黃河流域諸國北系也"①。《圖錄》序説（即《彝器形象學試探》一文）首次將銅器分爲濫觴期、勃古期、開放期、新式期四個階段，並分別簡述了不同時期的器類、形制、紋飾、銘文風格等方面的特點。② 《圖錄》主要包括《圖編》與《録編》兩部分，《圖編》收銅器圖像，《録編》輯器物銘文。《圖編》《録編》與《考釋》是相互配合的一套著作，《録編》主要依《考釋》器物順序收録銘文圖像，但特別需要强調的是，《圖編》器物排定次序與《録編》有很大差别，並非與《考釋》編次一一對應。

宋代以來的銅器著録多以器類聚合，同類器物内則以銘文字數多寡爲次，各器物前後並無學理上的聯繫。這樣編排的銅器著録，實際僅能起到資料彙編的作用。但因便於操作，一直以來廣爲學界采用，今日常見的《殷周金文集成》《商周青銅器銘文暨圖像集成》等即仍沿用其例。③ 郭沫若力求打破這種"時代不分，一團渾沌"的方式，"于周器之淵源及其形制紋繢，欲求一嚴密之系統"。《圖編》主要依器類排序，分爲食器、水器、酒器、樂器等四大類。具體而言，大體以鼎、鬲、甗、簋、彝、簠、盨、筥、敦、匜、盤、盉、鑒、盆、鬴、爐、卣、壺、盃、尊、觶、句鑃、鐘爲次。每類器物内部，作者有意識地將器形、花紋相同或相近的器物圖像排在一起。如鐘下按甬鐘、鎛鐘、鈕鐘不同形制分列，互不雜厠。甬鐘

---

① 郭沫若：《兩周金文辭大系》序言、解題，文求堂書店 1932 年版。或總結爲"由長江流域溯流而上，複由淮河流域順流而下，更由黃河流域上達陝西"，見郭沫若《青銅時代》，科學出版社 1960 年版，第 308 頁。

② 郭沫若：《兩周金文辭大系圖録》序説（《彝器形象學試探》），文求堂書店 1935 年版。後又有所修訂，詳見郭沫若《青銅器時代》，收入《青銅時代》，科學出版社 1960 年版。

③ 中國社會科學院考古研究所編：《殷周金文集成》，中華書局 1984—1994 年版；吳鎮烽：《商周青銅器銘文暨圖像集成》，上海古籍出版社 2012 年版。

內部，又據鼓部紋飾不同，將花紋相同者（如虢叔旅鐘、井人妄鐘）排在一起。又如鼎類下，方鼎、圓鼎分列，圓鼎依其足部特徵，再分為柱足鼎和蹄足鼎。凡此可見郭沫若當時已經有了考古學分型分式的意識。另《圖編》不只收器形圖，有時還注意器物紋飾，如井人妄鐘、楚公豪鐘、虢叔旅鐘、己侯鐘等除器物整體圖像，亦特別載有鐘的局部紋飾拓本。① 雖然一年前容庚編纂《武英殿彝器圖錄》② 時已收錄銅器花紋，但從相關史料看來，顯然是聽從了郭沫若的建議。早在1930年郭沫若便已意識到花紋形式對於銅器研究的重要性，前後多次致信容庚，③ 建議其編纂《武英殿》時應留意銅器形式紋飾，收錄鐘舞、鼎耳、鼎足或器襠等重要部位的花紋。④ 如1930年4月6日致容庚函：

> 武英殿古器復將由兄整理成書，甚欣慰。體例依《寶蘊樓》亦甚善。惟弟意于影片之下似宜注"原大幾分之幾"……<u>余意花紋形式之研究最為切要，近世考古學即注意於此</u>。如在銅器時代以前之新舊石器時代之古物，即由形式或花紋以定其時期。足下與古物接觸之機會較多，能有意於此乎？如將時代已定之器作為標準，就其器之花紋形式比彙而統系之，以按其餘之時代不明者，余意必大有創獲。⑤

如果說《考釋》是作者利用標準器斷代法，以時代為經，地域

---

① 馬良春、伊藤虎丸編：《郭沫若致文求堂書簡》，文物出版社1997年版。第175號函："《泉屋別集》已假得。……解說中亦須附上拓本小圖，以小圖特別表示飛舞圖紋。第一、第九解說中之拓圖亦請一併攝影。"
② 容庚：《武英殿彝器圖錄》，哈佛燕京學社1934年影印本。
③ 廣東省博物館編：《郭沫若致容庚書簡》，文物出版社2009年版，1930年4月6日、1930年12月4日、1931年7月17日、1931年9月27日函。
④ 《郭沫若致容庚書簡》1931年8月24日函。
⑤ 《郭沫若致容庚書簡》1930年4月6日函。

爲緯，系統串聯起兩周有銘銅器。① 那麼在《圖錄》中，郭沫若顯然更傾向於以類型學眼光對器物本身重新編排，更多地觀照器與器間的關係，其方法與今日考古學之"器物排隊"已無太多差別。究其緣由，這當得益於他涉獵過不少西方考古學專著，還曾翻譯過《美術考古學發展史》（後改爲《美術考古一世紀》）。放眼同時代其他金文著錄，《善齋吉金錄》②《三代吉金文存》③ 等依舊沿襲宋代以來的體例，即便當時收錄全新出土器物的《新鄭古器圖錄》④《新鄭彝器》⑤ 等，在資料整理和器物編排上亦仍落入了傳統古器物學的窠臼。⑥ 因此《圖錄》應看作是中國學者自覺運用類型學方法系統整理兩周銅器的首次實踐。後來容庚《商周彝器通考》、陳夢家《美帝國主義劫掠的我國殷周銅器集錄》、林巳奈夫《殷周青銅器綜覽》等可視作這種方法的延續。

《圖錄》所收圖版精良，器影、銘文都是作者精心取捨後的成果，作者雖未交代圖片來源，但每幀圖像都是大量比勘、考證甚至辨偽後的呈現，並非隨機選取。

前文已窮盡性地排比了《圖錄》中所有銅器在1935年之前的著錄情況，又據《圖錄》"諸家著錄目"、《沫若文庫目錄》、⑦ 論學書札⑧ 等

---

① "大系"源自日語，用之命名學術著作，本義更多強調的是以一定系統把零散的材料串聯起來，郭沫若最早將"大系"一詞引介到漢語中，《兩周金文辭大系》是第一部以"大系"命名的漢語著作。詳見馬曉穩、李紅薇《漢語"大系"考源》，《漢字漢語研究》2019年第1期。
② 劉體智：《善齋吉金錄》，1934年影印本。
③ 羅振玉：《三代吉金文存》，1937年影印本。
④ 關百益：《新鄭古器圖錄》，商務印書館1929年版。
⑤ 孫海波：《新鄭彝器》，1937年鉛字排印本。
⑥ 徐堅：《金村鏡像：考古學史和物質文化的建構》，收入朱淵清主編《考古學的考古》，中西書局2019年版，第175—214頁。
⑦ [日] 菊地弘：《沫若文庫目錄》，アジア・アフリカ文化財團創立五十周年紀念志別冊，アジア・アフリカ文化財團，2008年。
⑧ 廣東省博物館編：《郭沫若致容庚書簡》，文物出版社2009年版；黄淳澔編：《郭沫若書信集》，中國社會科學出版社1992年版；馬良春，伊藤虎丸編：《郭沫若致文求堂書簡》，文物出版社1997年版。

綫索，逐一比對，尋找《圖録》中每一幀圖版的出處，發現其材料的抉擇呈現出很強的規律性。

青銅器圖像主要有綫圖、全形拓和照片三種形式，《圖録》優先選用照片。就學術研究而言，同一件器物的照片優於全形拓，全形拓優於綫圖。當時郭沫若顯然已注意到了這點，編制《圖録》時利用已有著録或輾轉訪徵，將能夠見到的器物照片悉數囊括。如史頌匜，《澄秋館吉金圖》①載有該器全形拓，郭沫若於1934年7月和9月前後兩次致函田中慶太郎，請其增印、追補《澄秋館》中史頌匜圖片。②而正式出版的《圖録》中史頌匜的器形卻是照片，通過我們比對可知，該照片采自《雙劍誃吉金圖録》。③郭沫若應在付梓前不久見到《雙劍誃》一書，臨時抽換了全形拓，更替爲清晰直觀的照片。又如鄧孟壺、鄧公簋，《圖編》采《夢郼草堂吉金圖續編》器影，不用《陶齋吉金録》綫圖。④陳侯簠取《夢郼續編》器影，不采《西清古鑑》綫圖。⑤邿伯鼎、穌公子簋，用《寶蘊樓彝器圖録》器影，不取《西清續鑑乙編》綫圖。⑥虢季子組壺，取《雙王鈇齋金石圖録》器影，不用《兩罍軒彝器圖釋》綫圖。⑦

無器影照片時，選用全形拓。全形拓多采自《周金文存》《澄秋館吉金圖》等。如效卣，《圖編》選用《周金文存》全形拓，捨

---

① 陳承裘藏器，孫壯編：《澄秋館吉金圖》，1931年石印本。
② 《郭沫若致文求堂書簡》第146號函："急用左記諸圖，請增印……《史頌匜》——《澄》53"，第174號函"追補左記三器：《澄》53"。
③ 于省吾：《雙劍誃吉金圖録》上卷，北平琉璃廠萊熏閣1934年版，第21頁。書中每器均有器影照片。
④ 羅振玉：《夢郼草堂吉金圖》附續編，民國六至七年（1917—1918）影印本；（清）端方：《陶齋吉金録》1909年石印本。
⑤ （清）清高宗敕編：《西清古鑑》，清光緒十六年（1890）邁宋書館刻本。
⑥ 容庚：《寶蘊樓彝器圖録》，北平古物陳列所1929年影印本；（清）清高宗敕編：《西清續鑑乙編》，北平古物陳列所據寶蘊樓鈔本1931年影印本。
⑦ 鄒安：《雙王鈇齋金石圖録》，1916年影印本；（清）吳雲：《兩罍軒彝器圖釋》，清同治十一年（1872）刻本。

《長安獲古編》①綫圖。義楚鍴，采《周金文存》全形拓，不取《善齋吉金錄》綫圖。匽公匜、洹子孟姜壺一，《圖編》用《周金文存》全形拓，不用《懷米山房吉金圖》②綫圖。洹子孟姜壺二，《圖編》采《周金文存》全形拓，不取《兩罍軒彝器圖釋》綫圖。

器物無照片、全形拓時，采用綫圖。多取自《善齋吉金錄》《恒軒所見所藏吉金錄》《攀古樓彝器款識》《兩罍軒彝器圖釋》《懷米山房吉金圖》《十六長樂堂古器款識》《長安獲古編》《西清古鑑》《西清續鑑甲編》《寧壽鑑古》《宣和博古圖》《考古圖》《續考古圖》等舊著錄。

同一器物有多種著錄時，選擇最爲精善的圖片。如師至父鼎，《圖編》取《恒軒所見所藏吉金錄》③捨《長安獲古編》，蓋因《恒軒》摹繪器圖較《獲古編》更接近器物實際。師嫠簋、宋公戌鐘一、宋公䜌鼎，采《博古圖》，不取《續考古圖》，亦因《博古圖》較《續考古圖》摹繪更合理。④ 大鼎，用《懷米山房吉金圖》不用《西清古鑑》。縣改簋，采《善齋吉金錄》不用《西清續鑑甲編》。

利用舊著錄時，作者甚至注意到了同一典籍不同版本之間的差異，盡可能選擇相對精善的圖片。《宣和博古圖》多用泊如齋重修本，如伯克壺、晉姜鼎等，而不用比例較爲失真的元至大重修本。但至大本某些器圖偶或更加精良：如中觶，泊如齋本反較常見的觶形矮胖且鼓腹，而至大本更接近觶的一般形制。故作者特意致函田中，交代需采用至大本圖像。⑤ 可見作者采選《博古圖》一書圖片時，是在兩個版本中反復比較取捨的。（見表2-5）

---

① （清）劉喜海：《長安獲古編》，清光緒三十一年（1905）刻本。
② （清）曹載奎：《懷米山房吉金圖》，清道光十九年（1839）翻刻本。
③ 吳大澂：《恒軒所見所藏吉金錄》，清光緒十一年（1885）刻本。
④ 《郭沫若致文求堂書簡》第133號函（1934年6月4日）："據《考古圖》摹寫之銘文，變形過甚，薛氏所摹，看來甚佳。"
⑤ 《郭沫若致文求堂書簡》第145號函（1934年7月21日）："《圖錄》追加諸條，急用……《中觶》器——《博》（用至大重修本）6、32"。

表 2-5　　　　　　　不同版本的《博古圖》比對

| | 《圖編》 | 泊如齋重修本《宣和博古圖》 | 至大重修本《宣和博古圖》 |
|---|---|---|---|
| 伯克壺 | | | |
| 晉姜鼎 | | | |
| 中觶 | | | |

就《録編》銘文而言，以拓本爲先，次而以刻本或摹本入録。① 同一器物有多種拓本時，盡可能選用字跡最清晰者。克盨蓋銘先前已著録多次，如《愙齋集古録》《周金文存》等皆有拓本公佈，但

---

① 郭沫若：《兩周金文辭大系圖録》引言，《兩周金文辭大系圖録》，文求堂書店 1935 年版。

作者比較考量後，認爲《歐米搜儲支那古銅精華》一書所載銘文最爲清晰。① 又如商鞅量器圖采自《周金文存》，但銘文卻采自效果更佳的《秦金文錄》。

當器物亡佚，拓本不存時，選用相對精良的摹本或刻本。具體來說，當《考古圖》② 與《嘯堂集古錄》（下簡稱"《嘯堂》"）③ 或《歷代鐘鼎彝器款識法帖》（下簡稱"《薛氏》"）④ 同時著錄某器銘文時，一般不用《考古圖》，⑤ 如牧簋、楚王鐘、伯盞盤等。《嘯堂》與《考古圖》《薛氏》《復齋鐘鼎款識》⑥ 等均錄有某器銘時，一般優先采用《嘯堂》，如師毛父簋、走鐘、敔簋、伯克壺、楚王酓章鐘一、宋公戌鐘一、伯郘父鼎等。若《嘯堂》未收錄，次而選用《薛氏》，如秦公鐘、虢姜簋、楚王鐘、許子鐘一等。⑦

在選用銘文時，郭沫若同樣也留心同一部書不同版本之間的精疏優劣之別，通過精心比較選擇了摹寫精善的版本。如《嘯堂》選《續古逸叢書》版，《薛氏》選用清孫星衍平津館本。⑧

綜上可知，作者多方羅致，四處搜討，最大可能地呈現出當時條件下最準確、最清晰的圖像，這無疑是作者編纂的理念和選取的原則。

---

① 《郭沫若致文求堂書簡》第 108 號函（1933 年 12 月 17 日）："梅原氏《古銅器精華》中《克盨》之銘文最清晰，乞攝影，收入這次之《圖版》。就便亦將該器縮拍則更佳。"

② （宋）呂大臨：《考古圖》，清乾隆十七年（1752）亦政堂刻本。

③ （宋）王俅：《嘯堂集古錄》，民國二十三年（1933）涵芬樓影印本。

④ （宋）薛尚功：《歷代鐘鼎彝器款識法帖》，清嘉慶十二年（1807）平津館刻本。

⑤ 《郭沫若致文求堂書簡》第 133 號函（1934 年 6 月 4 日）："《考古圖》摹寫之銘文，變形過甚，薛氏所摹，看來甚佳"。

⑥ （宋）王厚之：《復齋鐘鼎款識》，清嘉慶七年（1802）阮元刻本。

⑦ 《郭沫若致文求堂書簡》第 136 號函："《歷代鐘鼎》齊侯鐘二……此亦不見於《嘯堂》，一併補入，日前信片漏鈔。"

⑧ 《郭沫若致文求堂書簡》第 135 號函："《歷代鐘鼎》影鈔本收到。此書甚佳，如有存書，請寄下一部。《齊侯鐘》四、七，見卷八（《嘯堂》未收）《邛仲盨》蓋、卷十六（寄下者僅該器）追加如右。不盡欲言。"

《圖錄》首次公佈了不少海内外私家收藏的稀見器影、銘文。不少照片、拓本卷軸、銘文摹本系友人贈送或輾轉借來複製的，甚至是與他人約定交換得來的。① 如狀簋、曾子仲宣鼎、楚王酓志鼎三器拓本得自唐蘭，員卣拓本來自于省吾，楚王酓肯匋鼎拓本、守宫雞彝及玉佩的照片來自金祖同，守宫尊拓本來自徐中舒，者汈鐘二與吉日劍器影、臣辰尊及伊簋拓影來自梅原末治，裏盤、莒大史申鼎、秦公簋器影來自福開森，競簋、競卣、競甗、競尊拓影得自懷履光，小臣謎簋一、小盂鼎、宅簋、鬲比盨、舀壺等諸器拓本來自容庚，曾伯霥簠一器圖及銘文來自胡吉宣所藏卷軸。②

其中有 48 幀羅振玉所藏拓本，係郭沫若托田中請内藤湖南複製而來，花費 85 元，這對郭沫若當時的生活水平絶對算"巨資"了。③ 這批羅氏拓本的公佈要遠早於 1937 年羅振玉《三代吉金文存》的正式出版。個别拓本甚至較《三代》更完整，如《録編》徐王糧鼎拓本不同於《善齋吉金録》《小校經閣金文拓本》等，而見於《三代》四卷第九頁，但《三代》囿於版幅，拓本左右邊緣均有裁剪，《録編》所録拓本更完整，更能體現拓本原貌。

此外，《圖録》中不少材料來自《泉屋清賞》《泉屋清賞别集》《白鶴吉金集》《歐米搜儲支那古銅精華》《洛陽古城古墓考》等當時國内稀見的海外著録，④ 雖非首次刊佈，但集數種重要材料於一

---

① 如與唐蘭、張丹斧交換，參《郭沫若致文求堂書簡》第 31 號函（1932 年 9 月 2 日）："奉上《厚子壺》照片及拓墨二葉，煩請先攝影，因已與北平唐蘭先生約定以此交换一物。"《晶報》1934 年 1 月 20 日，第 3 版，丹翁《雜記》："昨得海東田子祥氏書，云郭新印《古代銘刻彙考》，將郵以贈我，我當報之以古物拓片，聊助多聞。"

② 35 版《大系》目録表"諸家著録"一欄記"胡吉宣氏藏拓軸。承借印"，而 57 版、02 版則均删削此句。復旦大學圖書館藏有胡吉宣舊藏 35 版《圖録》，該本此處欄上鈐有胡吉宣印，可證此器拓軸確爲胡吉宣所藏。

③ 1933 年 12 月 8 日、1933 年 12 月 14 日、1933 年 12 月 21 日致田中函。

④ ［日］濱田耕作：《泉屋清賞》，泉屋博古館 1919 年版；［日］濱田耕作：《泉屋清賞别集》，泉屋博古館 1922 年版；［日］梅原末治：《白鶴吉金集》，白鶴美術館 1934 年版；［日］梅原末治：《歐米搜儲支那古銅精華》，大阪山中商會 1934 年版；W. C. White, *Tombs of Old Lo-yang*（《洛陽古城古墓考》），1934 年版。

册，很大程度上方便了學人利用。

郭沫若雖然並未特意敘述《圖錄》編纂歷程，但經以上論述，其工作量之大、過程之繁複是可以想見的。郭沫若流亡日本期間，避居千葉縣國分村須和田，生活困窘，資料匱乏，更缺少專業拍攝條件，因此經常請田中父子幫忙。在《郭沫若致文求堂書簡》保存的二百三十封信札中，即有八十余封關涉《圖錄》，涉及資料借閱、圖片翻印、文獻代查等等，複雜艱辛可見一斑。但爲務求全備，仍不厭其煩書信往還。如戜篡，1934年6月23日去信請翻拍《考古圖》綫圖，26日函告已收到圖片，但7月24日再次告之亦需《嘯堂》綫圖。比較後最後選用《嘯堂》。又如楚公逆鏄，1934年6月11日致函請複印《復齋鐘鼎款識》楚公鐘銘文，但7月21日又告之急用《夢郼草堂吉金圖》鐘銘，① 但經過比勘，認爲《夢郼》拓本係僞刻，② 終棄之不用。

此外作者甚至精心安排了每張圖版的大小、位置。如1934年2月12日去函田中商議《圖錄》版本大小及樣式，考慮以32版《大系》插圖中《矢彝》銘文爲標準，大於此者適當縮小，裁去周圍輪廓，"《楚王鼎銘》三紙，自上海金祖同假得，乞攝影（原大），蓋面文與鼎沿文可合作一幅"。2月17日托田中印一些"大小可收入《久彝銘》之稿紙"。7月26日又函告："僅此袋內圖片尺寸縮小，將破壞整體之協調。請放大，可從中斷成兩幅……《散氏盤》《秦公敦》《寰盤》之照片爲折疊放入《圖錄》，已請放大至半紙型或美濃型。《散氏盤》前之'散氏盤'三字應刪去。《大史申鼎》可依原樣。"③ 可見《圖錄》不僅圖像選取精善，甚至連裝幀、排版也耗費

---

① 1934年6月11日去信田中，請其翻拍"《復齋》十八葉——《淮父卣》十二葉《楚公鐘》三十三葉《楚公鐘》"，7月21日又致田中"《圖錄》追加諸條，急用……《楚公鐘》——《郼》上2（器銘）"。見《郭沫若致文求堂書簡》，第292、294頁。

② 《大系目錄表》楚公鐘："積以下均翻宋，夢僞刻，存亦僞，文缺下截，尤異。"

③ 整理者注："半紙，日本一種習字或書信用紙。美濃，日本歧阜縣美濃地方生產的一種紙張。"（見《郭沫若致文求堂書簡》，第297頁。）

了作者不少心思，十分考究。

　　凡此種種，足見《圖錄》的價值決不是《考釋》的配圖或附錄。《圖錄》除首次刊佈百餘件新材料外，更多的是體現了作者新的學術理念與新的學術思考。彼時中國田野考古剛剛起步，除安陽殷墟外，絕大多數新出銅器仍屬盜掘，可資比較的考古資料很少，郭沫若面對的幾乎都是沒有明確考古信息的銅器，但他仍能從無字句處鉤沉出不同時代銅器的特點，董理出銅器發展序列，其研究不再只停留於證經補史的文字層面，更深入到以考古類型學思想關照形制紋飾演變之過程。應該說，《考釋》《圖編》《錄編》互爲表裏、密不可分，三者合觀，才是《大系》全貌，共同構成一套完整的學術話語體系，開啓了青銅器研究從傳統古器物學向現代學術範式轉變的新篇。

# 第 三 章

## 《兩周金文辭大系考釋》研究

　　1932年1月《兩周金文辭大系》在日本印行。1935年作者大幅修訂增補，另成《兩周金文辭大系考釋》，初版作廢，① 此外又輯器圖、銘文成《兩周金文辭大系圖錄》。1957年科學出版社將二書增訂合印，統稱爲《兩周金文辭大系圖錄考釋》，共八册。其中六至八册爲"考釋"部分，作者"作了一些必要的修改和補充，抽换並增加了一部分新材料"。② 2002年《兩周金文辭大系圖錄考釋》收入《郭沫若全集·考古編》第七、八卷，編委會又作了校改，增加了眉批。

　　因32版《大系》與其他諸版差異極大，版本上應算作兩個不同的系統。57版《大系考釋》以35版爲底本影印，作者於頁眉、行間空白處增加大量批注，並删削、挖改了不少字句。02版《大系考釋》頁眉存有57版增加的全部眉批，按理應是57版的延續，但其實並非如此。有鑒於此，本章前兩節分別以表格形式呈現57版與35版《大系考釋》差異、02版與57版《大系考釋》差異；第三節，以《大系》器物爲經，以32版、35版、57版、02版《大系》中學術觀點的變動爲緯，盡可能附入郭沫若其他著作中涉及金文研究的

---

① 見《兩周金文辭大系圖錄考釋·增訂序記》。
② 見57版《兩周金文辭大系圖錄考釋》内容提要。

相關觀點，依時間爲序，勾勒出作者的學術歷程。最後一節，討論 02 版《大系考釋》的底本問題。

## 第一節　57 版與 35 版《大系考釋》差異對照

　　57 版《大系考釋》以 35 版爲底本影印，故二者版式行款相同。但經逐字比對可以發現 57 版作者做了不少增補修改，約 120 件器物有變動：或行內挖改、削刪；或行間圈點、夾注；或上欄外增加眉批，等等。

　　本節全部通校 35 版、57 版《大系考釋》二書，以表格形式羅列全部異文，盡可能清晰地展現出差異。首列標出頁碼、行數或位置、所涉器物，① 次列迻錄 35 版《大系考釋》原文，第三列迻錄 57 版《大系考釋》原文，必要的相關說明見脚注。

　　爲排版方便，我們迻錄原文或批注時，均改爲橫排。原文小字的釋讀、注釋等以加（　）的形式出現。由於歷史原因，作者行文有大量繁簡不一、異體字、俗字等情況，本文錄入時，盡可能保留原貌，不作修改。

表 3-1　　　　　　　　　　　35 版、57 版對照表

| 位置 | 35 版 | 57 版 |
| --- | --- | --- |
| 序文<br>1 頁裏 11 行 | 故歷來談史地之學于不顧 | 故歷來談史地之學者每置古器物古文字之學于不顧② |
| 1 頁 6 行（大豐簋） | 不（丕）顯王乍（則）𢾅不（丕）克三衣（殷）王祀 | 不（丕）顯王乍（則）𢾅，不（丕）克三▶衣（殷）王祀 |

---

①　爲避免繁複，僅在器物首次出現時標示，未標者同上。
②　夾注補"者每置古器物古文字之學"。

續表

| 位置 | 35 版 | 57 版 |
|---|---|---|
| 1 頁頁眉 | | "不克"下一字，原銘作三，與上"三方"三字有別。彼三劃等長，此中劃特短。陳夢家釋爲"乞"，可從。乞讀爲訖，謂終止也 |
| 1 頁裏 8 行 | 不克三衣王祀 | 不克▶三乞衣王祀① |
| 1 頁裏 9 行 | 彼即殷 商之殷 | 彼▶即乃殷 商之殷② |
| 1 頁裏 9 至 10 行 | 言祀典之隆，大能視殷王之祀而三倍之也 | 言祀典之隆，大能視殷王之祀而三倍之也 |
| 3 頁裏 4 行（令簋） | 父兄于成，々冀嗣三 | 父兄于成，々冀嗣三乞③ |
| 3 頁裏 9 行 | 至于鄂 戀 | 至于鄂 贛 |
| 4 頁 3 行 | 臣与禹有別与大盂鼎同 | 臣与禹有別，与大盂鼎同 |
| 4 頁裏 6 至 10 行 | "兄于成"者爲成地之有司所既也。"成冀嗣三"者，成地非一，各既伯丁父以冀三嗣。古者玉之系以嗣言，洹子孟姜壺"玉二嗣"，其証也。冀蓋叚爲璣，史記 孝武紀"冀至殊庭"，漢書冀作幾。冀可通幾，亦可通璣矣。禹貢"玄纁璣組"，璣組即此冀嗣矣 | "成冀嗣"者，冀猶"小心翼々"之冀，敬也。嗣叚爲祠，得福報賽曰祠。成地得伯丁父之既，乃虔敬举行燕享也。乞字作三与大豐簋乞字同，中画特短。舊誤釋爲三，今改正。卜辭習見，均用爲迄至之迄。大豐簋及本銘則用爲訖止之訖，言事已畢 |
| 5 頁裏 9 行（令彝） | 咸既用牲于王 | 咸既，用牲于王 |
| 6 頁裏 13 行 | 雖詳略各殊而內含則一 | 雖詳略各殊，而內含則一 |
| 7 頁裏 4 行 | 恭王爲昭懿王爲穆 | 恭王爲昭，懿王爲穆 |
| 10 頁 8 行（卣） | 殷殆殷覜之意 | 殷殆殷覜殷同之意 |
| 10 頁頁眉 | | 周禮大行人職"殷同以施天下之政，時聘以結諸侯之好，殷覜以除邦國之慝。" |

---

① 夾注改"三"爲"乞"。
② 夾注改"即"爲"乃"。
③ 夾注改"三"爲"乞"。

續表

| 位置 | 35 版 | 57 版 |
| --- | --- | --- |
| 10 頁 9 行 | 《銘刻彙考續編》二五 | 《銘刻彙考續編》二五（見新版《金文叢考》二五一葉。）① |
| 11 頁 11 行至 11 頁裏 1 行（明公簋） | 余釋爲繇之初文，乃象卜骨呈兆之形。此當讀爲謀猷之猷。工讀爲功，工功攻古本一字 | 案此即骨字所從冎字，象卜骨呈兆形。卜辭讀爲禍，本銘当讀爲過。過謂優越，"過工"謂有優越之戰功 |
| 14 頁 10 行（羃卣） | 古金文凡夷 狄字均作尸 | 古金文凡夷狄字均作尸 |
| 19 頁 1 行（中觶） | 舊因於原銘未得其讀誤合爲一 | 舊因於原銘未得其讀，誤合爲一 |
| 19 頁 3 至 5 行 | 趙明誠金石录云"重和甲戌，安州孝感縣民耕地，得方鼎三、圓鼎二、甗一，謂之'安州六器'。" | 趙明誠金石录云"重和▶甲戌戌歲安州孝感縣民耕地，得之，自言於州，州以獻諸朝，凡方鼎三、圓鼎二、甗一"，謂之"安州所獻六器"。② |
| 19 頁 7 行 | 甗即父乙甗僅見于薛書 | 甗即父乙甗，僅見于薛書 |
| 19 頁裏 3 行（中甗） | □邦 | ⊠邦 |
| 19 頁裏 3 行 | □台 | ⊠台 |
| 19 頁裏 5 行 | □貝 | ⊠貝 |
| 20 頁裏 2 行（班簋） | 才（在）宗周。甲戌 | 王才（在）宗周。甲戌 |
| 20 頁裏頁眉 | | 容庚云"全上古三代文採自拓本，才上有王字。又咸下有成字，疑是旁注，誤入正文。"王字今據補。 |
| 20 頁裏 4 行 | 域（國）人 | 或（職）人 |
| 20 頁裏 10 行 | 廣成乓工（功）文王孫亡弗褱井（懷刑） | 廣成乓工（功）。文王孫亡弗褱井（懷刑） |
| 22 頁裏 4 至 5 行 | 成鼎"不顯走皇祖" | 成鼎"不顯走皇祖" |

---

① 右側夾注"（見新版《金文叢考》二五一葉。）"
② 夾注改"甲"爲"戊"。

第三章　《兩周金文辭大系考釋》研究

續表

| 位置 | 35 版 | 57 版 |
| --- | --- | --- |
| 22 頁裏頁眉 |  | 所謂"成鼎"乃禹鼎。銘中走字乃趄誤刻，說詳下，故此删去 |
| 22 頁裏 11 至 12 行 | 丮當与朕走同意，走丮朕均一音之轉。小爾雅 廣言"走，我也。"文選 東京賦"走雖不敏"，注"如今言僕" | 丮當与朕■同意，■丮朕均一音之轉。小爾雅 廣言"走，我也。"文選 東京賦"走雖不敏"，注"如今言僕"。① |
| 24 頁裏 2 行（小臣謎簋） | 詳見《金文叢考》二三七葉以下 | 詳見《金文叢考》二三七葉以下。（新版三三三葉） |
| 24 頁裏頁眉 |  | 蔑曆字始見于殷彝。自西周中葉以後即絕跡，計凡二十餘例。釋者頗多，但尚無定論。余此釋爲免笘，亦有未安。此銘蔑曆与錫貝均係被動，即被蔑曆与被錫貝 |
| 27 頁 5 行（旅鼎） |  | 器以光緒二十二年（公元一八九六年）出土于山東 黃縣 萊陰② |
| 29 頁裏 7 行（厚趠𣪘） | 王伯鼎，銘曰"王白乍寶鼎" | 王伯鼎，銘曰"王白乍寶鼎" |
| 31 頁頁眉（令鼎） |  | "畋令"二字不確。諦审原銘，令字下羡画乃銹蝕，非重文。畋亦不類畋字，疑是叙字，讀爲頌也 |
| 31 頁裏 4 行（獻侯鼎） | 唯成王大埶，才（在）宗周，商（賞）獻侯䵼貝 | 唯成王人埶才（在）宗周商（賞）獻侯䵼貝 |
| 31 頁裏 8 行 | 周語"我姬姓出自天黿" | 周語下"我姬姓氏出自天黿"③ |
| 32 頁裏 3 行（臣辰盉） | 銘刻彙考續編 釋亢黃 | 銘刻彙考續編 釋亢黃（新版金文叢考二四三—二四七葉） |
| 32 頁裏 4 行 | 此用爲殷觐之殷 | 此用爲殷同或殷觐之殷 |
| 32 頁裏 9 行 | 今已見箸録者已在十器左右 | 以一九二八年同出于洛陽 |

---

①　原文即爲墨塊，應是作者删舉行文字的痕跡，今保存其原貌。下同。
②　夾注"（公元一八九六年）"。
③　夾注改"姓"爲"氏"。

續表

| 位置 | 35 版 | 57 版 |
| --- | --- | --- |
| 33 頁 9 行（作册大齋） | 大釳（揚）皇天尹大僳宣（休），乍（作）且（祖）丁寶隣彝 | 大釳（揚）皇天尹大僳宣，用乍（作）且（祖）丁寶隣彝 |
| 34 頁 3 行（大盂鼎）自巳（官紀） | 自巳（官祀） | 自巳（純祀） |
| 34 頁頁眉 | | 妹辰二字，舊未得其解。今案妹与昧通，昧辰謂童蒙知識未開之時也。盂父殆早世，故盂幼年即承繼顯職，康王曾命其入貴冑小學，有所深造 |
| 34 頁裏 6 行 | "我聞殷墜命" | "我聞殷墜命" |
| 34 頁裏 9 行 | "古喪自巳"當讀爲故喪官紀。官可省作自，猶婦可省作帚，敬可省作苟 | "古喪自巳"當讀爲故喪純祀。純，大也。祀有傳統之義，故純祀猶言大統 |
| 37 頁 2 至 3 行（小盂鼎） | 大宰大宗大士在王右，大史大卜大祝在王左 | 大宰、大宗、大士在王右，大史、大卜、大祝在王左 |
| 38 頁裏 8 行 | 皋則叚借字也 | 皋則假借字也 |
| 38 頁裏 10 行 | 以字形而言當是戠之古文 | 以字形而言，當是戠之古文 |
| 38 頁裏 12 行 | 此蓋叚戜爲識 | 此蓋假戜爲識 |
| 39 頁裏 4 行（周公簋） | 部落民族 | 部落氏族 |
| 40 頁 1 行 | 彼乃叚巡爲順耳 | 彼乃叚巡爲　耳① |
| 42 頁 2 行（麥尊） | 則爾殆叚爲祼也 | 則爾殆叚爲燕也 |
| 42 頁頁眉 | | 爾声在歌部，燕在元部，歌元二部可陰陽對轉 |
| 42 頁 8 行（麥彝） | 爾（祼）于麥駕 | 爾（燕）于駕麥 |
| 42 頁裏 8 行（麥盉） | "祼迓遴" | "燕迓遴" |
| 43 頁 1 行 | 此器未見拓墨 | 此器拓本旧所未見，今已补入② |

---

① 疑刊印時誤脱"順"字。
② 雙行夾注"旧所未見，今已补入"。

第三章　《兩周金文辭大系考釋》研究　113

續表

| 位置 | 35 版 | 57 版 |
|---|---|---|
| 45 頁 8 行（史臨彝） | 吳闓生云"占即佔畢之佔，説文作笘。"得之。 | 吳闓生云"占即佔畢之佔，説文作笘。"（見吉金文录二十·八）得之① |
| 47 頁頁眉（沈子簋） |  | 侈靡篇文当爲"鵾然若皜月之静"，字与鵾有別，説詳管子集校。此僅从舊説② |
| 49 頁裏頁眉（盂爵） |  | 今案盂父應早世，説見大盂鼎眉端"妹辰"解下。然此銘言"初祓"，仍以屬于昭世爲宜 |
| 50 頁裏 11 至 12 行（段簋） | 獨劉子駿等職古有此制焉 | 獨劉子駿等職古有此制焉 |
| 51 頁 4 行 | "孫子☒☒"段所署之下欵也，銘末二奇字當是花押 | "孫子☒☒"段所署之下欵也。銘末二奇字當是花押 |
| 51 頁裏 5 行（宗周鐘） | 字當从害聲，与瑕同紐。 | 字當从夫聲，与瑕同部；如从害聲，則与瑕同紐 |
| 51 頁裏 7 行 | 以詔爲爾雅釋詁"詔、相、亮、左右、相導也"之詔 | 以紹爲爾雅釋詁"詔、相、亮、左右、相導也"之詔 |
| 52 頁 2 行 | 以唐説爲進步 | 以唐説爲③ |
| 53 頁裏 12 行（狀駿簋） | 狀簋 | 狀駿簋 |
| 54 頁 8 行 | 近是，今從之 | 近是，唯下二器例，狀駿乃作器者名 |
| 54 頁裏 5 行（過伯簋） | "過，國名，東萊掖縣北有過鄉是。" | "過，國名，東萊掖縣北有過鄉。"④ |
| 55 頁裏 6 行（静簋） | 静拜頴首 | 静敢拜頴首⑤ |

---

① 夾注"見吉金文录二十·八"。
② "舊説"指 32 版《大系》。
③ 疑刊印時脱"進步"二字。
④ 删去衍文"是"。
⑤ 補脱文"敢"。

續表

| 位置 | 35 版 | 57 版 |
| --- | --- | --- |
| 58 頁 8 行（吕齋） | 王易（錫）獸（秬）三卣 | 王易吕獸（秬）三卣① |
| 58 頁裏 9 行（君夫簋） | 此簋字體亦与遹簋等爲一系 | 此簋字體亦与遹簋等爲一系 |
| 59 頁 4 行（竅鼎） | 竅鼎 | 竅鼎 |
| 59 頁 5 行 | 竅從。其父蔑竅曆 | 竅從。其父蔑竅曆 |
| 60 頁裏 5 行（遹甗） | 師雄父肩‧（宂）史（使）遹事于獸戻 | 師雄父肩（宂）史（使）遹事于獸戻 |
| 60 頁裏 3 行 | | 遹与竅殆是一人 |
| 60 頁裏 9 行（秭卣） | 竅鼎 | 竅鼎 |
| 61 頁 6 行（臤觶） | 仲競父易（錫）金 | 仲競父易赤金② |
| 62 頁 12 行（录伯戎簋） | 三方 | ‧三方 |
| 64 頁 8 行 | 禮之犬鹿羔狗等 | 禮之犬、鹿、羔、狗等 |
| 65 頁 2 行（伯戎簋） | "隹用易（錫）福虩前文人" | "隹用妥（綏）福虩前文人" |
| 65 頁裏 4 行（善鼎） | 唯用易（錫）福虩前文人 | 唯用妥（綏）福虩前文人 |
| 65 頁裏 9 行 | "隹用易福虩前文人" | "隹用妥福虩前文人" |
| 67 頁頁眉（縣妃簋） | | 又字原銘誤爲乎。金文中亦每有誤字，此其一例 |
| 67 頁裏頁眉 | | 孝王本号休王之説不確，説詳下鬻卣 |
| 67 頁裏 6 行 | 眔从目从矢乃古瞬字 | 眔从目从矢，乃古瞬字 |
| 67 頁裏 9 行 | 丑乙反又大結反 | 丑乙反，又大結反 |
| 77 頁裏 7 行（豆閉簋） | 典禮 | 曲禮 |

① 補脱文"吕"。
② 補脱文"赤"。

续表

| 位置 | 35 版 | 57 版 |
|---|---|---|
| 78 页 10 行 | 此与趩鼎合勘 | 此与趩簋合勘 |
| 78 页 11 行 | 与载衣☒市癉旂 | 与载衣、☒市、癉旂 |
| 79 页 4 行（走簋） | 赤□□、□旂 | 赤□☒□市、□癉旂① |
| 80 页 2 行（望簋） | 王才（在）康宫新宫 | 王才周康宫新宫② |
| 81 页里 9 行（格伯簋） | 殷氏 | 殷人 |
| 81 页里 8 行 | 佋氏 | 佋人 |
| 81 页里页眉 | | "佋人"与"殷人"二人字均与乒字无别，然铭中从人之字如俪，如及，如保，所从人字亦均与乒字无别，故定为人字 |
| 82 页里 4 行（匡卣） | 匡拜頴首 | 匡拜手頴首③ |
| 83 页 5 行 | 则为古礼所阙佚者矣 | 则为古礼所阙佚者矣 |
| 83 页 11 行（猎钟） | 缺文当在二百字以上也 | 缺文当在二百字左右也 |
| 84 页 8 至 9 行（师遽彝） | "蔑曆眢"说为解甲侑酒亦可通，因师遽乃武人 | "蔑曆眢"当是两事，言既被蔑曆，复奉命助飨也 |
| 84 页页眉 | | 左传庄十八年"虢公晋侯朝王，王飨醴，命之宥。"又僖二十八年"王享醴，命晋侯宥。"眢、宥均与侑通 |
| 86 页 10 行（卯簋） | 三字在聂章二字间之右侧 | 三字在"聂章"二字间之右侧 |
| 86 页里 2 行 | 牛諒亦趁是 | 牛諒亦称是 |
| 88 页 10 行（大鼎） | 对舁王天子不显休 | 对舁（扬）天子不显休 |
| 88 页页眉 | | "善夫"原作"善大"，金文中夫大每通作，如吴王夫差，有鑑铭作大差，即其确证 |

---

① 夹注补释字。
② 补脱文"周"。
③ 补脱文"手"。

續表

| 位置 | 35 版 | 57 版 |
| --- | --- | --- |
| 89 頁 6 行（師西簋） | 古籀遺論 | 古籀餘論 |
| 89 頁頁眉 | | 今案"中翠"當是絅色之中衣。古時祭服朝服必有中衣，禮記深衣注云"深衣，連衣裳而純之以采也；有表則謂之中衣。" |
| 92 頁 1 行（史懋壺） | 史懋即免觶之史懋 | 史懋即免卣之史懋 |
| 92 頁頁眉 | | 𦅫字容庚釋爲筵，云"三體石經古文作𦅫，正与此同。"唯於路字無解 |
| 93 頁裏 3 至 4 行（盠卣） | 盠啟進事旋（奔）徒事。皇辟君休王自敦吏（使）賣畢土方五十里 | 盠啟進事，旋（奔）徒事皇辟君，休。王自敦吏（使）賣畢土方五十里 |
| 93 頁裏 6 至 7 行 | 舊于旋字未識……乃謂賞畢以土方之邑里五十 | （舊于旋字未識……乃謂賞畢以土方之邑里五十。）（自此以下至下"邑里五十"，全删）① |
| 93 頁裏頁眉 | | 此盠與另一盠卣之盠当是一人。彼銘有伯懋父（見補录），乃成王時，故此器當屬于成世。本銘句讀有誤，以"休王"爲孝王尤不確。今於句讀已改正，關於"休王"及"土方"等説解作廢。"賞畢土方五十里"正爲周初施行井田制之一佳証。 |
| 95 頁頁眉 | | 另一盠卣言"作團宮肇彝"，歔宮殆是祖廟，團宮乃考廟。因本銘言"啟進事（仕）"，於時盠之父或尚在 |
| 95 頁 9 行（鄧父𣪘） | 休王易（錫）鄧父貝 | 休王易（錫）鄧父貝 |
| 95 頁 9 行（效父簋） | 休王易（錫）效父㚘三 | 休王易（錫）效父㚘三 |

---

① 夾注"（自此以下至下"邑里五十"，全删）"。

第三章　《兩周金文辭大系考釋》研究　117

續表

| 位置 | 35 版 | 57 版 |
|---|---|---|
| 95 頁頁眉 |  | 鄭父甗與效父簋亦以誤解"休王"爲孝王，故以列于孝世，今案殊不確。器制与字體均有古意，当在孝王之前。 |
| 95 頁裏 2 至 4 行 | 余意孝王時工藝特盛，有巧匠輩出，故其器物文字均饒古意也。前出盠卣文字舊以爲頗類大小盂鼎者，即同此解釋 | （余意孝王時工藝特盛，有巧匠輩出，故其器物文字均饒古意也。前出盠卣文字舊以爲頗類大小盂鼎者，即同此解釋。）（删去）① |
| 96 頁裏 3 行（舀鼎） | 王才（在）周穆王大□ | 王才（在）周穆王大□室② |
| 96 頁裏 10 行 | 限誥曰䚇 | 限誥曰䚇 |
| 97 頁 1 行 | 迺䚇又艅眔齲金 | 迺䚇又艅眔趞金 |
| 97 頁 11 行 | 賞（償）舀十秭 | 賞（償）舀禾十秭③ |
| 97 頁 12 行 | 剴倍卅秭 | 剴付卅秭 |
| 97 頁裏 11 行 | 眔齲金 | 眔趞金 |
| 98 頁裏 7 至 8 行 | "匡眔仆臣" 眔誤剔爲眾，以致詞難通。"舀匡季告東宮" 東宮二字有重文 | "匡眾仆臣" 言匡之众及其臣，眾指眾人，乃耕作奴隸。"東宮" 二字有重文 |
| 99 頁裏 10 行 | 倍字稍泐，從嚴可均釋，則倍卅秭謂爲八十秭也 | 付字有羨畫，嚴可均釋爲倍，不確。 |
| 100 頁 4 行（舀壺） | 舀拜頴首 | 舀拜手頴首④ |
| 100 頁裏 4 行 | 成鼎"揚六自殷八自" | 禹鼎"西六自、殷八自" |
| 100 頁裏 7 行 | 則成殆是人名，疑成鼎之成也。井公即井叔 | 則成殆是人名。井公當即井叔 |
| 100 頁裏 9 行（陟貯簋） | 子鼓□ | 子鼓嚣 |

---

① 夾注"（删去）"。
② 夾注"室"。
③ 補脱文"禾"。
④ 補脱文"手"。

續表

| 位置 | 35 版 | 57 版 |
| --- | --- | --- |
| 101 頁 5 至 10 行 | "六自"亦見成鼎，彼言"揚六自、殷八自"，揚与殷對文，自是地名。禹貢"淮海惟揚州"，後世揚州所治大率在安徽南部。九州之制雖不必爲宗周所實有，蓋与安徽南部必有古地名揚者爲揚州之名所由本，周人駐有重兵于此以鎮壓南夷也。此言巢國人寇而王命東宮以六自追之，則所領率之六自，蓋即"揚六自"矣 | "六自"亦見禹鼎，彼言"西六自、殷八自"，"西六自"殆即"成周八自"之六，蓋呂有戎事時，不必傾全師而出也。成周（今之洛陽）在殷（今之湯陽附近）之西，故稱爲"西"也。由此可知，周克殷後，曾于成周与殷屯重兵以鎮撫殷之遺民。此言追巢人呂"六自"，則不知係"成周八自"之六，或"殷八自"之六年 |
| 101 頁 11 行（趞觶） | 趞觶 | 趞簋 |
| 101 頁裏 2 行 | 易（錫）趞䢻巿 | 易（錫）趞䢻衣、載巿 |
| 103 頁裏 10 行（蔡簋） | 鬲拜頴首 | 鬲拜手頴首 |
| 104 頁 1 行（虢季子白盤） | 經緟（經）四方 | 經緟（維）四方 |
| 104 頁 11 行 | 專字本器博字所从作䏌 | 專字本器博字所从作䏌 |
| 104 頁裏 9 行 | 爾雅 釋地"北陵西隃雁門是也。" | 爾雅 釋地"北陵西隃，雁門是也。" |
| 105 頁 7 行 | 錢儀吉 | 錢衎石 |
| 106 頁 6 行（不嬰簋） | 戎大同從追女（汝） | 戎大同迹追女（汝） |
| 106 頁 7 行 | 女（汝）小子，肇誨于戎工 | 女小子，女肇誨于戎工 |
| 106 頁 8 行 | 用從乃事 | 用迹乃事 |
| 106 頁裏 6 行 | 成鼎 | 禹鼎 |
| 106 頁裏 8 至 9 行 | 翁祖庚 | 翁同書 |
| 107 頁 1 行 | 戎大同從追汝 | 戎大同迹追汝 |
| 108 頁裏 3 行（成鼎） | 成鼎 | 成鼎（此器全文作廢。） |
| 108 頁裏頁眉 | | 此鼎新近有同銘之器出土，所謂"成"实是"禹"字，與屬世叔向父簋之叔向父禹爲一人。全銘考釋，別詳見補录，此当全删。留此以資比照 |

第三章 《兩周金文辭大系考釋》研究　119

續表

| 位置 | 35 版 | 57 版 |
| --- | --- | --- |
| 109 頁頁眉 |  | 拠新出禹鼎銘乃"朕（朕）皇且、考：幽大叔、懿叔"，蓋幽大叔爲皇祖，懿叔爲考也。舊以"考幽大叔"連文，誤。銘所紀乃馭方叛変，"率听命者以伐不听命者"之説亦非 |
| 109 頁裏頁眉 |  | "走"字原銘乃趈々二字。"賜朕"云々，説解全誤 |
| 110 頁裏頁眉 |  | 霸字原刻僅存一雨字，殆摹奪 |
| 113 頁 3 至 4 行（克鐘） | 在古表朴之世非王者所居莫屬 | 在古素朴之世非王者所居莫屬 |
| 113 頁 12 行 | 考伯亦不連文 | 考伯亦不連文。或説"考伯"乃皇祖之字，亦可通 |
| 114 頁 5 行（師毀簋） | 敬娭（夙）夜用事 | 敬乃娭（夙）夜用事 |
| 115 頁頁眉（師晨鼎） |  | 或云彔簋"用作文祖辛公宝䕃簋"，何以彼入穆世，此入厲世，相差四代？案辛公不妨同名，又古人凡祖以上均称祖，即使同是一人，亦無妨碍 |
| 116 頁 4 至 5 行（伯晨鼎） | 蓋因誤右旁爲亘 | 蓋因誤認右旁爲亘 |
| 117 頁裏 3 行（諫簋） | 用乍朕文考叀公隣簋 | 用乍朕文考叀白隣簋 |
| 117 頁裏 7 行 | 余非章（庸）又鼙（昏）女毋敢妄寧 | 余非章（庸）又鼙（昏），女毋敢妄寧 |
| 117 頁裏 12 行 | 器文奪攸字 | 器文奪攸字。（此器以光緒二十四年出土于陝西武功縣東四十五里扶風村） |
| 118 頁 4 行（揚簋） | 眔嗣甸（翏） | 眔嗣卾（誓） |
| 118 頁頁眉 |  | 鄦始皙（折）字异义，叚爲誓。洹子孟姜壺司誓作嗣皙。此之司誓蓋周礼秋官司約、司盟之類。 |

續表

| 位置 | 35 版 | 57 版 |
| --- | --- | --- |
| 118 頁 6 行 | 敢對訊天子不顯休令（命），用乍朕剌（烈）考嗇白寶簋 | 敢對訊天子不顯休。今（余）用乍朕剌（烈）考嗇白寶簋 |
| 119 頁裏 1 行（齵簋） | 王若曰 | 王■曰 |
| 122 頁裏頁眉 |  | 今案參假爲襂，即今衫字。襂同者，絅色之中衣也。中衣之下更有裏衣，莞假爲裏。莞悤者，蔥色之裏衣也 |
| 123 頁 10 裏（微瘋鼎） | 王才在宗同 | 王才在宗周 |
| 131 頁裏 9 行（函皇父簋） | 許翰 | 許瀚 |
| 132 頁 10 行至 132 頁裏 2 行（叔向父簋） | 上成鼎稱"考幽大叔"此稱"祖幽大叔"，禹之于成必爲子若侄。成在夷世，則禹自當在厲世。成本職司軍政者，古者父子世官，此云"嗣朕皇考"，又云"帥井先文祖"，即令禹爲成侄，其皇祖之幽大叔亦必武人，準此可以斷言 | （上成鼎稱"考幽大叔"此稱"祖幽大叔"，禹之于成必爲子若侄。成在夷世，則禹自當在厲世。成本職司軍政者，古者父子世官，此云"嗣朕皇考"，又云"帥井先文祖"，即令禹爲成侄，其皇祖之幽大叔亦必武人，準此可以斷言）（此下四行删去）① |
| 132 頁裏 3 行 | 此叔向父 禹者必即十月篇"楀維師氏"之楀矣 | 此叔向父 禹者■（与禹鼎之禹爲一人）即十月篇"楀維師氏"之楀■ |
| 138 頁裏欄下頁眉 |  | ＊"公族"乃……官名，見左傳宣二年，又稱公族大夫，舊以爲掌教公之子弟者。今觀此銘足知王官亦有"公族"，蓋掌教國子之事者也② |
| 140 頁裏 7 行（瞿盨） | 瞿盨 | 瞿盨 |
| 140 頁裏 10 行 | 瞿 | 瞿 |
| 141 頁 3 行 | 瞿 | 瞿 |

① 夾注"此下四行删去"。
② 138 頁裏 4 行"猶言無改也"后補注"＊"。标示了本條注釋的位置。

續表

| 位置 | 35 版 | 57 版 |
| --- | --- | --- |
| 142 頁 9 行（召伯虎簋一） | 我考我父 | 我考我父母① |
| 143 頁裏 11 行（兮甲盤） | 子々孫々永寶用 | 子々孫々永寶用。容庚云鮮于樞困学斋雜录"周伯吉父槃銘一百三十字，行台李順甫鬻于市，家人折其足，用爲餅炉，余見之，乃以歸予"。此元代所箸录彝器之僅存者。陸友仁研北雜志亦記之 |
| 144 頁裏 8 行（召伯虎簋其二） | 公☒稟貝 | 公　稟貝 |
| 146 頁裏 4 行（師衰簋） | 此从戈从又 | 此从戈（象有孔斧）从又② |
| 149 頁 4 行（師𠭰簋） | 王若曰 | 王乎（呼）尹氏册命師𠭰。王若曰 |
| 149 頁頁眉 |  | 蓋銘缺前十一字 |
| 149 頁頁眉 |  | 若字，昔字，嗣下小輔二字，眔字，敬字，蓋文均奪 |
| 149 頁頁眉 |  | 容庚云"殳当讀为胙，賜也。左氏隱公八年傳'胙之土而命之氏'。巩或体作𢪒，廣雅 釋詁一'𢪒，举也。'"今案師和父賜𠭰市，何以当告于王？此不可解。故仍維持旧説 |
| 150 頁 2 行（井人妄鐘） | 肆乍穌父大蠶鐘 | 肆用乍穌父大蠶鐘 |
| 150 頁 4 行 |  | 此銘分列二器。前鈡文至"寵處"止，合二鈡而得全文 |
| 151 頁 11 行（無叀鼎） | 鄭箋云 | 鄭箋云 |
| 151 頁裏 11 行 | 純魯字作𩱛 | "純魯"字作𩱛 |

① 夾注"母"以校勘"父"字。
② 夾注"（象有孔斧）"。

續表

| 位置 | 35 版 | 57 版 |
|---|---|---|
| 152 頁 10 行（休盤） | 玄衣黹屯 | 玄衣黹屯（純） |
| 152 頁裹 3 行 | 十月与卿士司徒竝列 | 十月与卿士、司徒竝列 |
| 152 頁裹 7 至 8 行 | 雖非即大司馬然相去必不遠 | 雖非即大司馬，然相去必不遠 |
| 152 頁裹 11 至 12 行 | 頌鼎 師酉簋 師艅簋 裹盤均有之 | 頌鼎、師酉簋、師艅簋、裹盤均有之 |
| 153 頁 11 行（杜伯鬲） | 虢攸从鼎 毛公鼎 | 虢攸从鼎、毛公鼎 |
| 153 頁裹 3 至 4 行 | 亦即詩所屢見之祁々字也 | 亦即詩所屢見之"祁々"字也 |
| 153 頁裹 9 行 |  | 光绪廿年出土于陝西 韓城、澄城交界处 |
| 154 頁裹 3 行（師兌簋其一） | 郭注云 | 郭 注云 |
| 156 頁 9 行（宗婦鼎） | 器出于陝西 鄠縣，就可確知者而言，有鼎四、簋三 | 器出于陝西 鄠縣（拠"窓斋集古录"十四卷十八葉所述。），就可確知者而言，有鼎七、簋六 |
| 又 153 頁頁眉（者減鐘） |  | 左傳宣公八年"盟吳 越而還"。疏云"太伯 仲雍讓其弟季歷而去之荆蠻，自号句吳。句或爲工，夷言发声也。" |
| 又 154 頁頁眉 |  | 今案程瑤田通藝录言"乾隆廿四年江西 臨江府得古鎛鐘，撫臣獻于朝。"可证出土地仍是江西，非安徽也 |
| 又 154 頁裹 9 行（吳王元劍） | 諸樊与遏若謁無相通之理 | 諸樊与遏若謁無相通之理 |
| 又 155 頁 11 行 | 據此足證劍制實來自西北 | 據此足證劍制實來自西北 |
| 又 155 頁裹頁眉（吳王夫差監） |  | 山西通志 金石記云"同治中，代州蒙王村出土。"地在夏屋山之陽 |

續表

| 位置 | 35 版 | 57 版 |
|---|---|---|
| 又 156 頁頁眉（其宄句鑃） | | 銘文全體反書，宄即次字 |
| 157 頁裏頁眉（者汈鐘） | | 容庚云"者汈当作者沪，即越王句踐之子王鼫與（史記 越世家）。本鐘别有八器歸日本，合四器而成全文，凡九十三字。（'趄'字重文計入。）"今案其説至確。銘中之"王"即越王 句踐也。舊釋当大作添改，因改动過大，此处仍舊，当於補录中详之 |
| 159 頁 3 行（郐王糧鼎） | 其鱻鼎 | 其 鼎 |
| 160 頁 3 行（沇兒鐘） | 虔（吾）曰医吕喜 | 斁（吾）曰医吕喜 |
| 160 頁 4 行 | 父𠒅（兄）庶士 | 及我父𠒅（兄）庶士 |
| 160 頁頁眉 | | 威字原作敳，乃古畏字，古威畏字通。威乃后起字 |
| 160 頁裏頁眉（王孫遺者鐘） | | 此威字作威，与敳字已分用 |
| 160 頁裏 11 行 | 延（誕）□余德 | 延（誕）永余德 |
| 162 頁裏頁眉（郐工義楚耑） | | 張鳴珂寒松閣題跋云"鐘無欵識，鐸有'郐王 義楚'字，其篆法与沇兒鐘如出一笵。"容庚云"鐸即郐醻尹鉦。張氏誤記爲郐義楚耳。" |
| 167 頁裏 2 行（中子化盤） | 用丩其吉金，自乍盥盤 | 用睾其吉金，自乍盤盤 |
| 167 頁裏 8 行至 168 頁 3 行 | 丩字當是動詞……例可通假 | [丩字當是動詞……例可通假。]① |
| 167 頁裏頁眉 | | 此盤銘曩拠擴古摹刻本，睾字誤摹爲丩，今拠拓本观之，則分明作睪，確係睪（擇）字。盤假爲朕，擴古亦誤摹爲盥。丩字以卜解粋文删去 |

① 參見頁眉。

續表

| 位置 | 35 版 | 57 版 |
|---|---|---|
| 172 頁裏 10 行（單鼎） | 永寶宮 | 永寶用宮 |
| 173 頁 1 行 | "黃孫子"殆謂黃君之孫子僳字原作𣫏 | "黃孫子"殆謂黃君之孫子。僳字原作𣫏 |
| 174 頁 10 行（䉂太史申鼎） | 器淺而無耳，頗特異 | 器淺而兩耳已殘缺 |
| 174 頁裏 3 行（鄀公𥎦人簋） | 上鄀公𥎦人乍（作）用殷 | 上鄀公𥎦人乍（作）隣殷 |
| 174 頁裏 4 行 | 于乓皇考，用易（錫）釁壽 | 于乓皇丂（考）。用腸（錫）釁壽 |
| 176 頁 9 行（鄀公諴鼎） | "十又三月"當是"十又三月"之譌，下筆過短，蓋是銹紋 | "十又三月"當是"十又三月"之譌，下筆過短，蓋是銹紋頗疑"十又"二字是鄀字殘画誤摹 |
| 179 頁裏 10 行（魯生鼎） | 無（許）大邑魯生乍（作）壽母䵼（䑛） | 無（許）大邑魯生乍（作）壽母朕貞（䑛鼎） |
| 180 頁裏 3 行（鄭登伯鬲） | 右旁范罢，故致不可識 | 右旁范罢損，致不可識 |
| 182 頁 7 行（嬰次鑪） | 此器以民國七年出土于新鄭 | 此器以一九二三年出土于新鄭 |
| 185 頁裏 1 至 2 行（宋公戌鐘） | 唯古文辰戌之戌与征戌之戌不同字 | 唯古文辰戌之戌与征戌之戌形相远 |
| 185 頁裏 9 行（宋公䜌鼎） | 此宋景公器，景公名春秋作欒，史記作頭曼。當春秋末年 | 此宋景公器，景公名春秋作欒，史記作頭曼。當春秋末年。金石录云"元祐閒得于南都，底蓋皆有銘。"（博古图录有蓋无器。） |
| 186 頁 11 行（曾伯霥簠） | 知不得在文侯以前 | 知不得在文侯以前 |
| 187 頁裏 2 行（曾子遇簠） | 蓋鄫滅于莒，降爲附庸，尚能保其血食，後終滅于魯也 | 蓋鄫滅于莒，降爲附庸，后复叛而歸魯，故又取于魯 |
| 188 頁裏 4 行（曾大保盆） |  | 麐作𪊥𡧘，示鹿頭有大角，蓋如今之馴鹿 |

第三章　《兩周金文辭大系考釋》研究　　125

續表

| 位置 | 35 版 | 57 版 |
|---|---|---|
| 188 頁裏 9 行（滕侯穌簋） | 周礼大宗"國有大，故則旅上帝及四望" | 周礼大宗"國有大故，則旅上帝及四望" |
| 189 頁 2 行 | | 盙器自名爲簋，足証盙乃簋之变 |
| 189 頁 5 行（滕虎簋） | 滕伯文爲孟虎齊衰 | 滕伯　文爲孟虎齊衰 |
| 190 頁 1 行（薛侯鼎） | | 鼎疑薰字之殘 |
| 190 頁裏 7 至 8 行（邾公牼鐘） | 鄭説與左傳及杜異，鄭意謂鐘磬同在一簴，各八則爲堵，故曰"二八十六枚"，鐘十六枚在一簴，磬十六枚在一簴，共二堵三十二枚始謂之肆 | 鄭説與左傳及杜異，鄭意謂鐘磬同在一簴，各八則爲堵，故曰"二八十六枚"，鐘十六枚在一簴，磬十六枚在一簴，共二堵三十二枚始謂之肆 |
| 191 頁 11 行（邾公華鐘） | 不豖（涿）于氒身 | 不豖（墜）于氒身 |
| 192 頁裏 2 行（邾君鐘） | 用自乍（作）其龢鍾銙（鈴），用處大正（政） | 用自乍（作）其龢鍾□銙（鈴），用處大正（政）。（下泐） |
| 193 頁裏 6 行（邾友父鬲） | | 邾伯鬲殆同時出土器 |
| 195 頁 2 行（鄁造遺鼎） | | 清 光緒間出土于山東 夕平縣 |
| 195 頁 8 行（鄁伯祀鼎） | 鄁伯祀乍蕭鼎，萬年眉壽無疆 | 鄁伯祀乍蕭鼎，其萬年眉壽無疆 |
| 197 頁 6 行（魯伯愈父鬲） | 有同人所作之簠，愈作俞 | 有同人所作之簠，愈作俞。魯伯愈父諸器，所見有鬲五、簠三、盤三、匜一，清 道光十年出土于滕縣城東北八十里鳳凰嶺溝澗中 |
| 197 頁裏 3 行（杞伯每刃鼎） | 杞白 每刃乍鼄嬉寶隣鼎 | 杞白 每刃乍鼄嬉（曹）寶鼎 |
| 197 頁裏 5 行 | 鼎二簠四壺一匜一盨一 | 鼎二、簠四、壺一、匜一、盨一 |

續表

| 位置 | 35 版 | 57 版 |
|---|---|---|
| 198 頁 3 至 5 行（杞伯每刃壺） | 王國維説爲卣字，未見器形，不知其然否。且器與蓋分藏二家，字跡亦小異，是否一器之柝或二器之殘，亦未能知也 | 器形見善齋礼器录。王國維以爲"卣"非也。然器與蓋分藏二家，字跡亦小異，是否一器之析或二器之殘，殊未能知耳 |
| 198 頁 5 至 6 行 | 寶壺寶字器文作宧，又孫字無重文 | "寶壺"寶字器文作宧，又"孫"字無重文。"萬年"上多以"其"字 |
| 200 頁裏 8 行（鑄子簠） | 鑄子弔（叔）黑臣（頤）肇乍（作）寶匜（簠） | 鑄子弔（叔）黑臣肇乍（作）寶匜（簠） |
| 200 頁裏 11 行 | 殆本鑄之故地爲魯所署者 | 殆本鑄之故地，爲魯所署者 |
| 202 頁 11 行至 202 頁裏 1 行（國差罏） | 吳彝 伯晨鼎 番生簋 師兑簋 | 吳彝、伯晨鼎、番生簋、師兑簋 |
| 203 頁 2 行（叔夷鐘） | 遷（造）或（國）徒禾（四）千 | 遷（造）或（鐵）徒禾（四）千 |
| 203 頁 9 行 | 女（汝）戒戎攸（作） | 女台（汝以）戒戎攸（作） |
| 204 頁 1 行 | 所層見之辟字 | 所屢見之辟字 |
| 204 頁欄下頁眉 | | 趙明誠金石录云"宣和五年青州臨淄縣民於齊故城耕地，得古器無數十种，其間鐘十枚，有款欸識，尤奇。多者幾五百字。" |
| 204 頁裏 8 行 | "終十爲同" | "終，十爲同" |
| 205 頁裏 11 行 | 古有左卿士右卿士之職 | 古有左卿士、右卿士之職 |
| 207 頁 12 行 | "鈇鐈鐔鋁"者鈇是矢之絲文 | "鈇鐈鐔鋁"者鈇是矢之絲文<br>一鈡鈇鐈下有玄鏐二字① |
| 208 頁 4 行 | "遷而佣剗母或承頮"者言至于汝之僚屬毋有癈迷也 | "遷而佣剗母或承頮"者，言至于汝之僚屬毋有癈迷也 |
| 209 頁 12 行（庫壺） | 今仍姑照摹本录出 | 今仍姑照摹本录出。②<br>（拓本甚漫漶，远不及摹本明晰。） |

① 左側夾注。
② 左側夾注。

續表

| 位置 | 35 版 | 57 版 |
| --- | --- | --- |
| 210 頁頁眉（䣂鎛） | 山西通志金石記引楊薦説"䣂當爲鮑，通鮑。䣂叔即鮑叔" | |
| 210 頁 8 行 | 子孫永儀用 | 子孫永儀用言 |
| 212 頁 1 行（齊侯盤） | 齊侯四器（盤匜鼎）韋傳以光緒十八年出土于易州 | 齊侯四器（盤匜鼎）韋傳以光緒十九年出土于易州 |
| 212 頁裏 4 行（洹子孟姜壺） | 余不其事女（汝）受册 | 余不其事（使）女（汝）受册 |
| 212 裏行 9 | 差銅 | 差銅 |
| 213 頁欄下頁眉 | | 今案齊侯当是齊景公。景公三年田文子犹在（見左傳及史記齊世家），則此器殆景公初年之物。景公乃莊公之弟，其世蓋在莊公時已適田桓子也 |
| 213 頁裏 3 行 | 案漢書 叔孫通傳 注亦引此解 | 案漢書 叔孫通傳 注亦引此解。〈① |
| 213 頁裏頁眉 | | "朞則尔朞"者言欲行一年喪制，則行一年喪制，"余不其事女受册"者，事通使，册假爲責，或讀爲栅，亦可通。此二語表明天子同意其短喪 |
| 213 頁裏 3 行 | ……均係神名上天子者上帝之異稱 | ……均係神名，上天子者上帝之異稱 |
| 214 頁裏頁眉（陳貶簋） | | "簋鎛"二字，容庚釋爲"簋鎗"。拠儀礼 公食礼"坐啟簋会"注"会，簋蓋也。"謂此从金作。若爲此釋，則"用追孝於我皇"句尚未完，仍有可商。頗疑鎛字即用爲乎，語尾助詞也 |
| 215 頁裏 11 行（陳逆簋） | 吴式芬云"冰月見晏子春秋，即十一月也"。 | 吴式芬云冰月見晏子春秋（內篇諫下弟四），即十一月也"。② |

---

① 補充内容見欄下頁眉。
② 左側夾注"（內篇諫下弟四）"。

續表

| 位置 | 35 版 | 57 版 |
| --- | --- | --- |
| 216 頁 8 至 12 裏（陳侯午鐘） | 聞是藏家欲求……故不免有奪字奪畫也 | ［聞是藏家欲求……故不免有奪字奪畫也。］ |
| 頁 216 裏欄下頁眉 | | 容庚云周氏得之吳氏，經余目書。壴下文字及母字乃其後剔出者 |
| 217 頁裏 10 至 11 行 | 自其内言之均作坳坎窊下之形 | 自其内言之均作坳坎窊下之形 |
| 218 頁 5 行 | 然行款字數全同 | 然行款，字數全同 |
| 218 頁 8 行 | 器座均作水雲紋 | 器座均作穷曲紋 |
| 218 頁 10 行 | 羅振玉謂与所藏鄦侯簋同形，彼簋圖象惜尚未見。簋銘渺蝕過半 | 羅振玉謂与所藏鄦侯簋同形，見貞松堂吉金圖。（上·三六）銘渺蝕過半 |
| 218 頁裏 1 行 | 一鐘一鎛 | 一鐘、一鎛 |
| 218 頁裏 1 行 | 形制各別，殊不可混 | 形制各別殊不可混 |
| 218 頁裏 5 行 | 翁祖庚 | 翁同書 |
| 219 頁裏 7 行（因育鐘） | 堕仄因育曰"皇考…… | 堕仄 因育曰："皇考…… |
| 220 頁 10 至 11 行 | 潮當是潮之省，叚爲朝聘之朝 | 潮即朝（晨）之异，讀爲朝聘之朝 |
| 224 頁裏 3 行（叔朕簠） | ……稻粱萬年無疆 | ……稻粱，萬年無疆 |
| 225 頁裏 10 行（賢簋） | | 光绪十四年河南出土 |
| 226 頁 5 行（孫林父簋） | 邾討鼎子孫字作 ，与此同意 | 邾討鼎子孫字作 ，与此同意 |
| 226 頁 6 至 7 行 | 与蘧伯玉 吳季札同時 | 与蘧伯玉、吳季札同時 |
| 228 頁裏 10 行（秋氏壺） | "畏獵毋後篡在我車" | "畏獵毋後，篡在我車" |
| 230 頁 11 至 12 行（晉姜鼎） | 晉此上从雩花省 | 晉此上从雩（花）省 |

續表

| 位置 | 35 版 | 57 版 |
|---|---|---|
| 230 頁裏 4 行（晉公<br>盨） | 余咸妥（綏）胤士 | 余咸畜胤（俊）士 |
| 234 頁 3 至 4 行（屬<br>羌鐘） | 其它十一具均藏廬江劉體智家 | 其它十一具均藏廬江劉體智家。（今已歸日本住友家，蓋劉所出賣。）① |
| 235 頁裏 1 行 | <u>韓列侯 趙武功 魏文侯</u> | 韓列侯、趙武功、魏文侯 |
| 235 頁裏 2 行 | <u>文侯 敬侯 武侯</u> | 文侯、敬侯、武侯 |
| 236 頁 4 至 5 行 | 卜辭又屢見"芍若干匕"之文，則狗若干牝，或釋爲"羌若干人"，非是 | 卜辭又屢見"芍若干人"之文，則狗讀爲宰，或釋爲"羌若干人"，非是 |
| 236 頁 5 至 6 行 | <u>大盂鼎 大保簋</u> | 大盂鼎、大保簋 |
| 237 頁 12 行 | 此語以"毋辟旟宗敨"爲其主格 | 此語以"毋辟旟宗敨"爲其主詞 |
| 239 頁裏 7 行（嗣子<br>壺） | 此器之作者蓋韓之宗室，封于<u>令狐</u>而歸葬<u>洛陽</u>者也 | 此器之作者蓋晉之大夫，封于<u>令狐</u>者也。（晉語七有令狐文子，其証） |
| 240 頁裏 4 至 5 行<br>（吉日劍） | 得見往年<u>山西 歸化城</u>北百里許之<u>李峪村</u>所出一劍 | 得見往年<u>山西 渾源縣</u>北百里許之<u>李峪村</u>所出一劍 |
| 240 頁裏 11 行 | 而尤以三字爲最鮮明 | 而以末三字爲最鮮明 |
| 241 頁 1 至 2 行 | 依文字而言當是戰國時物，于時<u>歸化</u>屬<u>趙</u>，知實<u>趙</u>器也 | 依文字而言當是戰國時物，渾源本屬代，戰國初爲趙氏所滅，乃封其支子爲代君 |
| 241 頁 9 行 | 銘末一字不可識，銘詞似有韻，字与午呂蓋同屬于魚部也。（或釋爲民，非是） | 銘末一字少泐，諦省確是虘字，与午呂韻，同屬于魚部也。（或釋爲民，非是） |
| 242 頁 11 行（穌公<br>簋） | <u>穌甫人匜盤 穌冶妊鼎 穌衛妃鼎</u> | 穌甫人匜盤、穌冶妊鼎、穌衛妃鼎 |
| 245 頁裏 3 行（虢姜<br>簋） | 用禪，追孝于皇考<u>叀仲</u> | 用禪追孝于皇考<u>叀仲</u> |
| 246 頁 2 行（虢季氏<br>子組簋） | <u>虢季氏 子綏（組）乍（作）簋</u> | <u>虢季氏 子綏（組）乍（作）簋</u> |

① 右側夾注。

續表

| 位置 | 35 版 | 57 版 |
|---|---|---|
| 246 頁裏 4 行（虞司寇壺） | | 蓋文無之字 |
| 246 頁裏 8 行（吳龍父簠） | 而吳 越之吳則作<u>攻</u><u>敔</u> <u>攻</u>吳若<u>攻</u><u>敔</u> | 而吳 越之吳則作<u>攻</u><u>敔</u>，<u>攻</u>吳若<u>攻</u><u>敔</u> |
| 247 頁 2 行 | | 祖与考不聨，<u>庚</u>爲祖，<u>孟</u>爲考 |
| 247 頁 5 行（秦公簠） | 受天命，<u>鼏</u>宅禹責（蹟） | 受天命<u>鼏</u>宅禹責（蹟） |
| 248 頁 12 行 | "咸<u>妥</u>胤士" | "咸<u>畜</u>胤士" |
| 252 頁 2 至 3 行（新鄭虎符） | 大王之國南有<u>許</u><u>鄢</u> 昆陽 舞陽 新鄭 | 大王之國南有<u>許</u>、<u>鄢</u>、昆陽、舞陽、新鄭 |
| 252 頁 4 行 | "秦 <u>葉</u>陽 昆陽与舞陽<u>鄰</u>" 是時<u>葉</u>昆陽屬秦 | "秦 <u>葉</u>陽、昆陽与舞陽<u>鄰</u>" 是時<u>葉</u>陽、昆陽屬秦 |

# 第二節　02 版與 57 版《大系考釋》差異對照

　　本節通校 02 版、57 版《大系考釋》二書，爲盡可能清晰地展現差異，彙其異文爲一表。首列標出頁碼、行數或位置、所涉器物，①第二列迻録 57 版《大系考釋》原文，第三列迻録 02 版《大系考釋》原文，末列對相關情況加以說明。

　　爲排版方便計，迻録原文時均改成橫排。另 02 版《大系考釋》增加了不少編輯眉批，本節暫不列出。

---

①　爲避免繁複，僅在器物首次出現時標示，未標者同上。

表 3-2　　　　　　　　　　57 版、02 版對照表

| 位置 | 57 版 | 02 版 | 説明 |
|---|---|---|---|
| 1 頁 2 行 | 郭沫若譔集 | | |
| 1 頁頁眉 | 陳夢家釋爲"乞"，可从 | 于省吾釋爲"乞"，可从① | |
| 1 頁裏 8 行（大豐簋） | 不克▶三乞衣王祀 | 不克乞衣王祀 | |
| 1 頁裏 9 行 | 彼▶即乃殷 商之殷 | 彼乃殷 商之殷 | |
| 2 頁 12 行 | 爾雅 釋天及周礼 | 爾雅 釋天及周礼 | |
| 3 頁裏 4 行（令簋） | 父兄于戍，夂冀嗣三乞 | 父兄于戍，夂冀嗣▶三乞 | |
| 3 頁裏 9 行 | 至于鄂 贛 | 至于鄂 戇 | 02 版與 35 版同 |
| 4 頁裏 6 行 | 冀猶"小心翼々"之翼 | 冀猶小心翼々之翼 | |
| 5 頁裏 9 行（令彝） | 咸既，用牲于王 | 咸既用牲于王 | 02 版與 35 版同 |
| 6 頁 11 行 | 复兼任王朝卿士 | 復兼任王朝卿士 | 按，02 版未改盡，如 181 頁鄧公簋、384 頁子璋鐘、460 頁陳侯午錞等 |
| 6 頁裏 13 行 | 雖詳署各殊，而內含則一 | 雖詳署各殊而內含則一 | 02 版與 35 版同 |
| 7 頁裏 4 行 | 恭王爲昭，懿王爲穆 | 恭王爲昭懿王爲穆 | 02 版與 35 版同 |
| 7 頁裏 5 行 | 故昭王 穆王偶昭穆 | 故昭土 穆土偶爲昭穆 | 02 版以"乁"補入"爲"字 |
| 8 頁 4 行 | 王各殷宮 | 王各于殷宮 | 02 版以"乁"補入"于"字 |
| 8 頁 5 行 | 王在周 新宮 | 王在周新宮 | |
| 8 頁 5 行 | 王在新宮 | 王在周 新宮 | 02 版以"乁"補入"周"字 |

---

① 陳夢家《西周銅器斷代》釋天亡簋該字時説："'三'字是等齊平列的三畫，'乞'字則兩等畫之間　小橫畫。卜辭有此字，于省吾始考定爲乞字（《殷契駢枝》Ⅰ：55—58）。讀其文乃悟此簋的'乞'字非'三'字……"由此可知，大豐簋（天亡簋）中的"乞"字是陳夢家改釋的，02 版《大系》眉批將"陳夢家"改爲"于省吾"並不妥當。

續表

| 位置 | 57 版 | 02 版 | 說明 |
|---|---|---|---|
| 8 頁 6 行 | 王在周客新宮 | 王在周客新宮 | |
| 8 頁 9 行右側夾注 | （見新版《金文叢考》二五一葉。） | （見新版《金文叢考》） | |
| 10 頁 2 行 | 复稱其職也 | 復稱其職也 | |
| 11 頁 10 行（明公簋） | 卜辭習見 | 卜辭習見 | |
| 12 頁 10 行（禽簋） | 考工記 冶氏 | 考工記 冶氏 | |
| 12 頁 11 行 | 考工記冶氏注 | 考工記 冶氏注 | |
| 12 頁 12 行 | 説文解字云"鈭，鏺也。今東萊稱或以大半兩（三分之二兩）爲鈞，十鈞爲環，環重六兩大半兩。" | 説文解字云"鈭，鏺也。"今東萊稱"或以大半兩（三分之二兩）爲鈞，十鈞爲環，環重六兩大半兩。" | |
| 12 頁裏 6 行 | 周禮職金正義 | 周禮 職金 正義 | |
| 13 頁裏 12 行 | 則垾与鋅蓋三十與一之比 | 則垾与古鋅蓋三十與一之比 | 02 版以"乁"補入"古"字 |
| 14 頁裏 12 行（罢卣） | 周禮凌人 | 周禮 凌人 | |
| 15 頁裏 5 行（趙尊） | 字跡复如出自一人手筆 | 字跡復如出自一人手筆 | |
| 17 頁裏 4 行（中齋） | 中鼎 | 中齋 | |
| 19 頁 1 行（中觶） | 舊因於原銘未得其讀，誤合爲一 | 舊因於原銘未得其讀誤合爲一 | 02 版與 35 版同 |
| 19 頁 3 行 | 重和▶甲戊戌 | 重和戊戌 | |
| 19 頁 7 行 | 甒即父乙甒，僅見于薛書 | 甒即父乙甒僅見于薛書 | 02 版與 35 版同 |
| 19 頁裏 3 行（中甗） | ☒邦 | □邦 | 02 版與 35 版同 |

續表

| 位置 | 57 版 | 02 版 | 説明 |
|---|---|---|---|
| 19 頁裏 3 行 | ⊠台 | □台 | 02 版與 35 版同 |
| 19 頁裏 5 行 | ⊠貝 | □貝 | 02 版與 35 版同 |
| 20 頁裏 2 行（班簋） | 王才（在）宗周 | 才（在）宗周 | 02 版與 35 版同 |
| 20 頁裏頁眉 | 王字今拠補 | 王字今据補 | |
| 20 頁裏 4 行 | 或（職）人 | 域（國）人 | 02 版與 35 版同 |
| 20 頁裏 7 行 | 隹民亡徣才 | 隹民昬拙才 | |
| 20 頁裏 10 行 | 廣成氒工（功）。文王孫亡弗褱井（懷刑） | 廣成氒工（功）文王孫亡弗褱井（懷刑） | 02 版與 35 版同 |
| 25 頁裏 11 行（小臣宅簋） | 下有蹲 | 下有蹲 | 02 版未改盡，如楚王酓忎鼎"上有羽飾而下有蹲"之"蹲" |
| 26 頁裏 7 行（師旅鼎） | 今毋敉，斯又内于師旅謂今如不宣布…… | "今毋敉，斯又内于師旅"謂今如不宣布…… | |
| 27 頁裏 7 行（大保簋） | 复有 | 復有 | |
| 29 頁 11 行（員鼎） | 卜辭屢見 | 卜辭屢見 | |
| 29 頁裏 7 行（厚趠齋） | 王伯鼎，銘曰"王白乍寶齋" | 王伯鼎，銘曰"王白乍寶齋" | 02 版與 35 版同 |
| 31 頁裏 8 行（獻侯鼎） | 周語下"我姬姓氏出自天黿" | 周語下"我姬氏出自天黿" | 57 版夾注以"氏"改"姓" |
| 33 頁 4 行（作册大齋） | 大乳（揚）皇天尹大僳宫（休） | 大乳（揚）皇天尹大僳宫 | |
| 34 頁 12 行（大盂鼎） | 王曰"盂，若芍（苟）乃正，勿灋（廢）朕令命。" | 王曰盂，若芍（苟）乃正，勿灋（廢）朕令命 | |
| 34 頁裏 6 行 | "我聞殷墜命" | "我聞殷墜命" | 02 版與 35 版同 |

續表

| 位置 | 57 版 | 02 版 | 説明 |
|---|---|---|---|
| 37 頁 2 行（小盂鼎） | 大宰、大宗、大士在王右，大史、大卜、大祝在王左 | 大宰大宗大士在王右，大史大卜大祝在王左 | 02 版與 35 版同 |
| 38 頁 8 行 | <u>左傳</u> 莊十一年 | <u>左傳</u> 莊十年 | 02 版删削"一"字 |
| 38 頁 12 行 | 甲若無以前之 | 甲若……無以前之 | |
| 38 頁裏 8 行 | 皋則假借字也 | 皋則叚借字也 | 02 版與 35 版同 |
| 38 頁裏 10 行 | 以字形而言，當是歲之古文 | 以字形而言當是歲之古文 | 02 版與 35 版同 |
| 38 頁裏 12 行 | 此蓋假戜爲識 | 此蓋叚戜爲識 | 02 版與 35 版同 |
| 39 頁裏 4 行（周公簋） | 部落氏族 | 部落民族 | 02 版與 35 版同 |
| 39 頁裏 10 行 | 复有 | 復有 | |
| 40 頁 1 行 | 彼乃叚巡爲　耳 | 彼乃叚巡爲順耳 | 02 版與 35 版同 |
| 41 頁 1 行（麥尊） | 复有 | 復有 | |
| 42 頁 2 行 | 則兩殆叚爲燕也 | 則兩殆叚爲祼也 | 02 版與 35 版同 |
| 42 頁 8 行（麥彝） | 禹（燕）于麥駕 | 禹（祼）于麥駕 | 02 版與 35 版同 |
| 42 頁裏 8 行（麥盉） | "燕迓遝" | "祼迓遝" | 02 版與 35 版同 |
| 43 頁 1 行 | 此器拓本旧所未見，今已補入 | 此器未見拓墨 | 02 版與 35 版同 |
| 44 頁裏 7 行（庚嬴鼎） | 复有 | 復有 | |
| 45 頁 2 行 | <u>卜辭</u> | 卜辭 | |
| 45 頁 5 行 | <u>卜辭</u> | 卜辭 | |
| 45 頁 8 行（史瞻彝） | 吳闓生云"占即佔畢之佔，説文作笘。"（見吉金文録二十·八）得之 | 吳闓生云"占即佔畢之佔，説文作笘。"（見吉金文録二十·八）得之 | |

續表

| 位置 | 57 版 | 02 版 | 説明 |
|---|---|---|---|
| 51 頁 4 行（段簋） | "孫子⊠⊠"段所署之下欵也。銘末二奇字當是花押 | "孫子⊠⊠"段所署之下欵也，銘末二奇字當是花押 | 02 版與 35 版同 |
| 52 頁 2 行（宗周鐘） | 以唐説爲 | 以唐説爲近是 | |
| 53 頁裏 12 行（狀駿簋） | 狀駿簋 | 狀簋 | 02 版與 35 版同 |
| 54 頁 11 行（過伯簋） | 卜辭 | 卜辭 | |
| 60 頁 3 行（寰鼎） | 由其淮水流域之故居已植至江水以南 | 由其淮水流域之故居已殖至江水以南 | |
| 60 頁 9 行 | 卜辭 | 卜辭 | |
| 61 頁 6 行（臤觶） | 仲競父易赤金 | 仲競父易（錫）金 | 02 版與 35 版同。按：編輯没有注意到 57 版作者的改動，故增加眉批"金字上有一字，似爲赤字" |
| 62 頁裏 8 行（录伯䧧簋） | 此言 | 此銘言 | |
| 62 頁裏 9 行 | 复 | 復 | |
| 64 頁 8 行 | 禮之犬、鹿、羔、狗等 | 禮之犬鹿羔狗等 | 02 版與 35 版同 |
| 64 頁 12 行 | 复 | 復 | |
| 65 頁裏 4 行（善鼎） | 唯用妥（綏）福虩前文人 | 唯用易（錫）福虩前文人 | 02 版與 35 版同 |
| 65 頁裏 9 行 | 隹用妥福虩前文人 | 隹用易福虩前文人 | 02 版與 35 版同 |
| 66 頁 2 行（競卣） | 隹白屖父曰成自（屯） | 隹白屖父曰成自（屯） | |
| 68 頁 6 行（趞曹鼎一） | 《古籀餘論》三·六 | 《古籀餘論》中·六 | |
| 69 頁裏 1 行（趞曹鼎其二） | 复 | 復 | |

續表

| 位置 | 57 版 | 02 版 | 說明 |
|---|---|---|---|
| 74 頁 11 行（吳彝） | 复 | 復 | |
| 76 頁 8 行（牧簋） | 复 | 復 | |
| 77 頁裏 7 行（豆閉簋） | 曲禮 | 典禮 | 02 版與 35 版同 |
| 79 頁 6 行（走簋） | 走乍皇且（祖）文考寶鯀鐘 | 走乍朕皇且（祖）文考寶鯀鐘 | |
| 83 頁 11 行（猎鐘） | 缺文當在二百字左右也 | 缺文當在二百字以上也 | 02 版與 35 版同 |
| 84 頁 9 行（師遽彝） | 复 | 復 | |
| 84 頁頁眉 | 虢公晋侯朝王 | 虢公 晋侯朝王 | |
| 88 頁 10 行（大鼎） | 對揚（揚）天子不顯休 | 對揚王天子不顯休 | 02 版與 35 版同 |
| 89 頁 5 行（師酉簋） | 嗇从來囱 | 嗇从來从囱 | |
| 89 頁 6 行 | 《古籀餘論》三·廿六 | 《古籀餘論》中·廿六 | |
| 93 頁裏頁眉盠卣 | 此盠與另一卣之盠当是一人。彼銘有伯懋父（見補録） | 此盠與另一盠之盠当是一人。彼銘有伯懋父（見録遺） | |
| 95 頁頁眉 | 欼宮殆是祖廟 | 欼宮殆是祖廟 | |
| 96 頁 6 行（效父簋） | 葡字典籍多作服，又多省作服 | 葡字典籍多作服，又多省作服 | |
| 100 頁裏 4 行（召壺） | 禹鼎"西六自、殷八自" | 禹鼎"西六自殷八自" | |
| 100 頁裏 7 行 | 井公當即井叔 | 井公即井叔 | 02 版與 35 版同 |
| 100 頁裏 9 行（陵貯簋） | 子鼓嚳 | 子鼓□ | 02 版與 35 版同 |

第三章 《兩周金文辭大系考釋》研究　137

續表

| 位置 | 57 版 | 02 版 | 説明 |
|---|---|---|---|
| 101 頁 11 行（趞觶） | 趞簋 | 趞觶 | 02 版與 35 版同 |
| 102 頁 4 行（效卣） | 效器有卣有尊 | 效器有卣有觶 | |
| 102 頁 5 行 | 复古 | 復古 | |
| 106 頁 6 行（不嬰簋） | 女小子，女肇誨于戎工 | 女（汝）小子，肇誨于戎工 | 02 版與 35 版同 |
| 106 頁裏 8 至 9 行 | 翁同書 | 翁祖庚 | 02 版與 35 版同 |
| 106 頁裏 10 行 | 复 | 復 | |
| 106 頁裏 12 行 | 复有大股潰戎由徯竄至 | 復有大股潰戎由徯竄至 | |
| 108 頁 4 行（噩侯鼎） | 复 | 復 | |
| 108 頁裏頁眉 | 全銘考釋，别詳見補録 | 全銘考釋，别詳見補録 | |
| 110 頁 1 行（敔簋） | 易（錫）于敔五十田 | 易田于敔五十田 | |
| 110 頁 9 行 | 曧殆野宿之意 | | 02 版刪了 |
| 113 頁 3 行（克鐘） | 在古素朴之世非王者所居莫屬 | 在古表朴之世非王者所居莫屬 | 02 版與 35 版同 |
| 116 頁裏 8 行（師艅簋） | 王才（在）周師录宫 | 王才（在）周師录宫 | |
| 117 頁 11 行（諫簋） | 王才（在）周師录宫 | 王才（在）周師录宫 | |
| 117 頁裏 3 行 | 用乍朕文考𢽳白隣簋 | 用乍朕文考𢽳公隣簋 | 02 版與 35 版同 |
| 117 頁裏 12 行 | 此器以光緒二十四年出土于陝西武功縣東四十五里扶風村 | 此器以光緒二十四年出土于陝西武功縣東四十五里扶風村 | |
| 121 頁 3 行（大克鼎） | 恩盞 | 恩盞 | |

續表

| 位置 | 57 版 | 02 版 | 説明 |
|---|---|---|---|
| 124 頁裏 6 行（矞从盨） | 復友矞从田日十又三邑 | 復友矞从日（田）十又三邑 | |
| 124 頁裏 9 行 | 复 | 復 | |
| 125 頁裏 9 行（伊簋） | 官嗣康宮王臣妾百工 | 觏官嗣康宮王臣妾百工 | |
| 126 頁裏 4 行（袤盤） | 小雅 采芑篇 | 小雅 采菽篇 | |
| 126 頁裏 6 行 | 复 | 復 | |
| 127 頁 1 行（矞攸从鼎） | 隹卅又二年三月 | 隹卅又一年三月 | |
| 127 頁裏 6 行（虢叔旅鐘） | 虢叔旅即矞攸从鼎之虢旅 | 虢叔旅即矞攸从鼎之虢旅 | |
| 130 頁裏 2 行（矢人盤） | 隹下必須■有某種標識物而後可通 | 隹字下必須有某種標識物而後可通 | |
| 132 頁 10 行（叔向父簋） | （上成鼎……其皇祖之幽大叔亦必武人，準此可以斷言）（此下四行删去） | （上成鼎……其皇祖之幽大叔亦必武人）（此至武人删去） | |
| 132 頁裏 4 行 | 复 | 復 | |
| 132 頁裏 8 行 | 《古籀餘論》三·十一葉 | 《古籀餘論》中·十一葉 | |
| 133 頁裏 4 行（番生簋） | 番生簋 | 叔向父簋 | |
| 134 頁 4 行（番匊生壺） | 番匊生 | 番匊生 | |
| 135 頁 10 行（毛公鼎） | 小子師氏虎臣 | 小子、師氏、虎臣 | |
| 136 頁裏 7 行 | 吕氏 滛辭篇 | 吕氏 淫辭篇 | |
| 137 頁裏 5 行 | 秋官 士師 | 秋官 士師 | |
| 139 頁裏 5 行（師訇簋） | 剌且（烈祖）乙白咸益姬 | 剌且（烈祖）乙白同益姬 | |

第三章 《兩周金文辭大系考釋》研究　　139

續表

| 位置 | 57 版 | 02 版 | 説明 |
|---|---|---|---|
| 140 頁裏 7 行（量盉） | 量盉 | 量盉 | 02 版與 35 版同 |
| 140 頁裏 10 行 | 量 | 量 | 02 版與 35 版同 |
| 141 頁 3 行 | 量 | 量 | 02 版與 35 版同 |
| 141 頁裏 9 行 | 牧簋 | 敔簋 | |
| 142 頁 9 行（召伯虎簋一） | 我考我父母 | 我考我母 | |
| 143 頁 10 行 | 孫詒讓云"僕古與附通。章古文墉。 | 孫詒讓云"章古文墉。僕古與附通。 | |
| 144 頁裏 8 行（召伯虎簋其二） | 公　稟貝 | 公乎稟貝 | |
| 150 頁 4 行（井人妄鐘） | 此銘分列二器。前鐘文至"憲處"止，合二鐘而得全文 | | 02 版與 35 版同 |
| 150 頁裏 5 行（裁簋） | 王各于大室 | 王各（格）大室 | |
| 151 頁 11 行（無叀鼎） | 鄭箋云 | 鄭箋云 | 02 版與 35 版同 |
| 151 頁裏 12 行 | 寰盤 | 寰盤 | |
| 152 頁 5 行 | 彝銘"眉壽"字 | 彝銘眉壽字 | |
| 153 頁 11 行（杜伯鬲） | 圅攸从鼎、毛公鼎 | 圅攸从鼎 毛公鼎 | 02 版與 35 版同 |
| 154 頁裏 3 行（師兌簋其一） | 郭注云 | 郭注云 | 02 版與 35 版同 |
| 156 頁 9 行（宗婦鼎） | 器出于陝西鄠縣，（拠《窸齋集古録》十四卷十八葉所述。） | 器出于陝西鄠縣，（據《窸齋集古録》十四卷十八葉所述。） | |
| 156 頁 9 行 | 就可確知者而言，有鼎七、簋六 | 就可確知者而言，有鼎四、簋三 | 02 版與 35 版同 |
| 156 頁裏 9 行 | 兩周金文辭大系上編　竟 | 兩周金文辭大系上編 | |

續表

| 位置 | 57 版 | 02 版 | 說明 |
| --- | --- | --- | --- |
| 又 153 頁 2 行 | 郭沫若譔集 | | |
| 又 153 頁 9 行 | 此鐘據西清續鑑甲編（十六） | 此鐘據西清續鑑甲編（十七） | |
| 又 154 頁裏 9 行（吳王元劍） | 諸樊与遏若謁無相通之理 | 諸樊与遏若謁無相通之理 | 02 版與 35 版同 |
| 又 155 頁 11 行 | 據此足證劍制實來自西北 | 據此足證劍制實來自西北 | 02 版與 35 版同 |
| 157 頁裏頁眉（者沪鐘） | 舊釋当大作添改 | 舊釋当大做添改 | |
| 159 頁 3 行（郐王糧鼎） | 其　鼎 | 其□鼎 | |
| 159 頁裏 6 行（宜桐盂） | 緟鎛 | 鎑鎛 | 02 版未改盡，如 424 頁㝬公壺 |
| 160 頁 3 行（沈兒鐘） | 戲（吾）吕匽吕喜 | 虘（吾）吕匽吕喜 | 02 版與 35 版同 |
| 161 頁裏 8 行（王孫遺者鐘） | 意亦趁是 | 意亦稱是 | |
| 162 頁裏 4 行（郐王義楚耑） | 徐　義楚聘于楚 | 徐　鄴楚聘于楚 | |
| 163 頁 3 行（儔兒鐘） | 余达斯于之孫，余幾路之元子 | 余达斯于之孫，余幾路之元子 | |
| 165 頁 7 行（楚王鐘） | 此據杜預及司馬驪說 | 此據杜預及司馬驪說 | |
| 167 頁裏 2 行（中子化盤） | 用𠭯其吉金，自乍鎜盤 | 用𠭯其吉金，自乍盥盤 | 02 版與 35 版同 |
| 169 頁裏 12 行（楚王酓忎鼎） | 有盤同銘，見圖录補遺 | 有盤同銘，見圖录 補遺 | |
| 160 頁 11 行夾注（楚王酓肯鼎） | （見圖录補遺） | （見圖录 補遺） | |

第三章　《兩周金文辭大系考釋》研究　　141

續表

| 位置 | 57 版 | 02 版 | 説明 |
|---|---|---|---|
| 173 頁 1 行（單鼎） | "黃孫子"殆謂黃君之孫子。俴字原作🗴 | "黃孫子"殆謂黃君之孫子俴字原作🗴 | 02 版與 35 版同 |
| 173 頁 4 行 | 缶字竟誤析爲二 | 缶字竟誤析爲二 | |
| 173 頁裏 10 行夾注（箎侯簋） | 近時徐中舒説蘆爲山東之莒，較爲可信 | 近時王國維説蘆爲山東之莒，較爲可信① | |
| 174 頁 10 行（箎太史申鼎） | 器淺而兩耳已殘缺 | 器淺而無耳，頗特異 | 02 版與 35 版同 |
| 174 頁裏 3 行（鄀公敄人簋） | 上鄀公 敄人乍（作）隣毁 | 上鄀公 敄人乍（作）用毁 | 02 版與 35 版同 |
| 174 頁裏 4 行 | 用腸（錫）釁壽 | 用易（錫）釁壽 | 02 版與 35 版同 |
| 176 頁 1 行（鄀公諴鼎） | 諴 | 諴 | |
| 176 頁 6 行 | 鄀公諴簠 | 鄀公諴簠 | |
| 176 頁 6 行（鄀公諴簠） | 鄀公諴簠 | 鄀公諴簠 | |
| 176 頁裏 1 行 | 諴 | 諴 | |
| 176 頁裏 3 行 | 鄀公諴鼎 | 鄀公諴鼎 | |
| 178 頁裏 11 行（蔡大師鼎） | 緐鎛 | 緐鎛 | |
| 179 頁裏 5 行（子璋鐘） | 余达斯于之孫，余幾路之元子 | 余达斯于之孫，余幾路之元子 | |
| 182 頁 7 行（嬰次鑪） | 此器以一九二三年出土于新鄭 | 此器以民國十一年出土于新鄭 | |
| 185 頁裏 1 至 2 行（宋公戌鐘） | 唯古文辰戌之戌与征戌之戌形相远 | 唯古文辰戌之戌与征戌之戌不同字 | 02 版與 35 版同 |
| 197 頁 6 行（魯伯愈父鬲） | 出土于滕景城東北八十里鳳凰嶺溝澗中 | 出土于滕景城東北八十里鳳凰嶺溝澗中② | |

---

① 見 02 版 371 頁眉批。
② 見 02 版 419 頁眉批。

續表

| 位置 | 57 版 | 02 版 | 説明 |
|---|---|---|---|
| 197 頁裏 3 行（杞伯每刃鼎） | 杞白 每刃乍䵼䵼（曹）寶鼎 | 杞白 每刃乍䵼䵼寶隣鼎 | 02 版與 35 版同 |
| 198 頁 5 行（杞伯每刃壺） | 殊未能知耳 | 亦未能知耳 | 02 版與 35 版同 |
| 203 頁 2 行（叔夷鐘） | 遷（造）或（鐵）徒手（四）千 | 遷（造）或（國）徒手（四）千 | 02 版與 35 版同 |
| 203 頁裏 4 行 | 吉金鈇鎬 | 吉金鈇鑊 | |
| 204 頁 1 行 | 所屢見之辟字 | 所層見之辟字 | 02 版與 35 版同 |
| 204 頁欄下頁眉 | 趙明誠金石録云"宣和五年青州臨淄縣民於齐故城耕地 | 趙明誠金石録云"宣和五年青州 臨淄縣民於齐故城耕地① | |
| 204 頁裏 8 行 | "終，十爲同" | "終十爲同" | 02 版與 35 版同 |
| 205 頁 4 行 | 經傳多通用 | 經典多通用 | |
| 205 頁裏 11 行 | 古有左卿士、右卿士之職 | 古有左卿士右卿士之職 | 02 版與 35 版同 |
| 208 頁 4 行 | "遷而佣剔母或承穎"者，言至于汝之僚属毋有癡迷也 | "遷而佣剔母或承穎"者言至于汝之僚属毋有癡迷也 | 02 版與 35 版同 |
| 212 頁裏 5 行（洹子孟姜壺） | 于上天子用璧玉備一嗣 | 于上天子用璧玉備一嗣 | |
| 212 頁裏 6 行 | 于大無（巫）嗣折（誓）于（与）大嗣命用璧 | 于大無（巫）嗣折（誓）于（与）大嗣命用璧 | |
| 212 頁裏 7 行 | 于南宫子用璧二備 | 于南宫子用璧二備 | |
| 213 頁欄下頁眉 | 今案齊侯当是齊景公。景公三年田文子犹在（見左傳及史記 齊世家），則此器殆景公初年之物。景公乃莊公之弟，其世蓋在莊公時已適田桓子也 | 今案齊侯当是齊景公。景公三年田文子犹在（見左傳及史記 齊世家），則此器殆景公初年之物。景公乃莊公之弟，其世蓋在莊公時已適田桓子也② | |

① 見 02 版 433 頁眉批。
② 見 02 版 451 頁眉批。

續表

| 位置 | 57 版 | 02 版 | 説明 |
|---|---|---|---|
| 213 頁裏頁眉 | "替則尔替"者言欲行一年喪制，則行一年喪制，"余不其事女受册"者，事通使，册假爲責，或讀爲栅，亦可通。此二語表明天子同意其短喪 | ＊"替則尔替"者言欲行一年喪制，則行一年喪制，"余不其事女受册"者，事通使，册假爲責，或讀爲栅，亦可通。此二語表明天子同意其短喪① | |
| 214 頁裏頁眉（陳䀉簋） | 拠仪礼 公食礼 | 據仪礼 公食礼 | |
| 218 頁 8 行 | 器座均作穷曲紋 | 器座均作穹曲紋 | |
| 218 頁 10 行 | 羅振玉謂与所藏籲侯簋同形，見貞松堂吉金圖。（上·三六）銘泐蝕過半 | 羅振玉謂与所藏籲侯簋同形，彼簋圖象惜尚未見。簋銘泐蝕過半 | 02 版與 35 版同 |
| 218 頁裏 1 行 | 一鐘、一鈇 | 一鐘一鈇 | 02 版與 35 版同 |
| 218 頁裏 1 行 | 形制各別殊不可混 | 形制各別，殊不可混 | 02 版與 35 版同 |
| 218 頁裏 5 行 | 翁同書 | 翁祖庚 | 02 版與 35 版同 |
| 219 頁 8 行 | 魏世家索隱引齊幽公之十八年而威王立，幽公或桓公之譌…… | 魏世家 索隱引齊幽公之十八年而威王立，幽公或桓公之譌…… | |
| 220 頁 10 至 11 行（因育鐘） | 淖即朝（晨）之异 | 淖當是潮之省 | 02 版與 35 版同 |
| 220 頁 12 行 | 周礼春官 大宗伯 | 周礼 春官 大宗伯 | |
| 220 頁 12 行 | 秋官 大行人 | 秋官 大行人 | |
| 220 頁裏 8 行（陳騂壺） | 攻破燕軍 | 攻破燕軍 | |
| 221 頁 3 行夾注 | 越王鐘言孟春，見補録 | 越王鐘言孟春，見補録 | |
| 222 頁裏 12 行（子禾子釜） | 周官大司寇 | 周官 大司寇 | |
| 225 頁 5 行（賢簋） | 公甹（叔）初見于衛 | 公甹（叔）初見于衛 | |

---

① 213 頁 3 行 "亦引此解" 後補 "＊"。标示了本條批注的位置。

續表

| 位置 | 57 版 | 02 版 | 說明 |
|---|---|---|---|
| 229 頁裏 13 行（晉姜鼎） | 聚族于斯 | 聚國族于斯 | |
| 230 頁 11 行 | 礼 曲礼 | 礼記 曲礼 | |
| 230 頁 11 至 12 行 | 晉此上从丏（花）省 | 晉此上从丏省 | |
| 233 頁 8 行（邵鐘） | 小胥 鄭注 | 小胥 鄭注 | |
| 233 頁裏 6 行 | 小胥 | 小胥 | |
| 234 頁裏 3 行（麠苛鐘） | 首都叨浪脱 溫達畧古物館 | 多倫多 皇家溫達畧古物館 | |
| 235 頁裏 1 行 | 韓列侯、趙武功、魏文侯 | 韓列侯 趙武功 魏文侯 | 02 版與 35 版同 |
| 235 頁裏 2 行 | 文侯、敬侯、武侯 | 文侯 敬侯 武侯 | 02 版與 35 版同 |
| 236 頁 4 至 5 行 | 卜辭又屢見"芍若干人"之文 | 卜辭又屢見"芍若干匕"之文 | 02 版與 35 版同 |
| 236 頁 5 行 | 則狗誺爲辜 | 則狗讀爲辜 | |
| 236 頁 5 至 6 行 | 大盂鼎、大保簋 | 大盂鼎 大保簋 | 02 版與 35 版同 |
| 237 頁 12 行 | 此語以"弝辟旂宗敵"爲其主詞 | 此語以"弝辟旂宗敵"爲其主格 | 02 版與 35 版同 |
| 240 頁裏 4 至 5 行（吉日劍） | 得見往年山西 渾源縣北百里許之李峪村所出一劍 | 得見往年山西 歸化城北百里許之李峪村所出一劍 | 02 版與 35 版同 |
| 241 頁 1 至 2 行 | 渾源本屬代，战国初爲趙氏所灭，乃封其支子爲代君 | 渾源本屬代，战国初爲趙氏所灭，乃封其支子爲代君 | |
| 242 頁 11 行（穌公簋） | 穌甫人匜盤、穌冶妊鼎、穌衛妃鼎 | 穌甫人匜盤 穌冶妊鼎 穌衛妃鼎 | 02 版與 35 版同 |
| 245 頁裏 3 行（虢姜簋） | 用禪追孝于皇考叀仲 | 用禪，追孝于皇考叀仲 | 02 版與 35 版同 |
| 246 頁裏 4 行（虞司寇壺） | 蓋文無之字。 | | 02 版與 35 版同 |
| 246 頁裏 8 行（吳龙父簋） | 而吳 越之吳則作攻麌，攻吳若攻敔 | 而吳 越之吳則作攻麌 攻吳若攻敔 | 02 版與 35 版同 |

續表

| 位置 | 57 版 | 02 版 | 說明 |
|---|---|---|---|
| 247 頁 2 行 | 祖与考不聠，庚爲祖，孟爲考 | | 02 版與 35 版同 |
| 247 頁 5 行（秦公簋） | 受天命鼏宅禹責（蹟） | 受天命，鼏宅禹責（蹟） | 02 版與 35 版同 |
| 251 頁 1 行（商鞅量） | 爰積十六尊五分尊一爲升 | 爰積十六尊五分尊壹爲升 | |
| 252 頁 2 至 3 行（新郪虎符） | 大王之國南有許、鄢、昆陽、舞陽、新郪 | 大王之國南有許 鄢 昆陽 舞陽 新郪 | 02 版與 35 版同 |
| 252 頁 4 行 | "秦 葉陽、昆陽与舞陽鄭"是時葉陽、昆陽屬秦 | "秦 葉陽 昆陽与舞陽鄭"是彼時葉陽 昆陽屬秦 | |
| 252 頁裏 8 行 | 兩周金文辭大系下編 竟 | | |
| 補錄 1 頁 2 行 | 越王鐘（插圖四） | 越王鐘 | |
| 補錄 2 頁 10 行 | 越王矛（插圖三） | 越王矛 | |
| 補錄 2 頁裏 3 行 | 楚王酓志盤（插圖二） | 楚王酓志盤 | |
| 補錄 2 頁裏 4 行 | 正月吉日，窒…… | 正月吉日窒…… | |
| 補錄 2 頁裏 9 行 | 見上一八二葉 | 見上一八六葉 | |
| 補錄 3 頁 1 行 | 楚王之六器 | 右補遺六器 | 按，補錄 3 頁文字原位於 57 版《圖錄》末，02 版移置此處 |
| 補錄 3 頁裏 13 行 | 〔竟〕 | | |

## 第三節 諸版《大系》觀點變動輯考

《大系》是郭沫若金文研究方面最重要、最系統的著作，也是其所有學術著作中修改次數最多，用力最勤，持續時間最久的一部。本節以《大系》爲中心，參以作者其他著作及相關史料，找到郭沫若觀點變動的時間節點及生前關於某問題的最終看法，梳理其學術觀點發展脈絡。

57 版《大系》是作者生前親自修改的最後一版，故今據 57 版《大系》器物順序編次，逐器討論，主要以時間爲序，著重介紹器物斷代、字詞考釋、銘文釋讀等重要觀點的產生變動過程。

郭沫若的金文觀點貫穿其歷史考古研究始終，散見各處，需要全盤梳理綜合考察。故本節寫作過程中還經常引用如下書目：

《殷周青銅器銘文研究》（下或簡稱《青研》）

該書收錄了作者 1930 年 4 月至 7 月間撰寫的考釋金文論文 16 篇，1931 年 6 月由上海大東書局出版（下或簡稱"初版《青研》"）。1954 年 8 月作者增補修訂，由人民出版社出版（下或簡稱"54 版《青研》"）。1961 年 10 月收入考古學專刊甲種第 7 號，由科學出版社出版（下或簡稱"61 版《青研》"）。

《金文叢考》（下或簡稱《叢考》）

該書收錄作者 1930 年 9 月至 1932 年 6 月間研究金文的文章，除《臣辰盉銘考釋》《謚法之起源》《金文韻讀補遺》《毛公鼎之年代》四篇外，其他文章此前均未發表。1932 年 8 月由日本文求堂書店印行（下或簡稱"32 版《叢考》"），作者視爲《大系》的姊妹篇。1954 年 6 月人民出版社將《金文叢考》（1932 年）、《金文餘釋之餘》（1932 年）以及《古代銘刻彙考》（1933 年）、《古代銘刻彙考續編》（1934 年）中金文部分的文章彙集爲新版《金文叢考》，作者重新作了修訂、改編（下或簡稱"54 版《叢考》"）。

《金文餘釋之餘》

所謂"金文餘釋"是指 1932 年版《金文叢考》中的《金文餘釋》一篇，《金文餘釋之餘》是繼《金文餘釋》之後的結集，另包括三篇銘文考釋和一篇附錄，1932 年 11 月由文求堂書店出版。1954 年刪去附錄後全書收入新版《金文叢考》。

《古代銘刻彙考》

《古代銘刻彙考續編》

以上兩部著作寫於 1933 年夏至 1934 年 4 月間，涉及甲骨、金文、石鼓文及漢代石刻的研究，分別於 1933 年 12 月、1934 年 5 月相繼出版。1954 年作者將兩部書中金文部分的文章抽出編入新版《金文叢考》。

《商周古文字類纂》

該書是 1944 年著成於重慶的一部文字編，作者生前並未付梓，去世後家人發現其手稿，交由文物出版社影印出版。文字編的歸字情況尤其批注在一定程度上反映出作者的學術觀點，這部文字編對學術史研究具有重要價值。

《金文叢考補錄》

該書收錄作者 20 世紀 30 年代至 70 年代已發表的金文考釋的論文及題跋，共計 31 篇。早在 1957 年《大系》增訂再版時，即有計劃出版，① 後被擱置，直至 2002 年全集出版，編委會作了增補、修改，編入《考古編》第 6 卷。

除個別題跋外，其他文章早年曾發表於《東方雜誌》《文物》《考古學報》等期刊。本節在引用這些文章時一般采用最早刊發時的版本，故僅列篇名。②

《甲骨文字研究》

《卜辭通纂》

《殷契粹編》

《石鼓文研究》

《詛楚文考釋》

以上五部著作雖是關於甲骨、石刻文字的考釋，但作者也常徵引銅器銘文，其中不少觀點可相互印證，有些意見甚至更早。

---

① 57 版《大系考釋·成鼎》108 頁裏眉批"全銘考釋，別詳見補錄，此當全刪，留此以資比照"，57 版《大系目錄表》成鼎"備考一欄"記"近年另出一器，見補錄"。"1958 年考古研究所把當時已經在期刊上發表的這類文章收入《金文叢考》作'補錄'"，詳參傅學苓《郭沫若考古著作出版概況》，收入中國出版工作者協會編《中國出版年鑑（1983）》，商務印書館 1983 年版，第 82—84 頁。

② 各篇出處詳參本書附錄一《郭沫若金文著述編年長編》。

另有《中國古代社會研究》《十批判書》《管子集校》等歷史類著作亦多引用金文，不少意見甚至他處未見。

在正式討論之前，有幾點情況需要說明：

一、郭沫若在不同論著中闡述同一問題時常詳略不一。如關於大豐簋"大豐""文王監在上"的解讀，《青研》最爲詳細，但對"庹"字的釋讀，則35版《大系》較《青研》更詳盡。囿於篇幅，主要觀點相同僅有敘述上的詳略或個別文辭差異者，本節暫不討論。

二、不同著作中因釋文隸定標準不同，或寬式隸定或嚴格隸定，出現大量異體，如32版《大系》子仲姜鎛"彌"，35版《大系》黏鎛作"彌"；32版《大系》晉邦盦"四"，35版《大系》晉公盦作"三"；邵鐘"𱎼"，32版《大系》釋"虞"，35版《大系》釋"虍"等，不涉及觀點變動，一般不列出。

三、敘述主要以時間先後爲次，單篇文章有確切寫作或發表時間的以單篇文章爲準，單篇文章無從考證時間者則按所在文集的出版時間。

四、同一著作的不同版本發生變動時一般標明版本，無特別説明版本則代表後來的版本與之前的版本觀點基本一致。

五、不同著作在指稱同一器物時常使用不同名稱，爲行文簡潔計，本節在敘述郭氏觀點時，對同器異名者不再特別注出。

**上編：**

**一 大豐簋**

1. "王凡三方"，《青研·大豐簋韻讀》認爲方者祀也，祀於四方曰方，"三方"即下文"三衣王祀"所言"三祀"。《金文韻讀補遺·大豐簋》再次肯定"方有祀義"。32版《大系》進一步讀"方"爲祊或繫，"猶下言'三祀'即'祀于天室'、'衣祀大王'、'事喜上帝'之三事"。35版《大系》謂"凡假爲風、諷也，告也"，改釋"三方"爲東南北，"周人在西，故此僅言三方"。

2. "王祀于天室降，天亡㊟王"，《甲骨文字研究·釋蹥》釋"㊟"爲尤，"該字左端豎畫微末，前人誤讀爲又"，"此當即㊟之省文"。《青研·大豐簋韵讀》解"天室"爲祀天之所，古之"郊宗石室"之類。《青研·大豐簋韵讀》、《金文韻讀補遺·大豐簋》、32版《大系》均釋"天亡尤王"。35版《大系》言"舊釋意終難安"，改從劉心源說，釋㊟爲又，天亡爲人名，"又王"讀"佑王"，謂助祭。並改釋"天室"爲王亡之室。

3. "衣祀于王"，《青研》引孫詒讓、王國維說，讀"衣"爲"殷"，另訓"衣祀"爲專祭之名，此"衣"當讀爲禋，禋祀即禜賓之意。《金文韻讀補遺·大豐簋》釋文作"衣祀于王"，無説。32版《金文叢考·金文韻讀補遺·大豐簋》及《沈子簋銘考釋》《大系》則改從孫詒讓、王國維説，讀"殷祀"，訓爲祭名。

4. "不克㊟衣王祀"，《青研》釋㊟爲三，認爲此句上承"王凡三方"之三祀。"衣"讀爲禋，精意以享曰禋。《金文韻讀補遺·大豐簋》釋文作"丕克三衣王祀"，無説。32版《金文叢考·金文韻讀補遺·大豐簋》讀"衣"爲殷，殷盛之意。32版《大系》從之。35版《大系》雖亦讀"衣"爲殷，但認爲是"殷商之殷"，"不（丕）克三衣（殷）王祀"乃"言祀典之隆，大能視殷王之祀而三倍之也"。《十批判書》從之。①57版《大系》再次改動觀點，指出"㊟"與上"三方"三字有別，彼三劃等長，此中劃特短。陳夢家釋爲"乞"，可從。乞讀爲訖，謂終止也。"衣王"乃殷商之殷，但刪削了"言祀典之隆，大能視殷王之祀而三倍之也"一句。

5. "王卿大㊟"，《青研》認爲"㊟"有東陽部音，釋爲房俎之房的本字，象形。《金文韻讀補遺·大豐簋》、《晉邦盦韻讀》、32

---

① 武王時代的《大豐簋》"丕克乞衣王祀"，魯煬公時的《沈子簋》也稱"迺妹（昧）克衣"，"衣"都是殷，但到周康王末年的《大盂鼎》便直稱爲殷了——"我聞殷墜命，惟殷邊侯甸，粵殷正百辟，率肆于酒"。

版《大系》從之。35版《大系》改釋爲“宜”。35版《大系·貉子卣》釋圂爲宜，謂“咸圂”正是適宜之宜，除此之外，釋俎釋房均不可通。

6.“亡，隹又慶”，《青研》釋“亡得爵復觵，隹朕又（有）慶”，“”乃觵之古字，象器物之形。釋“”爲“朕”，金文中可用爲領格、主格。《金文韻讀補遺》、32版《大系》從之。32版《大系》謂“前人誤讀‘隹朕又慶’句之朕字爲聃，謂爲文王之子聃季之器，非也”。此句後諸版《大系》均删去。35版《大系》釋“亡助（賀）爵復觵，隹朕（媵）又（有）慶”改釋“”爲助，讀爲賀，另改從于省吾説，釋“”爲囊字，但仍讀爲觵。

7.“每揚王休于障”，《青研》讀每爲敏，釋“”爲皀，假爲亯。《金文韻讀補遺》、32版《大系》從之。35版《大系》改釋爲“白”，“語猶今人言補白矣”。

8. 韻讀有變動。《青研·大豐簋韵讀》認爲“豐降二字可作東冬隔句韻，亦可以與方王上相唐爲陽東冬通韻”。《金文韻讀補遺·大豐簋》謂“……豐在東部，降在冬部——三部合韻之例，《易·象傳》中多有之”。32版《大系》從之。32版《金文叢考·金文韻讀補遺·大豐簋》謂“陽冬合韻——降字在冬部”，且“豐”未標韻腳，不入韻。

## 二　小臣單觶

1.“王後叚”，32版《大系》謂“叚疑古反字，説文反古文作反，或即此字之譌變”。35版《大系》認爲“叚即坂字，假爲反若叛”。

2.“才成自”，32版《大系》讀“自”爲“師”。35版《大系》因有師、自同見於一辭者，改釋“自”爲屯聚之“屯”，《盠器銘考釋》《班簋的再發現》等均從之。

### 三 令簋

1. "隹王■伐楚白，才炎"，"■"，初版《青研》釋文作"〔各?〕，《金文韻讀補遺·矢令簋》釋文作"□"。32版《大系》已改釋"于"，後其他著述均從之。《金文續考·獻彝》、35版《大系·獻彝》進一步認為"隹王于伐楚伯"與獻彝"獻伯于邁王休"同例，"于"字乃句中語助，在調整語調而已。

《青研》謂"炎"即"奄"。32版《大系》從之。《金文續考·矢令簋追記》改動觀點，認為"炎"為春秋時郯國之故稱，漢屬東海郡，今屬山東郯城縣。35版《大系》從之。

2. "王姜"，又見罨卣。初版《青研》謂"王姜即是君，亦即是王。矢簋受王姜之錫，而一再言'揚皇王宣'，其所表示者亦即王姜即皇王也……王姜即成王"，32版《大系·罨卣》改動觀點，謂"王姜者而稱君，君者，女君也……王姜當是成王之后"。54版《青研》已改作"古者天子之配亦稱君，是知王姜即成王之后，蓋成王踐奄時，王姜同在軍次也"。

3. "父兄于戍，戍冀嗣■"初版《青研》、《金文韻讀補遺》、32版《大系》、《金文續考·矢令簋追記》、35版《大系》等均釋"■"為"三"。《金文韻讀補遺》謂"戍冀嗣三"，未得其解。32版《金文叢考·金文韻讀補遺》言"戍冀嗣三"四字頗費解，疑"冀"為地名，殆言錫以有司之官三人以戍於冀地。35版《大系》認為"戍冀嗣三"者，戍地非一，各既伯丁父以冀三嗣，古者玉之系以嗣言，冀蓋叚為璣。57版《大系》改釋"■"為"乞"，"戍冀嗣"之冀猶"小心翼翼"之翼，敬也。嗣叚為祠，得福報賽曰祠。"乞"用為訖止之訖，言事已畢。61年科學出版社第二次印刷《中國古代社會研究》、61版《青研》改"三"為"乞"。

4. "令敢揚皇王■丁公文報"，■，金文常見，參令彝。

"文報"，《金文韻讀補遺》認為"文報殆猶《詩》言神保，《楚辭》言靈保"，35版《大系》謂"報當讀為保，文報猶言福蔭"。

5."展",《中國古代社會研究·矢令簋考釋》釋"展"爲"揚"字別構。《青研》釋文作"(揚?)"。《金文韻讀補遺》作"展(揚)"。32版《大系》認爲"展揚爲古今字"。35版《大系》分析字形"展,從厂長聲,殆碭之古文,讀爲揚"。

6."用卿王逆![],用![]寮人",![],《中國古代社會研究·矢令簋考釋》釋"造",認爲"逆造,即迎送"。《青研》、《金文韻讀補遺》、32版《大系》直接隸定爲"造",《金文續考·矢令簋追記》、35版《大系》隸定爲"逪",注釋"造"。

![],《青研》、《金文韻讀補遺》、32版《大系》隸作"卿"注爲"饗"。《金文續考·矢令簋追記》改釋爲"厭",當是飽之古文,《説文》"飽,飽也,從勹殹聲,民祭,祝曰厭飽"從肙省與從勹同意,同象腹形。35版《大系》從之。

7."![]册",令彝銘末亦有。![],《青研》認爲當是作册矢令之家徽,乃圖騰之孑遺,册,謂書寫。32版《大系》謂"書銘者之花押",35版《大系》謂"作器者之族徽"。册,32版《大系》謂有書寫之意,某册猶言今人錄下欸言某人書也。諸版《大系》從之。

**四 令彝**

1."![]",1930年2月1日致信容庚"保本古俘字,故字伯禽",《青研》、32版《大系》隸作"保",35版《大系》隸作"俀"。《中國古代社會研究·由矢彝考釋論到其他》言"保本古俘字(古保從孚音,且古音輕重唇無别)",《中國古代社會研究·明保之又一證》謂"案保字與禽字之關係,余曩讀保爲俘,乃據《説文》,在古器物中俘保二字判然有别,前説當更正。余意保本有孵抱之意,善孵者莫若禽,故字伯禽耶?然此乃枝葉之證據,無須拘泥"。

另初版《青研》謂"明保即逸周書作雒解之'中旄父',亦即宅彝之'伯懋父'，中乃字之譌，伯乃爵號"。32 版《大系·小臣謎簋》認爲中旄父即伯懋父，中字草書與白字形近，又言"余曩誤以中旄父爲明保，今附正于此"。後諸版《青研》均删削"明保……爵號"一句。

2. "三事"，《青研》謂，乃立政之"立政（正）：任人、準夫、牧作三事"之任人、準夫、牧，羅振玉以爲司徒、司馬、司空者乃後起之説也。35 版《大系》認爲"三事乃泛指百官"。

另初版《青研》謂"卿事寮中包括'太師'"，54 版《青研》删削，諸版《大系》亦無。

3. "![字]"，《青研》、32 版《大系》釋"太"。《古代銘刻彙考續編·釋亢黄》改從唐蘭説，釋"亢"，字形乃象人立於高處之形，則亢似當以高爲其本義。35 版《大系》、54 版《青研》等從之，亢師乃人名。

4. "![字]"，《青研》從董作賓説，釋出。35 版《大系》謂，迌係出之繁文，卜辭或作衖，本銘乃从行省。《班簋的再發現》認爲，迌即出字古文，乃殷代傳下來的古字，或从行作衖，周成王時的令彝、臣辰盉均有迌（出）字，以後這個古字在周器中即絶跡。晚周的魚鼎匕有"![字]"字，乃誕字之異，不可混。

5. ![字]，《青研》認爲乃"母"之古文，此讀爲敏。32 版《大系》從之。35 版《大系》以爲乃"母"之奇文，象人胸頭垂二乳也。

6. ![字]，金文常見，又見令簋。《青研》謂，以金文常例按之當是休字，《説文》休字重文作庥，从广與从宀同意。宣象屋下有牀榻之形。35 版《大系·令簋》從之。《長安縣張家坡銅器群銘文彙釋》考釋盂簋時提及令簋、令彝"宣"字，認爲凡此均爲成王時器，改釋宣爲"寧"字，假爲"醻"。

### 五　釂卣

1. "隹明保殷成周年"，學報版《臣辰盉銘考釋》謂"新出作册𠟭彝'明保殷成周'，蓋殷見于成周或殷眺于成周也。殷見殷眺之禮，古制雖未能確知，然鄭注殊不足信"。32 版《大系》謂，"殷成周"與令彝"出同卿事寮"爲一事，《周官》"殷見曰同"，《金文叢考·臣辰盉銘考釋》從之。《古代銘刻彙考續編·釋非余》改釋爲殷覜之殷，35 版《大系》從之。57 版《大系》謂"殷覜、殷同之殷"，且增眉批："《周禮·大行人職》'殷同以施天下之政，時聘以結諸侯之好，殷眺以除邦國之慝。'"

### 六　明公簋

1. "才𰀀"。1930 年 2 月 1 日致信容庚"余悟爲'獗邑'二字合書……"。《青研》謂，"狣邑"二字合書，狣即許書甕字重文之祩字。32 版《大系》隸作"狱邑"。35 版《大系》改釋爲一字"鶑"。

2. "𰀀"，32 版《大系》認爲"古繇字，卜辭習見，此假爲謀猷字，工讀功"。35 版《大系》謂"余釋爲繇之初文，乃象卜骨呈兆之形。此當讀爲謀猷之猷。工讀爲功，工功攻古本一字"。57 版《大系》改爲"案此即骨字所從𠕑字，象卜骨呈兆形。卜辭讀爲禍，本銘当讀爲過。過謂優越，"過工"謂有優越之戰功"。

### 七　禽簋

1. 32 版《大系》謂"得此可知周初似已以金屬爲貨幣"。後諸版《大系》刪削。參師旅鼎。

2. "𰀀"，《青研》隸作"敗"，當是臧之別構。32 版《大系》從之。後諸版《大系》僅有隸定字，未闡釋。

### 八　䍤卣

1. 32 版《大系》謂"此以踐奄時器"。35 版《大系》改爲"此與令簋亦同時器"。

2. "王才厈",《青研》謂,厈與炎同是一地,即奄之異譯。32版《大系》"厈亦奄之音譯",35 版《大系》改釋,認爲"厈"與南宮中鼎"寒"爲一地,即寒浞故地,在今山東濰縣境。

3. "王姜",參令簋。

## 九 趞尊

1. 32 版《大系》謂"此與前器同時"。35 版《大系》謂"此與罻卣同言'王在厈',而字跡復如出自一人手筆,決爲同時器無疑"。

2. 《青研》、32 版《大系》"錫趞采。曰'![字],錫貝五朋'",35 版《大系》斷句有變動,斷作"錫趞采曰![字],錫貝五朋",![字]當係所錫采地之名,字不識。

趞,亦見於霉鼎、趞卣。《青研》謂"趞乃東伐淮夷時主將之一,戰勝有功故受采地之分錫"。《大系·班簋》認爲趞尊、霉鼎之"趞"即虢城公。

## 十 中齋一

1. 《青研》謂"南宮器與趞器均當爲成王東伐淮夷踐奄時之製作"。35 版《大系》謂"此與趞尊日辰相差一日"。

2. 32 版《大系》謂"此成王時器而稱武王者,於時成王尚未改元,猶以君父爲號召也"。後諸版均刪略此句。

3. "王令大史兄![字]土",《青研》、32 版《大系》釋"王令大史兄(貺)裛土",35 版《大系》改釋爲"王令大史兄 裛土",言王錫大史兄以裛土,彝銘中多用令爲錫。"大史兄"即中觶之"南宮兄",當是南宮括之子若孫,"中"殆其臣屬。裛,當是有鬲氏之鬲,故城在今山東安德縣北。

4. "令兄![字]女![字]土",《青研》釋"令兄里(貺鳌)(商賚)汝褢土"，32版《大系》釋"令兄里（蜆鼇）女褢土"，35版《大系》改釋爲"令兄臬女（汝）褢土"，臬，殆鬼字之異，讀爲歸。

5. 銘文末句，《青研》、32版《大系·南宮中鼎》釋文均省略。35版《大系》釋文作"隹臣尚中，臣□□"，尚即中之氏族也，末二奇字殆中之族徽。

### 十一　中齍二

1. "虎方"，《青研》疑"虎方"或即徐方，32版《大系·南宮中鼎》同。《古代銘刻彙考·殷契餘論·斷片綴合八例》謂，虎方屬南國，地望當在淮水上游。虎方周初即與周爲仇國，意其在殷或當是殷之同盟。35版《大系》言"此屬南國，當在江淮流域，疑即徐方"。

2. "王令中先🌿南國"，《青研》、32版《大系·南宮中鼎》釋🌿爲"相"。《古代銘刻彙考·殷契餘論·斷片綴合八例》釋"省"。35版《大系》釋"相"。《安陽圓坑墓中鼎銘考釋》及1973年版《奴隸制時代》圖版四釋文中改釋"省"。

### 十二　中觶

1. "王易中馬自🌿厈三𩩲南宮兄王曰用先"，《青研》釋作"王錫中馬自🌿（案乃地名，原釋'貫'，不確）居，四𩩲（？）。南宮兄（疑讀爲'揚'）王曰：'用先！'"。57版《大系》釋"王易（錫）中馬自🌿応三，𩩲（軼）南宮兄。王曰用先"，全銘意旨乃南宮兄伐反虎方之年，王隨後又錫中以馬匹，命超軼南宮而先之。𩩲字形亦稍失，舊釋爲𩩲，今依辭意及字形訂正之。

2. 32版《大系·南宮中鼎》謂，"南宮中"蓋南宮括之子若孫，爲伐淮徐時將士之一。35版《大系·中觶》言"南宮與中乃二人，舊因於原銘未得其讀，誤合爲一"。35版《大系·中齍一》認爲"大史兄"即中觶"南宮兄"，當是南宮括之子若孫，"中"殆其臣屬。"南宮乃大史兄，中又別一人，不可混"。

### 十三　𢻳鼎

1. "🀫于人身"，《青研》、32 版《大系》釋 "相于人身"，不詳。35 版《大系》隸釋 "眚于人身"，言己之武勇爲人與我所共覩也。《安陽圓坑墓中鼎銘考釋》及 1973 年版《奴隸制時代》釋 "省"。

### 十四　班簋

1. "才宗周"，初版、35 版《大系》均同。57 版《大系》"才" 前補一 "王" 字，增加眉批 "容庚云'全上古三代文採自拓本，才上有土字。又咸下有成字，疑是旁注，誤入正文。'工字今拠補"。《班簋的再發現》、02 版《大系》全銘釋文中未補 "王" 字。

2. "秉緐蜀巢"，32 版《大系》釋 "秉綏蜀巢"。35 版《大系》釋 "秉緐 蜀 巢"，緐是國名，大率在南國；巢在今安徽巢湖附近。57 版、02 版《大系》從之，未改。《班簋的再發現》改釋，認爲 "秉 緐 蜀 巢" 是四國名，以表示四方。秉假爲彭城之彭，在今江蘇北部；緐即緐淵，在今河北境內；蜀即西蜀，在今四川；巢即南巢，在今安徽南部。

3. "令易鈴𪎩"，諸版《大系》均誤作 "令易鑾𪎩"。《班簋的再發現》改釋，謂 "鈴是旗上的鈴，彝銘中即以鈴表示旗，若干旗稱'旗若干鈴'"，"𪎩是馬頭絡銜，彝銘多以'鑾𪎩'連文，或省作'攸勒'。攸是馬轡銅，以銅爲之者作鑾，以革爲之者作𪎩，其實一字"。

4. "🀫人" 32 版《大系》釋🀫爲域，讀爲國。《小臣謎簋銘考釋》，35 版、02 版《大系》從之。57 版隸作或，讀爲 "職"。《班簋的再發現》謂，舊釋國人，不確。齊叔夷鐘有 "造或徒四千"，余以爲 "造或徒" 當是冶鐵工人。"🀫人" 與彼字形相近，頗疑也是冶鐵工人。

5. "𠂤"，32 版《大系》釋讀爲"師"。以後諸版《大系》《班簋的再發現》均改釋爲"屯"。

6. "趙令曰以乃族從父征徣𩙿衛父身三年靜東或"，斷句有異。32 版《大系》釋"趙令曰'以乃族從父征。'徣𩙿，衛父身三年，靜東國"，《小臣謎簋銘考釋》從之。35 版、57 版、02 版《大系》作"趙令曰'以乃族從父征，徣𩙿衛。'父身三年靜東國"。《班簋的再發現》作"趙令曰'以乃族從父征，徣𩙿，衛父身，三年靜東國……'"。

7. "亡不成🖼天畏"。諸版《大系》均釋"亡不咸斁天畏"。《班簋的再發現》作"亡不成，罢天畏"，謂"'亡'（無）字兼管'不成'與'斁天威'兩項，即不准不成功，不准有損天威"，"斁音妒，敗也，即此罢字義。罢是斁之省"。

8. "隹民亡徣才彝𢼒天令故亡🖼才顯隹敬德"，斷句、釋字略有異。32 版《大系》作"隹民亡徣才，彝𢼒天令，故亡尤才。顯隹敬德"，35 版、57 版、02 版《大系》作"隹民亡徣才，彝𢼒天令，故亡。允才，顯。隹敬德"。《班簋的再發現》作"隹民亡徣才，彝𢼒天令，故亡。允才顯。隹敬德"。

9. "不杯爯皇公"，32 版《大系》言"不杯字金文中習見，舊多釋丕顯，許瀚謂當讀丕丕，未知孰是"。35 版《大系》認爲許説得之，近出守宮尊不否字作"不舐"，"否"可作舐，則"不"可作杯矣。57 版、02 版《大系》及《班簋的再發現》從之。

爯，32 版《大系》言"爯殆假爲朕，我之也"。35 版《大系》認爲，爯當与朕走同意，走爯朕均一音之轉。小爾雅 廣言"走，我也"。文選 東京賦"走雖不敏"，注"如今言僕"。57 版《大系》改刪爲"爯當与朕同意，爯朕均一音之轉"。《班簋的再發現》謂"爯同朕"。

10. "班非敢🖼"，32 版《大系》釋"班非敢卬（抑）"，35 版《大系》改釋"班非敢覓"覓，即眽若覤字，此覓謂希冀也。57 版、

02 版《大系》同。《班簋的再發現》釋字同，謂"字在此有覬覦或希冀之意"。

11. "隹乍卲考[字]，[字]曰大政"，32 版《大系》釋"隹乍卲考爽，盌□大篹"，謂"爽古母字，盌下一字原刊作'曰'，案當是母姓'曰'字必係誤摹。篹本作政，其爲誤摹無疑"。35 版《大系》改釋"隹乍卲考爽，盌曰大政"，認爲"爽蓋讀爲皿，盌者謐之省"。《班簋的再發現》將[字]徑隸作"爽"，"頗疑'爽'假爲鬻"。

12. 毛伯、毛公、毛父自係一人。32 版《大系》認爲"此公乃'文王王姒孫'，殆即伯懋父"。《小臣謎簋銘考釋》從之。35 版《大系》改變觀點，認爲"即文王子毛叔鄭"，《班簋的再發現》從之。

### 十五　小臣謎簋

1. "叡"，《小臣謎簋銘考釋》謂"殆發聲辭，猶都繇於粵之類"。35 版《大系》："發聲辭，當與都同。"

2. "自"，32 版《大系》釋自爲師。初版、54 版《金文餘釋之餘·小臣謎簋銘考釋》同。35 版《大系》改釋爲"屯"。

3. "隹十又[一]月"，32 版《大系》誤作"隹十又二月"，《小臣謎簋銘考釋》、諸版《大系》改作"隹十又一月"。

4. "述東[字]伐海眉"，32 版《大系》作"述東阩，伐海眉"，認爲阩是地名，未詳。述，循也。32 版《金文叢考·小臣謎簋銘考釋》作"述東阩伐海眉"，謂"東阩，地名，阩字亦不識"。35 版《大系》作"述東，阩伐海眉"，釋"述"字，讀爲"遂"。阩字，從徐中舒釋爲懲。54 版《小臣謎簋銘考釋》改作"述東，阩伐海眉"，謂"述讀爲遂。阩疑假爲懲"。

5. "達征白五齵貝"，32 版《大系》疑達言數率，征讀爲定，言賞賜之數定自五齵貝以上也。齵當即嵎夷之嵎，以海地鹹鹽，故從鹵。《小臣謎簋銘考釋》認爲，達即領率之率之本字，五齵貝當是地名或國名，唯地無可考。35 版《大系》則認爲達是虛辭無實義，五䲵貝當是所征之國名。

6. "小臣諫蔑曆眔易貝"，諸版《大系》、《小臣諫簋銘考釋》等均讀蔑爲免，讀曆爲圅。35 版《大系·麥尊》認爲"小臣諫蔑曆眔易貝"以正軌之文法譯出之，當爲"小臣諫被免其圅並被錫以貝"，古文動詞用例，主動與被動無別。57 版《大系·小臣諫簋》增眉批"蔑曆字始見于殷彝。自西周中葉以後即絕跡，計凡二十餘例。釋者頗多，但尚無定論。余此釋爲免圅，亦有未安。此銘蔑曆与錫貝均係被動，即被蔑曆与被錫貝"。《陝西新出土銅器銘考釋》謂"蔑曆，未得確解"。《長由盉銘釋文》謂"蔑曆，義終不明"。《保卣銘釋文》認爲蔑曆即不厭也，"蔑曆于某"，即不見厭於某。

### 十六　御正衛簋

1. "賞御正衛馬匹自王"，32 版《大系》名此器爲"御簋"，釋御爲人名，讀正爲征，認爲"賞御以征衛之馬匹也……衛乃殷時舊稱"，35 版改從唐蘭、容庚説，斷爲"賞御正衛馬匹，自王"，認爲御正是官名，衛是御正的名字，"懋父賞其御正名衛者馬一匹，衛歸自王所"，改此器名爲"御正衛簋"。

### 十七　小臣宅簋

1. "同公才豐"，初版《青研》所錄拓本不甚精，故誤識"同"爲"周"字。後諸版《青研》均刪削了此器的相關論述。諸版《大系》據清晰拓本，釋爲"同"字。

2. "畫🀆戈九"，🀆，初版《青研》不識，以□標示。32 版《大系·小臣宅簋》眉批及 32 版《大系·小盂鼎》眉批，均釋其爲古干字，即方盾之象形。後諸版《大系》、《金文餘釋·釋干卤》均從之。

3. "易金車馬兩"，初版《青研》斷作"易金，車馬兩"，32 版《大系》釋"易金，車馬十兩"，35 版《大系》改作"易金車，馬兩",認爲"易（錫）金"當與車連文,猶它器言金車也。

**十八　師旅鼎**

32版《大系》未收。

1. "迺罰得㝬古三百乎,今弗克乎罰",禽簋有"王易金百乎"語,32版《大系·禽簋》言"得此可知周初似已以金屬爲貨幣",後諸版《大系》刪削此句。32版《大系·䘏卣》謂"貝亦言乎,乎不必即金屬貨幣之單位"。《金文續考·師旅鼎》謂"殷末周初確已以乎爲貨幣單位,而輕重有異,其社會組織確已入於奴隸制度,奴隸兼服兵役,奴隸主之奴隸須從隨國族之大共主征伐,如有違抗,則奴隸主須受重罰"。35版《大系·禽簋》則認爲金文中"乎"均用爲金量之單位,乎之爲量,在殷周之際已有今古之別。35版《大系·師旅鼎》謂"乎於殷周之際增加改革,其他度量衡等必亦然"。

2. "弘邑告中史書",《金文續考·師旅鼎》謂"'中史'蓋内史之異稱,弘受伯懋父之命以告於内史,使内史書之也"。35版《大系》改釋"中"爲人名,殆即安州六器之"中"。

**十九　旅鼎**

1. 32版《大系》謂"此與大保簋乃同時之器"。《金文續考·師旅鼎》謂"此乃成王伐淮徐時器"。

2. "才十又一月",32版《大系》、《金文續考·師旅鼎》均誤作"才十又二月",35版《大系》始作"才十又一月"。

**二十　大保簋**

1. "王🖻大保易休🖻土",🖻,32版《大系》逕釋爲"派"。35版《大系》釋𣱼,"《說文》云'讀若稗縣'之稗,案此即讀爲俾使之俾"。

🖻,32版《大系》釋爲"余","余土"當讀爲徐土,《大雅·

常武》"省此徐土"。《金文餘釋之餘·釋非余》、35 版《大系》均隸作"余"，認爲余字从入从木，當即柗之古文，劍匣也。"休"乃作器者名，"余"當是國族名。

### 二十一 宵鼎

1. 32 版《大系》謂"此鼎新出，文字甚古，亦成王初年之器"。35 版《大系》作"此鼎……文字甚古，必爲成王東征時器"。

2. "㼌"隸作䍙，32 版《大系》謂"䍙國名，字亦不識"。35 版《大系》認爲䍙字从肉从象，乃國族名，殆即豫州之豫。

3. "㽞公"，臣辰盉亦有類似字形作㽞，《臣辰盉銘考釋》謂"此當是館之初字，从食宛，宛亦聲"。32 版《大系·宵鼎》謂"饗饙字，金文多用爲館，蓋本館之初字。漢人移用爲飴餳字也。饗公疑即管叔"。末句爲 35 版《大系》所刪，僅言饗即饙字，金文多用爲館字。

### 二十二 員鼎

1. "王獸于昏敔"，《公伐郤鐘之鑒別與其時代》謂"昏敔當是眠林"。35 版《大系》無說。

### 二十三 厚趠齋

1. "㠯"，32 版《大系》謂"賮當係饋字，从人貝，歸省聲"，35 版《大系》謂"賮疑饋字，从人从貝皆聲，乃自之繁文，从山"。

### 二十四 令鼎

1. "王大耤農于諆田飭"，飭，《臣辰盉銘考釋》、32 版《大系》均讀爲"陽"。35 版《大系》改讀爲"場"。

2. "師氏小子"，《臣辰盉銘考釋》、32 版《大系》均誤倒爲

"小子師氏"，① 32 版《大系》訂正。

3. "王馭溓仲㒑"，㒑爲僕之繁文，32 版《大系》謂"假爲'仆'，殆言王御溓仲因急病仆於車上也"。35 版《大系》改從吳其昌説，讀爲"僕"，用僕爲御。

4. "令眔奮"，《臣辰盉銘考釋》認爲，眔字即涕之本義，即令涕泣而奮勉。32 版《大系》從之，謂"眔本古涕字，從目象形，古文均假爲及與字，僅此銘兩'令眔奮'句均當作本義讀。前人不明此義讀，解爲令與奮二人，辭不可通"。35 版《大系》改從舊説，"眔"即與也。

5. "乃克至"《金文餘釋之餘‧壹卣釋文》認爲此用"乃"爲"廼"，廼，爲接續詞於是字。35 版《大系》認爲"乃"當訓爲假若之若。

6. "㕰令"，32 版《大系》釋"㕰令"，認爲㕰令與矢令疑是一人，㕰當從臣聲，與矢同在之部。35 版《大系》釋"敀令"，讀敀爲陳，言敷敀也。且認爲"令"下有重文，上令爲命，下令爲器者名。57 版《大系》頁眉批注："'敀令'二字不確。諦审原銘，令字下羡画乃銹蝕，非重文。敀亦不類敀字，疑是般字，讀爲頒也。"

### 二十五　臣辰盉

1. 學報版《臣辰盉銘考釋》謂"器之形制花紋與銘詞均古鬱，决爲周初之器無疑"。32 版《大系》進一步定爲成王器，言"此與矢令二器同出，銘辭、字體、器制、花紋均古，必係成王時器"。

2. "王令士󰀀眔史󰀁"，學報版《臣辰盉銘考釋》誤釋"󰀀"爲二，言"士，職官名，即上士中士下士之士。士二者言士職之官二人也"。32 版《大系》即已改爲"上"，視"士上"爲人名，《金文叢考‧臣辰盉銘考釋》改從之。

---

① 54 版《金文叢考》，仍作"錫（陽）"，未改動；直到 02 年全集版出版，才進行了挖改，作"錫（場）"。

⬚，《臣辰盉銘考釋》、32 版《大系》均釋爲寅字。35 版《大系》改釋爲"黄"，謂"⬚乃古黄字，卜辭黄字多如是作，乃古佩玉之象形文"。另《臣辰盉銘考釋》有"臣辰……殆即史寅之字"，32 版《大系》有"臣辰當即史寅之字"，後諸版《大系》無此言。

3. "㝢于成周"，㝢爲殷之繁文。學報版《臣辰盉銘考釋》謂"蓋殷見于成周或殷眺于成周也"。32 版《大系》謂"殷見于成周"，《金文叢考·臣辰盉銘考釋》從之。35 版《大系》謂㝢"用爲殷覜之殷"，57 版改作"用爲殷同或殷覜之殷"。

4. ⬚，《臣辰盉銘考釋》認爲，即册之繁文，此乃用爲動詞，即書寫之意，猶後人文字落款"某某人書"也。32 版《大系》末句有"臣辰册者，臣辰題也"。後諸版《大系》删削"臣辰册者，臣辰題也"語。

5. ⬚，《臣辰盉銘考釋》謂，此字不識。當即臣辰之族徽，猶後人於署名之下更蓋章或畫花押也。32 版《大系》謂"册下有⬚字乃花押"。35 版《大系》謂"臣辰即作器者名，⬚其族徽或花押"。

## 二十六　大盂鼎

1. 初版《青研·令彝令簋與其它諸器物之綜合研究》謂"大盂鼎爲成王廿三年之器，於事已稱定讞"。《追記四則》訂正舊説，從吳其昌，認爲大小盂鼎是康王時器。後諸版《青研》《大系》均從之。《金文餘釋之餘·周公簋釋文》、《金文續考·獻彝》認爲，大小盂鼎均爲康王末年器。

2. "匍有四方"，32 版《大系》讀"匍"爲"撫"，即"撫有四方"。35 版《大系》讀"匍"爲"敷"，讀"有"爲"佑"，即"敷佑四方"。

3. "⬚"，32 版《大系》釋"豙"讀爲墜。35 版《大系》釋"述"，讀爲墜。

4. "古喪自巳", 32 版《大系》讀 "自" 爲 "師", "巳" 讀爲 "祀", 即 "故喪師祀"。35 版《大系》釋 "自" 爲 "官" 字之省, "古喪自巳" 當讀爲 "故喪官紀"。57 版《大系》讀 "古喪自巳" 爲 "故喪純祀", 謂 "純, 大也。祀有傳統之義, 故純祀猶言大統"。

5. "女妹辰又大服" 32 版《大系》謂 "義未詳。疑妹作本字, 辰讀爲娠, 言汝妹之娠有大服在躬, 服者服命也。盂之妹殆爲康王之后而爲昭王母者。本銘所言殆昭王爲太子, 康王使之就小學時事"。35 版《大系》未釋。35 版《大系·盂爵》謂 "大盂鼎言'井乃嗣祖南公', 又言'作祖南公寶鼎', 不及其父, 則是盂父于康王二十三年似猶未死", 57 版《大系》頁眉批注 "妹辰二字, 舊未得其解。今案妹与昧通, 昧辰謂童蒙知識未開之時也。盂父殆早世, 故盂幼年即承继顯職, 康王曾命其入貴冑小學, 有所深造"。57 版《大系·盂爵》頁眉批注 "盂父應早世, 説見大盂鼎眉端'妹辰'解下"。

6. "![]", 諸版《大系》均釋 "剋", 《跋王妑方彝》改釋爲 "妣", 認爲當讀作 "薄"。

7. "![]", 32 版《大系》釋爲 "紹"。35 版《大系》嚴格隸作 "翼", 讀爲 "詔", 言輔助也。

8. "![]", 32 版《大系》徑釋作 "於", 35 版《大系》摹寫字形, 不詳。

9. "我其遹![]先王", ![], 諸版《大系》均釋 "相"。《安陽圓坑墓中鼎銘考釋》及《奴隸制時代》所引釋文作 "省"。

## 二十七　小盂鼎

1. 初版《青研·令彝令簋與其它諸器物之綜合研究》定爲成王時器, 後《追記四則》改爲康王器, 諸版《大系》從之。

2. "入服酉", 32 版《大系》謂 "酉假爲櫝", 初版《卜辭通纂》從之。① 35 版《大系》謂 "酉用爲酒，當即 '歸而飲至' 之禮"。後諸版《卜辭通纂》改從之。

## 二十八　周公簋

1.《中國古代社會研究》認爲是周初之器。32 版《大系》改隸於厲世，認爲周公簋與大克鼎先後同時。《金文餘釋之餘·周公簋釋文》再次改變觀點，認爲 "器之花紋形制甚古，與近出之作册䰜卣相似，銘文之字跡亦類大小盂鼎及令彝、令簋，銘中之燮殆即大小盂鼎中之燮，宜屬諸康昭之世"。35 版《大系》將其歸入康王時器。

2. "𦰩"，《中國古代社會研究》謂 "此字不識，或系發語詞"，《金文餘釋之餘·周公簋釋文》釋 "𦰩" 爲䓓之繁文，从𦱛害聲，此處殆燮之名。32 版《大系》從之。35 版《大系》亦釋爲䓓之繁文，此處假爲 "更"。

3. "井侯服"，井之地望，觀點有異。32 版《大系》謂，井當在渭水上游大散關附近，殷代以來之古國，非 "凡蔣邢茅" 之邢。《金文餘釋之餘·周公簋釋文》謂，井乃殷代以來之古國名，井國蓋在散關之東，岐山之南，渭水南岸。35 版《大系》認爲，井即《左傳》"凡蔣邢茅胙蔡，周公之胤也" 之邢，今河北邢臺縣西南襄國故城，即其地。

4. "魯天子🁢坙🁢福"，《中國古代社會研究》釋 "魯天子造坙順福"，"魯"，旅也，陳也。釋🁢爲順。32 版《大系》釋 "魯天子造坙漫福"，《魯世家》作 "嘉天子之命"，魯，嘉字義，釋🁢爲漫之本字。《金文餘釋之餘·周公簋釋文》進一步説 "魯當是嘉意，言慶喜也"，釋🁢，从頁㡿聲，蓋順之古字也，此處假爲 "峻"，大也、長也。35 版《大系》從之。

---

① 第 427 片。

5. "克奔走上下帝"，32 版《大系》認爲"奔"字下本從三止，大克鼎已訛爲三又，"即此已明示諸器之時代性"，本器不得在周初由"[字]"字結構亦可證明。《金文餘釋之餘·周公簋釋文》重新分析"奔"字的演變過程，認爲"奔"字本從三止，本器"[字]"下體所從似止非止，已稍訛變，大克鼎三止訛變而爲㞢，石鼓文從止尚未失古意。

1930 年初版《中國古代社會研究》誤釋[字]爲"三帝"，32 版《大系》始改正，"上下帝"三字之合文。《金文餘釋之餘·周公簋釋文》詳細闡述釋"上下帝"的緣由。①

6. "[字]"，《中國古代社會研究》、32 版《大系》徑釋"豕"。《金文餘釋·釋鞞鞑》謂，戊辰彝"巚"、周公簋"豕"，結構全同，蓋古本一字，入後分化者也。《金文餘釋之餘·周公簋釋文》釋[字]爲"巚"字，此讀爲豕，疑古豕巚本一字也。後諸版《大系》從之。

7. "朕臣天子"，《青研·大豐簋韵讀》認爲，朕用爲主格。32 版《大系》謂，"朕臣天子"猶它器"畯臣天子"，畯假爲峻，長也。朕讀爲恒。後諸版《金文餘釋之餘·周公簋釋文》、《大系》均從之。

## 二十九　麥尊

1. "[字]"，32 版《大系》認爲，此與噩侯鼎"[字]"當同是一地，摹錄者未精也。35 版《大系》進一步認爲，該地當即今河南汜水縣西北里許之大伾山。

2. "王[字]菶京[字]祀"，《臣辰盉銘考釋》釋"王客菶京酒（椆）祀"，32 版《大系》釋"王饗（饘）菶京酒祀"，35 版《大系》釋

---

① 初版《金文餘釋之餘》與 54 版《金文叢考·金文餘釋之餘》的相關文字，略有差異。

"王客荼京彫祀"。

按，類似字形見於小臣靜彝[圖]，35 版《大系》認爲"乃[圖]字之殘，古文客字多如是作"。

3. "王射大䵳禽（擒）侯乘于赤旂舟奴咸[圖]"，《青研·大豐簋韵讀》釋"王射大䵳禽，侯乘于赤旂舟從，奴咸昏（猶言'屠殺之'）"，學報版《臣辰盉銘考釋》釋"王射大䵳，禽（擒）；侯乘于赤旂舟，從；奴咸昏（之）"。32 版《金文叢考·臣辰盉銘考釋》"王射大䵳禽，侯乘于赤旂舟從，奴咸昏（殘滅之）"，32 版《大系》從之。35 版《大系》釋"王射大䵳禽，侯乘于赤旂舟，從，奴咸之日"，認爲"大䵳禽"當是禽名，疑即是鴻，視[圖]爲"之日"兩個字。

4. "侯易玄琱戈"，32 版《大系》誤脱"玄"字。

此"侯易"與下"侯易者䚽臣二百家劑用王乘車馬"之"侯易"用法相同，學報版《臣辰盉銘考釋》謂"二'侯'字疑是語辭，當即《爾雅·釋詁》'侯，乃也'之侯"。32 版《大系》從之。35 版《大系》認爲"二'侯易'語均言井侯被錫于王"。

5. "王才[圖]"，[圖]，學報版《臣辰盉銘考釋》隸作斨，32 版《大系》隸作斨，殆假爲岸。35 版《大系》隸作斨，無說。

6. "侯易者䚽臣二百家劑用王乘車馬"，學報版《臣辰盉銘考釋》、32 版《大系》斷作"侯易者䚽臣二百家，劑用王乘車馬"，35 版《大系》作"侯易者䚽臣二百家劑，用王乘車馬"，讀"者"爲赭，讀"䚽"爲踝，"䚽臣"即以赭衣踝跣之臣。

7. "[圖][圖]冕衣市舃"學報版《臣辰盉銘考釋》釋"錫□冕衣市舃"，32 版《大系》釋"錫□、冂衣、市舃"，冂冕。35 版《大系》釋"金輅、冂衣、市舃"，謂"輅字刻本詭變，幾不可識，以小盂鼎文較之當如此，言金車也"。

8. "[圖]"，學報版《臣辰盉銘考釋》釋"遘"，無說。32 版《大系》釋"遘"，金文屢見，未詳。35 版《大系》隸作"遘"，从辵匡聲之字，字書所無，大率乃光大顯揚之意。

9. "用■侯逆造"，■，《青研·令彝令簋與其它諸器物之綜合研究》釋"■"爲虡，古文虡獻同字，凡虡器之銘均以獻爲之，學報版《臣辰盉銘考釋》從之。32版《大系》釋"爾"，無說，《金文餘釋之餘·周公簋釋文》從之。35版《大系》亦釋"爾"，認爲"用爾侯逆造"與令簋"用饗王逆造"同意，爾殆假爲祼，02版《大系》從之。57版《大系》謂"爾殆假爲燕"。

10. "■"，《臣辰盉銘考釋》、32版《大系》均不識。35版《大系》認爲其與《說文》膿之作鹽者相似，疑摹刻有失，可讀爲"戎"。

11. "冬用造德妥多又"，學報版《臣辰盉銘考釋》、32版《大系》均讀"又"爲友。35版《大系》讀爲祐。

12. "宮旂徣令"，學報版《臣辰盉銘考釋》、32版《大系》均誤釋"宮孝之，㴑令"。35版《大系》釋"宮旂徣令"，旂徣即奔走，摹刻有失。

### 三十　庚嬴卣

1. 32版《大系》認爲"依其形制花紋字體以判之，不得在康昭以後"。35版《大系》謂"此卣字體亦與盂鼎等爲一系，而下庚嬴鼎尤與盂鼎形制相仿佛，故以次于康世"。

2. "庚嬴"，《青研·釋丹柎》謂"乃女子名"，32版《大系》謂"此庚嬴未必即是女子"。

3. "丹一柎"，《青研·釋丹柎》認爲，柎从木斤聲，以聲類求之當是桿字。丹柎即丹干、丹矸，柎爲初字，干乃假借，矸則後起。推柎之意當即竹桿或竹管。32版《大系》謂"柎疑假爲管"，35版《大系》謂"柎字从木斤聲，疑即管之異文"。

### 三十一　庚嬴鼎

1. "王客■宮"，■，32版《大系》釋豐。35版《大系》作不識字處理。

### 三十二　史䚩彝

1. "䚩 ▣ 于彝"，32 版《大系》釋"史䚩占于彝"，誤衍"史"字，釋 ▣ 爲占，無説。35 版《大系》釋"䚩占于彝"，占字亦無説。57 版《大系》增加夾注"吳闓生云'占即佔畢之佔，《説文》作笘'得之"。

### 三十三　獻彝

1. 《金文續考·獻彝》謂"銘字至佳，斷爲周初之器無疑⋯⋯'畢公家'與卜辭言'母辛家'同例，謂畢公之廟也。畢公當即文王之子，見於《顧命》者，於康王初年猶存。此言其廟，蓋康王中年以後事也"。35 版《大系》改謂"本器字體與盂鼎爲一系，'畢公家'猶卜辭言'母辛家'，謂畢公之廟，知爲畢公死後事，器必作於康王末年無疑"。

2. "朕辟天子獻伯令氒臣獻金車"，《金文續考·獻彝》認爲令、命字古有錫與義，"蓋謂天子與獻伯錫其臣之名獻者以金與車"。35 版《大系》進一步説"金當是天子所錫，車當是獻伯所錫"。

### 三十四　沈子簋

1. 32 版《大系》歸入下編魯國器，謂"此魯煬公時器"，"魯國彝重器，除新出沈子也簋外，銘均無甚菁粹。魯乃列國中文物最盛之邦，恐其器物之藏于地底者尚多有之"。《金文叢考·沈子簋銘考釋》從之，謂"乃周初魯煬公時器"，"于周當康王末年"。35 版《大系》改變觀點，歸入上編昭王世器中，謂"本簋乃昭公初年之器也"。

2. "拜頴首敢畎卲告朕▣考令乃鵙沈子乍▣于周公宗陟二公"，

斷句多有異。32 版《大系》斷爲"拜頴首敢敗卲告。朕吾考令乃鵙沈子乍御于周公，宗陟二公"，《金文叢考・沈子簋銘考釋》斷作"拜頴首敢敗卲告。朕吾考令乃鵙沈子，乍🈸于周公，宗陟二公"，35 版《大系》作"拜頴首敢敗卲告朕吾考令。乃鵙沈子乍緻于周公宗，陟二公"。

"敗"，32 版《大系》《金文叢考・沈子簋銘考釋》均讀爲"或"，35 版《大系》不破讀，認爲"敢敗卲告"謂敢刮目昭告。

"🈸"，32 版《大系》認爲"吾考"與"乃鵙"對言，疑吾乃缶字之別構，本銘與鵙（倩）對文，殆假爲舅也。《金文叢考・沈子簋銘考釋》從之。35 版《大系》認爲，該字在本銘則當讀爲胞。

"鵙"，32 版《大系》認爲，鵙殆鯖之省，讀爲倩。《金文叢考・沈子簋銘考釋》從之，且已經注意到了《尚書大傳》鄭注驩兜作鵙呹，但認爲史料不可信。35 版《大系》則改變觀點，認爲"鵙"通驊，此"乃鵙"與"朕吾考"爲對文，蓋假爲貊。《管子集校》謂，《沈子也簋》"鵙"字從鳥丹聲，自是驩兜之"驊"。57 版《大系》改從，增加眉批。

"乍"，32 版《大系》謂"作，始也"。《金文叢考・沈子簋銘考釋》疑讀爲昨。35 版《大系》從之。

"🈸"，32 版《大系》釋"御"，祭也。《金文叢考・沈子簋銘考釋》認爲字實從糸從廾，當是緻之省文，字在此無義可説，疑即假爲呈字也。35 版《大系》謂，乃緻之省，此即讀爲"聽於神"之聽。

陟，32 版《大系》"宗陟"連讀，宗陟猶言宗祀，升祭于祖也。《金文叢考・沈子簋銘考釋》亦以"宗陟"連讀，謂"宗"猶祀也，陟謂昇祭。35 版《大系》"宗"屬上讀，"陟"屬下讀，本銘"陟"即讀爲德，猶言謝恩也。

3. "同公"，32 版《大系》言"同公亦見小臣宅簋，雖無可考，知必周初人也"。《金文叢考・沈子簋銘考釋》從之，認爲是人名。

35 版《大系》則釋爲"一如魯幽公之所爲"義。

4. "叉"，32 版《大系》言"疑讀爲紹，語頗費解"。《金文叢考·沈子簋銘考釋》謂"叉同爪。骰叉殆聯綿字，義未詳"。35 版《大系》改讀爲守。

5. "見猷于公"，猷，32 版《大系》認爲嘉善也。《金文叢考·沈子簋銘考釋》謂猶今言滿足也。35 版《大系》從之。

6. "![字]"，32 版《大系》釋"啟聿"，《金文叢考·沈子簋銘考釋》謂"啟聿當是地名，未詳"，均誤析爲二字，35 版《大系》始改釋爲"肇"字，乃地名。

7. "![字]" 32 版《大系》、《金文叢考·沈子簋銘考釋》均視爲"戩狃"連文，狃假爲鴇。35 版《大系》認爲是"戩""狃"兩個地名。

8. "己公"，32 版《大系》疑即姬公，上文之周公也。《金文叢考·沈子簋銘考釋》從之。35 版《大系》謂"己公猶言我公，幽公也"。

9. "歖父廼是子"，32 版《大系》釋"懿父廼是子"，乃倒裝句法，言懿父乃以是爲子。《金文叢考·沈子簋銘考釋》謂，歖古懿字，子讀爲慈，作動詞用。35 版《大系》謂，懿作歖，子作動詞用。

10. 32 版《大系》《金文叢考·沈子簋銘考釋》認爲"沈子乃煬公之壻"。35 版《大系》改稱"沈乃魯煬公之後也"。

### 三十五　盂爵

1. 初版《青研·令彝令簋與其它諸器物之綜合研究》將大小盂鼎斷爲成王時器，此盂爵與盂鼎乃同人之器，故亦斷爲成王器，且謂盂爵"更是成王在時洛陽已稱成周之鐵證"。32 版《大系》歸入康王時器，謂"此與大小盂鼎當同時一人之器"。35 版《大系》又改隸於昭世。57 版《大系》從之。

2. "盂"與大小盂鼎之"盂"自爲一人。另有盂卣與盂爵當是同人同時之器。

### 三十六　段簋

1. 32版《大系》斷爲康王時器，認爲"曾王"連讀，當是曾孫周王之省，文王之曾孫則爲康王。35版《大系》改隸於昭世。

2. "隹王十又三祀"，三，32版《大系》誤釋"三"。

3. "戊辰曾王穢段曆"，32版《大系》認爲"曾王"當是曾孫周王之省。35版《大系》斷爲"戊辰，曾。王穢段曆"，認爲曾殆贈之省文。

4. "令龏姒遒大❐丁段"，遒，32版《大系》疑古贈字，从辵食聲，之蒸對轉。35版《大系》謂"當从辵食聲，聲在之部，以義推之當是贈詒之詒"。

❐，32版《大系》徑釋"則"，無説。35版《大系》隸作劘，即則字，此處"則"即采地，謂宰割土地也。土地之宰割有大有小，故此言"大則"也。

### 三十七　宗周鐘

1 "干肇遹眚文武"，《青研・大豐簋韵讀》釋眚爲相。32版《大系》始釋爲"省"，認爲❐乃生之初文，字象種子初發芽之形，並不从目，从目者乃後起之譌變。❐則分明从目，乃眉目之象形，即相貌字。二字形近。眚，假爲省，視也。相，省視也。

2. "南或segments❐"，《甲骨文字研究・釋支干》認爲"❐"爲人名。① 《青研・大豐簋韵讀》認爲"segments"爲國名，即麇節之❐、師袁簋之❐，乃國名，與付實同字，在此當讀爲"符"。32版《大系》釋❐爲挚，後諸版《大系》僅隸定，釋讀不詳。35版《大系・

---

① 初版11頁。全集版197頁。

中齋又二》提及此處，蓋認爲"&#x5C38;"爲國族名，"▨"爲酋長名。

3. "▨々雛々"，▨，32 版《大系》釋"雄"。35 版《大系》釋作"雌"，即鴛鴦之鴦。

4. "橐々數々"橐，32 版《大系》釋爲"熊"。《金文續考·季䣄簋》謂，金文恒語屢見"數數橐橐"，橐字舊誤爲熊，今已由唐蘭辨正之。"數數橐橐"尤言蓬蓬勃勃或旁旁薄薄。35 版《大系》從之，謂"橐々數々"猶勃勃蓬蓬，磚磚磅磅也。《石鼓文研究》從之，謂"从㫃聲之字與數字當爲雙聲聯語猶勃々蓬々，磚々磅々"。35 版《大系·士父鐘》謂"橐"从泉㫃聲，當是浡潏之浡，盛也，湧也。

5. "用卲各不顯祖考先=王="32 版《大系》誤"用"爲"以"，且未注意到"先王"二字均有重文符號。

"福余順孫"，32 版《大系》未釋"順"字，以□標示。

6. "參壽佳▨"，"參壽"，又見於者減鐘，或作"三壽"，見晉姜鼎。《青研·者減鐘韻讀》認爲"參壽"乃古人常語，蓋以參星之高比壽也，後人更轉變爲山壽。《金文韻讀補遺·晉姜鼎》從之，亦謂與參星比壽也。35 版《大系》言"當以參爲本字，意謂壽如參星之高也"。

▨，32 版《大系》謂"殆𡎺之古字，讀爲勒"。《金文韻讀補遺·晉姜鼎》從之。35 版《大系》認爲，許瀚釋"刻"近是，疑讀爲昡備之昡。

7. "▨"32 版《大系》釋瑕，"殆昭王之名，史記稱昭王名瑕，此殆其本字"。35 版《大系》釋瑕，"瑕"亦即昭王名瑕之本字，字當从害聲，與瑕同紐。57 版《大系》增補爲"字當从夫聲，與瑕同部，如从害聲，與瑕同紐"。

8. "畯保四或"，32 版《大系》釋"畯保四國"，35 版《大系》釋"畯保四域"。

## 三十八　牷簋

1. "牷駿從王南征伐楚荊"，35 版《大系》引唐蘭信函釋"牷馭，從王南征伐楚荊"，蓋視牷爲人名，視馭爲動詞。謂唐説近是。57 版《大系》增加"唯下二器例，牷駿乃作器者名"。

## 三十九　過伯簋

1. "過伯"，《甲骨文字研究・釋祖妣》不識，隸作迴，35 版《大系》從唐蘭説，釋爲"過"，古國名，即《左傳》"寒浞處澆于過"之"過"，此"過伯"即其後。

## 四十　靜簋

1. 32 版《大系》以宣王名靜，故將此器與靜卣同歸入宣世，謂"宣王爲太子時器也"。35 版《大系》言"宣王尚爲太子，不得遽言子孫也。字體與遹簋如出一人之手筆。器制全身施以雷鳳紋，與庚嬴卣同，絕非屬宣時所有器"，改隸于穆世。

2. "小子眔[字]眔小臣眔[字]僕學射"，[字]，32 版《大系》釋"朕"，謂"金文朕字大抵用爲領格，唯本器及大豐簋作主格用"。初版《金文叢考・周官質疑》解釋"司射"時，謂"服字，《大系》誤釋爲朕，今正"。35 版《大系》改釋爲"服"，官職名，即《尚書・酒誥》"惟亞惟服"。

[字]，32 版《大系》釋"毕"，35 版《大系》改釋爲"尸"，"尸僕"即夷僕，官職名，殆《周禮》隸僕之類。

3. "靜敢拜頴首"，32 版《大系》誤脱"敢"字。

4. "鞞刻"，亦見番生簋，作鞞鞁，初版《金文餘釋・釋鞞鞁》認爲，《説文》訓鞞爲刀室，殆誤也。釋爲鞞爲珌，刻、鞁爲璏，劍柄之下端與劍身相接托出曰口，以玉爲之謂之珌。璏爲劍鼻，即劍鞘上端之玉飾以貫繼者，或稱"昭文帶"。35 版《大系》從之。

54 版《金文餘釋·釋鞞鞍》增加一條"後案",謂"'鞞鞍'之鞞仍以說爲刀室爲妥,二字連文,乃謂刀室上之璲也。如釋鞞爲珌,珌不能脱離刀柄以爲賜予物,故知其非是"。

### 四十一　小臣静彝

32 版《大系》未收,疑僞。

1. 32 版《大系·静卣》謂,即令非僞,與静簋、静卣之"静"自非一人。知者,静簋明言"朕麀小臣",此静非小臣也。35 版《大系·小臣静彝》訂正舊説,認爲小臣静彝不僞,收録《大系》中。且謂"此小臣静余上静卣、静簋之静當係一人,特作器有先後,因而静之職官亦當有大小耳"。

### 四十二　趩鼎

1.《青研·序》、32 版《大系》等均斷爲厲王時器。35 版《大系》改隸於穆世器。

2. "訊",訊,《周官質疑》認爲,此乃"折首執訊"之訊,俘虜之謂也。35 版《大系》釋訊爲訊訟之官。

3. "小大又",32 版《大系》不詳。《周官質疑》謂司右爲大右,羣右爲小右。35 版《大系》從之。

4. "▨",32 版《大系》釋"陝",《周官質疑》釋"陜",35 版《大系》釋"隣",職名,待考。

5. "幽亢",又見何簋,32 版《大系·何簋》釋"幽太",太殆橫之别名。《古代銘刻彙考續編·釋亢黄》改從唐蘭説,釋▨爲"亢",字形乃象人立於高處之形,則亢似當以高爲其本義。彝器中凡言佩玉多直用本字之黄,僅何簋、趩鼎用"亢"字以代。35 版《大系》從之,亢乃黄之假字。

### 四十三　吕齋

1. "王易(吕)▨三卣",32 版《大系》釋"王易吕罋三卣",

35 版《大系》釋"王易（錫）獸（秬）三卣"，誤脫"呂"字。獸，秬鬯字，金文多作䰧，从鬯矩聲，矩金文矩，又或作矩从大，从矢乃後來之譌變。此从夫者即矩省。

**四十四　君夫簋**

1. "償求乃友"，32 版《大系》謂，償贖字，贖友與穆王作贖刑事相合。35 版《大系》認爲，償字《周禮》以爲鬻字，《説文》訓見，段玉裁謂即覿字。"償求"連文當讀爲續述，"續述乃友"，猶師奎父鼎"用嗣乃父官友"，述，《説文》："斂聚也。"

**四十五　剌鼎**

1. "王才■"，■，32 版《大系》釋"衣"，地名，不詳。35 版《大系》謂"余初釋爲衣，或釋爲旅，均不確"，作不識字處理。

2. "用牡于大■"，■，《謚法之起源》（《支那學》版）釋作"涳（江?）"，32 版《大系》亦釋"涳"，"大涳"疑即大江。32 版《金文叢考·謚法之起源》亦從之。35 版《大系》改釋爲"室"，54 版《金文叢考·謚法之起源》同。

3. "剌■"，■，32 版《大系》逕釋"御"，35 版《大系》釋"卸"，卸，御之初文。

**四十六　敽鼎**

1. "■"，32 版《大系》釋敽，《卜辭通纂》釋敽，35 版《大系》釋敽，57 版、02 版《大系》釋敽。

2. "■■"，32 版《大系》釋"徣道"，徣，省之繁文，《詩》"省此徐王"。《卜辭通纂》釋"徣衛"，徣，从彳眚聲之字，自是省視之繁文。衛即春秋時道國。35 版《大系》訂正舊説，釋"徣導"，以爲"直"字所从出，殆言征討也。

### 四十七　遇甗

1. "⿱", 32 版《大系》徑釋 "夗", 古夕月字每通用無別, 此處讀如爰。35 版《大系》隸作肩, 殆即夗字之異文, 在此當讀爲爰。《陝西新出土銅器銘考釋》認爲 "肩" 殆是夗字, 假爲宛, 爰也, 於是也。

### 四十八　稿卣

1. "⿱", 32 版《大系》釋 "秋", 35 版《大系》釋 "稿"。

2. "其子＝孫永⿱", ⿱, 32 版《大系》徑釋爲 "寶", 35 版《大系》釋 "福", 福之繁文, 此假爲寶。

### 四十九　臤觶

1. "⿱", 32 版《大系》釋 "苦" 之古字, 本从屮古聲也。35 版《大系》謂, 原分析字形有誤, 字固是苦味之苦, 但不是形聲字, "古" 實爲 "苦" 之初文, 此⿱字乃古之繁文, 像苦屮與舌同時吐出。

2. "易⿱金", 32 版《大系》釋 "易臤金", 35 版《大系》釋 "易（錫）金", 誤脱一字, 57 版《大系》釋 "易赤金"。

### 五十　彔伯戜簋

1. "⿱", 亦見毛公鼎、單伯鐘、師克盨等器。初版《青研·魯侯角釋文》釋 "勞", 從王國維説, 像雙手奉爵以勞人。32 版《大系》釋 "勞", 無説。35 版《大系》釋 "勞", 像兩手奉爵, 且以爵爲聲。該字又見於毛公鼎、單伯鐘、師克盨等器。《師克盨銘考釋》言 "王國維舊釋爲勞, 謂奉爵以慰勞者, 多一轉折, 意不可通", 改釋爲 "奉" 字。

2. "㡒壽較"，32 版《大系》"較，車之背靠"，35 版《大系》謂"車較上之覆被"。

3. "㡒𢆶"，32 版《大系》"𢆶假爲𩊚"。35 版《大系》認爲𢆶即𩊚之古字。

### 五十一 善鼎

1. "唯用⿰福虩前文人"，⿰，35 版《大系》釋"易（錫）"，57 版《大系》改釋爲"妥（綏）"。

### 五十二 競卣

1. "白犀父"，32 版《大系》謂，"此伯犀父與伯雔父疑是一人，犀古辟字，辟雔二字析爲一字一名也"，35 版《大系》疑"犀父"即𢦏之字。犀通夷。

### 五十三 競簋

1. "御史"，32 版《大系》謂，大盂鼎作御事。《周官質疑》言，初釋"御事"，今案乃內史屬之官名，與此有別。35 版《大系》認爲，御史，官名，《周禮》春官之屬有"御史掌邦國都鄙及萬民之治令以贊冢宰"者，當即此。

### 五十四 縣妃簋

1. "⿰縣白室"，⿰，32 版《大系》釋"任"，35 版《大系》隸作"玜"，疑是仜字，《廣雅·釋詁》"仜，有也"，"有縣伯室"謂爲縣伯之內助。

2. "易女婦⿰玜⿱周玉黃⿲"，32 版《大系》釋爲"易女婦七，□玜□□，周玉黃鼏"，35 版《大系》釋爲"易女婦、爵、玜之弋周玉、黃⿲"。

⿰，32 版《大系》誤析爲"七□"二字，35 版《大系》釋

"爵"。

35版《大系》認爲"圯之弋周玉"當連讀。圯，讀爲裸，言裸鬯之柲用琱玉爲之。

▨，32版《大系》釋鼏，謂"鼏字半泐，依韻補"。35版《大系》謂，該字殘泐不能辨，疑亦屬上而言，蓋《詩》所言玉瓚之"黃流"。

3. "休伯"，35版《大系》謂"殆伯犀父之號。猶周之孝王本號休王也"。57版《大系》增加眉批"孝王本號休王之説，不確。説詳下盠卣"。

4. "我不能不眔縣白萬年保"，32版《大系》徑釋保爲寶。

5. "緋敢▨于彝"，▨，32版《大系》釋爲"陣"，讀爲"筆"。35版《大系》釋"隊"，讀爲"對"。

### 五十五　趞曹鼎一

1. "同黃"，32版《大系》釋"絅衡"，《金文餘釋・釋黃》謂"同黃"，當以金同著其色，蓋言金色之黃與同色之黃也。同當讀爲縈，其黃蓋以褐色之玉爲之。35版《大系》從之，謂同乃假爲絅若縈，縈一作蘮，今之貝母也，其纖維古以製衣，今猶用以造繩，色近褐。《師克盨銘考釋》訂正舊説，謂"今之貝母者，實白麻之誤"，同假爲苘，白麻。同黃即素黃，爲白玉之珩。

### 五十六　趞曹鼎二

1. "▨盧▨▨"，32版《大系》釋爲"于盧□"，35版《大系》釋"虎盧（簋）□□（百）"，虎盧，即殳之古稱，以爲盧器之屬故稱盧，其曰"虎盧"者，蓋殳以虎賁所持，故又冠之以虎也。盧下所缺二字當爲"□百"之合文。

2. "趞曹敢對曹拜頴首，敢對覲天子休"，《謚法之起源》（《支那學》版）作"趞曹敢對拜頴首，敢對揚天子休"。32版《大系》作"趠曹拜頴首，敢對釖天子休"。32版、54版《金文叢考·諡法之起源》作"趠曹敢對拜頴首，對揚天子休"。35版《大系》認爲"敢對曹"三字原衍。02版《金文叢考·諡法之起源》作"趠曹拜頴首，敢對釖天子休"。

**五十七　師湯父鼎**

1. "王乎宰雁易⬚弓"，⬚，32版《大系》釋"盧"，35版《大系》謂從皿半泐，當是弓名，或釋盧，然與盧字所從不類。

2. "矢⬚彤㪽"，⬚，32版《大系》從孫詒讓說，釋"矬"，即箭。35版《大系》隸作䯅，假爲翦，"矢䯅"謂金鏃翦羽、其栝則彤。"矢⬚彤㪽"即翦羽彤栝之矢。

**五十八　史頌簋**

1. "⬚"，32版《大系》釋"道"，殆省之繁文。35版《大系》釋徸，疑從辵畜聲之字，又乃止形之譌。古文止又字形每互變，畜古文睦。此疑是遺字之異，假爲覿。覿謂省視承問也。

2. "⬚友"，32版《大系》謂"未詳，舊釋濾友"。35版《大系》謂，⬚字不識，是從⬚得聲，抑從⬚會意，所未能明也。

3. "帥䦉髊于成周"，32版《大系》謂"帥䦉，䦉乃塌之古文。義未詳，似與里君、百生對文。髊讀爲戾，至也"。35版《大系》認爲，"帥"同率，語詞。䦉即塌字，髊音張流切，"䦉髊"似當連爲動詞，蓋假爲遨遊也。

**五十九　頌鼎**

1. "官嗣成周⬚廿家"，32版《大系》釋"官嗣成周貯廿家"，35版《大系·沈子簋》從之。35版《大系·頌鼎》斷作"官嗣成周，賣（貯）廿家"。

![字]",沈子簋亦有該字,《金文叢考·沈子簋銘考釋》謂"金文多用爲租賦義",35版《大系·沈子簋》言"貯者賦也,租也。頌鼎'官嗣成周貯廿家'……均其例"。35版《大系·頌鼎》改從王國維説,讀貯爲予,"貯廿家"猶云賜廿家。

2. "受令册佩以出",32版《大系》斷爲"受命册,佩以出"。35版《大系》斷作"受命册佩,以出"。"受命册佩"當爲一讀,佩指所賜之朱珩。

3. "![字]",32版《大系》逕釋"虔",35版《大系》隸作"![字]",無説。

### 六十　師虎簋

1. "截先王既令乃![字]考事啻官嗣ナ右戲緐荊",32版《大系》斷爲"截先王既命乃祖考事啻官,嗣左右戲緐荊"。啻官,嫡官,猶言世襲。《周官質疑》斷句從之。35版《大系》斷爲"截(載)先王既令乃取考事,啻官嗣ナ右戲緐荊"。"令乃祖考事"當作一讀,事讀爲仕。"啻官嗣",啻讀爲嫡,官嗣猶管理,言繼承管理。

"緐荊",32版《大系》謂"殆官名,未詳"。《周官質疑》認爲緐即馬飾緐纓之緐,荊假爲旌,緐荊殆馬政也。35版《大系》從之。

"![字]",《甲骨文字研究·釋祖妣》認爲是"'且'益以手形"。32版《大系》逕釋"祖",無説。35版《大系》釋"取",從又且聲,蓋助之異文,假借爲祖。

2. "![字]",32版《大系》誤釋"弘"。《古代銘刻彙考·殷契餘論·論丂甲》改釋爲"苟",從丂從口,與説文![字]字同,蓋以口爲聲也。35版《大系》從之,"苟"假爲敬。

### 六十一　吳彝

1. "![字]",32版《大系》釋"戉",《金文餘釋之餘·釋叔》從之。35 版《大系》釋"戌"。

2. "■金",■,32 版《大系》釋"介","介金"猶言甲兵也。《金文餘釋之餘·釋叔》改釋爲"叔",叔當以收芋爲其初義,从又持弋（木杙）以掘芋,"叔金"蓋謂白金,《爾雅·釋器》"白金謂之銀"。35 版《大系》從之,釋"叔金",疑即假爲素錦。

## 六十二　牧簋

1. "公■■",32 版《大系》釋文作"公□□"。35 版《大系》作"公族■"。

2. "嗣■",32 版《大系》釋"嗣土",讀"嗣徒"。35 版《大系》釋"嗣士",當即《周禮》"士師"。

3. "有■事■",32 版《大系》釋"有□事□"。35 版《大系》釋"有叵事包",謂有不吕苞苴爲事者。

4. "■■■■■■",32 版《大系》釋文作"迺厈（擅）生□□。今皆"。35 版《大系》作"凶厌之■■今皆",凶厌當即圅子鼎凶方之君。

5. "■",32 版《大系》釋"厚"。35 版《大系》釋"甸"。

6. "■",32 版《大系》釋"罕"。35 版《大系》釋"乃"。

7. "■",32 版《大系》不識。35 版《大系》釋"冊"。

8. "■",32 版《大系》誤釋"弘"。35 版《大系》釋"苟（敬）",參師虎簋。

9. "用乍朕皇文考益白寶障簋",32 版《大系》誤脱"寶"字。

10. "永寶用",32 版《大系》誤脱"用"字。

## 六十三　師毛父簋

1. 35 版《大系》"内史冊命",32 版《大系》釋"大史冊命"。

2. 35版《大系》"其萬年子=孫，其永寶用"，32版《大系》釋"其萬年子=孫=其永寶用"。

### 六十四　豆閉簋

1. "✱市"，32版《大系》釋"介衣"，介本作✱，乃象貝介相連形。《金文餘釋之餘·釋✱》訂正舊説，✱，固象貝介二葉相連之形，蓋乃蛤之初文，假爲韐。35版《大系》從之。

按，下利鼎、免簋、舀鼎、南季鼎同，32版《大系》釋"介"，35版《大系》作"✱"。

2. "✱"，32版《大系》釋"併"，字不識。35版《大系》亦釋"併"，不識，當是纂承紹述之意。

3. "窀餘"，《周官質疑》謂"人名或國族名"。35版《大系》認爲，當是人名。

4. "用錫✱✱"，32版《大系》釋"壽耇"，35版《大系》釋"譻耆"，二同音字相連，下一字殆考字之筆誤，讀爲考字亦可通，壽考古同幽部也。

### 六十五　師奎父鼎

1. "✱"，32版《大系》釋"奎"，無説。35版《大系》釋"奎"，字從玉從大，疑大亦聲，蓋玠圭之玠之古字。《商周古文字類纂》謂"從大玉，殆是玠字"。

2. "囘黄"，參趞曹鼎一。

3. "用追✱于剌仲"，✱，32版《大系》逕釋爲"孝"，35版《大系》釋"考"字，讀爲"孝"。

### 六十六　走簋

1. "✱✱"，32版《大系》釋"耤世"，35版《大系》釋"耤足"，足有繼承之意。參師晨鼎。《盠器銘考釋》釋"攝正"。

🀆", 金文常見。《甲骨文字研究・釋耤》謂, "耤"之初字, 象人持耒耡而操作之形。32 版《大系》釋爲"耤"之古文, 象形。字亦从丘井, 會意。35 版《大系》謂"余疑耤之異文, 从丘井从卂, 會意也"。《盠器銘考釋》改釋爲"攝"。《師克盨銘考釋》認爲是象形文, 象一人立在井邊, 攝引汲器。

2. "赤□□□旂", 中間三字已磨泐, 初版、35 版《大系》釋文均作"赤□□□旂", 57 版《大系》據利鼎銘在□右側增加夾註"🀆市旂"。

3. "徣敢拜頴首", 32 版《大系》誤脫"敢"字。

### 六十七 利鼎

1. "🀆", 32 版《大系》釋"介", 35 版《大系》釋文作"🀆", 參豆閉簋。

2. "用乍朕文考🀆白犗鼎", 32 版《大系》誤脫"朕"字, "🀆"字不識, 標示□。35 版《大系》釋"🀆"爲溮。

### 六十八 望簋

1. "王才周康宫新宫", 35 版《大系》釋文作"王才（在）康宫新宫", 脫"周"字。

2. "入門立中廷, 北卿"一句, 32 版《大系》誤脫。

3. "白🀆父", 🀆, 32 版《大系》釋"甲", 35 版《大系》作"🀆"。

4. "🀆萬年子=孫=永寶用", 32 版《大系》釋文作"望萬年子=孫=永寶用", 35 版《大系》作"其萬年子=孫=永寶用"。

### 六十九 師望鼎

1. "🀆屯亡敃", 32 版《大系》釋"得屯亡敃", 無說。《金文餘釋之餘・釋賁屯》修改舊說, 據井人鐘"🀆屯用魯", 改釋🀆

爲貢，乃从貝尾省聲，"貢屯"即疊韻聯綿字，蓋即渾沌之古語，言渾厚敦篤也。35 版《大系》從之，"貢屯亡攸"猶言渾沌無悶，謂渾厚敦篤無憂無慮也。《陝西新出土銅器銘考釋》同。

2. "夙夜"，32 版《大系》釋文作"夙夕"。

按，下師酉簋、效卣、師毀簋、大克鼎、師嫠簋同。

### 七十　格伯簋

1. "㝢"，32 版《大系》釋"叚（假）"，35 版《大系》釋"受"，字在此即是付義。

2. "㝢"，32 版《大系》徑釋"還"，35 版《大系》釋"遵"，疑還之異文。

3. "㝢㝢"，32 版《大系》釋"俊氏"，人名。35 版《大系》釋"佮氏"，57 版《大系》改釋"佮人"，且頁眉增加批注"'佮人'与'殷人'二人字均与氐字無別，然銘中从人之字如佣，如及，如保，所从人字亦均与氐字無別，故定爲人字"。

4. "殷㝢"，32 版《大系》釋"殷氏"，人名。35 版《大系》亦釋"殷氏"。57 版《大系》改釋"殷人"。

《金文餘釋之餘·釋氐氏》認爲上"佮氏""殷氏"中，二氐字就其銘辭審之，均當爲氏。諸器草率，語多奪亂。

5. "㝢"，32 版《大系》隸作"盥"，盥盟。35 版《大系》釋"盇"，此用爲垠限義。

6. "㝢"，32 版《大系》謂"殆邑之繁文"，35 版《大系》謂，當即是䢽字，《說文》："䢽，鄰道也。"音與巷近。

7. "其萬年子=孫=永保用"，32 版《大系》於句首誤衍"格伯"二字。

### 七十一　臣卣

1. "㝢"，《謚法之起源》（《支那學》版）釋"懿"，單伯鐘有"懿"作"![字]",从壺（壹）省恣省聲，此更省心作，亦可説爲从壹省次省聲也。諸版《金文叢考·謚法之起源》則删削"亦可説爲从壹省次省聲也"一句。32 版《大系》逕釋"懿"。《沈子簋銘考釋》釋"歄"，古懿字，金文懿多作憝，此歄省心作。35 版《大系》釋"歄"，字殆噎之古文，假借爲憝，懿字彝銘多作憝。

2. "匩拜手頢首"，32 版《大系》誤脱"手"字。

### 七十二　猶鐘

1. 32 版《大系》定爲穆王時器。35 版《大系》改隸於懿世。

2. "![字]"，釋焜，疑古顔字，从首犬聲。32 版《大系》認爲焜即穆王滿，謂"舊稱穆王名滿，滿聲與犬聲彥聲同在元部，疑其本字實作焜也"。35 版《大系》認爲焜乃懿王囏，謂"《史記》稱懿王名囏，《索隱》引《世本》作堅，與顔極近，疑其本字實作焜也"。

3. "![字]"，初版《大師》釋"熊"，35 版《大系》釋"彙"，詳參本節宗周鐘。

4. "用侃先王"，《青研·大豐簋韻讀》作"用侃喜先王"，誤衍"喜"。

### 七十三　師遽簋

1. "![字]"，32 版《大系》釋徔，無説。35 版《大系》釋延，即誕，語辭。

### 七十四　師遽彝

1. "蔑曆晉"，32 版《大系》謂"晉，友，假爲宥"，"蔑曆晉"言解甲宥酒也，師遽乃武人（金文人名凡稱師者均師氏之屬），故解甲。35 版《大系》從之，謂"'蔑曆晉'説爲解甲侑酒亦可通，因師遽乃武人"。57版《大系》改爲"'蔑曆脅'當是兩事，言既被蔑曆，復奉命助饗也"。且增加眉批"左傳莊十八年'虢公晉侯朝王，王饗醴，命之宥'，又僖二十八年"王享醴，命晉侯宥。'脅、宥均與侑通"。

按，"蔑曆"詳見小臣謎簋。

2. "▨圭一、瑗章三"，32版《大系》徑釋▨爲"珊"，謂"珊圭，未詳。或釋瑁圭。瑗章，環章"。35版《大系》釋▨爲"瑂"，从玉面聲，與琬音相近，"瑂圭"，當即琬圭，即圭之圓剡上者也。瑗，即環字。"環章"當即瓚璋，用以灌鬯。

3. "▨"32版《大系》釋"它"。35版《大系》釋"也"。

4. 32版《大系》謂"宰利與上利鼎之利當是一人"。後諸版刪略。

## 七十五　康鼎

1. 32版《大系》將其歸入孝王時器。35版《大系》改變觀點，認爲"康即奠井叔盨之奠井叔康，亦即舀鼎之井叔……此鼎必爲懿世器"。57版《大系》從之。《輔師嫠簋考釋》謂"康鼎與輔師嫠簋當同屬於厲世……康乃奠井叔康，余曩以爲即舀鼎之井叔，舀鼎屬於孝王時，則康鼎當屬於懿王，根據太薄弱，當訂正。其他如奠井叔盨、奠井叔鐘均當爲厲世器"。關於康鼎的時代，作者意見前後變動過三次。

2. "王命▨嗣王家"，▨，32版《大系》誤釋"女"，《金文續考·獻彝》訂改爲"死"，後諸版《大系》均從之。另33版、54版《金文續考·獻彝》釋文作"王命命死嗣王家"，誤衍一"命"字。

3. "▨女幽黃鋚革"，▨，32版《大系》釋"錫"，《金文續考·獻彝》訂正舊說，命字範損呈▨形，然固皎然命字也。命令字含錫予義。後諸版《大系》從之，均釋"命"。

4. "其萬年永寶用"，32 版《大系》釋文作"其萬年永保用"，誤"寶"爲"保"。

**七十六　卯簋**

1. 32 版《大系》謂"熒伯，見前器"，將卯簋歸入孝王時器。35 版《大系》亦據"熒伯殆即康鼎之熒伯"，將卯簋改隸於懿王世。

按，郭沫若視康鼎爲奠井叔盨、奠井叔鐘、卯簋、同簋等器的標準器，《輔師嫠簋考釋》一文將康鼎時代改爲厲世，則卯簋斷代似亦當隨之變動。

2. 32 版《大系》謂"熒伯，見前器。例以熒季，則伯乃名，非爵號"。後諸版《大系》均無"例以熒季，則伯乃名，非爵號"一説。

3. "入右卯立中廷"，32 版《大系》誤脱"入"字。

4. "■"，32 版《大系》釋"飤"。35 版《大系》改釋"飤"，讀爲"載"。

5. "取我家■用喪"，32 版《大系》釋"取我家，窭用喪"。35 版《大系》斷爲"取我家窭，用喪"，"窭"原銘作"■"，與录伯戜簋"■"乃一字，特於圓點空作之而已，在此當即假爲柱石之柱。

6. "■"，32 版《大系》釋"用"。35 版《大系》改釋"再"。

7. "■"，32 版《大系》釋"縠"。35 版《大系》釋"縠一"，玉一縠之意，古以雙玉爲縠，字亦作珏。

**七十七　同簋**

1. 32 版《大系》歸入孝王時器。35 版《大系》謂"熒伯與見于康鼎者名同職同，必是一人"，改隸同簋於懿王世。

按，《輔師嫠簋考釋》將康鼎改隸於厲世，則同簋斷代似亦當隨之變動。

2. "☒"，32 版《大系》逕釋 "左"。35 版《大系》釋文作 "㸚"，即差字，讀爲左。

3. "昜"，32 版《大系》謂 "昜，地名"。35 版《大系》讀爲 "場"，《周禮》有場人。

4. "☒"，32 版《大系》釋 "洛"，乃涇洛之洛，非伊洛之洛。35 版《大系》改釋 "淲"，殆即陝西之洛水。

5. "☒ ☒ 又閑"，32 版《大系》釋文作 "女（汝）毋又閑"。35 版《大系》作 "母（毋）女（汝）又（有）閑"，"毋汝有閑" 意謂不汝限制。

**七十八　大簋**

1. 32 版《大系》歸入孝王時器。35 版《大系》認爲此簋與下大鼎之 "大" 當即同簋之吳大父，並將改大簋隸於懿王世。

按，此器蓋據同簋斷代，上同簋時代有變動，則此器似亦當隨之變動。

2. "☒ ☒"，《㝬伐郘鐘之鑒別與其時代》逕釋 "奔睽"。32 版《大系》釋文作 "臍睽"。35 版《大系》隸作 "趛䁲"，無説。☒，《商周古文字類纂》摹作 "☒" "☒"，將其歸入 "趙" 字頭下，謂 "柯昌泗釋趙"。

3. "☒"，32 版《大系》釋 "䴠"。35 版《大系》改釋 "豕"，从豕，有索以絆之。

4. "訊章"，32 版《大系》認爲 "章" 假爲 "璋"，訊璋不知其爲何物。35 版《大系》亦讀 "章" 爲 "璋"，"訊" 字當从害聲，與胡瑕等音當相近，訊章疑是大璋。

**七十九　大鼎**

1. 32 版《大系》歸入孝王時器。35 版《大系》改隸於懿世。

按，35 版《大系·大簋》認爲大簋與大鼎之"大"當即同簋之吳大父。此器以同簋爲標準器，上同簋時代有變動，則此器斷代亦當隨之變動。

2. "🅐"，32 版《大系》釋"鵠"，殆鵠字，《鄭風》"叔于田，乘乘鴇"。35 版《大系》改釋爲"騢"，亦讀爲鴇，《爾雅·釋畜》'驪白雜毛鴇'"。

3. "🅑"，32 版《大系》釋"匹"。35 版《大系》認爲是"二匹"合書。

## 八十　師酉簋

1. 32 版《大系》歸入孝王時器。35 版《大系》認爲"吳大"即同簋之吳大父，並改隸師酉簋於懿世。《钁叔簋及訇簋考釋》再次改變觀點，訂正師酉簋爲宣王時器，認爲師酉與師訇簋、① 訇簋之"訇"爲父子，古者世官。

2. "🅐"，32 版《大系》釋"熊"。35 版《大系》釋"㬅"，詳參本節宗周鐘。

2. "🅑"，32 版《大系》釋"刀"。35 版《大系》改釋"身"，字乃象人懷任之形，當是身字之異。

3. "中🅐"，32 版《大系》釋"中絅"，無説。35 版《大系》釋"中𦅷"，當是屬於"朱黄"之事物，𦅷即絅字，殆言佩玉之珩璜均以朱玉爲之，而中央之衝牙以絅色之玉爲之也。"中絅"或即衝絅。57 版《大系》增加眉批"今案'中𦅷'當是絅色之中衣。古時祭服朝服必有中衣，《禮記·深衣》注云'深衣，連衣裳而純之以采也；有表則謂之中衣'"。《管子集校》從之，"中絅"者謂苘色之中衣。《師克盨銘考釋》等均同。

5. "🅐"，32 版《大系》釋"究"。35 版《大系》釋"宄"。

---

① 舊稱師訇簋。

6. "永寶用",32 版《大系》脱"用"字。

## 八十一 免簋

1. 1929 年 12 月 24 日郭沫若致函容庚"免簠、免敦,製作不同時,與頌鼎、頌敦、頌壺諸器有别。王可在周亦可在魯,不能使疑者信服"。諸版《大系·史免簠》謂,史免簠與諸免器之免當是一人。

32 版《大系》將免簋、免簠、史免簠、免盤、免卣歸入孝王時器,謂"井叔,説同上"。35 版《大系》改隸於懿世,"此器有井叔,與舀鼎同"。

2. "卑册令免曰",32 版《大系》脱"曰"字。

3. "⿱口卩",《公伐郊鐘之鑒别與其時代》釋"正"。32 版《大系》釋"世"。35 版《大系》釋"足"。詳參本節師晨鼎。該字又見於走簋、蔡簋等器,《盠器銘考釋》引走簋、蔡簋銘文,釋爲"正"。

## 八十二 免簠

1. "司奠還歗眔吳眔牧",32 版《大系》謂"歗假爲林衡之林","林衡、虞、牧,均官名"。《周官質疑》、35 版《大系》從之。《長安縣張家坡銅器群銘文彙釋》釋"司奠(鄭)還歗(廩)眔吳(虞)眔牧",讀歗爲廩。

## 八十三 免盤

1. "⿱西⿱口卩",32 版《大系》認爲是"迺"字所從,即古西字,在此疑爲醯。《金文餘釋·釋干鹵》謂"錫鹵百陣者,錫櫓百鏄",讀鹵爲櫓。35 版《大系》釋"鹵",象形,本銘所錫者殆係鹽鹵。

2. "▨"，32 版《大系》釋"陾"，與障之結構相同，从甾與从酉亦同意，疑障字之別構。《金文餘釋·釋干卣》謂"殆障字之異"。35 版《大系》隸作"陾"，與障之結構相近，从甾乃缶屬，大約即盛鹵之器也。

3. "▨"，32 版《大系》釋"穊"，當即穊字，義未詳。35 版《大系》隸作"䕆"，假爲勉。

4. "▨ ▨ 王休"，32 版《大系》釋"靜每王休"，"靜每"當讀爲敬敏。35 版《大系》釋"靜女王休"，"靜女"讀爲敬魯，"魯"即周公簋"魯天子㝬毕頹福"之魯，乃是動詞。

## 八十四　免卣

1. "對揚王休"，32 版《大系》脫"對"字。

## 八十五　史懋壺

1. 32 版《大系》歸入孝王時器。35 版《大系》改隸於懿世。

2. "▨"，32 版《大系》釋文作"濕"。35 版《大系》作"溼"。

3. "路▨"，32 版《大系》釋"路筭"，無説。35 版《大系》亦釋"路筭"，筭，從徐同柏説，"筭，射筭"。路，當解爲路寢路車之路，大也。古人言路猶後人言御，凡王者所用之物皆得冠以路字。路筭謂御用之大筭也。57 版《大系》增加眉批"▨字容庚釋爲筮，云"'三體石經古文作▨，正与此同。'唯於路字無解"。

## 八十六　守宮尊

32 版《大系》未收。

1. 35 版《大系》認爲"周師"人名，亦見免簋。斷爲懿王世。

## 八十七　盠卣

32 版《大系》未收。

1.《古代銘刻彙考·金文續考·盠卣》①斷爲孝王時器。35 版《大系》從之。57 版《大系》增加眉批"此盠與另一盠卣之盠当是一人。彼銘有伯懋父（見補录），乃成王時，故此器當屬于成世"，改變觀點，認爲此乃成王器。

2. "盠啟進事旋徒事皇辟君休王自毁事賞畢土方五十里"，《古代銘刻彙考·盠卣》斷爲"盠啟進事，旋徒事皇辟君，休王自毁事賞畢土方五十里"。35 版《大系》斷爲"盠啟進事旋徒事。皇辟君休王自毁吏賞畢土方五十里"。57 版《大系》斷爲"盠啟進事，旋徒事皇辟君，休。王自毁事賞畢土方五十里"。

"旋徒"，《古代銘刻彙考·盠卣》釋"旋走"。35 版《大系》改釋"奔走"。

《古代銘刻彙考·盠卣》傾向於"休王"連文，是孝王。35 版《大系》從之。57 版《大系》削删數行文字，增加眉批"本銘句讀有誤，以'休王'爲孝王尤不確。今於句讀已改正，関於'休王'及'土方'等説解作廢"。

《古代銘刻彙考·盠卣》認爲畢乃盠之名，"土方"乃卜辭中常見之古國，地望在今山西北部，疑即古夏后氏，"賞畢 土方五十里"，謂以土方之五十邑錫畢也。35 版《大系》從之。57 版《大系》釋文作"賞畢土方五十里"，眉批云"'賞畢土方五十里'正爲周初施行井田制之一佳証"。

3. "欤宫"，《古代銘刻彙考·盠卣》謂，欤，《説文》從欠出

---

① 《金文續考》收入《金文叢考》1954 年人民出版社改編本時，删去了《盠卣》。

聲，字在此乃人名，盠之祖若父也。35 版《大系》從之，"欸宮者，盠之祖若父之廟也"。57 版《大系》增加眉批"另一盠卣言'作團宮肇彝'，欸宮殆是祖廟，團宮乃考廟。因本銘言'啟進事（仕）'，於時盠之父或尚在"。

### 八十八　鄀父鬲

1. 32 版《大系》歸入孝王時器。35 版《大系》從之。57 版《大系》改變觀點，增加眉批"鄀父鬲與效父簋亦以誤解'休王'爲孝王，故以列于孝世，今案殊不確。器制与字體均有古意，当在孝王之前"。

按，35 版《大系》釋文作"休王易（錫）鄀父貝"，舊式標點中，人名、地名等專有名詞下以橫綫標示，郭沫若認爲"休王"即孝王。57 版《大系》釋文改作"休王易（錫）鄀父貝"。

2. 32 版《大系・效父簋》稱"鄸父鼎"。《古代銘刻彙考・金文續考・盠卣》稱"鄸父鼎"。35 版《大系》改作"鄀父鬲"，謂"本器爲《西清古鑑》，所著錄者凡三具，均方鼎也，故今稱之爲鬲"。

### 八十九　效父簋

1. 32 版《大系》歸入孝王時器。35 版《大系》從之，認爲"'效父'名已見舀鼎，彼鼎有'穆王大室'，則爲穆王以後之器無疑，斷非商器，且亦不得屬於周初"，又謂"余意孝王時工藝特盛，有巧匠輩出，故其器物文字均饒古意也。前出盠卣文字舊以爲頗類大小盂鼎者，即同此解釋"。57 版《大系》刪除"余意孝王時……即同此解釋"一段，增加眉批"器制与字體均有古意，当在孝王之前"。詳參上器。

2. "休王"，32 版《大系》認爲古休孝本同音字，休王即孝王。35 版《大系・效父簋》從之，釋文作"休王易效父"。57

版《大系》眉批云"誤解'休王'爲孝王",釋文改作"休王易效父"。

2. "易效父⊟三",⊟,32版《大系》釋"賏",謂"舊釋貝,案乃二貝形,字當是賏"。35版《大系》釋"夂",《左傳》昭十三年有"奉壺飲冰",冰實即葡,葡字象形,乃盛矢箭器,則冰實箭筒,其蓋可以取飲。"錫夂三",即是錫以箭筩三事。

### 九十　舀鼎

1. 1931年5月27日郭沫若致信容庚,謂"舀壺想與舀鼎當是同人之物,舀鼎余疑孝王時器(有證),想於舀壺中必尚有朕兆可尋。拓本一事,急望兄謀得之"。諸版《大系》均斷爲孝王時器,'穆王大室',知必在穆王後。《屈原研究》《十批判書》《奴隸制時代》從之。《陝西新出土銅器銘考釋》據新出大師虘簋"師嫠""宰習"同現,謂大師虘簋與蔡簋、舀壺、舀鼎等必亦厲世或其先後王代之器。《輔師𠭰簋考釋》謂"舀鼎屬於孝王"。

2. "子=孫=其永寶",32版《大系》奪"其"字。

3. "㪉",32版《大系》釋文作"詥(許)"。35版《大系》改隸作"詥",許字之異,所從午字下加口。

4. "俾復毌絲",32版《大系》脫"毌"字。

5. "𧶠",32版《大系》疑是貨之古文。35版《大系》謂"乃金屬貨幣也"。

6. "𧼨",32版《大系》釋"䟸"。35版《大系》釋"䟿"。57版《大系》改釋"趞"。

7. "才",32版《大系》徑釋"在"。35版《大系》釋文作"才(載)"。

8. "𦓴",32版《大系》釋"耦"。35版《大系》改釋"耤"。

9. "𦥔",32版《大系》釋文作"臸(到)"。諸版《金文叢考·鷹芍鐘銘考釋》從之，亦釋"到"。35 版《大系》改釋"致（致）"，《殷契粹編》（1275 片）從之，"致，送詣也"。《商周古文字類纂》歸入"到"字頭下。

10. "❏"，32 版《大系》釋"秉"。35 版《大系》改釋"束"。

11. "❏""❏"，32 版《大系》釋"䚒""䚒"，謂"䚒與䚒當是一人，蓋文有繁省也"。35 版《大系》均釋"䚒"，謂"原字均略有出入，當是剔治有未備"。

12. "賞舀禾十姊"，35 版《大系》奪"禾"字。

13. "田七❏"，32 版《大系》釋"田七日"。35 版《大系》改釋"田七田"，第二個田字中直未剔出，以至誤認爲"日"字。

14. "❏五夫"，32 版《大系》釋"乓五夫"。35 版《大系》改釋"人五夫"。

15. "匡❏乓臣"，32 版《大系》釋"匡眾乓臣"。35 版《大系》改釋"匡眔乓臣"，眔誤剔爲眾，以致詞難通。57 版《大系》回改爲"匡眾乓臣"，言匡之众及其臣，眾指眾人，乃耕作奴隸。

16. "東宮"，35 版《大系》認爲二字有重文，未剔全。

17. "劓❏卌秭"，❏，35 版《大系》云"倍字稍泐，從嚴可均釋，則倍卌秭謂爲八十秭也"。57 版《大系》改爲"付字有羨畫，嚴可均釋爲倍，不確"。

18. "❏"，32 版《大系》釋"印"，讀爲"抑"。35 版《大系》改釋"覓"，讀爲"免"。

### 九十一　舀壺

1931 年 6 月 28 日，郭沫若致信田中慶太郎，函中摹寫了舀壺銘文並作了釋文。（見圖 3-1）

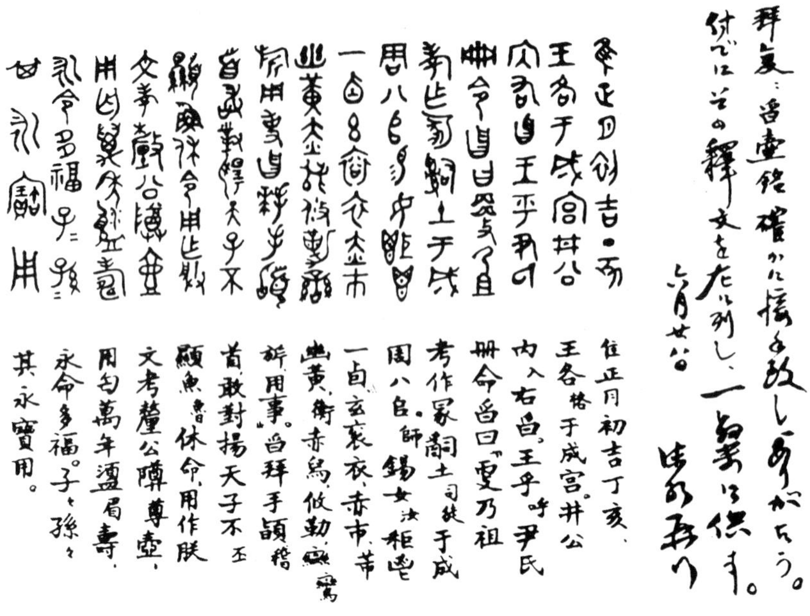

圖 3-1　1931 年 6 月 28 日郭沫若致田中慶太郎信

該信保存了郭沫若早年對曶壺銘文的釋讀意見。

1. "曶拜手頴首", 35 版《大系》脫 "手" 字。

2. "成宫", 32 版《大系》謂 "成字亦未始非人名也, 成鼎之作器者名正爲成"。35 版《大系》謂 "成殆是人名, 疑成鼎之成也"。57 版《大系》謂 "成殆是人名", 删削 "疑成鼎之成也" 一句。

3. "成周八自", 1931 年 6 月 28 日郭沫若致田中函釋 "成周八自（師）"。32 版《大系》同, 謂 "成成周者有八師"。35 版《大系》改釋爲 "成周八自（屯）", 詳參本節小克鼎。

### 九十二　陵貯簋

1. "⿰阝⿱土夌", 32 版《大系》釋 "陂"。35 版《大系》釋 "陵"。

2. "⿱宀⿰貝丁", 32 版《大系》釋文作 "□", 不識。35 版《大系》

同。57 版《大系》釋文作"㝬"。02 版《大系》亦作"□"。

3. "![字]", 32 版《大系》釋"改", 讀爲鋪, 《大雅·江漢》"淮夷來鋪", 又《常武》"鋪敦淮濆"。35 版《大系》改釋"攽", 即笁迫之笁。

### 九十三　趞簋

1. "易趞哉衣、載市", 35 版《大系》脫"哉衣"二字。

### 九十四　效卣

1. "![字]", 32 版《大系》釋"㘱", 疑是古順字。《金文餘釋之餘·周公簋釋文》認爲"當是巡之異文, 從步川聲, '㘱子'乃假爲順字"。35 版《大系》釋"㘱", 巡之古文, 從步巛聲, 此假爲順。

### 九十五　蔡簋

1. 32 版《大系》歸入孝王時器, 謂"宰㝬與㝬鼎、㝬壺之㝬當是一人……㝬鼎元年六月既望有乙亥, 九月初吉可以有丁亥"。35 版《大系》改隸於夷世, 謂"宰㝬與㝬鼎、㝬壺之㝬當是一人, 唯㝬鼎王之元年㝬方受命司卜, 而此士之元年㝬已爲人宰, 知不得屬於一王, 故定此爲夷世器"。《陝西新出土銅器銘考釋》據新出大師虘簋"師毀""宰㝬"同現, 認爲大師虘簋、與蔡簋、㝬壺、㝬鼎等必亦厲世或其先後王代之器。

2. "![字]", 32 版《大系》謂"實蔡字也"。《金文叢考·周官質疑》徑釋"蔡"。35 版《大系》釋"㡬（蔡）", 謂"蓋本㡬之象形文, 因音近, 假而爲殺, 爲蔡, 爲祟也……本銘㡬字乃作器者名, 當以讀蔡爲宜"。

按, 該字亦見於蔡姞簋, 32 版《大系·蔡姞簋》從容庚說, 釋"蔡"。35 版《大系·蔡姞簋》謂"即㡬字, 假爲蔡也"。

3. "□□", 32 版《大系》釋文作"耤世"。《金文叢考·周官質疑》釋"耤正"。35 版《大系》改釋"鞼足",詳參本節走簋。《盠器銘考釋》釋"攝正"。

4. "□嗣王家外內",□,32 版《大系》釋"從"。初版、54 版《金文叢考·周官質疑》釋"从"。35 版《大系》釋"死"。《盠器銘考釋》釋"比"。02 版《金文叢考·周官質疑》挖改爲"死"字。

5. "毋敢□又入告"

"勿吏敢又□□",32 版《大系》奪"吏"字。

□、□爲同一字,32 版《大系》認爲字本作□,乃"斤"字,讀爲擅,"□□"釋"斤亡",讀爲"擅妄"。初版、54 版《金文叢考·周官質疑》從之。35 版《大系》釋□、□爲庆字,均當是"戾"之異,前例讀爲汰,言恣縱也。後之"庆止"即鈥趾。35 版《大系·量盨》謂"鈥,腳鉗也"。02 版《金文叢考·周官質疑》挖改爲"庆止"。

6. "拜手頴首",初版、35 版《大系》脫"手"字。

### 九十六　虢季子白盤

1. 諸版《大系》認爲,此盤與不嬰簋同作於夷世,《後漢書·西羌傳》:"夷王衰弱,荒服不朝,乃命虢公率六師伐太原之戎,至於俞泉,獲馬千匹。"注云見《竹書紀年》,當即此銘與不嬰簋所紀之事。

《三門峽出土銅器二三事》謂,虢季子白盤確定爲北虢器。傳于清道光年間出土于陝西寶雞縣虢川司,其地望又爲西虢。出土說如屬實,則當是北虢之器轉贈於西虢者。

2. "經纘三方",32 版《大系》釋文作"經纘(維)三方",35 版《大系》作"經纘(經)三方",35 版《大系》後所附的《考釋勘誤》中有訂正,言"一〇四葉一行'經纘(經)四方'小註經×字乃維字之誤"。57 版挖改爲"經纘(維)三方"。

3. "𢦓"，32 版《大系》讀爲"壯"，于字形無説。《卜辭通纂》認爲"乃牂字之異，盤假爲壯"。35 版《大系》認爲𢦓乃古牂字，从出爿聲，本銘讀爲訓大之將，可，讀爲壯，亦可。

### 九十七　不嬰簋

1. 諸版《大系》均認爲，不嬰駿方即噩侯駿方，一字一名。此簋與虢季子白盤乃同時器，"伯氏"即虢季子白，"西俞"即《竹書紀年》之俞泉。《禹鼎跋》改隸於厲王世。

2. "㗊"，32 版《大系》釋文作"畧"，無説。35 版《大系》亦作"畧"，翁祖庚釋爲洛，可信。57 版《大系》改"翁祖庚"爲"翁同書"。《商周古文字類纂》謂"从邑省各聲"。

3. "㣇"，32 版《大系》釋"陵"。35 版《大系》隸作"陸"，王國維釋"陵"，可信。

4. "㣇"，32 版《大系》釋"從"。35 版《大系》同。57 版《大系》改釋"迷"。

5. "女肇敏于戎工"，初版《甲骨文字研究·釋臣宰》釋文作"肇敏于戎工"，脱"女"字。1952 年人民出版社版《甲骨文字研究·釋臣宰》同。① 1962 年科學出版社版《甲骨文字研究·釋臣宰》始改爲"汝肇敏于戎工"。

32 版《大系》亦脱"女"字，35 版、02 版《大系》同。57 版《大系》不脱。

### 九十八　噩侯鼎

1. 32 版《大系》云"《史記·楚世家》'當周夷王之時熊渠甚得江南間民心，乃興兵伐庸揚粵至於鄂'，與此器所記蓋同時事，彼言來伐，此言往救也"。35 版《大系》删去了這段話。諸版《大系》

---

① 《沫若文集》第 14 卷選收的《甲骨文字研究·釋臣宰》同。

均斷爲夷王時器。《禹鼎跋》改隸於厲世。

2. "角𠭯", 32 版《大系》釋"角𠭯", 無説。35 版《大系》謂"角𠭯, 未詳, 疑即羣舒之屬"。

3. "〔圖〕", 32 版《大系》釋"食"。35 版《大系》改釋"豊", 讀"醴"。

4. "〔圖〕", 32 版《大系》釋"酒"。35 版《大系》改釋"酓", 讀"飲"。

## 九十九　成鼎

1. 32 版《大系》與 35 版《大系》釋文略異。57 版《大系》謂"此器全文作廢"。詳《禹鼎跋》。

按, 1942 年出土的"禹鼎"與《大系》著録"成鼎"乃一人所作, 且同銘之器, 過去所據薛尚功本摹刻失真, 據禹鼎銘文拓本所作《禹鼎跋》釋文與《大系·成鼎》釋文有較大差異。

2. 32 版《大系》定爲夷王時器, 認爲此器與噩侯鼎所紀乃同時事, 敔簋亦有"武公", 且同記南征事, 二器必作於同時。35 版《大系》、初版《諡法之起源》及 32 版、54 版《金文叢考·諡法之起源》亦定爲"夷王時器"。《禹鼎跋》有所修正, 謂"此器與不嬰簋、噩侯鼎、敔簋, 余曩列爲'夷王時器'者, 均當與叔向父禹簋同屬於厲王之世"。57 版《大系》增加眉批"拠新出禹鼎銘乃'䁅（朕）皇且、考：幽大叔、懿叔', 蓋幽大叔爲皇祖, 懿叔爲考也。舊以'考幽大叔'連文, 誤。銘所紀乃馭方叛变, '率听命者以伐不听命者'之説亦非"。

2. "〔圖〕", 32 版《大系》釋"成", 認爲"成"與叔向父禹簋之"叔向"乃父子或叔侄。35 版《大系》從之。《禹鼎跋》據拓本"〔圖〕", 釋"禹", 與叔向父禹自是一人, 此人名禹字叔向父。字是禹字而非"成"字。57 版《大系》增加眉批"此鼎新近有同銘之器出土, 所謂'成'實是'禹'字, 與厲世叔向父簋之叔向父禹爲一人。全銘考釋，别詳見補録，此当全删。留此以資比照"。

3. "㞢"，32 版《大系》釋"走（朕）"。35 版《大系》亦釋"走"，此用爲領格，與朕字同例。《禹鼎跋》據拓本"🖼"，釋"趄"。57 版《大系》增加眉批 " '走' 字原銘乃趄々二字。'賜朕' 云々，説解全誤"。

4. "𤆍"，32 版《大系》釋文誤脱。35 版《大系》釋"亦"，讀爲奕，大也。《禹鼎跋》據拓本，改釋"大"。

5. "三弋"，32 版《大系》釋"上國"。35 版《大系》改釋"三或（域）"。《禹鼎跋》據拓本，釋"四或（國）"。

6. "🖼"，32 版《大系》釋"勞"。35 版《大系》釋"敳（揖）"。《禹鼎跋》據拓本"🖼"，釋"辪"。

7. "🖼"，32 版《大系》釋"㡣"。35 版《大系》改釋"㝬"。《禹鼎跋》同。

## 百　敔簋

1. 諸版《大系》歸入夷王時器，32 版、54 版《金文叢考·謚法之起源》、《詛楚文考釋》從之。《禹鼎跋》改隸於厲王世。《輔師嫠簋考釋》謂 "余擬爲夷王時器（大系考釋110）"。02 版《金文叢考·謚法之起源》改爲 "夷厲時器"。

"熒伯"，32 版《大系》云 "熒伯亦見前康鼎，乃歷事二王者"。35 版《大系》謂 "熒伯與康鼎之熒伯當是一人，歷事三世之事周初多有其證，如伯禽康叔等皆是"。《輔師嫠簋考釋》認爲 "蓋熒伯歷事夷厲二世也"。

2. "🖼"，32 版《大系》釋文作 "□"，不識。35 版《大系》釋"殳"，"殆是地名，舊釋爲及，誤"。

3. "至于伊班🖼🖼首百" 32 版《大系》釋文作 "至于伊，

班馬。榜蔵首百"。35 版《大系》作"至于伊，班。長樸（榜）蔵首百"，班者，還師也。《詛楚文考釋》引文作"至于伊、班、長、榜"，並説"均在今河南西部"。《輔師嫠簋考釋》引相關釋文作"長榜載首百"。

　　![字], 32 版《大系》釋"馬"。35 版《大系》改釋"長"。

　　![字], 32 版《大系》徑釋"榜"。35 版《大系》釋"樸"，即榜字，用爲枋，言旗柄也。

　　《詛楚文考釋》視"長""榜"均爲地名。

　　![字], 32 版《大系》釋"蔵"，無説。35 版《大系》釋"蔵"，讀爲載，其字從艸載聲，載，古哉字。

　　4. "![字]"，32 版《大系》釋"雜"。35 版《大系》改釋"襄"，即後世奪字所從出，令鼎奮字作![字]，可證。

　　5. "![字]"，32 版《大系》釋文作"鬲（獻）"。35 版《大系》作"嚻（囂）"，"囂殆野宿之意"。57 版《大系》同。《輔師嫠簋考釋》引相關釋文，回改爲"獻"。02 版《大系》釋文仍作"嚻（囂）"，但删去了"囂，殆野宿之意"一句。

　　6. "![字]"，32 版《大系》釋文作"□"，不識。35 版《大系》釋"肂"，從言從聿，殆猶後世登録之意。

　　7. "![字]"，32 版《大系》釋"鼇"。35 版《大系》釋文作"贅"。

　　8. "易田于![字]五十田"，35 版、57 版《大系》脱"田"字，初版、02 版《大系》不脱。![字]，32 版《大系》釋"敁"。35 版《大系》改釋"敁"。

## 百一　伯克壺

1. "克敢對揚天![字]王白![字]"，32 版《大系》釋文作"克敢對揚天君王白休"。35 版《大系》作"克敢對揚天右王白友"，"右"讀爲祐，友乃假爲休，謂敢對揚天之祐與王伯之休。王伯者大伯，指伯太師而言。

2. "🔣"，32版《大系》逕釋爲"壺"，認爲原銘是"壺"之變體，伯士壺字亦作🔣可證。35版《大系》謂"壺"之譌字，此乃誤埔之古文章爲壺。

3. "克🔣其子=孫=永寶用言"，32版《大系》釋文作"克以其子=孫=永寶用言"。35版《大系》作"克克（以）其子=孫=永寶用言"，云"末句重一克字而又不作重文符，疑第二克字乃鑄範時誤衍。唯如讀爲及字，亦勉強可通"。

## 百二　克鐘

1. 32版《大系》云"士𧊒與孝王時之宰𧊒未知是否一人，如係一人，則𧊒亦歷事二世者"。35版《大系》謂"士𧊒與𧊒鼎、𧊒壺之𧊒，及蔡簋之宰𧊒當是一人，稱士者𧊒復爲當時之大士也。大士乃六大之一，與大宰同級"。

2. "京𠂤"，32版《大系》釋"京師"。35版《大系》改釋"京屯"，"京𠂤"又見晉姜鼎、晉公䤴，是晉地，且爲晉之首都，蓋即《漢志·太原郡》之"京陵"。

3. "皇祖考伯"，32版《大系》奪"皇"字。35版《大系》認爲"皇祖考伯"謂皇祖皇考，伯其爵稱。祖考不連文，考伯亦不連文。57版《大系》較35版增加"或説'考伯'乃皇祖之字，亦可通"。

## 百三　南季鼎

1. "𦎫🔣"，32版《大系》釋"𦎫屯"。初版、54版《金文叢考·周官質疑》同。35版《大系》釋文作"𦎫屯（裦）"。57版《大系》同。02版《大系》挖改爲"𦎫屯（純）"。

按，日藏郭沫若手批本《大系》即已回改爲"純"。"𦎫屯"又見於師𡙹父鼎、無叀鼎等，32版《大系·師𡙹父鼎》謂"𦎫屯，

芾純，衣之邊緣有刺繡也"。35 版《大系·無叀鼎》釋文隸作
"屯"，釋屯，讀爲"純"。

2. "**圖**右"，32 版《大系》徑釋"左右"。35 版《大系》釋文
作"又（左）右"，謂"此亦彝銘誤字之一確例"。

**百四　師毀簋**

1 "**圖**"，初版《青研·戈珮咸骉必彤沙説》引釋文作"**圖**
（勞）"。32 版《大系》從之，徑釋爲"勞"。35 版《大系》釋文隸
作"**圖**"，無説。54 版《青研·戈珮咸骉必彤沙説》引釋文改作
"**圖**（勳）"。該字又見於彔伯𢎦簋、毛公鼎、單伯鐘、師克盨等器。
《師克盨銘考釋》謂"王國維舊釋爲勞，謂奉爵以慰勞者，多一轉
折，意不可通"，改釋爲"奉"。

2. "女**圖**隹小子"，《青研·戈珮咸骉必彤沙説》引文作"女
右隹小子"。32 版《大系》同，讀爲"汝佑維小子"。35 版《大系》
釋文作"女（汝）有（又）隹（雖）小子"。

3. "**圖**"，《青研·戈珮咸骉必彤沙説》、32 版《大系》徑釋
"沙"。35 版《大系》釋"屖"，屖乃緌之本字，从尾沙省聲，戈緌
以氂牛尾爲之，故从尾，它器多假沙字爲之。《長安縣張家坡銅器
群銘文彙釋》引相關釋文，徑釋"緌"。

4. "敬乃夙夜用事"，35 版《大系》脱"乃"字。

**百五　師晨鼎**

1 **圖**，《甲骨文字研究·釋支干》釋"晨"，从止作。32 版《大
系》釋文作"晨"。《卜辭通纂》釋"晨"，从辰作，辰乃古辰字。
35 版《大系》嚴格隸作"曟"。"曟"又見於大師虘簋，《陝西新出
土銅器銘考釋》認爲"曟"即農字，"農字小篆作農，此省囟。又
古文辰字多从止或又，此文下體似从止亦似从又，辰之繁文也"。

2. "▢▢"，32 版《大系》釋"世"。35 版《大系》釋"足"，"足某人嗣某事"之例屢見，▢，舊或釋爲正，"余前改釋爲世，以伯▢簋'世子孫永寶'，世字作▢，與此形近也。然常見之▢字形亦未一見。知釋世亦非。今依字形定爲足，足有足成義，有踵續義，似以用後義者爲多"。該字又見於走簋、蔡簋等器，《盞器銘考釋》引走簋、蔡簋銘文，釋爲"正"。

3. "官▢"，32 版《大系》釋"官虎"。35 版《大系》改釋"官犬"。

### 百六　伯晨鼎

1. "▢"，32 版《大系》釋文作"甄"，不識。35 版《大系》作"甄"，字不識，疑从互聲，當在蒸部。

2. "虎▢冟▢里幽"，32 版《大系》釋文作"虎韋冟，裏里幽"，蓋謂車之帷蓋畫以虎文，其裹則纁色或黑色。裏，釋帷，从衣立（古文位）聲。35 版《大系》釋文作"虎韡（幃）冟（幦）裏里幽"，認爲冟即是幦，此處用爲動詞，言有虎文之車帷，幦覆于車位之上，其裹則黝色也。裏，从衣立聲，立古文位，則裏即坐位字之本字也。里，裹省。

3. "▢"，32 版《大系》照摹字形，無說。35 版《大系》謂"字難識，疑是冠之異文，假爲干，古干戈二字每相將"。

4. "▢"，32 版《大系》釋"漫"。35 版《大系》改釋"瀕"。

### 百七　諫簋

1. "女某▢又▢"，32 版《大系》釋文作"女某（謀）不（丕）又（有）□"。35 版《大系》釋"女（汝）某（靡）否又▢（昏）"，某讀爲靡，否、鄙通，▢即昏庸之昏之本字，象人首爲酒所亂而手足所措也。昏乃晨昏之昏，故从日。

2. "隹或"，32 版《大系》謂"或，再也"。35 版《大系》釋文作"隹或（有）"。

3. "叀🅰🅱簋"，32 版《大系》釋文作"惠公簋"，誤"白"爲"公"，且脱"隋"字。35 版《大系》作"叀公隋簋"。57 版《大系》作"叀白隋簋"。02 版《大系》同 35 版。

**百八　揚簋**

1. "各大室"，32 版《大系》釋文作"王各大室"，誤衍"王"字。

2. "🅰"，32 版《大系》釋"芻"。35 版《大系》同。57 版《大系》釋"卲"，增加眉批"卲殆靳（折）字異文，叚爲誓。洹子孟姜壺司誓作嗣靳。此之司誓蓋周礼秋官司約、司盟之類"。02 版《大系》釋文挖改作"卲（誓）"。

3. "敢對揚天子不顯休🅰用乍朕剌考𠭯白寶簋"，32 版《大系》釋文作"敢對揚天子不顯休。余用乍朕剌考𠭯伯寶簋"。35 版《大系》斷爲"敢對揚天子不顯休令（命），用乍朕剌考𠭯白寶簋"。57 版《大系》斷句又改從 32 版《大系》，作"敢對揚天子不顯休。仐（余）用乍朕剌考𠭯伯寶簋"。02 版《大系》同。

**百九　單伯鐘**

32 版《大系》未收。

1. "🅰堇大命"，35 版《大系》讀爲"勞勤大命"。🅰字又見於录伯戒簋、毛公鼎、師克盨等器，《師克盨銘考釋》改釋爲"奉"。詳參本節录伯戒簋、師𣪕簋。

**百十　虢簋**

32 版《大系》未收。

1. 《古代銘刻彙考·金文續考·黼簋》① 謂 "此銘文辭字體與揚簋極相似，蓋厲宣時器也"。35 版《大系》歸入厲王時器，"本銘字體文例及典制均與揚簋相近，二器之相去必不甚遠，故次于此"。

2. "🖼"，《古代銘刻彙考·黼簋》釋 "黼"，"此字結構甚分明，確是从㐬虐聲之字，以聲類求之，殆黼之異文也"。35 版《大系》謂 "黼，當即《說文》㐬部之黼，云'合五采，鮮兒，从㐬盧聲，《詩》曰衣裳黼黼'，語在《曹風·蜉蝣》，今詩作楚"。35 版《大系·無叀鼎》言 "黼，乃黼之異文"。

3. "大亞"，《古代銘刻彙考·黼簋》謂 "此器僅見，蓋大夫與亞旅之署稱"。35 版《大系》認爲亞與旅實二職，亞乃王官，爲亞者不只一人，故卜辭有 "多亞"，此言 "大亞" 知亞職小有大有小，猶羣右之有大右與小右也。

4. "王曰"，35 版《大系》釋文作 "王若曰"，誤衍 "若" 字。

### 百十一　何簋

1. "朱太"，32 版《大系》釋 "朱太"。35 版《大系》改釋 "朱亢"。35 版《大系·趞鼎》謂，"亢" 從唐蘭釋，何簋 "赤市朱亢" 亢乃黃之假字。《盠器銘考釋》謂，亢假爲璜。黃，即璜之象形文。

### 百十二　無叀簋

1. "無叀用乍朕皇且釐季隣簋"，32 版《大系》誤脫 "用" 字。

### 百十三　大克鼎

《郭沫若致容庚書簡》附四刊有郭沫若的一紙克鼎釋文，係《金文韻讀補遺》的一部分（見圖 3-2）。

---

① 《金文續考》收入《金文叢考》1954 年人民出版社改編本時，刪去了《黼簋》。

1930年9月30日、10月2日郭沫若致容庚函中對克鼎釋文有校補。相關意見自當早於1932年《支那學》刊載的《金文韻讀補遺·大克鼎》，這些信件爲我們了解郭沫若早期的學術觀點保存了珍貴的史料。

1. 1930年10月2日郭沫若致容庚函"此鼎文與克鐘所紀事實相類，當同作於夷王十六年。近人有依三統術考定爲厲王時器者，然此大有可商"。諸版《大系》改歸入厲王時器。32版《大系》謂"師華父乃恭王時人，其孫在夷厲之世正相適應"。35版《大系》謂"'肄克龏保旉辟龏王'句謂故能敬輔其君恭王，知克之祖師華父乃恭王時人"，"虢季亦見伊簋，彼銘言'王廿又七年'，因知此鼎當在厲世"。

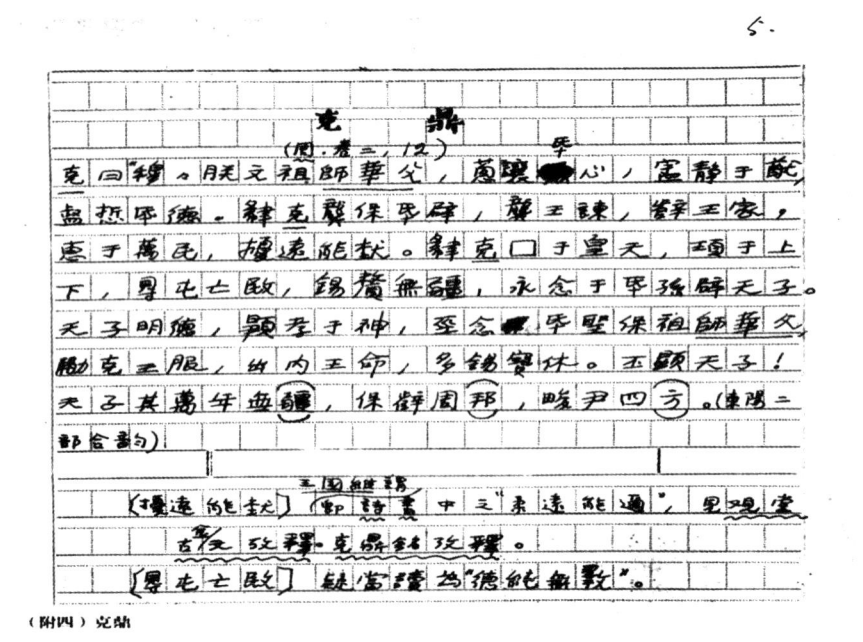

3-2 《郭沫若致容庚書簡》附四

2. "盠靜于猷"，32版《大系》認爲，盠疑空虛之虛之本字，从宀孟聲。解作宇之繁文亦可，讀爲虛。後諸版《大系》均無說。

3. "恩[圖]",《郭沫若致容庚書簡》附四《克鼎》釋文作"蔥讓"。《青研·公伐郤鐘之鑒別與其時代》同。① 《金文韻讀補遺·大克鼎》釋文作"恩䙴（讓）"。32 版《大系》謂"䙴"，古襄字（劉心源說），"恩䙴"讀爲冲讓。32 版《金文叢考·金文韻讀補遺·大克鼎》釋文作"恩䙴（冲讓）"。35 版、57 版《大系》作"恩䙴（冲讓）"。54 版《金文韻讀補遺·大克鼎》釋文作"恩䙴（冲乂）"，改讀爲"冲乂"。02 版《大系》作"恩䙴（冲讓）"。

4. "[圖]辥王家",《郭沫若致容庚書簡》附四《克鼎》釋文作"……諫，辥王家"，"諫"字屬上讀，前後文爲"肆克龔保氒辟，龏王諫，辥王家"。1930 年 9 月 30 日致容庚函，請其改爲"肆克龔保氒辟龏王（共王），諫辥王家"，"'克'下似畫有橫綫，誤爲人名，請除去"。1930 年 10 月 2 日致容庚函云"克鼎'肆克（能）龔保氒辟龏王（共王），諫辥王家'，句當如是讀，原誤請改……諫之古意當含約束"。

《金文韻讀補遺·大克鼎》及《謚法之起源》均釋"諫（績）辥（乂）王家"。32 版《大系》、32 版《金文叢考·謚法之起源》及 32 版《金文叢考·金文韻讀補遺·大克鼎》均從之。35 版《大系》改釋"諫辥（勒乂）王家"，02 版《金文叢考·謚法之起源》及《金文叢考·金文韻讀補遺·大克鼎》同。54 版《金文叢考·金文韻讀補遺·大克鼎》及《金文叢考·謚法之起源》又改釋爲"諫辥（績叙）王家"。

5. "克[圖]于皇天",《郭沫若致容庚書簡》附四《克鼎》釋文作"克□于皇天"，1930 年 9 月 30 日致容庚函"'克'下似畫有橫綫，誤爲人名，請除去"。《金文韻讀補遺·大克鼎》釋文作"克□于皇天"。32 版《大系》作"克㕛（友）于皇天"，後諸版《金文叢

---

① 後諸版《青研》改爲"雜說林鐘、句鑃、鉦、鐸"，刪削相關釋文。

考·金文韻讀補遺·大克鼎》同。35 版《大系》改作"克󠀠于皇天"。

6. "󠀠屯亡敃"，《郭沫若致容庚書簡》附四《克鼎》釋"㝬屯亡敃"，謂"疑當讀爲'德純無斁'"。《金文韻讀補遺·大克鼎》釋文作"得屯（純）亡敃"。32 版《大系》作"得屯亡敃"。35 版《大系》作"髦屯（渾沌）亡敃"。《陝西新出土銅器銘考釋》釋"賣屯亡敃"爲"渾沌無悶"。54 版《金文韻讀補遺·大克鼎》釋"賣屯（沌）亡敃"。

7. "󠀠"，《郭沫若致容庚書簡》附四《克鼎》釋"德"，《金文韻讀補遺·大克鼎》、32 版《大系》同。35 版《大系》改釋"憨（哲）"。《陝西新出土銅器銘考釋》從之。

8. "顯孝于申"，《郭沫若致容庚書簡》附四《克鼎》釋文作"顯孝于神"，《金文韻讀補遺·大克鼎》從之。32 版《大系》改謂"申字，王國維讀爲神。案此句法與詩'獵狁于襄'，'獵狁于夷'同例，申不破字，于義較長"。後諸版《大系》、《金文叢考·金文韻讀補遺·大克鼎》從之，申字均不破讀。

9. "󠀠市"，32 版《大系》釋"介市"。《金文餘釋之餘·釋󠀠》謂"余曩……誤釋克鼎及師𠭥簋之'叔市'爲'叔市'，讀爲介"。《金文餘釋之餘·釋叔》釋爲"叔市"，叔殆假爲素，素市。35 版《大系》從之。《管子集校》引釋文作"叔（淑）市"。

10. "參同󠀠悤"，32 版《大系》釋"參同草悤"。35 版《大系》釋"參同蒪悤"，殆言佩玉，疑參指雙璜，蒪指衝牙，衝牙在中故謂之蒪，雙璜在側如驂馬然，故謂之參。同悤言玉之色也。"同"參趙曹鼎一。57 版《大系》增加眉批"今案參假爲襂，即今衫字。襂同者，緗色之中衣也。中衣之下更有衷衣，蒪假爲衷。蒪悤者，蔥色之衷衣也"。《管子集校》從之，進一步謂"衷衣則裏褻衣也……王者錫其臣下以祭服朝服而兼及中衣與衷衣，可見芾衣與中、衷之必相連屬矣"。

11. "▨"，《青研·令彝令簋與其它諸器物之綜合研究》引文，釋作"畯山"二字。32 版《大系》、1933 年版《卜辭通纂》從之。35 版《大系》改釋"畯"，認爲是一個字。1983 年版《卜辭通纂》釋文改作"嵒"。

12. "▨"，諸版《大系》均釋"梟"，無說。該字又見於大師虘簋，作▨，《陝西新出土銅器銘考釋》認爲梟乃量字之所從，當係亮之古文，日出東方，放大光明也。

百十四、克盨

1. "▨"，初版《大師》釋文作"凵"。35 版《大系》釋"獻"。

2. "▨"，初版《大師》釋"熊"，35 版《大系》改釋"彙"。詳參本節宗周鐘。

### 百十五　小克鼎

1. "逋正八𠂤"，32 版《大系》謂"由上舀壺'作冢司徒于成周八𠂤'句知成周有八師駐戍，與本銘正相印證。逋，詞。正，整也"。35 版《大系》釋文作"逋正八𠂤（屯）"，謂"'逋正八𠂤'與師遽簋'延正師氏'同例，逋延均語詞。'正'，乃底續考成之意"。《師克盨銘考釋》引釋文作"逋正八𠂤（屯）"。

2. "屯右"，《甲骨文字研究·釋穌言》讀爲"純祐"。32 版《大系》同。35 版《大系》改爲"純佑"。

### 百十六　微䜌鼎

1. "宗㠯"，《金文韻讀補遺·微䜌鼎》釋文作"宗周"，初版、35 版《大系》同。57 版《大系》作"宗同"。02 版《大系》

作"宗周"。①

2. "㬎",《金文韻讀補遺·微䜌鼎》釋"祝",32 版《大系》同。35 版《大系》釋"陂",沱也,"艤嗣九陂"蓋命管理川虞澤虞之屬。《盠器銘考釋》引釋文作"服"。

3.《金文韻讀補遺·微䜌鼎》謂,周、祝、考、壽,均爲幽部字,疆、言,陽部。32 版《大系》言"銘乃韻文,周祝考休壽韻,幽部。疆言韻,陽部"。35 版《大系》改爲"銘後半有韻,考休壽,幽部;疆言,陽部"。

### 百十七　鬲从盨

1. "■ ■ ■",32 版《大系》釋文作"□□□"。《金文餘釋·釋㠯》、35 版《大系》均釋"七月既"。

2. "■",32 版《大系》釋"氏"。《金文餘釋·釋㠯》同。35 版《大系》釋"㠯",訓爲之。02 版《金文餘釋·釋㠯》挖改爲"㠯"。

3. "復■",32 版《大系》釋"復双",疑是還付之意。《金文餘釋·釋㠯》釋"復𠬪",𠬪即友字,固防與人名成友字相混,故書作此。𠬪當讀爲賄,復賄蓋言報償也。35 版《大系》從之,釋"復友(賄)",動詞,且當有還付之意,是知友當讀爲賄。

4. "■",32 版《大系》《金文餘釋·釋㠯》釋"瞀"。35 版《大系》釋"憖"。02 版《金文餘釋·釋㠯》挖改爲"憖"。

5. "■",32 版《大系》謂"是動詞,字不識"。《金文餘釋·釋㠯》認爲此字乃"鉤"之初文,曲鉤之象形也。在本銘中似當讀爲購,鉤購古本同音字,例可通用。35 版《大系》謂"乃釣句之象形文,當即釣之古字……釣者取也,交易也"。

6. "■",諸版《大系》僅隸定,無説。《金文餘釋·釋㠯》

---

① 據原銘明顯是"周"字,筆者翻檢多本 57 版《大系》,此處均作"同",不像印刷問題造成的,原因不明。

釋文作"良"。02 版《金文餘釋·釋㠯》隸定字形。

7. "![字]"，32 版《大系》《金文餘釋·釋㠯》釋"甲"。35 版《大系》釋"才"。

8. "![字]十又三邑"，32 版《大系》《金文餘釋·釋㠯》釋文作"日十又三邑"。35 版《大系》作"田日十又三邑"。02 版《大系》作"日（田）十又三邑"。

### 百十八　伊簋

1. "![字]"，32 版《大系》釋"邦"。35 版《大系》改釋"封"。

2. "![字] ![字]"，32 版《大系》釋"隣簋"。35 版《大系》改釋"鬻彝"。

### 百十九　裏盤

1. 32 版《大系》歸入宣王時器，次于師裏簋前，32 版《大系·師裏簋》認為裏盤及師裏簋"與宣世彝銘，文字體格絕相類，必為同時之器無疑"。35 版《大系》改隸裏盤于厲王世，"此盤紋樣，在脣沿及耳上者與爾攸从鼎、爾从盨等相同，在腳部者與小克鼎相同，知其時代相隔必不遠。又此裏余謂與宣世師裏簋之師裏為一人。彼簋敘師裏征伐淮夷，折首執訊，有功，與召伯虎、告慶簋同時，事在宣王六年……本盤言'廿又八年'則是厲王二十八年也。又日辰與伊簋亦相銜接"。

2. "不顯叚休令"，《青研·戈珮威弻必彤沙說》釋"不（丕）顯叚（嘏）休令（命）"，32 版《大系》誤脫"叚"字。

### 百二十　爾攸从鼎

1. "女![字]我田牧"，32 版《大系》釋文作"女為我田牧"。35 版《大系》釋"女覓我田牧"，謂汝求我田野也，《爾雅·釋地》"郊外謂之牧"即此牧字義，非人名。

2. "王令眚史南呂即虢旅"，32版《大系》釋文作"王令眚史南以即虢旅"，謂"眚史，省史，官名。南，人名"。35版《大系》斷作"王令眚（省）。史南呂即虢旅"。

3. "虢旅"，35版《大系》謂"二字均有重文，半泐，舊均未注意"。

4. "![]"，32版《大系》釋文作"殊（誅）"。35版《大系》釋"放"，原銘"略有泐損，諦案可辨"。

### 百二十一　虢叔旅鐘

1. "![]屯亡敃"，32版《大系》釋"得屯亡敃"。35版《大系》釋文作"髦屯（渾沌）亡敃（愍）"。詳參本節師望鼎、大克鼎。

2. "![]"，32版《大系》謂"舊釋歈（飲），近是，疑讀爲欽"。35版《大系》無説。

### 百二十二　士父鐘

32版《大系》未收。

### 百二十三　矢人盤

1. 32版《大系》稱"散氏盤"，35版《大系》改稱"矢人盤"，謂"本盤實是矢人所作，舊稱'散氏盤'者實誤也。今從劉心源正名爲矢人盤"。

2. "![]"，32版《大系》釋"戁"。35版《大系》改釋"嶪"，假爲業。

3. "一![] ![]陟二![]"，32版《大系》釋文作"一封以陟二封"。35版《大系》作"一弄。呂（已）陟，二弄"，呂陟，當斷句，呂讀爲已。

"![]"，32版《大系》逕釋爲"封"。35版《大系》釋"弄"，即奉字，讀爲封疆之封。

4. "封剖枿陕陵剛枿"，32 版《大系》釋文作"封剖（諸）枿陕。陵剛枿"。35 版《大系》斷作"封剖（諸）枿陕陵。陵剛枿"。

5. "㗊"，32 版《大系》釋"譌"。《金文叢考·周官質疑》同。35 版《大系》釋"譔"。02 版《金文叢考·周官質疑》從之。

6. "淮嗣工虎㸚冊豐父"，32 版《大系》釋文斷作"淮嗣工虎，孝冊豐父"，孝，疑當讀爲考。《金文叢考·周官質疑》作"淮嗣工虎㸚，冊豐父"。35 版《大系》釋文作"淮嗣工虎孝，冊豐父"。1952 年版《甲骨文字研究·釋龢言》作"淮嗣工虎 季冊 豐父"。1982 年版《甲骨文字研究·釋龢言》增加眉批"《大系》稱矢人盤。謂嗣工爲虎季官名，㸚爲半父官名，下同"。

7. "㲋"，32 版《大系》釋"凰"。《金文叢考·周官質疑》釋"塵"。35 版《大系》釋"㲋"。02 版《金文叢考·周官質疑》挖改爲"㲋"。

8. "㪔人嗣工駖君宰遞父"，32 版《大系》釋文斷爲"㪔人嗣工駖，君宰德父"。《金文叢考·周官質疑》同。35 版《大系》斷作"㪔人嗣工駖君、宰遞父"。02 版《金文叢考·周官質疑》斷句從之。

8. "㪔人小子眉田戎效父效槼父"，32 版《大系》釋文作"㪔人小子眉，田戎效父、效槼父"。《金文叢考·周官質疑》同。35 版《大系》斷作"㪔人小子賓田戎、效父、效槼父"。02 版《金文叢考·周官質疑》斷句從之。

槼，《金文餘釋之餘·釋槼》言"蓋乃果實之實之本字，象木之枝頭有二碩果也"。

10. "舝"，32 版《大系》認爲是人名。35 版《大系》謂"字不識，當是動詞……殆含即、就、參、詣之意"。

11. "有爽實余有㪔氏心賊"，32 版《大系》釋文作"有爽實，余有散氏心賊"。35 版《大系》斷作"有爽，實余有散氏心賊

（賊）"。

12. "㬎"，32 版《大系》釋"綣"，讀爲券。《金文餘釋·釋繻》改釋爲"繻"，謂"余初以意推之，釋綣，讀爲券。今案此釋不確，字當是繻，乃繯之繁文……當是要約之要之本字"。35 版《大系》從之，釋"繯"，假爲契要之要。

### 百二十四　函皇父簋

1. 32 版《大系》釋文有"般（盤）盉隣器簋鼎（具），自豕鼎降十，又簋八"，後諸版《大系》同。1940 年初，郭沫若爲岐山新發現的函皇父諸器作題識考證，其中有一銘文相同的函皇父簋，相關釋文作"般（盤）盉隣器，敦（簋）〔一〕鼎（具），自豕鼎降十又〔一〕，敦（簋）八"，① 斷句與諸版《大系》不同。謂"以同出之盤銘及鼎銘相校，第二行'器'字下當奪一'鼎'字，簋字下及'十又'下各奪一'一'字"。

### 百二十五　叔向父簋

1. 32 版《大系》據宋薛氏穆王鼎（郭沫若稱"成鼎"）舊刻，認爲此"叔向父禹"與成鼎之"成"如非父子必係叔侄。35 版《大系》從之。《禹鼎跋》據岐山新出禹鼎訂正舊說，認爲"禹"與"叔向父禹"自是一人，此人名禹字叔向父。57 版《大系》從之，削刪增補相關字句以訂正舊說。

2. "㒼"，32 版《大系》謂"古貌字也，從面省䚐聲，小篆作貊"。35 版《大系》謂"乃古貌字，〇象形，䚐聲。䚐貌同紐，幽宵音亦相近"。

### 百二十六　番生簋

1. "鞞鞁"，詳參本節靜簋。

---

① 全集版《金文叢考補錄·函皇父器雜識》。

2. "▨"，32 版《大系》釋"軔"。35 版《大系》改釋"軫"，車前後橫木。《師克盨銘考釋》引釋文亦作"軫"。

3. "桒䋣較"，32 版《大系》脱"䋣"字。

4. "▨"，32 版《大系》不識。《金文餘釋之餘·釋非余》釋"琮"，从玉从余，余下有形與余相似而略異者當是余之橫。後諸版《大系》從之。《師克盨銘考釋》引釋文作"瑑"。

5. "畫▨"，諸版《大系》釋作"畫轉"。《師克盨銘考釋》引釋文作"畫轉"。

### 百二十七　番匊生壺

1. "▨"，32 版《大系》釋"羌"。35 版《大系》釋"乖"，謂"亦見於乖伯簋，彼以爲號，此以爲名，均當假爲瓌偉字。王國維釋爲羌，非是"。

### 百二十八　毛公鼎

1. 1930 年 7 月 29 日《殷周青銅器銘文研究·序》謂"毛公鼎者必係宣平時代之物"。1930 年 11 月 25 日《毛公鼎之年代》謂"毛公鼎當作於宣王之世或平王之世。然究當屬於宣王或平王者，此事尚待最後之決定……準上，余謂毛公鼎乃宣王時器"。① 1930 年 11 月 26 日《殷周青銅器銘文研究·追記四則》改謂"毛公鼎頃已由余改定，確系宣王時代之物"。《〈毛公鼎之年代〉追記》② 謂"鼎出於岐山，此爲器當作於宣世不當作於平世之一確證：蓋平王時岐周已滅也"。後諸版《大系》均歸入宣王。

2. "▨ ▨"，《毛公鼎之年代》釋讀爲"襄乂"。諸版《大系》、

---

① 《毛公鼎之年代》，1930 年 11 月 25 日作，1931 年 3 月 14 日校改，初載《東方雜誌》第 28 卷第 13 號（1931 年 7 月 10 日），後收入《金文叢考》；又選入《沫若文集》第 14 卷。

② 載《東方雜誌》第 28 卷第 16 號（1931 年 8 月 25 日）。

32版《金文叢考·毛公鼎之年代》同。54版《金文叢考·毛公鼎之年代》改釋爲"刈辥",認爲▨當即刈字,亦即是乂,蓋本薙草之器。

3. "毋折緘告余先王若德",《毛公鼎之年代》釋文作"毋折(誓),緘(咸)告余先王若德",謂"'折'從徐讀誓。'若德'王解爲'順德',案此句頗有可商。疑'德'讀得,'若得'連下爲句"。32版《大系》釋文作"毋折(誓),緘(咸)告余先王若德"。32版、54版《金文叢考·毛公鼎之年代》作"毋折(誓),緘告余先王若德",認爲折字仍宜讀爲誓,若德即順德。

35版《大系》改作"母(毋)折緘(緘),告余先王若德","毋折緘"從于省吾釋,"毋閉口不言也"。"若字舊多訓爲順,今案當訓爲其"。

4. "▨卲皇天",▨《毛公鼎之年代》釋"卬(仰)"。32版《大系》、32版、54版《金文叢考·毛公鼎之年代》同。35版《大系》改釋爲"印","'印卲皇天'當是體念天心之意,印舊釋爲仰,誤。卲通照"。《詛楚文考釋》進一步分析字形,認爲"從爪卩,與小篆印字相似。揆其字義,蓋以手障目而仰望也"。

5. "康▨▨或俗我弗作先王▨",《毛公鼎之年代》釋文作"康能或(國)俗,我弗作先王夒"。《〈毛公鼎之年代〉追記》改從孫詒讓說,斷作"康能四國,俗(欲)我弗作先王夒"。35版《大系》讀"或"爲"域"。

"▨",《毛公鼎之年代》從王國維說,釋"夒",讀"羞"。《〈毛公鼎之年代〉追記》改讀爲"憂"。諸版《大系》、《金文叢考·毛公鼎之年代》同。

6. "雖",《毛公鼎之年代》謂"不得其解"。32版《大系》讀爲"推"。

7. "不賜",《毛公鼎之年代》從王國維說,"不賜猶言不盡"。

32 版、54 版《金文叢考·毛公鼎之年代》同。35 版《大系》認爲"不錫即不易，猶言無改"。

8. "丝[字]"，《青研·跋丁卯斧》《毛公鼎之年代》釋"兹兵"。32 版《大系》，32 版、54 版《金文叢考·毛公鼎之年代》同。35 版《大系》改釋"丝关"，讀爲茲贈。《商周古文字類纂》歸入"关"字下，謂"此疑奉之初文，秦公簋奉字作[字]從此。送字殆從此得聲"。

9. "用歲用政"，《青研·跋丁卯斧》認爲"歲"讀爲戉，政即是征。《青研·跋丁卯斧》《毛公鼎之年代》同。35 版《大系》改動觀點，謂"政讀爲征無可疑。歲字舊多異説，近時吳闓生解爲祭歲，最爲得之"，"用歲亦猶用祼矣。用歲者承卣鬯圭瓚言，用征者承車馬旂芾言"。

### 百二十九　師訇簋

1. 師訇簋，《弭叔簋及訇簋考釋》改稱"師訇簋"，認爲師訇簋與訇簋爲同人之器無疑，薛書摹刻失真，文字走樣，舊釋"師訇簋"當訂正，"訇"當改爲"訇"，"訇"當爲詢之古文。

2. "[字]受天命"，32 版《大系》釋文作"□受大命"。35 版《大系》改作"孚（敷）受天令（命）"。

3. "亦則[字][字]"，32 版《大系》釋文作"亦則□女"。35 版《大系》作"亦（奕）剷殷民"，亦讀爲奕，大也。則字蓋讀爲惻。"殷民"二字原文頗類"於女"，釋作"於汝"，文義難通，今吕形近之字推定之。蓋字有泐損，薛氏疑爲"於女"，故摹錄亦趁是也。"亦惻殷民"者猶言"視民如傷"。

4. "[字][字]"，32 版《大系》釋文作"□□"。35 版《大系》作"乚殳（肱股）"，以字形及文義推之，知當如是。乚即肱之初字，殳乃股省。

5. "用☐☐毕辟☐大令"，32 版《大系》釋文作"用勞堇毕辟，言大命"。35 版《大系》作"用夾盠毕辟奠大令（命）"，盠字形亦有失，即召之繁文。

6. "我☐周"，32 版《大系》釋文作"我有周"。35 版《大系》作"我毕（之）周"，我毕周，猶言我之周也。

7. "民☐不☐☐"，32 版《大系》釋文作"民毋童（動）死"。35 版《大系》改作"民亡不康靜"。

8. "☐德不克☐"，32 版《大系》釋文作"時德不克盡"。35 版《大系》改作"首德不克妻"，首謂元首，首德謂君德也，妻即規字，正也。

9. "☐☐☐于先王"，32 版《大系》釋文作"乍夔（憂）于先王"。35 版《大系》改作"古（故）亡丞（承）于先王"。

10. "卿（嚮）女☐屯☐周邦"，32 版《大系》釋文作"卿（嚮）女考屯卹周邦"。35 版《大系》改作"卿（嚮）女（汝）彶，屯（純）卹周邦"，彶，《説文》云"急行也"。屯字略損，舊未釋，字假爲純。

11. "☐☐事"，32 版《大系》釋文作"卹毕事"。35 版《大系》改作"飙（載）乃事"，于省吾云"《荀子·榮辱》'使人載其事'，注云'行也，任之也。'"得之。

12. "☐"，32 版《大系》釋文作"□"。35 版《大系》作"䛐"，疑旨之繁文，旨，美也，善也。

13. "邦☐☐辪"，32 版《大系》釋文作"邦佑堇辪"。35 版《大系》改作"邦屈漢辪"。

14. "☐☐三百人"，32 版《大系》釋文作"□□三百人"。35 版《大系》作"尸（夷）允（唸）三百人"。

15. "☐☐姬寶簋"，32 版《大系》釋文作"姒乙姬寶簋"。35

版《大系》作"咸㔻姬寶簋"。《弭叔簋及訇簋考釋》釋"同益姬寶簋",認爲訇簋"乙伯同姬"、師訇簋"乙伯同益姬"、師酉簋"乙伯宄姬",三者連讀,蓋"益"爲氏族名,究其本名也,三者雖異實同。訇,必姬姓。02版《大系》挖改爲"同㔻姬寶簋"。

16. "其萬由年",32版《大系》奪"由"字。

17. "卅宮",32版《大系》釋文作"世宮"。35版《大系》作"卅宮"。

### 百三十 曶盨

1. "曍",32版《大系》謂,曍當係畾之繁文,畾有城塞之意,疑即塞之古文,从土再聲。35版《大系》認爲曍乃城塞之塞,从臼从土,再聲。

2. "師氏𠆢毕又罪又辜",32版《大系》釋文作"師氏、毕有罪有辜"。35版《大系》作"師氏人又(有)罪又(有)辜",師氏人即卒伍,奴隸之從事公務者也。

3. "𩡧",32版《大系》釋"馭"。35版《大系》認爲殆"耤"字之異,右側所从象人有毛髮鬖鬖操耒而作之形,从馬者古耕耤亦用馬也。

4. "𠣘",32版《大系》釋"夒(憂)"。35版《大系》改釋"咎"。

5. "𩁶",32版《大系》釋文作"虣"。35版《大系》改作"虣(暴)"。《詛楚文考釋》謂詛楚文之"虣"即"暴虎憑河"之暴,字不从戍,實象兩手持戈以搏虎。《周禮》古文作虣从武,殆係譌誤。"宣王時器曶盨銘暴虐字作虣則从戊"。02版《詛楚文考釋》① 改爲"宣王時器曶盨銘暴虐字作虣則从戍"。

---

① 1947年7月11日作《詛楚文考釋》,載1947年9月《中國建設》月刊第4卷第6期;收入《天玄地黃》;又選入《沫若文集》第16卷;後收入《郭沫若全集·考古編》第9卷。

6. "⿰亻庆", 32 版《大系》釋 "厈（擅）"。35 版《大系》改釋 "庆", 亦庆字, 夫大字古每無別, 此處庆讀爲欽, 腳鉗也。

7. "了父市", 32 版《大系》釋文作 "□市"。35 版《大系》作 "乃父市"。

8. "對揚天子不顯魯休", 35 版《大系》"對"前衍一"敢"字。57 版《大系》同。02 版《大系》挖改, 删掉了"敢"字。

## 百三十一　召伯虎簋一

1. "琱生又[圖]盩來合事余獻", 32 版《大系》釋文作 "琱生又（有）事, 盩來合事余獻"。35 版《大系》作 "琱生又吏（使）盩來合事余獻", 謂 "當如是斷句, '又使'與下文'或至我考我母命'之或至相呌應"。

2. "婦氏吕壺告", 32 版《大系》于"壺"字無説。35 版《大系》釋"壺", 讀爲"符", 謂 "蓋婦氏所傳者爲君氏之命, 不能無所符憑。或者古人之符即以壺爲之, 壺者插籌之具也"。

3. "宕", 32 版《大系》謂 "宕, 過也"。35 版《大系》釋爲 "放蕩"。①

4. "我考我[母]", 32 版《大系》釋文作 "我考我母"。35 版《大系》誤作 "我考我父", 57 版《大系》于"父"字右側行間夾注"母"。02 版《大系》將"父"挖補爲"母"。

5. "[圖]", 32 版《大系》釋文作 "辭"。35 版《大系》作 "䦧（亂）", 背亂也。

## 百三十二　兮甲盤

1. "[圖]", 32 版《大系》謂 "賈殆帛之異體"。35 版《大系》謂 "與乖伯簋之賈爲一字, 余意即貝布之布之本字"。35 版《大

---

① 按, 蓋讀"宕"爲"蕩"了。

系·乖伯簋》謂"賫殆貝布之布之本字,从貝帛聲,兮甲盤省作賫"。

### 百三十三　召伯虎簋二

1. "▢▢貝",32版《大系》釋"乎稟貝"。32版《金文叢考·金文韻讀補遺·召伯虎簋》釋"乎㐭賣",謂"㐭賣,廩積。余曩誤釋爲稟貝,今釐正"。① 35版《大系》釋文作"☒稟貝"。57版《大系》作"　稟貝",稟前脱一字。02版《大系》補作"乎稟貝"。②

2. "今余既一名",32版《大系》認爲"一名"當讀爲"乙名",猶言簽名畫押也。《金文韻讀補遺·召伯虎簋》從之。35版《大系》"一名"不破讀,認爲"一名"以文理推之,蓋謂簽名畫押之類。

3. "白氏",32版《大系》《金文韻讀補遺·召伯虎簋》均未注意到"白氏"爲重文。35版《大系》指出"'白氏'有重文,伯在右下,氏在左下"。

4. "用乍朕剌且䣢公嘗簋",32版《大系》《金文韻讀補遺·召伯虎簋》均脱"朕"字。02版《金文韻讀補遺·召伯虎簋》補出"朕"字。

### 百三十四　師袁簋

1. "淮尸䌛我員晦臣",䌛,32版《大系》讀爲"猶"。35版《大系》認爲"王國維謂䌛假爲舊,是也"。

2. "反乎工▢",32版《大系》釋文作"反乎工事"。35版《大系》作"反乎工吏",謂背叛王官,古者王官亦稱工。

---

① 《金文韻讀補遺》初載日本《支那學》雜誌第6卷第1號時,未收召伯虎簋。1932年8月,《金文韻讀補遺》收入《金文叢考》,始增加了召伯虎簋韻讀。

② "乎"字,從筆跡上看,似後補。

3. "㝱",《青研·大豐簋韵讀》謂，譻節 "㝱"，後一字亦見師袁簋㝱，乃國名，即宗周鐘 "南國反孳" 之反。與 "付" 實同字。32 版《大系》改釋 "及"。35 版《大系》釋 "屍"，無説。

4. "斳"，32 版《大系》釋文作 "贄（斳）"。35 版《大系》認爲 "贄" 即《説文》"贄，叕窊堅意也，讀若概" 之贄。

### 百三十五　乖伯簋

1. 32 版《大系》歸入康王時器，謂 "此簋玟琜字與大盂鼎同，又稱文武爲祖，故以次于康世"。35 版《大系》改隸於宣世，謂 "余來益公即休盤之益公，仲即無叀鼎之司徒南仲，實宣世器也。年月日辰，文字事跡，與宣世諸器均無悟"。

2. "乖"，32 版《大系》釋 "羌"。35 版《大系》指出，王國維釋 "羌"，斷爲羌鬃之羌，字形既異，地望全乖，非也。非當即《説文》乖字，今作乖，當假爲魁偉威瓌等字。

3. "王命仲到歸非白"，32 版《大系》釋文作 "王命仲到歸（饋）羌伯"。《䣝羌鐘銘考釋》認爲 "到" 與䣝羌鐘 "徥" 僅左右互易而已，徥乃到之異文，並視 "仲到" 爲人名。35 版《大系》改釋 "王命仲致歸非白（伯）"，致當是致之古文，舊釋爲到，非是。"歸非伯" 當連讀，即歸國之非伯也。《殷契粹編》（1275 片）謂 "致，送詣也"。

4. "它"，32 版《大系》釋 "它"。35 版《大系》改釋 "也（他）"。

5. "益"，32 版《大系》謂 "舊釋益，不確。疑即盇之古字，從皿八聲，古文從皿之字往往從血作"。後諸版《大系》均無此説。

### 百三十六　師嫠簋

1. 32 版《大系》謂 "由此銘足以證知師穌父與宰琱生同時，琱生已見上召伯虎二簋，確係宣王時人也"。35 版《大系·師嫠簋》

謂"師毀簋作於'十又一年九月',言'師龢父毁',又言'宰琱生入右師毀',琱生乃宣王之宰,有召伯虎二簋可證。是則師龢父當是厲世人,至宣世猶存者"。《輔師𡊮簋考釋》謂"宰琱生亦見召伯虎簋,足證宰琱生與召伯虎均宣王時重臣,師毀與之同時,故師毀簋作於宣世,可毫無問題。然由師𡊮簋銘考核之,師𡊮當歷事厲宣二世。銘中言先王曾命𡊮司小輔,今王重加任命,於司小輔之外,兼司鼓鐘。今王爲宣王,則先王自當爲厲王"。

3. "󰀀",32 版《大系》釋文作"㱿",从屮聲,殆假爲俎。35 版《大系》作"㱿",从殳乍聲,當即㱿字之異,此讀爲俎。57 版《大系》增加眉批:容庚云"㱿当讀爲胙,賜也。《左氏》隱公八年傳'胙之土而命之氏'。巩或体作𢷎,《廣雅·釋詁一》'𢷎,举也。'"今案師龢父賜𡊮市,何以当告于王? 此不可解。故仍維持旧説。

4. "𡊮󰀁市󰀂告于王",32 版《大系》釋文作"𡊮介市□告于王"。35 版《大系》改作"𡊮叔市(素韍)巩(恐)告于王"。詳參本節大克鼎。

5. "王乎尹氏册命師𡊮"一句,35 版《大系》誤脱。

6. "才昔先王小學󰀃敏可事",32 版《大系》釋文作"在昔先王小學,女敏可事"。35 版《大系》作"在昔先土小學,女(汝)敏可事(使)"。《輔師𡊮簋考釋》釋文作"在昔先王小學(教)汝,汝敏可使",古人學與教二字相通。

7. "䰙京",金文屢見,又見於石鼓文,作󰀄,《古代銘刻彙考續編·石鼓文研究》釋"䰙",古緟字。35 版《大系·牧簋》從王國維說,釋"緟京",緟,益也,京,崇也。《輔師𡊮簋考釋》改釋爲"重敦"。

8. "嗣乃且(祖)舊官小輔眔鼓鐘",32 版《大系》于"祖"後誤衍一"考"字。

"小輔",35 版《大系》認爲吳大澂云"小輔當讀爲少傅",近是。《輔師嫠簋考釋》訂正舊說，"輔"改讀爲鎛，鎛師的職責主要是管擊鼓。輔言小者，蓋鼓有大小，或鎛師之職猶大小。

### 百三十七　井人妄鐘

1. "▨▨▨"，32版《大系》釋"井仁妄"，仁乃妄之字，井其氏或國。35版《大系》改釋"井人妄"，謂"人字原作▨，下多兩點，金文中每每有此事，非重文，亦非字畫，余曩釋爲仁，或釋爲尼，均非"。

2. "▨屯用魯"，32版《大系》釋"得屯用魯"。35版《大系》釋"貴屯用魯"，讀"貴屯"爲渾沌。詳參本節師望鼎。

3. "肆▨乍穌父大䵼鐘"，32版《大系》釋文作"肆妄乍穌父大䵼鐘"。35版《大系》作"肆乍穌父大䵼鐘"，57版《大系》補作"肆用乍穌父大䵼鐘"。

4. "降余厚多福無疆"，32版《大系》釋文作"降余厚多福亡疆"。

### 百三十八　載簋

32版《大系》未收。

1. 32版《金文叢考·謚法之起源》始謂"載簋雖未能明定器年代，然觀其文辭體例，大抵亦當在夷厲之世"。35版《大系》改定爲宣世器，謂"文辭字體與宣世器相近，'穆公'殆即召伯虎簋之召虎，故次于此"。

### 百三十九　無更鼎

1. "▨"，《青研·戈珥威骹必彤沙說》釋"燔"。32版《大系》同。35版《大系》改釋"述（遂）"。61版《青研·戈珥威骹必彤沙說》改爲"述"。

2. "▨", 諸版《青研·戈珃戚髯必肜沙説》釋"遺", 32 版《大系》同。35 版《大系》改作"退"。

**百四十　休盤**
1. "王乎作册尹册易休", 32 版《大系》脱第二個"册"字。

**百四十一　杜伯鬲**
32 版《大系》未收。

**百四十二　師兑簋**
1. "▨", 32 版《大系》釋"世"。35 版《大系》改釋"足"。參師晨鼎。
2. "乃祖▨", 32 版《大系》釋"乃祖巾"。35 版《大系》據瞏盨"乃父市"的金文例, 改釋爲"乃祖市", 市與黄每相將, 此既言"五黄", 亦足證▨之必爲市。
3. "五▨", 32 版《大系》釋"五章（璋）"。35 版《大系》釋"五黄", 五當是黄之顔色, 五乃假爲菩, 今曰"五黄"蓋言其色似菩之青白, 亦猶言"慇黄"矣。《金文叢考補録·師克盨銘考釋》從之, "五"斷非數目, 應讀爲菩, "五黄"乃葱黄或茍黄之異稱。

**百四十三　鄩簋**
32 版《大系》未收。

**百四十四　三年師兑簋**
1. "▨", 32 版《大系》釋文作"□"。35 版《大系》釋"艘", 字書所無, 疑是退字之異, 此省彳若辵而從自從土, 自殆亦聲。

2. "▨ ▨"，32 版《大系》釋文作"□□"。35 版《大系》釋"畫輯"。

3. "不顯魯休"，32 版《大系》脱"魯"字。

4. "師兑其萬年"，32 版《大系》釋文作"師篡其萬年"。

**百四十五　宗婦鼎**

1. 32 版《大系》定爲秦國器，歸入下編，謂"此器字體與秦公簋極相似，逼近小篆絶非宗周時器。從可斷知王子亦絶非周王子"。35 版《大系》將其改隸於幽王世，謂"器出於陝西鄠縣，就可確知者而言，有鼎七、簋六、壺二、盤一，均同銘。以盤與簋之花紋觀之，當在宗周末年。字跡類石鼓文，則王子蓋宣王之子也。故次于此"。

2. "▨嬰"，▨，《金文韻讀補遺·宗婦鼎》釋"郜"。32 版《大系》從之，"蓋秦之王子剌公所食邑"。35 版《大系》釋"郜"，从邑肯聲。肯古文昔。郜實當時蜀中之一小國，與周室通婚姻，"嬰"其國姓。

**下編：**

**一　者減鐘**

1. 出土於臨江，臨江之地望，《金文韻讀補遺·者減鐘》、① 32 版《大系》謂"江西臨江"。35 版《大系》改謂"臨江殆指今安徽和縣，南朝劉宋曾置臨江郡于此"。57 版《大系》增加眉批"今案程瑶田《通藝録》言'乾隆廿四年江西臨江府得古鑄鐘，撫臣獻于朝。'可证出土地仍是江西，非安徽也"。又回改爲江西。

2. 32 版《大系》謂"器乃青銅所製，銘乃有韻之文，可知當

---

① 初載 1932 年 1 月《支那學》第 6 卷第 1 號，同年 8 月收入《金文叢考》，1954 年再版，02 年收入《郭沫若全集·考古編》。

時文化與中原不相軒輊。古視吳越徐楚爲化外蠻夷之域，其事不足信"。後諸版《大系》均無此説。

3. "丕濼不洞"，《青研·者瀘鐘韻讀》讀"濼"爲"鑠"，讀"洞"爲"彤"。《金文韻讀補遺·者減鐘》釋文作"丕濼（樂）丕洞（調）"，讀"濼"爲"樂"，讀"洞"爲"調"。32 版《大系》從《青研·者瀘鐘韻讀》，亦讀"濼"爲"鑠"，讀"洞"爲"彤"，後諸版《大系》同。32 版《金文叢考·金文韻讀補遺·者減鐘》謂"四不字當讀爲丕，故濼當讀爲樂，洞讀爲調，余曩讀不爲如字，讀濼爲鑠，讀洞爲彤，終嫌意有未安"。後 54 版、02 版《金文叢考》同。

按，觀點前後變動過多次，"丕濼（樂）丕洞（調）"當爲郭沫若最終看法，惜 35 版、57 版《大系》未改盡。

4. "若▨公壽若參壽"，初版《青研·者瀘鐘韻讀》釋"若▨公壽若參壽"，首"若"字，汝也，對鐘而言。▨即召字，讀爲紹，繼也，連綿勿使絕之意。"參壽"蓋以參星之高比壽也。《金文韻讀補遺·者減鐘》、32 版《金文叢考·金文韻讀補遺·者減鐘》、32 版《大系》均從之。35 版《大系》釋"若▨公壽若參壽"，"▨公"從吳闓生説，即召公君奭，"若參壽"者謂壽比參星。54 版《金文叢考·金文韻讀補遺·者減鐘》、54 版《青研·者瑩鐘韻讀》改從。

5. "▨"，《青研·者瀘鐘韻讀》釋"韶"，"韶之省文"。《金文韻讀補遺·者減鐘》、32 版《大系》亦釋"韶"。35 版《大系》改釋"剖"，從于省吾説，讀歆，此字與金爲韻，讀歆甚是。

6. "龢▨▨▨"，《青研·者瀘鐘韻讀》釋"龢金捨其"，認爲金當是捨字，此以爲鐘聲之形容，如小雅鼓鐘曰"鼓鐘欽欽"。《金文韻讀補遺·者減鐘》從之，釋"龢金捨（欽）其"。32 版《大系》同，謂"猶詩言'鼓鐘欽欽'。其，語詞"。35 版《大系》釋"龢々金々，其"，"其"屬下讀。金即捨之異，金々猶欽欽。

02 版《金文叢考·金文韻讀補遺·者減鐘》釋文作"稣々金々其"。

按，02 版《金文叢考·金文韻讀補遺·者減鐘》"稣々金々"乃整理小組據 35 版、57 版《大系》挖改，然而"其"仍屬上讀，沒有改盡。

7. "于上下□□鉌（聞）"，32 版《大系》脱。

## 二　吴王元劍

1. "![字]"，32 版《大系·者減鐘》釋"厰"。35 版《大系》改釋"啟"，"啟自作"猶言肇自作，乃語之偶變。

2. "![字]用"，32 版《大系·者減鐘》釋文作"寶用"。35 版《大系》改作"元用"，蓋兵器銘之習用語。用謂器用，元用猶言元器也。

## 三　其冗句鑃

1. 32 版《大系》謂"如爲越王，當在允常句踐以前"。35 版《大系》謂"此器出土于浙江武康縣山中……以地望推之當是越器。其冗無可考"。

2. "![字]"，32 版《大系》釋"冗"，無説。35 版《大系》同。57 版《大系》增加眉批"銘文全体反書，冗即次字"。

3. "![字]"，《青研·公伐郊鐘之鑒別與其時代》徑釋爲"孝"。32 版《大系》同。35 版《大系》改作"考（孝）"。

4. "隹正初吉"，32 版《大系》謂"正下無月字，二器均如是作。蓋古人紀月朔之法有此例，國差罎'國差立事歲，咸，丁亥，'咸乃月名，其下亦無月字"。35 版《大系》改謂"當是正月初吉，二器均如是"。

## 四　者汈鐘

1. 35 版《大系》以爲作器者之者汈當即諸咎，古器銘凡諸均作者。汚即泓字之異，从水弓聲。是則銘中之王即是翳王，器乃戰國初年之物。57版《大系》改動觀點，增加眉批"容庚云'者汚當作者沪，即越王句踐之子王鼫與（《史記·越世家》）。本鐘別有八器歸日本，合四器而成全文，凡九十三字。（趄字重文計入）'今案其說至確。銘中之'王'即越王句踐也。舊釋當大作添改，因改动過大，此處仍舊，当於補录中詳之"。

2. "▨▨▨▨"，摹本作"▨▨▨▨"，32版《大系》釋文作"□趄□□"。35版《大系》改作"學趄夂哉彌"。

3. "▨"，32版《大系》釋"異（翼）"。該字亦見於鄀侯斝彝、召伯虎簋，《金文餘釋之餘·釋牅》據正體石經，釋爲"衹"。35版《大系》從之，改釋爲"牅（衹）"。該字又見於侯馬盟書，《新出侯馬盟書釋文》謂"象兩缶相抵，本是抵之初文"。

4. 35版《大系》較32版《大系》釋文增加"□□刺（制）疾□□□聿女□□女□□□"一句。

### 五 鄀王糧鼎

1. "糧"，32版《大系》無説。35版《大系》謂"殆糧之異义"。

2. "▨"，《金文韻讀補遺·鄀王糧鼎》釋文作"䜌（菜）"。32版《大系》謂"䜌殆菜之古字，用爲動詞"。35版《大系》認爲，䜌是肺之古文，此从古文禼采聲，采聲與而聲同在之部。

### 六 宜桐盂

32版《大系》未收。

### 七 沇兒鐘

1. "▨"，初版、35版《大系》釋"威"，無説。57版《大系》增加眉批"威字原作敱，乃古畏字，古威畏字通。威乃后起字"。

2. "▨"，32 版《大系》釋文作"虘"。35 版《大系》作"叡"。

3. "▨"，32 版《大系》釋文作"敽"。35 版《大系》作"虘"。57 版《大系》回改爲"敽"。

4. "▨"，32 版《大系》釋文作"晏"。35 版《大系》作"匽"。

5. "㠯樂嘉賓及我父兄庶士"，35 版《大系》誤脫"及我"二字。

6. "▨"，32 版《大系》釋文作"熙"。35 版《大系》作"趌"。

### 八　王孫遺者鐘

1. 32 版《大系》謂"此鐘出土于湖北，然銘辭字體與沇兒鐘如出一人手筆。疑是徐人賂楚之器，或則楚滅徐時所俘獲者也"。35 版《大系》謂"此亦徐器，由其銘辭字體與沇兒鐘如出一人手筆，可以判知"。"遺者"即容居，本銘蓋與魯襄公同時。

2. "▨者"，32 版《大系》釋"遣者"，無可考。35 版《大系》釋"遺者"，當即容居。

3. "趩▨"，32 版《大系》釋"趩辟"。35 版《大系》改釋"趩㚔"，讀爲舒遲，意亦趚是。

4. "余恁㠯心"，32 版《大系》釋"余恁㠯（余）心"。35 版《大系》作"余恁㠯（予）心"，恁，柔也。㠯即以字所從出，多用爲"台，我也"之台，此與余爲對文，正其佳證。

5. "▨余德"，32 版《大系》釋文作"征□余德"。35 版《大系》作"延（誕）□余德"。57 版《大系》作"延（誕）永余德"。

6. "龢󰀀民人"，32 版《大系》釋"龢汯民人"。35 版《大系》釋"龢㳘民人"，㳘从水弖聲，弖者彊之異，从水，斯爲㳘，㳘者水盛皃，"龢㳘民人"者謂和孌而殷盛之。

7. "󰀀"，32 版《大系》釋"揚"。35 版《大系》改釋"昀"，旬即旬字，徧也。

## 九　郘王義楚耑

1. "󰀀"，《金文韻讀補遺·郘王義楚耑》釋"怡"，此假爲"台小子"之台，我之也。32 版《大系》釋文作"怡（余）"。35 版《大系》作"怸（予）"，怸即怡字，假爲"台，我也"之台。金文多以从台聲若吕聲之字爲之，且均用爲領格。又此用例爲宗周文所未見。

2. "子孫□寶"，《金文韻讀補遺·郘王義楚耑》認爲"永寶""是寶"均可通。35 版《大系》謂"寶字上原空一格，當是範損，奪去一字，以彝銘語例推之，必爲永字無疑"。

## 十　儆兒鐘

1. "󰀀"，32 版《大系》釋"儔"。35 版《大系》謂"舊或釋儔，或釋僕，均不確，古人名多奇字，不能識"。

2. "󰀀󰀀"，32 版《大系》釋"幽佫"。35 版《大系》改釋"幾䝭"。

3. "󰀀"，32 版《大系》釋文作"皉（佺）"。35 版《大系》釋文照摹字形，謂"當是動詞，殆俾使等字之義"。

4. "󰀀"，32 版《大系》釋"逡"。35 版《大系》釋"䢔"，與遜爲一字，或即乘之繁文。

5. "㊀"，32 版《大系》釋"取"。35 版《大系》改釋"敁"，假爲擇，或釋得，或釋取，均非。

6. "㊀"，32 版《大系》釋"御"。35 版《大系》改釋"飲"。

## 十一　邻䣊尹鉦

1. "㊀故㊀"，《青研·公伐郳鐘之鑒別與其時代》釋文作"□故□"，無説。《金文韻讀補遺·邻醽尹鉦》、32 版《大系》同。35 版《大系》認爲㊀當是動詞，如擇取之類（或釋爲者，亦非）。㊀，當是器，蓋謂融毀故物以鑄此征城也。

2. "㊀者父兄"，㊀，《青研·公伐郳鐘之鑒別與其時代》釋文作"□"。《金文韻讀補遺·邻醽尹鉦》、32 版《大系》同。35 版《大系》釋"次"，02 版《金文韻讀補遺·邻䣊尹鉦》改從之。

3. "㊀"，《青研·公伐郳鐘之鑒別與其時代》釋文作"㊀"。《金文韻讀補遺·邻醽尹鉦》作"血（郱）"。32 版《大系》作"血（卹）"。32 版、54 版《金文叢考·金文韻讀補遺·邻醽尹鉦》釋"皿"，讀爲"孟"，勉也。35 版《大系》釋文作"㊀"。02 版《金文韻讀補遺·邻䣊尹鉦》改從之。

## 十二　楚公逆鎛

1. "㊀ ㊀"，32 版《大系》釋文作"夋盉（和）"。35 版《大系》改作"□柵（和）"。

2. "□㊀屯公"，32 版《大系》釋文作"□占屯公"。35 版《大系》作"□□屯公"。

3. 32 版《大系》釋文有"□□□身"，35 版《大系》作"□〔保其〕身"。

4. 32 版《大系》謂"原銘'曰夋'二字之右側，'萬年'二字之左側，恰當四字之間有一'十'字，與本銘似不相屬，可讀爲甲，亦可讀爲七，疑紀數"。後諸版《大系》均無此說。

5. 32 版《大系》謂"今案乃韻語。亢公，陽東合韻。壽寶，幽部"。後諸版《大系》均無此說。

### 十三　楚公豪鐘

32 版《大系》未收。

### 十四　楚王鐘

1. 32 版《大系》認爲"楚王乃文王"。35 版《大系》謂"江以楚穆王商臣三年滅于楚，此江楚尚通婚姻，自在亡國之前。成王熊惲之妹有江羋者或即此卬仲嬭，楚王殆即成王或其父文王也"。

2. "卬仲嬭南"，32 版《大系》謂"卬仲見下伯戔盤及盉，楚女嬭南適江，爲江仲之妻。江滅于楚穆王三年，卬仲之孫伯戔猶作器遺子孫，而本銘稱楚王……嬭南即江羋，伯戔則江國亡國之君也"。35 版《大系》改變觀點，認爲"仲嬭，女字，南，名"。

3. 32 版《大系》謂"此器考古圖云得於錢塘，蓋江滅之後器入於越"。35 版《大系》言"《考古圖》謂此器得於錢塘，蓋謂購自錢塘鬻市，不必因此而疑卬之非江"。

### 十五　叔姬簠

1. 32 版《大系》謂"叔姬乃姬姓之女，嫁于黃邦，而楚侯爲之作媵器鬻彝，同時復爲適江之楚女作器，叔姬其螟蛉之子耶"。35 版《大系》謂"楚之鄰國姬姓之女嫁于黃邦，楚作器以媵之，同時復媵適江之楚女也……同時爲二女作器"。

2. "乍"，32 版《大系》謂"讀爲迮或徂，嫁也"。35 版《大系》謂"乍乃迮省，嫁也，適也"。

## 十六　楚王酓章鐘

1. "㫃"，32 版《大系》釋 "時"，讀爲寺，守也。35 版《大系》釋 "時"，乃詩之異，此假爲寺，寺，守也。

2. "㫃自西𩑋"，32 版《大系》釋 "迌自西𩑋"，無説。《金文餘釋·釋中䑓𠦪𩑋》釋 "徒自西𩑋"，①𩑋是颺之古字，𩑋言飛揚，亦高舉之義。35 版《大系》釋 "迌自西𩑋"，迌舊釋徒，今依原文隸定，迌，亦遷徙矣。02 版《金文叢考·金文餘釋·釋中䑓𠦪𩑋》改從，釋文作 "迌自西𩑋"。

3. "穆商商"，32 版《大系》釋文無。

## 十七　曾姬無卹壺

1. 《古代銘刻彙考續編·壽縣所出楚器之年代》認爲此器必在考烈以前。器之形制紋樣既與新鄭壺相似，或者乃春秋中葉楚之成王或共王時器。35 版《大系》謂 "此非考烈以後器。字體與楚王酓章鐘極近，大率即惠王時物"。

## 十八　王子申盞

1. "盞"，32 版《大系》釋文作 "盂"。35 版《大系》作 "盞"，謂 "盞字，阮釋菁，近人釋盂，均有異。暫照原文録出"。

## 十九　中子化盤

1. "用䌛其吉金"，䌛，32 版《大系》據摹刻本，摹作 "屮"，無説。35 版《大系》亦摹爲 "屮"，動詞，意當如擇如取，蓋即邵字，讀爲撟若㨆。57 版《大系》釋 "䌛"，增加眉批 "此盤銘曩拠據古摹刻本，䌛字誤摹爲屮，今拠拓本观之，則分明作䌛，確係䌛

---

① "徒" 或爲 "徙" 之誤字。

（擇）字……⿰字以下解釋文删去"。

2. "自乍[圖]盤"，[圖]，32版《大系》釋"盥"。35版《大系》同。57版《大系》改釋"盤"，增加眉批"盤假爲朕，攈古亦誤摹爲盥"。

### 二十　楚王領鐘

1. 32版《大系》從羅振玉說，認爲頯即楚成王。35版《大系》改動觀點，謂"以形制而言，器有紐，枚平，花紋乃所謂'秦式'，蓋戰國時代之器，不得遠至春秋中葉，準此而求之，余意當即楚悼王"。

2. "[圖]"，32版《大系》釋"頯"。35版《大系》改釋"領"，領之異文，从頁今聲。

### 二十一　楚子簠

1. 32版《大系》謂"楚列王中無名鍰者，有杜敖熊囏（文王子）及考烈王熊元（或作完），囏元鍰古音同部，二者必居一焉"。35版《大系》謂"本銘字體乃戰國時流派，楚子鍰即考烈王熊元也"。

2. "子孫永保之"，32版《大系》釋文作"子孫永寶（保）用之"。

### 二十二　楚王酓忎鼎

1. "[圖][圖]"，《古代銘刻彙考續編·壽縣所出楚器之年代》釋"但平"，不識，疑是職名。35版《大系》亦釋"但平"，但殆職名。平即帀字，師之省文。叔夷鐘師字作䛁，省之則爲平矣。或釋爲平，非是。

### 二十三　楚王酓肯鼎

1. 酓肯即酓忎，自是一人。"酓忎"，即楚幽王熊悍。參《古代銘刻彙考續編·壽縣所出楚器之年代》及 35 版《大系》。《詛楚文考釋》改動觀點，謂"楚王酓肯鼎即考烈王熊元之器。楚王酓玊鼎即楚幽王熊悍之器。均自稱酓而不稱熊"。

### 二十四　伯戔盤

1. "![王]月"，32 版《大系》徑釋"正月"。35 版《大系》釋"王月"，"王"疑"正"字之誤摹。

### 二十五　伯戔盨

1. "盨"，32 版《大系》謂"宋人釋盦，近人均沿襲之。案字從皿叀聲，決非盦字。且盦乃覆蓋，亦非器物之名。盨器形制與古器名監（冰鑑）者相同，當是監之別名。監可盛食物，亦可以鑑容，盨器亦猶是"。35 版《大系》謂，舊釋爲盦，容庚云"盨乃甒"。

### 二十六　黃君簠

1. "君"，32 版《大系》認爲君字稍泐，或釋爲同。35 版《大系》謂，舊或誤釋爲"同"，黃乃古佩玉之象形文，同，所從曰字二直均上出，與此有別，此特君之罢形耳。

2. "![稻]"，32 版《大系》釋"稻"。35 版《大系》釋文照摹字形。

3. "用易眉壽黃耇萬年子=孫=永寶用亯"，32 版《大系》斷爲"用錫眉壽，黃耇萬年。子=孫=永寶用亯"。35 版《大系》斷爲"用易眉壽黃耇，萬年子=孫=永寶用亯"。

### 二十七　黃韋俞父盤

1. "![㳊]"，32 版《大系》釋文作"迨"。35 版《大系》改作"永"。

## 二十八　單鼎

1. "㊀"，32 版《大系》釋"紫"，從孫詒讓釋，案當是氏族或封邑。35 版《大系》改釋"㡭"，謂"本鼎銘乃反書，必反觀之乃得，疑是作器者之氏"。

2. "永㊀言"，32 版《大系》釋"永寶言"。35 版《大系》亦釋"永寶言"，謂"寶字至詭異，所從缶字竟誤柝爲二，而置諸對角"。57 版《大系》改釋爲"永寶用言"四字。

## 二十九　䣩侯簋

1. 32 版《大系》從孫詒讓說，䣩國當即《尚書·牧誓》之盧。認爲今九江附近即盧國故地，地屬南國。35 版《大系》正文大字謂"盧國故地當在今湖北襄陽附近"。另有一段小字，顯係正文書寫後增寫補註，謂"今案孫說不確。盧戎爲楚所滅在春秋初年，與本器字體不合。近時徐中舒說䣩爲山東之莒，較爲可信。莒滅于楚，在獲麟五十年也。今改從之，二器當次于齊前"。

32 版《大系》謂"本銘字體細長，與徐楚吳越諸器同爲一系，孫說於此亦可得一證"。35 版《大系》謂"丙字作囟從火，與子禾釜同，案此字至關重要，由此字可以推知十干已與五行方位相配，丙屬南方，故從火作。子禾釜乃戰國末年器，本簋時代不能確知，恐在春秋以後也"。

2. "㊀"，32 版《大系》釋文作"析及"。35 版《大系》作"秝乙（甝）"。

## 三十　䈰大史申鼎

1. 32 版《大系》謂"本銘字體細長與䣩侯簋極相似"。35 版《大系》謂"字體與䣩侯簋極相似"，"又此鼎形制腳甚低，器淺而無耳，頗特異。器身環帶花紋與秦公簋同屬一系，其時代之相去必不甚遠，大率乃春秋末年之器也"。57 版《大系》改"器淺而無耳，頗特異"爲"器淺而兩耳已殘缺"。

### 三十一　䣄公救人簠

1. "垂皇![字]"，《金文韻讀補遺·䣄公簠》釋文作"垂皇考"。初版、35 版《大系》同。57 版《大系》作"垂皇丂（考）"，02 版《大系》同。

2. "![字]"，《金文韻讀補遺·䣄公簠》釋文作"斳"。32 版《大系》作"錫"。32 版、54 版《金文叢考·金文韻讀補遺·䣄公簠》作"斳"。35 版《大系》改作"易（錫）"。02 版《大系》同。57 版《大系》作"腸（錫）"。02 版《金文叢考·金文韻讀補遺·䣄公簠》改作"錫"。

### 三十二　䣄公平侯錳

1. "![字]"，32 版《大系》釋"趞"。35 版《大系》隸作"![字]"。

### 三十三　䣄公諴鼎

1. "隹![字]![字]三月"，32 版《大系》釋文作"隹囗三月"。35 版《大系》作"隹十又三月"，當是"十又三月"之譌，下筆過短，蓋是銹紋。57 版《大系》增加小字批注"頗疑'十又'二字是䣄字殘畫誤摹"。

2. "＝![字]![字]公"，32 版《大系》釋"上䣄雖公"。35 版《大系》改作"下䣄雖公"。

### 三十四　䣄公諴簠

32 版《大系》未收。

### 三十五　鄧伯氏鼎

1. "嚻嫚臭"，32 版《大系》認爲"嚻嫚·臭"乃一字一名。

後諸版《大系》均刪削此説。

### 三十六　鄧公簋

1. "訇乍弉公"，乍，32版《大系》讀爲胙，《説文》籀文姐。35版《大系》改謂"乍，迮省，嫁也，適也"。

### 三十七　蔡姞簋

1. 32版《大系》言"此銘文字格調當在西周"。35版《大系》謂"此銘文字當在宗周厲宣之世"。

### 三十八　子璋鐘

1. "■月"，32版《大系》釋"七月"。35版《大系》改釋"十月"。

### 三十九　魯生鼎

1. "壽母"，32版《大系》認爲是魯生之女的字，古人女子字曰某女，詳王國維《女字説》。35版《大系》改動觀點，謂"乃魯生之女的名"。

按，35版《大系·蔡大師鼎》有"可母"，謂"古人女子無論已嫁未嫁均稱某母，王國維以爲女字，謂女子字稱某母，猶男子字稱某父。今案某母當是女名，或省去母字。古者女子無字，出嫁則以其夫之字爲字"。

2. "■■"，32版《大系》釋"賸"，誤以爲一字。35版《大系》從之，釋"賸"，讀爲媵。57版《大系》釋文作"朕貞（媵鼎）"。

3. "永寶用"，32版《大系》釋"永保用"。

### 四十　鄭戚句父鼎

32版《大系》未收。

1. "戜句父"，《金文餘釋之餘·釋須句》曾提及該鼎，名"奠勇句父鼎"。35 版《大系》謂"戜蓋戎字之異，从戈用聲，句父之氏也。舊釋爲勇，不確"。57 版、02 版《大系》從之。

按，沫若文庫藏郭沫若手批本《大系》豎綫删除原文"戜蓋戎字之異，从戈用聲，句父之氏也。舊釋爲勇，不確"一句，且改"戎"爲"勇"，增加眉批"説文：勇之變，一又作戜"。

### 四十一　叔上匜

1. "永保用之"，32 版《大系》脱"之"字。

### 四十二　陳侯簠

1. 32 版《大系》謂"陳侯爲姜氏女作媵器，此亦一異例"。35 版《大系》改謂"陳侯爲姜姓女作媵器，此亦一異例"。

### 四十三　陳子匜

1. "庎孟爲毅母"，32 版《大系》認爲"毅母"乃庎孟嬀的字。35 版《大系》删除此説，僅謂"庎當是國名"。詳參本節魯生鼎。

### 四十四　陳伯元匜

1. "白🅐之子白元"，🅐，32 版《大系》疑"獠"之别構，左旁从犬，右旁聲符與嬰次鑪庂字相近。伯元殆即陳完，完厲公子，左氏傳厲王名躍，躍聲與獠聲同部。35 版《大系》改釋"殷"，"伯殷""伯元"父子殆陳之宗室，以伯爲氏者。

2. "🅐"，32 版《大系》釋"西"。35 版《大系》改釋"囟"，國族名。

### 四十五　宋公戌鐘

1. "![戌]"，32 版《大系》釋 "成"，此宋公成爲宋平公無疑。35 版《大系》釋 "戌"，宋公名舊釋爲成，王復齋認爲當以《公羊傳》"宋公戌" 爲正，即平公，今改從之。戌與成之差僅一筆，故致誤也。古器中成戌字亦每互譌。

2. "![字]"，32 版《大系》謂，該字半泐，僅存左半音字，宋人釋謌。儔兒鐘 "以鑄訸鐘"，訸字从音作，此疑亦訸字之泐。35 版《大系》改釋 "詞"。

### 四十六　曾伯霥簠

1. "![業]"，32 版《大系》釋 "業"，謂 "午武業，魚盇合韻（業字前人每疑之，然大雅常武 '赫々業々，有嚴天子，王舒保作'，業亦與魚部作字爲韻）"。35 版《大系》認爲，此乃 "常" 之異文，此从巾从粠省，會意字，此處讀爲堂皇之堂，高也，盛也，聲正入韻。粠、湯、行、方，陽部。

2. "![寶]臣"，32 版《大系》釋文作 "寶臣"。35 版《大系》改作 "旅臣（簠）"。

3. "![錫]"，32 版《大系》釋文作 "錫"。35 版《大系》作 "賜（錫）"。

4. "![叚]"，32 版《大系》釋 "叚"。35 版《大系》改釋 "叚（胡）"。

### 四十七　曾伯陭壺

1. 35 版《大系》謂 "孝、壽，幽部"，《金文韻讀補遺·曾伯陭壺》、32 版《大系》均無此說。

### 四十八　曾子遇簠

32 版《大系》未收。

1. 35 版《大系》謂"此器字體與叔夷鐘、畬章鐘等相似，蓋春秋中葉前後之器。《春秋》襄六年書'莒人滅鄫'，又昭四年書'九月取鄫'，蓋鄫滅于莒，降爲附庸。尚能保其血食，後終滅于魯也。器或作於襄公之世，唯不得在昭四以後"。57 版《大系》將"尚能保其血食，後終滅于魯也"改爲"后复叛而歸魯，故又取于魯"。

### 四十九　曾大保盆

1. "![字]弔（叔）![字]"，![字]，32 版《大系》釋"麕"，麕之別構，从鹿畾聲。35 版《大系》改釋"麿"，字書所無，然必爲會聲之字。57 版《大系》較 35 版增加"麿作![字]，示鹿頭有大角，蓋如今之馴鹿"一句。

![字]，32 版《大系》釋"霝"，鷹省。名鷹，故字麕叔。（段玉裁讀畾如陳，此足證其非。）35 版《大系》改釋"亟"，亟通極。曾大保名亟字麕叔。

### 五十　滕侯穌簠

1. 57 版《大系》增加眉批"盨器自名爲簠，足証盨乃簠之变"。

按，容庚《商周彝器通考》謂"案乃盨蓋"。①

### 五十一　薛侯鼎

1. "史"，32 版《大系》無説。35 版《大系》謂"史者薛侯之

---

① 容庚：《商周彝器通考》（上册），中華書局 2012 年版，第 254 頁。

史官所書之下欤"。

2. "鼎"，初版、35 版《大系》徑釋"鼎"。57 版《大系》增加"鼎疑䵾字之殘"一句。

### 五十二　郳公牼鐘

1. "■亥"，32 版《大系》釋文作"丁亥"。35 版《大系》改作"乙亥"。

2. "■"，32 版《大系》釋"裹"。35 版《大系》改釋"畢"。

3. 32 版《大系》謂"身年，真部"，後諸版《大系》均無此說。

### 五十三　郳公華鐘

1. "羃■吉金"，《金文韻讀補遺·郳公華鐘》釋"擇其吉金"。32 版《大系》作"羃其吉金"。35 版《大系》改作"羃毕吉金"。

2. "玄鏐赤■"，《金文韻讀補遺·郳公華鐘》釋文作"玄鏐赤鑪"。32 版《大系》作"玄鏐赤鏽"。後諸版《金文叢考·金文韻讀補遺·郳公華鐘》改從。

3. "台乍其皇且皇考"，《金义韻讀補遺·郳公華鐘》釋文作"以作其皇祖皇考"。32 版《大系》作"以作（祚）其皇祖皇考"。54 版《金文叢考·金文韻讀補遺·郳公華鐘》改作"呂作（祝）其皇祖皇考"。35 版《大系》釋文作"台（以）作（祚）其皇且（祖）皇考"。02 版《金文叢考·金文韻讀補遺·郳公華鐘》改從。

4. "■"，《金文韻讀補遺·郳公華鐘》釋"裹"。32 版《大系》同。35 版《大系》改釋"畢"。02 版《金文叢考·金文韻讀補遺·郳公華鐘》改從。

5. "■忌"，《金文韻讀補遺·郳公華鐘》釋文徑作"畏忌"。32 版《大系》同。35 版《大系》改作"威忌"。

6. "☒"，《金文韻讀補遺·邾公華鐘》釋"墜"。32 版《大系》釋"豕"。32 版《金文叢考·金文韻讀補遺·邾公華鐘》改從。35 版《大系》改釋"豕（涿）"。57 版《大系》回改爲"豕（墜）"。

7. "台卹其祭祀盟祀"，《金文韻讀補遺·邾公華鐘》、32 版《大系》均脱"盟祀"。02 版《金文叢考·金文韻讀補遺·邾公華鐘》補"盟祀"。

### 五十四　邾公釛鐘

1. "乍☒禾鐘"，32 版《大系》釋文作"作其禾（和）鐘"。35 版《大系》作"乍（作）毕禾（和）鐘"。

2. "及我正卿☒君霝☒㠯萬年"，32 版《大系》釋文作"及我正卿邦君。霝冬（終）以萬年"。35 版《大系》改爲"及我正卿，趩（揚）君霝君以萬年"，"趩君靈君"，第二君字，初疑剔誤，非是。字在此殆假爲聞。

### 五十五　邾君鐘

1. 35 版《大系》釋文有"用自乍（作）其鯀鍾鉌（鈴），用處大正（政）"。57 版《大系》改作"用自乍（作）其鯀鍾□鉌（鈴），用處大正（政）（下泐）"。

### 五十六　邾大宰簠

1. "☒"，《金文韻讀補遺·邾大宰簠》釋文作"□"。32 版《大系》釋"讓"。32 版《金文叢考·金文韻讀補遺·邾大宰簠》改從。35 版《大系》改釋"諾"，諾、若古本一字，此用爲若，順也。

### 五十七　邾友父鬲

1. 57 版《大系》增加眉批"邾伯鬲殆同時出土器"。

### 五十八　邾討鼎

1. "[圖]"，32 版《大系》徑釋"孫="。35 版《大系》釋"㝀="，㝀自是孫之異，象小兒頭上有總角之形。

### 五十九　邿遣簋

1. "[圖]"，32 版《大系》釋文作"遣"。35 版《大系》作"遘"。

### 六十　邿造遣鼎

1. 57 版《大系》較 35 版增加"清光緒間出土于山東東平縣"一句。

### 六十一　邾伯鼎

1. "邾白肇乍孟妊"，32 版《大系》謂"孟妊當是邾伯之妻或母，蓋邾與妊姓之國爲婚姻也，孟妊當是薛女或祝女"。35 版《大系》謂"此邾伯爲其妻所作器，蓋邾與妊姓之國爲婚姻也。與邾相近之國薛、祝均妊姓，不知孰是"。

2. "[圖]"，32 版《大系》釋"鼒"。35 版《大系》作"鼎"。

### 六十二　邾伯祀鼎

1. "[圖]"，32 版《大系》釋文作"鼎"。35 版《大系》作"鼎"。

2. "其萬年眉壽無疆"，35 版《大系》誤脫"其"。

## 六十三　魯侯爵

1. 初版《青研·魯侯角釋文》稱"魯侯角"，謂"器爲角而銘之以爵。可知古人角亦名爵"。諸版《青研》、《大系》均改稱"魯侯爵"。54版《青研·魯侯爵釋文》謂"此器舊稱爲'角'，以與普通之爵有異。普通之爵有二柱，此則無。然普通之爵，存器雖多，無一自名爲'爵'者；此既自名爲'爵'，故今改稱爲'爵'。蓋古爵有柱者與無柱者，不當別立異名"。

## 六十四　魯大司徒匜

1. "庶女"，32版《大系》謂"庶女疑是庶母，古母女字每通作"。後諸版《大系》無此説。
2. "䰜"，32版《大系》釋"隝"。35版《大系》改釋"鏎"。

## 六十五　仲姬俞簠

1. 32版《大系》謂，別有盤，同爲仲姬俞作器，一爲伯大父，一爲伯厚父，大父厚父殆伯氏之兄弟或父子也。35版《大系》認爲，魯伯厚父盤與仲姬俞簠同爲仲姬俞所作之媵器。伯厚父與伯大父當是兄弟行，以伯爲氏者也。

按，沫若文庫藏郭沫若手批本《大系》於"魯伯厚父盤與仲姬俞簠同爲仲姬俞所作之媵器"之"爲"後另補一"爲"字。

## 六十六　孟姬姜簠

1. 32版《大系》謂"孟姬姜與仲姬俞殆姊妹或姑姪"。35版《大系》謂"此與仲姬俞簠同爲伯大父所作，則孟姬姜與仲姬俞乃姊妹行，姜乃孟姬之名"。

## 六十七　魯伯愈父鬲

1. "㠯"，32版《大系》釋"仁"。35版《大系》釋文僅摹録字形。

2. 57 版《大系》較 35 版增加 "魯伯愈父諸器，所見有鬲五、簋三、盤三、匜一，清道光十年出土于滕縣城東北八十里鳳凰嶺溝澗中"。

### 六十八　杞伯每刃鼎

1. "鼎"，32 版《大系》釋文作 "鼎"。35 版《大系》作 "鼎"。

### 六十九　杞伯每刃壺

32 版《大系》未收。

1. 35 版《大系》謂 "壺字蓋文作🏺，器文作🏺，王國維説爲卣字，未見器形，不知其然否。且器與蓋分藏二家，字跡亦小異，是否一器之柝或二器之殘，亦未能知也"。57 版《大系》改爲 "壺字蓋文作🏺，器文作🏺，器形見善齋礼器录。王國維以爲 '卣' 非也。然器與蓋分藏二家，字跡亦小異，是否一器之柝或二器之殘，殊未能知耳"。

2. 57 版《大系》增加眉批 "'萬年' 上多以 '其' 字"。

### 七十　己侯貉子簋

32 版《大系》未收。

### 七十一　貉子卣

32 版《大系》未收。

### 七十二　己侯鐘

32 版《大系》未收。

### 七十三　己侯簋

32 版《大系》未收。

### 七十四　曩公壺

32 版《大系》未收。

### 七十五　慶叔匜

1. 32 版《大系》將其歸入齊國器，次于齊侯盤之後。35 版《大系》改定爲紀國器，謂，薛尚功云"此銘得於淄之淄川。……銘文字畫與'杞公匜'（即曩公壺）絕相類"。淄川與壽光接近，在古均紀國地。銘文字畫與曩公壺絕相類，固其所宜。紀以魯莊四年滅于齊，而此匜與壺就其字體而言，蓋春秋初年之器也。

### 七十六　鑄公簋

1. "車"，32 版《大系》釋"東"。35 版《大系》改釋"車"。

### 七十七　鑄子簋

1. "臣"，32 版《大系》徑釋"頤"。35 版《大系》釋"臣"，即頤之初文，象形，象有重頷而上有鬚也，鬚色黑，故此鑄子名臣，而字叔黑。

2. "肇"，32 版《大系》釋文作"肇"。35 版《大系》脱。57 版《大系》釋"肇"。

3. "匿"，32 版《大系》釋文作"鼎"。35 版《大系》作"匿（簋）"。

### 七十八　齊大宰盤

1. "歸"，32 版《大系》釋"歸"。35 版《大系》釋"遯"，歸之異文，从帚�（追）聲，此从帚遂聲也。

2. "■"，32 版《大系》僅摹錄字形，無説。35 版《大系》認爲，此殆"甫"字之異，乃歸父名。齊有國歸父，乃國佐之父，見《左傳》僖公二十八年傳，及三十三年經、傳，傳又稱國莊子，或即此人。

3. "■"，32 版《大系》釋文作"蕲"。35 版《大系》作"旟"。

4. "■"，32 版《大系》釋"魯"。35 版《大系》改釋"霝"。

### 七十九　國差𦉜

1. "■"，《青研·國差𦉜韻讀》謂"乃疑字之別構也"。諸版《大系》、《金文韻讀補遺·國差𦉜》無説。

2. "■"，《青研·國差𦉜韻讀》釋"鳳"，从貝凡（本古文盤）聲，當是貝朋字之別構。許書朋鳳爲一字，卜辭以鳳爲風，此當假爲風。《金文韻讀補遺·國差𦉜》、32 版《大系》從之。35 版《大系》改釋"貟（鼏）"，彝銘从冖之字每从冃作，字復从貝者，鼎與貝古文每互譌也。鼏通密。

### 八十　叔夷鐘

1. "■"，32 版《大系》釋"淄"，無説。35 版《大系》認爲此字从水省甫聲，甫古文以爲衹，釋淄是也。

2. "■徒"，《甲骨文字研究·釋臣宰》釋"國徒"。初版、35 版《大系》同。《奴隸制時代·希望有更多的鐵器出土》引叔夷鐘，改釋爲"鐵徒"，謂"'𢧰'應該就是鐵字的初文或者省文。由此可見，齊靈公時確已有采鐵冶煉的官徒了。（這個𢧰字的關係很重要，我以前沒有認識清楚，近年來才體會到了。）"57 版《大系》從之，釋"鐵徒"。《管子集校》釋文亦作"𢧰（鐵）徒"。《班簋的再發

現》謂，叔夷鐘有"造或徒四千"，或有人以爲"可能爲庶人"，"造或徒"當是冶鐵工人。02 版《甲骨文字研究·釋臣宰》增加編輯頁眉"▲《大系》稱叔夷鎛'國'作'鐵'，下同"。02 版《大系》同 35 版。

按，"鐵徒"當是作者最後觀點，02 版以 35 版爲底本，仍作"國徒"，02 版《大系》編輯未注意到作者已經改動了觀點。

3. "䚻"，32 版《大系》釋"緘"，無説。35 版《大系》釋文作"載"，從孫詒讓釋"織"，讀爲"職"。

4. "處堣（禹）之堵"，32 版《大系》讀"堵"爲"都"。35 版《大系》改讀爲"土"。

5. "鈇"，32 版《大系》釋"鈇"，無説。35 版《大系》改釋"鈇"。

6. "䇂"，32 版《大系》釋"都"，無説。35 版《大系》釋文作"載"，謂"舊釋爲都，疑是屠字，从戈从儿者省聲也，屠讀爲都"。

7. 叔夷鎛"䇂"，初版《中國古代社會研究》釋"鼇邑"。1930 年 2 月 1 日致信容庚謂"齊侯鑄鐘'鼇邑'二字合書例"。《中國古代社會研究·由〈矢彝考釋〉論到其他》指出"鼇邑"爲地名合書。35 版《大系》叔夷鐘釋文"鼇"下雙行小注謂"鎛文作鄨，从邑"。

### 八十一　庫壺

1.《金文韻讀補遺·庫壺》謂"霝公"係齊靈公，乃生稱。32 版《大系》從之。35 版《大系》進一步認爲"在春秋時稱王者爲南方之吴楚徐越，《史記·十二諸侯年表》于齊靈公十二年書'伐吴'，蓋即此時事也。（其時吴王壽夢十六年，壽夢名《春秋》襄十二年作'乘'，銘中兩'乘馬'字，一在其王下，頗疑即是壽夢）"。

2. "罨其吉金"，32版《大系》誤脱"其"字。

3.《諡法之起源》釋文有"自作□壺"，《金文韻讀補遺·庫壺》改作"以鑄其□壺"。後諸版《大系》及《金文叢考·諡法之起源》《金文叢考·金文韻讀補遺·庫壺》均從之。

## 八十二　䢵鎛

1. "齊■鼜弔"，32版《大系》釋"齊□鼜叔"。35版《大系》釋"齊辟鼜弔（陶叔）"，辟，乃地名，鼜叔所食邑也。地在今山東莒縣東南。本器相傳以前清同治庚午出土於山西榮河縣后土祠旁，蓋因事故輦入晉，亦猶吳王夫差鑑之出土於晉地也。鼜者鞄之繁文。57版《大系》較35版增加眉批"'《山西通志·金石記》引楊薦説"鼜當爲鞄，通鮑。鼜叔即鮑叔'"。

2. "■"，《金文韻讀補遺·齊子仲姜鎛》釋文作"邶（？）"。後諸版《大系》《金文叢考·金文韻讀補遺·齊子仲姜鎛》僅照摹字形，無説。

3. "■"，《金文韻讀補遺·齊子仲姜鎛》釋"告"。32版《大系》釋"譜"。35版《大系》作"徣（造）"。

4. "■"，《金文韻讀補遺·齊子仲姜鎛》釋文作"俞（渝）"。32版《大系》同。35版《大系》作"亣（渝）"，亣，乃玪之側視形，剡上，前後紃，丿者其纚藉。餘字从此，此讀爲渝。

5. "■事"，《金文韻讀補遺·齊子仲姜鎛》釋"三事"。32版《大系》釋"四事"。35版《大系》作"三事"。02版《金文叢考·金文韻讀補遺·齊子仲姜鎛》挖改爲"四事"。

6. "子孫永保用言"，《金文韻讀補遺·齊子仲姜鎛》釋文誤作"子々孫々永保用言"。35版《大系》脱"言"字。02版《金文叢考·金文韻讀補遺·齊子仲姜鎛》作"子孫永保用言"。

## 八十三　齊鼜氏鐘

1. "■"，《金文韻讀補遺·齊鼜氏鐘》釋"及"。32版《大系》同。35版《大系》改釋"攴",此處當讀爲頗或溥,言甚好也。

2. "㠯",《金文韻讀補遺·齊鎛氏鐘》讀爲"予"。諸版《大系》同。32版《金文叢考·金文韻讀補遺·齊鎛氏鐘》讀爲"台","㠯與辝爲一字,即後世㠯字所從出。金文中多用爲'台,我也'之台,但均用爲領格,即我之也"。

3. "及我▨▨",《金文韻讀補遺·齊鎛氏鐘》釋文作"及我〔庶士〕","庶士"二字原泐,依韻及鐘銘慣例補之。32版《大系》同。35版《大系》改釋"及我〔倗友〕"。

4. "永保▨之",《金文韻讀補遺·齊鎛氏鐘》釋文作"永保用之"。32版《大系》作"永保□之"。35版《大系》改作"永保鼓之"。

### 八十四　齊侯盤

1. "▨▨",32版《大系》釋"寬膚",無説。35版《大系》釋文作"寰䖒",寰,從宀䓲聲,䓲,莧之繁文,蓋古寬字。寰䖒,疑即鮮虞,䖒蓋即虞之初文。齊侯四器,傳以光緒年間出於易州,蓋齊女夫家,即銘中所謂寰䖒也。易州在春秋時本屬燕,然與鮮虞故地(今河北定縣)相近,或者器出于州之南境,在古本鮮虞之地也。

2. "▨",32版《大系》釋"它"。35版《大系》釋"也"。

### 八十五　洹子孟姜壺

1. 《青研·齊侯壺釋文》認爲"齊侯"乃齊莊公。初版、35版《大系》,諸版《謚法之起源》均從之。57版《大系》改變觀點,增加欄下眉批"今案齊侯当是齊景公。景公三年田文子犹在(見《左傳》及《史記·齊世家》),則此器殆景公初年之物。景公乃莊公之弟,其世蓋在莊公時已適田桓子也"。

2. "▨▨",初版《青研·齊侯壺釋文》釋"䚇帛",齊侯女

名，即孟姜，爲陳桓子之妻。32 版《金文叢考·諡法之起源》及 32 版《大系》從之。35 版《大系》釋文作"�帚"，䵗，齊侯女名，即孟姜。帚讀爲聿，詞也。54 版《青研·齊侯壺釋文》改從。

3. "▨"，《青研·齊侯壺釋文》釋"叩"，孫詒讓釋"句"，讀爲敬。此乃後人之"叩"字。32 版《大系》同。35 版《大系》改釋"句"。

4. "▨則爾▨"，《青研·齊侯壺釋文》釋"萁則爾萁"，萁即萁（期）字，下體所从者非口字，乃日省。則讀如哉，"期哉，爾期"猶《論語》所謂"時哉，時哉"。32 版《大系》釋"萁則爾萁"。35 版《大系》作"萁（萁）則爾萁"。57 版《大系》增加欄下眉批"'萁則尔萁'者言欲行 年喪制，則行一年喪制"。

5. "余不其事女受冊"，《青研·齊侯壺釋文》從孫詒讓說，不讀爲丕，事爲使之借字。32 版《大系》亦讀不爲丕。57 版《大系》增加欄下眉批"'余不其事女受冊'者，事通使，冊假爲責，或讀爲柵，亦可通。此二語表明天子同意其短喪"。

6. "其人民都邑堇▨無"，堇，《諡法之起源》讀爲"僅"，同年《諡法之起源》收入《金文叢考》時，改爲"謹"。

▨，《青研·齊侯壺釋文》徑釋"宴"。32 版《大系》、諸版《諡法之起源》同。35 版《大系》釋"婯"，蓋宴之變體，以要爲聲，取雙聲也。

7. "▨銅"，《諡法之起源》、32 版《大系》徑釋"羞銅"，後諸版《金文叢考·諡法之起源》釋文作"差銅（鍾）"。35 版、57 版《大系》釋文作"差銅（鍾）"，但考釋中謂"'羞銅'，即《書·顧命》：'上宗奉同瑁'之同……酒器之鍾，盛算之中，均是一音之轉變"。02 版《大系》釋文挖改爲"羞銅（鍾）"，在原"差"字增補二筆變爲"羞"字。

## 八十六　陳肪簋

1. "▨"，32 版《大系》不識。35 版《大系》認爲，▨殆產之異，从初彥省聲，産者生之初也，故从初。字在此與和對文，蓋即讀爲彥，美士曰彥。

2. "㊙"，32版《大系》釋"盟"。35版《大系》改釋"盦"，此用爲寅敬之寅。

3. "㊙"，32版《大系》釋"虔"。35版《大系》改釋"叚"，字在此乃讀爲讓。

4. "㊙ ㊙"，32版《大系》釋"簠鏚"，連讀爲舅姑，蓋祀其妻之父母之器。35版《大系》讀"簠"爲考。"鏚"字單獨成句，不得與簠字連文。鏚即壺字，銘末綴此字者，乃作器或作銘者之署名。57版《大系》增加眉批"'簠鏚'二字，容庚釋爲'簠鎗'。拠《儀礼·公食礼》'坐啟簠会'注'会，簠蓋也。'謂此从金作。若爲此釋，則'用追孝於我皇'句尚未完，仍有可商。頗疑鏚字即用爲乎，語尾助詞也"。

### 八十七　陳逆簠

1. "㊙"，32版《大系》釋"室"。35版《大系》改釋"家"。

2. "𨾴乎吉金"，32版《大系》釋文作"余𨾴乎吉金"，誤衍"余"字。

3. "㊙㊙永命"，32版《大系》釋文作"用匃永命"。35版《大系》作"乍（祚）帚（匃）永命"。

### 八十八　陳逆簠

1. "㊙"，32版《大系》釋"啻"，讀爲"嫡"。35版《大系》改釋"裔"。

### 八十九　陳曼簠

1. "堇"，32版《大系》讀"謹"。35版《大系》改讀爲"勤"。

### 九十　陳侯午鐘

1. "▇鐘"，32 版《大系》釋"鎛鐘"，當即禮經之"廢敦"。35 版《大系》從徐中舒說，改釋爲"錍鐘"。錍與鐘實二物，錍，當是盂之異，从金臾聲。

2. "永▇▇忘"，32 版《大系》釋文作"永枼□忘"。35 版《大系》作"永豈母（毋）忘"。

### 九十一　因资鐘

1. "▇"，《金文韻讀補遺・陳侯因资簋》徑釋"哉"。32 版《大系》釋文作"烖（哉）"。後諸版《金文叢考・金文韻讀補遺・陳侯因资鐘》同。35 版《大系》改作"敱（哉）"。

2. "▇▇"，《金文韻讀補遺・陳侯因资簋》釋"堇啻（瑾嫡）"。32 版《大系》從之。35 版《大系》從徐中舒說，改釋"黃啻（帝）"。54 版《金文叢考・金文韻讀補遺・陳侯因资鐘》從之。

3. "▇▇"，《金文韻讀補遺・陳侯因资簋》釋文作"佌（勉）踊（竢）"，踊乃竢之異文，此當讀爲嗣。32 版《大系》從之。35 版《大系》作"佌（弭）飼（嗣）"，佌讀爲弭節之弭，低也。飼即竢之古文，讀爲嗣。又高訓爲遠，佌讀爲邇，亦可通。54 版《金文叢考・金文韻讀補遺・陳侯因资鐘》釋"佌飼（邇嗣）"，佌，此讀爲邇。

4. "▇"，《金文韻讀補遺・陳侯因资簋》釋"朝"。32 版《大系》同。35 版《大系》釋"淖"，當是潮之省，假爲朝聘之朝。57 版《大系》亦釋"淖"，認爲是"朝（晨）"之異，讀爲朝聘之朝。《商周古文字類纂》將該字歸入"朝"字頭下，謂"《太平御覽》引《說文》淖，朝也。三字石經朝古文作▇（容庚）"。

5. "▇"，《金文韻讀補遺・陳侯因资簋》釋"爵"。32 版《大系》同。35 版《大系》釋文作"臺"，即昏庸之昏，讀爲問。02 版

《金文叢考·金文韻讀補遺·陳侯因𣸭鎛》改從之。

6. "㿜"，《金文韻讀補遺·陳侯因𣸭簋》釋"盬（貢）"，此字舊或釋祼，案字似从東作，疑貢之異文。32 版《大系》謂"字从東作，當是貢字，以東爲聲"。35 版《大系》改從徐中舒說，釋"盬"。02 版《金文韻讀補遺·陳侯因𣸭鎛》從之。

### 九十二　陳騂壺

32 版《大系》未收。

1.《金文續考·陳騂壺》謂"此乃齊襄王五年齊軍敗燕師時所獲之燕器"。《金文餘釋之餘·丘關之釜考釋》《古代銘刻彙考續編·杕氏壺——年代與國別之一考察》、諸版《大系》等均從之。

1935 年 12 月 23 日郭沫若致張政烺函提及該器，謂"子禾子釜、陳騂壺年代之推考，確較余說爲勝。墜㝫之爲惠子得尤屬創獲，可賀之至。子禾子之稱，與壺銘子墜騂相同，疑釜乃禾子父莊子未卒時器，若然，則壺之王五年蓋是周定王五年（即公元前 602），於時惠子自尚在，尊說確不可易"。周定王五年即公元前 602 年。

2. "內伐匽㿜㿜之隻"，《金文續考·陳騂壺》釋"內（入）伐匽□□之隻（獲）"，追亡逐北而侵入燕境也。伐匽下二文半泐難辨，當是燕之地名。35 版《大系》釋文作"內（入）伐匽□邦之隻（獲）"，追亡逐北，進而侵伐燕之某邑。

### 九十三　子禾子釜

32 版《大系》未收。

1. 初版《金文餘釋之餘·丘關之釜考釋》認爲"子和子即太公和"，此器與左關釜同出乃同時器，左關釜記齊宣公四十四年伐魯葛及安陵時事。35 版《大系》改動觀點，認爲"墜旻"之名，與陳騂壺之"墜旻"，自是一人，則二器之相距必不甚遠，子禾子斷非大公和也。大率皆齊湣王末年之器。54 版《金文餘釋之餘·丘關之釜考釋》改從。

　　1935 年 12 月 23 日郭沫若致張政烺函提及該器，謂 "子禾子釜、陳騂壺年代之推考，確較余説爲勝。墮尋之爲惠子得尤屬創獲，可賀之至。子禾子之稱，與壺銘子墮騂相同，疑釜乃禾子父莊子未卒時器，若然，則壺之王五年蓋是周定王五年，於時惠子自尚在，尊説確不可易"。

　　2. "〔圖〕"，《金文餘釋之餘・丘關之釜考釋》釋 "夾"。35 版《大系》改釋 "寅"。

　　3. "贖以〔圖〕〔圖〕〔圖〕"，《金文餘釋之餘・丘關之釜考釋》釋文作 "贖以□鋝"，吳大澂釋 "千鈞" 未免罰的太重，諦案殆是 "半" 字，作而斜偏左，然亦未敢遽必。35 版《大系》釋文作 "贖以□（金）半鋝（鈞）"，蓋罰輕薄之罪。

　　4.《金文餘釋之餘・丘關之釜考釋》認爲 "丘關乃左關之别名"。諸版《大系》均無此説。

### 九十四　陳純釜

1. "〔圖〕"，32 版《大系》釋 "余"。35 版《大系》認爲，此當是 "亭" 字之異，从高省，丁聲。

### 九十五　戈叔朕鼎

32 版《大系》未收。

### 九十六　賢簋

1. "公命〔圖〕畮賢百畮〔圖〕用乍寶彝"，32 版《大系》釋文作 "公命史畮賢百畮。鬯用作寶彝"，畮古畝字，上畮字讀爲賄。用上一字當是賢之名，不可識。35 版《大系》釋文作 "公命事，畮（賄）賢百畮（畝）鬯（糧），用作寶彝"，"公命事" 與戜鼎 "內史令戜事" 同例，言命賢有所職掌也。上畮假爲賄，猶錫也，予也。鬯，从盈量聲，當烹餁之餁，本銘當讀爲糧。

### 九十七　匽侯旨鼎

1. "▨"，32 版《大系》釋"智"，疑始字之別構，讀爲"台我也"之台。35 版《大系》釋"娠"，殆始字之異，即女姓之姒，又疑乃"又始"之合，又始者，宥姒也。姒者匽侯之妻若母。

### 九十八　匽公匜

1. 32 版《大系》謂"爲姜名乘，殆齊女。燕與齊乃婚姻之國"。35 版《大系》謂"姜乘乃姜姓女，名乘者，匽公之妻"。

### 九十九　郾侯䎽彝

1. 32 版《大系》謂"此亦燕器"。35 版《大系》謂"此燕成侯之器，《史記·燕世家》有成公，當周定考二王之際，在戰國初年。《索引》云'《紀年》成侯名載'。此䎽即載字之異，從車才聲。載乃從車㦮聲，㦮從戈才聲，聲類相同"。

2. "▨"，32 版《大系》釋文作"□"。35 版《大系》作"□（樂）"。

3. "▨"，32 版《大系》釋"哉"。35 版《大系》改釋爲"𢦏"，與叔夷鐘之𢦏爲一字，當即是屠，讀爲語助詞之"諸"。

### 百　枏氏壺

32 版《大系》未收。

1. 《古代銘刻彙考續編·枏氏壺——年代與國別之一考察》認爲"鮮于當即鮮虞，以魯昭公十二年見於《春秋》，入戰國後改稱中山，此猶稱鮮于，蓋春秋末年之器"。"此用鑲嵌與飛獸文樣之枏氏壺，乃春秋末年爲燕人所得之鮮虞器"。35 版《大系》謂"壺本鮮虞之器，而刻銘者用北燕方言稱瓶爲𦉢，則枏氏乃燕人也。製器之年代由稱鮮于推之，大率當在春秋戰國之際"。

2. "福▢"，《金文韻讀補遺・姒氏壺》釋文作"福及"。32版、54版《金文叢考・金文韻讀補遺・姒氏壺》改作"福殳"。《古代銘刻彙考續編・姒氏壺——年代與國別之一考察》釋文作"福▢"，當是姒氏之名，福下一字似有缺畫，字不可識，僅摹録原銘。後諸版《大系》、02版《金文叢考・金文韻讀補遺・姒氏壺》從之。

3. "歲賢鮮于"，《金文韻讀補遺・姒氏壺》謂"此銘首十二字意不明"。32版《金文叢考・金文韻讀補遺・姒氏壺》謂"歲讀爲伐，'賢鮮于'或即賢單丁，古又有鮮虞複姓未知孰是"。54版《金文韻讀補遺・姒氏壺》增加"又中山之別名爲鮮虞"一句。02版《金文韻讀補遺・姒氏壺》同初版。

《古代銘刻彙考續編・姒氏壺》認爲"歲賢"當是歲時聘問之意，賢當讀爲贄，鮮于當即鮮虞。後諸版《大系》從之。

4. "可是▢▢"，《金文韻讀補遺・姒氏壺》釋文作"可是□□"。《古代銘刻彙考續編・姒氏壺——年代與國別之一考察》改釋"可（荷）是金梪（挈）"，可與何（荷）通，"金梪"二字拓本甚明，梪即契字，此假爲挈，瓶也。後諸版《大系》從之。

5. "▢▢"，《金文韻讀補遺・姒氏壺》釋"自頌"。《古代銘刻彙考續編・姒氏壺——年代與國別之一考察》亦釋"其頌"，謂"其頌"字羅振玉釋"自頌"，徐中舒釋"曰頌"，梅原末治摹本作▢頌，今參照之定爲"其頌"，"其頌既好"與"多寡不訐"正相叫應。諸版《大系》從之，釋"其頌"。02版《金文韻讀補遺・姒氏壺》作"其頌"。

6. "▢▢"，《金文韻讀補遺・姒氏壺》釋文作"□"。《古代銘刻彙考續編・姒氏壺——年代與國別之一考察》釋"盱"，大也。諸版《大系》從之。

7. "㠯[X][X]毋後"，"[X][X]"，《金文韻讀補遺·林氏壺》釋"猪"。32版《金文叢考·金文韻讀補遺·林氏壺》釋文作"猪（諸）"。《古代銘刻彙考續編·林氏壺——年代與國別之一考察》改釋"獵"，後諸版《大系》從之。

## 百一　晉姜鼎

1. "京[X]"，《金文韻讀補遺·晉姜鼎》釋"京師"。32版《大系》同。35版《大系》釋文作"京自"，即京陵，在今山西新絳縣北二十里許，與汾城縣接壤，蓋其地實晉國之首都也。02版《金文叢考·金文韻讀補遺·晉姜鼎》作"京自"。

2. "嘉遣我"，32版《大系》認爲"此三字上疑有奪字"。35版《大系》謂"'嘉遣我'者當是晉公嘉晉姜之賢能，遣其出征"。

3. "[X]"，《金文韻讀補遺·晉姜鼎》釋"賁"。32版《大系》同。35版《大系》改釋"賁"，疑鱻省，《爾雅·釋魚》"貝，小者鱻"，又云"蠣，小而橢"。蓋以此爲乾鯪也。02版《金文叢考·金文韻讀補遺·晉姜鼎》作"賁"。

4. "[X]"，《金文韻讀補遺·晉姜鼎》釋"弘"。32版《大系》同。35版《大系》釋文摹録原銘，無説。

5. "[X]"，《金文韻讀補遺·晉姜鼎》釋"勒"，刻勒之勒之本字，从刀，像刻木有飛屑形，勒乃攸勒之本字，用爲刻勒字者乃假借。32版《大系》同。35版《大系》改釋"枸"。

## 百二　伯郰父鼎

32版《大系》未收。

## 百三　晉公蠤

1. "[X]，《青研·晉邦蠤韻讀》釋文作"□"。《金文韻讀補遺・晉邦盦》釋"事"。① 32 版《大系》同。35 版《大系》改釋爲"來"。

2. "▨"，《青研・晉邦盦韻讀》釋文作"□"。《金文韻讀補遺・晉邦盦》、32 版《大系》同。35 版《大系》釋"宀"，通盥，静也。

3. "我剌考"下原銘殘泐，《青研・晉邦盦韻讀》釋文作"□□□"。《金文韻讀補遺・晉邦盦》作"文公□"。32 版《大系》擬補釋文爲"〔文公大〕"。32 版《金文叢考・金文韻讀補遺・晉邦盦》同。35 版《大系》釋文作"□□□"。

4. "▨"，《青研・晉邦盦韻讀》認爲是晉公名，即晉襄公驩。《金文韻讀補遺・晉邦盦》謂"以銘中情勢案之，器當作於晉襄公。襄公名驩（見《史記・十二諸侯年表》，《世家》作'歡'），疑漢人以午之禽爲馬而改"。32 版《大系》亦從之。35 版《大系》改從唐蘭説，認爲"䧼"當是晉定公午。54 版《金文韻讀補遺・晉邦盦》在初版的基礎上，增加"或説當是定公，名午"一句。

5. "▨"，《青研・晉邦盦韻讀》照摹字形，有和協之意，"揆其字均可釋和，疑即龢之別構也"。《金文韻讀補遺・晉邦盦》徑釋"和"。後諸版《大系》、《金文叢考・金文韻讀補遺・晉邦盦》釋文或作"䛆""䛒"，無詳説。

6. "▨"，《青研・晉邦盦韻讀》釋"妥（綏）"。《金文韻讀補遺・晉邦盦》、初版、35 版《大系》同。57 版《大系》改釋"蓄"。

7. "乍▨左右"，▨，《青研・晉邦盦韻讀》釋"爲"。《金文韻讀補遺・晉邦盦》、32 版《大系》同。35 版《大系》改釋"馮"。

8. "▨"，《青研・晉邦盦韻讀》釋"俘"，从人爪又，乍聲，

---

① 1932 年收入《金文叢考》時，"晉邦盦"作"晉邦盦"。

執其人而抑迫之，即搾之初字。《金文韻讀補遺·晉邦盦》、32 版《大系》從之。35 版《大系》釋文作"㑒（迮）"，㑒當是迮迫字之本字。

9. "虔夤盟▣"，《青研·晉邦盦韻讀》釋文作"虔夤盟酒（?）"。《金文韻讀補遺·晉邦盦》作"虔夤盟酒"。32 版《大系》改作"虔夤盟□"。後諸版《金文叢考·金文韻讀補遺·晉邦盦》、《大系》同。

10. "百▣"，《青研·晉邦盦韻讀》釋"百蕭"，蕭，即媾之假。《金文韻讀補遺·晉邦盦》、32 版《大系》同。35 版《大系》改釋"百𧮫"，殆假爲百爾，爾與邇通，所謂邇臣也。

## 百四　邵鐘

1. "▣"，32 版《大系》釋"毁"，35 版《大系》改釋"畢"。

2. "▣"，32 版《大系》釋"孔"，35 版《大系》改釋"叟"，即丮字，沈子簋"其丮哀乃沈子㠯佳福"，丮殆讀爲劇。

3. "世々子孫"，32 版《大系》釋文作"子子孫孫"。

## 百五　䗩芳鐘

32 版《大系》未收。

1. 《金文叢考·䗩羌鐘銘考釋》謂，字體規旋矩折而逼近小篆，乃戰國時韓器，下距嬴秦兼併天下僅百六十年，而其字體上與秦石鼓、秦公簋，中與同時代之商鞅量、商鞅戟，下與秦刻石、秦權量相較，並無何等詭異之處，僅此已足易王國維"戰國時秦用籀文六國用古文説"。《古代銘刻彙考續編·䗩氏鐘補遺》進一步定此器爲周安王二十二年之器，在戰國初年，而花紋亦正是所謂"秦式"，此亦足證"秦式"之非秦式矣。此等形式之器之較古者多出於燕晉之地，謂曾受斯基摩藝術之影響庸有可能，然可斷定出於秦地或確爲秦器者迄未一見。諸版《大系》《侯馬盟書試探》《古代文字之辯證的發展》等均從之，認爲驫芳鐘乃周安王二十二年所作。

2. "▣"，初版《金文叢考·驫羌鐘銘考釋》認爲是"再"之異文，从二从商省，蓋取再思之意。54 版《金文叢考·驫芳鐘銘考釋》較初版增加 1932 年 6 月 23 日所作追記，認爲唐蘭"說▣爲再之變體，甚是。足證余'从商省'之說之非"，"今鐘銘作▣从二再，再亦聲，又爲再二字之本字矣"。《古代銘刻彙考續編·驫氏鐘補遺》釋文作"覀"。35 版《大系》作"覀（再）"。

3. ▣，初版《金文叢考·驫羌鐘銘考釋》釋"羌"，乃爲其名，可讀爲壯、莊、將、匡。《古代銘刻彙考續編·驫氏鐘補遺》改釋爲"芳"，狗之初文，金文用爲敬，義出孳乳。此處讀狗讀敬均可。35 版《大系》、54 版《金文叢考·驫芳鐘銘考釋》從之。

4. "武侄寺力"，武，初版《金文叢考·驫羌鐘銘考釋》謂"殆驫羌之字"。《古代銘刻彙考續編·驫氏鐘補遺》改爲"武即武卒之武"。35 版《大系》同。54 版《金文叢考·驫芳鐘銘考釋》改從，謂"武者謂武卒或卒伍"。

侄，《金文叢考·驫羌鐘銘考釋》認爲乃"到"之異，古文到字其見於金文者均从人作，侄、致僅左右互易而已。此讀爲撝。35 版《大系》謂"侄與挃通，挃，撝也"。

5 墜，《金文叢考·驫羌鐘銘考釋》謂"即率領義"。35 版《大系》認爲墜乃虛詞。

6. "▣于晉公"，▣，初版《金文叢考·驫羌鐘銘考釋》釋"方"，從劉節說，釋爲"賓"，當讀爲償，與賞同義。《古代銘刻彙考續編·驫氏鐘補遺》改釋爲"令"。35 版《大系》同。54 版《金文叢考·驫芳鐘銘考釋》改從，"令有錫義，故與賞對文"。

7. "武文▣刺"，《金文叢考·驫羌鐘銘考釋》釋文作"武文□刺"，"武文"乃作器者自爲懿美之辭。《古代銘刻彙考續編·驫氏鐘補遺》釋"武文咸刺"，謂"余初說'武文'二字爲作器者自爲懿美之辭，今得識咸字，蓋足證余説之不誤"。35 版《大系》同。

### 百六　嗣子壺

32 版《大系》未收。

1.《古代銘刻彙考·金文續考·嗣子壺》謂"壺之年代不可知，然與驫𦎧鐘相去要當不遠……蓋戰國初年之器"，"嗣子壺出於何墓，尚未悉"。35 版《大系》進一步肯定"此壺與驫𦎧鐘同出于太倉韓墓，大率亦戰國初年之器"。

2.《古代銘刻彙考·金文續考·嗣子壺》認爲此作器者蓋韓之宗室或家臣，封於令狐而歸葬洛陽者也。35 版《大系》從之。57 版《大系》謂"此器之作者蓋晉之大夫，封於令狐者也。（晉語七有令狐文子，其證）"。

3. "▨=康盄"，▨，《古代銘刻彙考·金文續考·嗣子壺》釋"辟"，"辟辟"，當讀爲便便，閑雅之貌。"康盄（淑）"，非人名也。35 版《大系》釋"犀"，"犀犀"猶遲遲，舒徐寬綽之意，"康盄"仍當釋爲人名，盄用爲叔，"康叔"殆即令狐君之嗣子名，由下文"承受屯德"可以知之。

### 百七　吉日劍

32 版《大系》未收。

1.《古代銘刻彙考續編·枀氏壺》謂"就此字體觀之，自當在周末"。35 版《大系》謂"依文字而言當是戰國時物，于時歸化屬趙，知實趙器也"。57 版《大系》改爲"依文字而言當是戰國時物，渾源本屬代，战国初爲趙氏所滅，乃封其支子爲代君"。

2. "▨"，《古代銘刻彙考續編·枀氏壺》釋文作"□"，不識。35 版《大系》照摹原銘，謂"銘末一字不可識，銘詞似有韻，字與午吕蓋同屬於魚部也。（或釋爲民，非是。）"57 版《大系》釋

"虞"，謂"銘末一字少泐，諦省確是虞字，与午吕韵，同属于魚部也。(或釋爲民，非是)"。

### 百八　穌公簋

1. "■"，32版《大系》釋"改"，乃穌之姓，亦作妃。35版《大系》釋"妃"，本簋稱"王妃"，乃蘇女嫁於王之媵器。

### 百九　穌冶妊鼎

1. "穌■妊"，■，32版《大系》釋"冶"。35版《大系》釋"冶"，如非國族則當是字。

2. "虢妃魚母"，32版《大系》謂"蘇女將嫁于虢，魚母爲其字。冶妊當即魚母之母"。35版《大系》謂"蘇女將嫁于虢，魚爲女名，蓋即冶妊之女也"。

### 百十　穌甫人匜

32版《大系》未收。

### 百十一　甫人父匜

32版《大系》未收。

### 百十二　甫人盨

1. "■ ■"，《金文韻讀補遺·甫人盨》釋文作"□□"。35版《大系》亦作"□□"，謂"此蓋穌甫人所自作器，銘首所缺二文蓋即'穌公'"。

### 百十三　寬兒鼎

1. "■"，32版《大系》徑釋"申"。35版《大系》釋文作"■（申）"，壬申字誤作■，與楚子簠同。

### 百十四　虢文公鼎

32 版《大系》未收。

1. 35 版《大系》歸入東虢器。認爲"虢文公"乃宣王時人，從賈逵説，"文公，文王母弟虢仲之後，爲王卿士也"。虢仲之虢乃東虢，器分枝爲北虢。北虢，金文稱虢季氏，如虢季子白盤、虢季子組壺其證也。西虢，金文稱䜌虢，有䜌虢仲簋出土于鳳翔可證。單稱虢者，當即東虢，雖國在滎陽，固不妨入爲卿士也。《三門峽出土銅器二三事》改動觀點，定虢文公鼎爲北虢器，謂"新出的虢季氏子叚鬲與虢文公鼎爲同人之器，虢季氏即北虢，則虢文公鼎乃北虢器亦因以斷定"。

2. 35 版《大系》謂"此爲虢文公之子所作器，蓋在幽王時。'叔妃'即叚之室，蓋蘇女也。鼎之形制與穌沿妊鼎頗相近，彼鼎之'虢妃'或即此人。蘇與東虢比鄰，故相爲婚姻，此亦足爲虢即東虢之一證"。《三門峽出土銅器二三事》訂正舊説，認爲"子叚"是人名，虢季氏子叚即虢文公，虢季氏子叚鬲與虢文公鼎均周宣王時器，花紋形制亦甚相近。

### 百十五　虢姜簋

1. 32 版《大系》謂"此單稱虢，殆東虢也"。35 版《大系》謂"此器《考古圖》云'不知所從得，惟蓋存。'余意亦東虢器，時代當在西周，蓋屬宣時器"。

2. "𤔲"，32 版《大系》釋"虔"。35 版《大系》釋文作"叜"。

### 百十六　虢季氏子組簋

32 版《大系》未收。

### 百十七　虞司寇壺

1. 32 版《大系》僅録釋文。35 版《大系》謂"此壺兩器，文皆右行"。57 版《大系》較 35 版增加"蓋文無之字"一句。

### 百十八　吳尨父簋

1. "吳尨父乍皇且考庚孟嬯簋"，35 版《大系》釋文作"吳尨父乍皇且考庚孟嬯簋"。57 版《大系》釋文作"吳尨父乍皇且考庚孟嬯簋"，謂"祖與考不聯，庚爲祖，孟爲考"。02 版《大系》同 35 版。

### 百十九　秦公簋

1. 初版《青研·秦公簋韻讀》認爲，秦公簋必作於德公以後，銘文格調辭句多與晉邦盦相同。"十又二公"如非以秦仲起算，則必以莊公起算，十二世而至共桓。當於魯之宣成。32 版《大系》從之，謂"此'十又二公'以後之秦公，如以秦仲起算，當爲共公，以秦仲子莊公起算，當爲桓公，未知孰是"。

35 版《大系》改動觀點，謂"此與秦公鐘爲同時所作之器，銘辭亦大同小異。作器者實是秦景公，蓋器與齊之叔夷鎛鐘，除大小相異而外，其花紋形制全如出自一範也。叔夷鎛鐘作于齊靈公中年，秦景公以靈公六年即位，年代正相同，用知所謂'十又二公'實自襄公始列爲諸侯始也。此事足證圖像研究之不可忽"。54 版《青研·秦公簋韻讀》從之，較初版增加案語"秦公鐘之器制與花紋與齊靈公時之齊侯鎛鐘（即叔夷鐘）如出一範，用知秦公鐘、秦公簋必與齊侯鎛鐘年代相近。齊靈公六年爲秦景公元年，由景公上溯'十又二公'則爲秦襄公。是則本銘'十又二公'實自襄公起算，簋與鐘均景公所作也。景公在位四十年卒，其後二十六年即爲晉定公午元年，則秦器稍前於晉邦盦，故銘文體例辭彙多相同也"。

初版《石鼓文研究》謂"'十又二公'究不知當自誰起算"，1939年版《石鼓文研究》增加眉批"'十又二公'者實自襄公起算"。

2. "賣"，《金文韻讀補遺·秦公簋》釋文作"賣（續）"。32版《大系》作"賣（續）"。32版《金文叢考·金文韻讀補遺·秦公簋》同。《青研·秦公簋韻讀》釋文作"賣（蹟）"。35版《大系》亦作"賣（蹟）"。賣，蹟省，《商頌·殷武》"設都于禹之績"，績亦當爲蹟。

3. "虩![字]䜌夏"，《青研·秦公簋韻讀》釋"虩事蠻夏"，猶晉邦盦言"廣嗣四方"事嗣字通，毛公鼎之"參有嗣"，詩作"三有事"。嗣、事，治也。《金文韻讀補遺·秦公簋》釋文作"虩使蠻夏"。![字]，諸版《大系》《金文叢考·金文韻讀補遺·秦公簋》或釋"吏"、或釋"事"，均讀爲使。

4. "盉 = 文武"，《青研·秦公簋韻讀》認爲，盉即盍字之繁文，盍，从皿去聲。盉々則猶赫々。35版《大系》謂，盉當是盉字，盉，从皿趄聲，趄从走去聲，去聲與足聲同魚部也。盉々者當假爲袪々，《魯頌·駉》"以車袪々"，毛傳云"強健也"。

5. "乍![字]宗彝"，《青研·秦公簋韻讀》釋文作"作□宗彝"。《金文韻讀補遺·秦公簋》釋"作鑄宗彝"。32版《大系》同。諸版《金文叢考·金文韻讀補遺·秦公簋》均作"作□宗彝"。35版《大系》釋"作㲆宗彝"，㲆，从又吻聲，當是"旼"之異文。旼與旻通，毛公鼎"旼田疾畏"即《詩》"旻天疾威"。㲆宗即文公之廟也。

6. "![字]"，《青研·秦公簋韻讀》釋"御"。《金文韻讀補遺·秦公簋》、32版《大系》同。諸版《金文叢考·金文韻讀補遺·秦公簋》摹錄原銘，無說。35版《大系》釋"遬"，殆歸之異文，从辵从帚省，鬼聲也。

7. "竈![字][字]方"，《青研·秦公簋韻讀》釋文作"竈囿四方"。

《金文韻讀補遺・秦公簋》作"竈囿三方"。32版《大系》作"竈有三方"。35版《大系》作"竈（造）囿（佑）三方"，謂"鐘銘作'匓又三方'，即《書・金縢》之'敷佑四方'也。彼匓有爲敷佑。則此竈囿爲造佑矣。鐘銘又言'竈又下國'，義亦同"。

### 百二十　秦公鐘

1. "![字]"，《青研・秦公簋韻讀》釋"夤"。《金文韻讀補遺・秦盄龢鐘》徑作"寅"。32版《大系》同。35版《大系》作"夤"。

2. "![字]"，《青研・秦公簋韻讀》釋"虔"。《金文韻讀補遺・秦盄龢鐘》、32版《大系》同。35版《大系》改釋"虩"。

3. "![字]"，《青研・秦公簋韻讀》釋文作"䎽（柔）"。《金文韻讀補遺・秦盄龢鐘》釋文作"柔"。32版《大系》同。32版《金文叢考・金文韻讀補遺・秦盄龢鐘》作"擾"。35版《大系》作"䎽（柔）"。

4. "![字]"，《青研・秦公簋韻讀》釋"銑"。《金文韻讀補遺・秦盄龢鐘》同。32版《大系》釋"雄"。35版《大系》釋"鈌"。

5. "畯竈才![字]"，《青研・秦公簋韻讀》釋文作"畯竈在立（位）"。《金文韻讀補遺・秦盄龢鐘》作"畯竈在天"，舊作立（位），依秦公簋當爲天，蓋因形近而誤。32版《大系》從之。35版《大系》釋文作"畯（峻）竈才（在）立（位）"，簋銘立作天，疑此爲誤摹，然讀爲位，亦可通，言高蹋在君位也。

6. "永寶![字]"，初版《青研・秦公簋韻讀》釋文作"永寶𠀃"，𠀃字定爲房俎之房，在此讀爲嘗或尚。銘末或綴以"永寶𠀃"或單綴以"𠀃"，猶今人於祭章之末之綴以"尚宫"也。《金文韻讀補遺・秦盄龢鐘》、諸版《大系》均斷爲"永寶。𠀃"。54版《青研・秦公簋韻讀》亦改爲"永寶。𠀃"。

秦公簋銘末亦有一𢆶字，《金文韻讀補遺·秦公簋》謂"盄龢鐘及秦子戈銘尾均綴以此字，今案當是作此銘文或題此銘文者之名，如今人題字之落下款也"。32 版《大系·秦公簋》言"𢆶字乃書銘者之款識。秦公鐘、秦子戈銘末均有此字"。32 版《金文叢考·金文韻讀補遺·秦公簋》謂"此疑秦公之名，盄龢鐘、秦子戈銘尾均綴有此字，殆如今人題字之落下款也。惜秦自桓公而後至懷公八世均失名，無由考定也"。

### 百二十一　商鞅量

1. "重泉"，32 版《大系》釋文脫。35 版《大系》謂"量之前端有'重泉'二字，右側有一'臨'字，由刻畫觀之，前是商鞅時所刻，後是始皇時所刻。重泉乃秦縣名，漢屬左馮翊，故城在今陝西蒲城縣東南。臨字意不明，疑臨下泐去一晉字，蓋器本重泉官量，至始皇時復移置臨晉也。臨晉今陝西大荔縣，在漢與重泉同屬左馮翊"。

### 百二十二　新郪虎符

32 版《大系》未收。

按：32 版《大系》曾已收入新郪虎符，並將其銘文作爲插圖第十四，出版前因疑僞而刪削，35 版《大系》以爲不僞，故又增收。

1931 年 9 月 9 日致容庚

《新郪虎符》有羅尗言撫本、于王國維所用之信箋上曾見之，兄如有，亦望見假。

1931 年 9 月 20 日晨郭沫若致田中函：

別紙就《觀堂遺墨》中將秦《新郪虎符》（《大系》插圖之一）樵出，如羅氏無善本寄至，亦勉强可用也。

1931 年 11 月 10 日致田中慶太郎

　　《大系》插圖第十四《秦新郪虎符銘》疑僞，決删去。并祈飭印刷所將序目及本文最後二葉寄下，以便修改。

補錄：
32 版《大系》均無。35 版《大系》始附補錄。

## 第四節　02 版《大系考釋》底本來源

　　1957 年，郭沫若在 35 版《大系》的基礎上對全書内容進行了修改，並於天頭處增加了不少眉批。2002 年全集版《大系》按理應是 57 版的延續，但經過上文的論述可以看出，02 版與 57 版相校存有 240 處差異，其中除了涉及標點、繁簡、異體、錯别字的 90 餘處外，另有近百處内容與 57 版不同而與 35 版一致，難道作者後來放棄了 57 版的變動又全部回改依從 35 版了麽？

　　這種可能性當然是很低的。我們認爲 02 版的底本並不是作者最終修改後的 57 版，而是較早的 35 版。下面分别從幾個角度舉例説明。

　　38 頁裏 12 行（小盂鼎）35 版"此蓋叚戚爲識"，"叚"係"叚"之訛字，故 57 版已改作"假"，02 版卻仍作"此蓋叚戚爲識"。（見表 3-1）

　　77 頁裏 7 行（豆閉簋）35 版"典禮云'士不衣織'"，此處作者引用《禮記》曲禮篇，"典"顯然是"曲"之誤字，故 57 版訂改爲"曲禮"，02 版卻仍作"典禮"。（見表 3-2）

| 表3-1 | | 諸版差異 |
| --- | --- | --- |
| 35版 | 57版 | 02版 |
| 此蓋段戒爲識 | 此蓋假戒爲識 | 此蓋段戒爲識 |

| 表3-2 | | 諸版差異 |
| --- | --- | --- |
| 35版 | 57版 | 02版 |
| 戴仍當釋爲織洪礼云士不衣織 | 戴仍當釋爲織曲礼云士不衣織 | 戴仍當釋爲織洪礼云士不衣織 |

1頁裏9至10行，57版較35版增加了一處夾注改"即"爲"乃"，且削刪"言祀典之隆，大能視殷王之祀而三倍之也"一句。02版將夾注"乃"字移入正文，雖也劃掉了"言祀典之隆，大能視殷王之祀而三倍之也"，但兩版綫條形態有異。

61頁5至7行（啟觶），35版"仲夒父易（錫）金"脫"赤"字，57版已挖補爲"仲夒父易赤金"。02版卻仍與35版同，編輯新增眉批"▲金字上有一字，似爲赤字"。

前兩例，57版已更正的錯字，02版斷無回改再錯之理。表3-3中，02版綫條形態與57版完全不同，顯然是兩次所爲。表3-4中，57版已補脫字，02版編輯顯然沒有注意到這一點，故又增加了眉批。

由上述幾點完全可以肯定：02版的基礎並不是57版，而是以35版爲底本。那麼現在要解決的問題是：全集編委會爲何捨棄57版，而選則更早的35版呢？

一開始我們對此也百思不得其解，後來從版式的差異中找到了解決問題的思路，下面談談我們的想法。先將諸版《大系考釋》版框、開本數據羅列如下（見表3-5）：

表 3－3　諸版差異

| 35 版 | 57 版 | 02 版 |
|---|---|---|

表 3－4　諸版差異

| 35 版 | 57 版 | 02 版 |
|---|---|---|

表 3－5　諸版版框、開本

| 版次 | 版框（高×寬） | 開本（高×寬） |
|---|---|---|
| 35 版 | 19.3×15.7cm | 27.2×19.5cm |
| 57 版 | 23.2×18.2cm | 32.2×23.5cm |
| 02 版 | 19.2×14.5cm | 26.5×19.0cm |

可見，35 版、57 版都是 8 開大本，而 02 版改爲 16 開本。57 版作者於天頭處增加了不少眉批，眉批字跡都較正文小的多。若同比例縮小影印爲 16 開，眉批文字勢必很難看清了。故編輯從閱讀角度考慮，先將沒有眉批的 35 版縮小爲 16 開本，再將原 57 版眉批剪裁重新粘貼於 16 開本上，試以表六爲例說明。

20 頁裏 3 至 6 行（班簋），57 版作者眉批共 5 行，每行 8—9

字，02版改爲6行，每行7字。兩版眉批不僅行款有異，位置亦有不同。57版眉批位於版框上欄外，且眉批上方天頭仍有大面積留白，02版眉批下移甚至打破上欄綫，眉批上方基本没有留白。可見編輯爲了使02版能夠呈現出最佳閱讀效果，在排版上費了很大功夫。

表3–6　　　　　　　　　諸版差異

| 35版 | 57版 | 02版 |
|---|---|---|

可問題也恰恰在此。由於没有吃透57版、35版的關係，編輯只是在35版基礎上粘貼了眉批，參以57版對正文作了少量修改，但

卻遠遠没有改盡。02 版合於 35 版而與 57 版不同者竟有近百處之多，其中大量涉及釋字觀點等問題，很顯然這些都是編輯忽略掉的地方。

## 小　　結

基於前文的論述，可以看出郭沫若的不少觀點前後修改較多且幾無説明，各個著作不同版本之間的變動也不統一。

大體上看，初版《殷周青銅器銘文研究》和 32 版《大系》凝結了作者 1932 年之前青銅器金文研究的主要成果，兩部書中涉及的絕大多數器物斷代、銘文釋讀等意見基本一致，代表了郭沫若剛涉足古文字研究時的初步思考。

1932 年 1 月初版《大系》出版後不久，作者"漸覺舊説多疏，欲爲補苴罅漏"，集結多篇新作録成《金文叢考》《金文餘釋之餘》，或進一步補充論證之前的意見，如周公簋"克奔走上下帝"，32 版《大系》認爲"奔"字下本從三止，大克鼎已訛爲三又，"即此已明示諸器之時代性"。《金文餘釋之餘·周公簋釋文》重新分析"奔"字的演變過程，認爲"奔"字本從三止，本器"[字]"下部所從似止非止，已稍訛變，大克鼎三止訛變而爲艸，石鼓文從止尚未失古意。或修改訂正之前看法，如靜簋，32 版《大系》釋"[字]"爲"朕"，謂"金文朕字大抵用爲領格，唯本器及大豐簋作主格用"。初版《金义叢考·周官質疑》解釋"司朕"時，謂"服字，《大系》誤釋爲朕，今正"。又如沈子簋，32 版《大系》釋文有"拜頴首敢畋卲告。朕吾考令乃鵰沈子乍御于周公、宗陟二公"，《金文叢考·沈子簋銘考釋》改作"拜頴首敢畋卲告。朕吾考令乃鵰沈子，乍[字]于周公、宗陟二公"，斷句、識字均有不同。

35 年版《大系》大體寫於 1934 年，是在 32 版《大系》基礎上增删改寫而成的。作者的觀點變化極大，無論是器物數量、次序排列還是具體到銅器斷代、銘文考釋、史實解讀等等，幾乎每件器都做了修改，實屬兩個不同的文本系統。作者詳加增訂的 35 版《大系》甫一問世，申明初版作廢。① 1942 年 10 月 17 日郭沫若致楊樹達信函：

> 拙作洋裝《金文辭大系》及《青銅器銘文研究》二種，乃弟初入此門時之試作，中多紕繆。其後所作《金文叢考》及綫裝本《金文辭大系圖錄與考釋》較有可觀。

這可視作郭沫若對之前著作的自我評價。

一般來說，晚出的修訂本優於初版本或舊有版本，"前修未密，後出轉精"是基本規律。57 版《大系》優於 35 版，但 02 版卻未必優於 57 版，如不嬰簋"女肇敏于戎工"，32 版《大系》誤脫"女"字，35 版、02 版《大系》同，但實際上 57 版《大系》已補足"女"字。02 版與 57 版不同而與 35 版一致的這類情況多達上百處，並非作者放棄後來觀點而回改依從 35 版，而是全集編委會選擇的底本存在問題。

54 版《殷周青銅器銘文研究》亦經作者增補修訂，由初版的橫排手稿影印本改成豎版排印本，雖然每頁都有變動，但涉及學術觀點改動的不多。之後的 61 版、02 版較 54 版更是鮮有易動。

54 版《金文叢考》較 32 版變動處稍多，或增加案語，如 54 版《金文餘釋·釋鞞鞛》增加了一條"後案"，謂"'鞞鞛'之鞞仍以說爲刀室爲妥，二字連文，乃謂刀室上之璗也。如釋鞞爲琕，琕不能脫離刀柄以爲賜予物，故知其非是"。或據新近意見修改舊說，如大克鼎"屯亡敔"，32 版《金文韻讀補遺·大克鼎》釋文作"得

---

① 見 1954 年版《金文叢考·重印弁言》、1957 年版《兩周金文辭大系圖錄考釋·增訂序記》。

屯（純）亡啟"，35 版《大系》作"髟屯（渾沌）亡啟"，《陝西新出土銅器銘考釋》釋"賁屯亡啟"爲"渾沌無悶"，54 版《金文韻讀補遺·大克鼎》釋"賁屯（沌）亡啟"。02 版《金文叢考》較之前版本略有不同，全集編委會經常根據作者後來的學術觀點作出修改，如蔡簋"[字]"，32 版《大系》釋"厈亡"，讀爲"擅妄"，32 版、54 版《金文叢考·周官質疑》從之。35 版《大系》改釋"庆止"，即鈇趾，"庆"當是"戾"之異，前例讀爲汱，言恣縱也。02 版《金文叢考·周官質疑》挖改爲"庆止"。又如令簋"餳"，《臣辰盉銘考釋》、32 版《大系》均讀爲"陽"，35 版《大系》改讀爲"場"。54 版《金文叢考》仍作"餳（陽）"，未改動；直到 02 年全集版中才挖改作"餳（場）"。但很多時候，54 版、02 版《金文叢考》並不能改盡，如小臣謎簋"𠂤"，32 版《大系》、初版《金文餘釋之餘·小臣謎簋銘考釋》釋作"師"，35 版《大系》改釋爲"屯"。54 版《金文餘釋之餘》仍從初版，並未據 35 版《大系》訂改。

同一個字形，在不同著作或同一著作不同版本中也往往意見不一，並非均依時間爲序變動。如"[字]"一類的形體，《青研》、32 版《大系·南宮中鼎》及《大系·大盂鼎》釋"相"，《古代銘刻彙考·殷契餘論·斷片綴合八例》改釋爲"省"，35 版《大系·大盂鼎》亦改釋"省"，而 35 版《大系·南宮中鼎》仍作"相"，出現了兩種不同意見，1960 年《安陽圓坑墓中鼎銘考釋》及《奴隸制時代》1973 年版稱引相關釋文時均作"省"，可知釋"省"是作者的最終看法。

學術觀點發生變動的原因，大致可歸納爲如下幾點：

第一，有些器物，早年僅能看到摹本或翻刻本，後來見到更爲清晰的拓本，釋字隨之跟進。如令簋、康鼎、小臣宅簋、中子化盤等。

令簋"[字]"，《青研·令彝令簋與其它諸器物之綜合研究》、《金文韻讀補遺・矢令簋》、32 版《大系》均隸作"卿"讀爲"饗"。《古代銘刻彙考・金文續考・矢令簋追記》謂：

> 周初之矢令簋銘，余曩已申論再三，<u>然於原銘僅見曬藍，未見拓墨</u>，時引爲憾。去秋爲徵集卜辭往京都，於東方文化學院京都研究所水野清一氏室中，<u>承以此器之照片三張及拓影見示</u>……<u>厭字，余初見曬藍時誤認爲卿字之殘，今知其非是。</u>

改釋爲"厭"，認爲是飫之古文，《説文》"飫，飽也，從勹殷聲，民祭，祝曰厭飫"，從月省與從勹同意，同象腹形。後諸版《大系》從之。也就是説，1932 年秋，作者才見到令簋銘文拓本，據拓本將原誤釋爲"卿"的字改爲"厭"，訂正舊説。

康鼎"🄋女幽黃鋚革"，🄋，32 版《大系》釋"錫"。《古代銘刻彙考・金文續考・獻彝》載有銘文拓本，謂"命字范損呈🄋形，然固皎然命字也。（《大系》中誤釋爲錫）"。並認爲命令字含錫予義。《古代銘刻彙考》所刊拓本與 35 版《大系圖録》康鼎拓本同，係 1933 年 12 月得到的羅振玉所藏拓本複印件。

第二，新材料的發現促使其對原有觀點反思。如康鼎、禹鼎、班簋等。

1957 年 11 月，中國科學院考古研究所在長安縣得到新出土的輔師嫠簋，1958 年 3 月 10 日，郭沫若到考古所觀看銅簋，當場寫了釋文並指出輔師嫠簋的年代應屬厲王時期。① 4 月 24 日作《輔師嫠簋考釋》一文詳細考釋了銘文，並據"熒伯是厲王時重臣"，重新考慮康鼎的年代，謂：

---

① 王世民：《郭沫若與夏鼐》，原載林甘泉主編《文壇史林風雨路——郭沫若交往的文化圈》，浙江人民出版社 2002 年版，第 385—391 頁；後收入王世民撰《商周銅器與考古學史論集》，藝文印書館 2008 年版，第 396—402 頁。夏鼐：《夏鼐日記》，華東師範大學出版社 2009 年版，1958 年 3 月 8 日、1958 年 3 月 10 日。

燹伯又見康鼎……燹伯在王左右，其職務與輔師熒簋所述全同，則康鼎與輔師熒簋當同屬於厲世。余在兩周金文辭大系中擬定康鼎屬於懿王之世。康乃奠井叔康，余曩以爲即曶鼎之井叔，曶鼎屬於孝王時，則康鼎當屬於懿王，根據太薄弱，當訂正。其他如奠井叔盨、奠井叔鐘均當爲厲世器。

關於康鼎的時代，作者意見前後變動過三次。32 版《大系》將康鼎歸入孝王時器。35 版《大系》改變觀點，認爲"康即奠井叔盨之奠井叔康，亦即曶鼎之井叔……此鼎必爲懿世器"，57 版《大系》從之。《輔師熒簋考釋》據新出輔師熒簋改定康鼎爲厲王器。如此一來，不僅康鼎斷代有變，卯簋、同簋等一系列以康鼎作爲標準器的銅器亦當隨之改動。

第三，接受其他學者的觀點，修正之前的錯誤。如何簋、趙鼎、御正衛簋、过伯簋等。

令彝"㐭"，《青研·令彝令簋與其它諸器物之綜合研究》、32 版《大系》釋"太"。該字又見於何簋、趙鼎等器，32 版《大系·何簋》釋"幽太"，認爲太殆橫之別名。1934 年作者讀商承祚《殷契佚存》，見到第 43 片"㐭"字，① 《殷契佚存考釋》謂"唐立厂（蘭）釋亢，謂小篆之介即由此出"。② 郭沫若由此想到何簋、趙鼎等金文中常見的"㐭"類字亦當釋"亢"，③ 隨後寫成《釋亢黃》一文，補正舊說。文中進一步分析字形，認爲"㐭"象人立於高處之形，亢似當以高爲其本義。彝器中凡言佩玉多直用本字之黃，僅何簋、趙鼎用"亢"字以代。35 版《大系·趙鼎》謂"亢"從唐蘭釋，何簋"赤市朱亢"亢乃黃之假字。《盠器銘考釋》謂，亢假

---

① 商承祚：《殷契佚存附考釋》，金陵大學中國文化研究所 1933 年版，第 6 頁。
② 商承祚：《殷契佚存附考釋》，金陵大學中國文化研究所 1933 年版，第 10 頁。
③ 1934 年 2 月 23 日致信田中"乞拍攝《殷契佚存》第 43 片，拍照後付梓似更清晰"。

爲璜。黃，即璜之象形文。

第四，作者後來對一些問題作了重新思考，有了新的認識，推翻舊說。如者減鐘、小臣謎簋、洹子孟姜壺等。

者減鐘"不濼不彫"，《青研·者濫鐘韻讀》（1930 年 7 月 14 日）讀"濼"爲"鑠"，讀"彫"爲"彤"。《金文韻讀補遺·者減鐘》（1930 年 9 月）① 釋文作"丕濼（樂）丕彫（調）"，無說。32 版《大系》從《青研·者濫鐘韻讀》，釋文作"不濼（鑠）不彫（彤）"，35 版、57 版《大系》同。32 年版《金文叢考·金文韻讀補遺·者減鐘》謂"四不字當讀爲丕，故濼當讀爲樂，彫讀爲調，余曩讀不爲如字，讀濼爲鑠，讀彫爲彤，終嫌意有未安"。後 54 版、02 版《金文叢考》同。簡言之，關於"不濼不彫"的釋讀作者多次變動觀點，"丕濼（樂）丕彫（調）"當爲最終看法，35 版、57 版《大系》惜未改盡。

總體來看，郭沫若對《大系》一書修改最爲頻繁且持續時間最久。1932 年初版《大系》出版僅兩年後即作了改版，增訂的《大系考釋》及《大系圖錄》幾乎相當於重寫。1935 年出版不久後又以《大系考釋》爲底本增補了大量眉批、夾注，應是爲日後增訂再版時所作的準備，1937 年抗戰爆發作者隻身回國，手批本便留在了日本。② 抗戰勝利後，五十年代儘管作者政務繁忙仍抽出時間校讀《大系》，親自撰寫大量批註並刪改訂補了正文。相較而言，其他著作雖也時有再版重印，但骨幹上大體仍舊，③ 並無太多改變。凡此種種，足見作者對《大系》用心最多，應是視作自己學術代表之作了。

---

① 初載日本《支那學》雜誌第 6 卷第 1 號。

② 該批本現藏日本亞非圖書館，詳第四章第三節《新見日藏郭沫若手批〈兩周金文辭大系考釋〉輯錄》。

③ 54 版《金文叢考·重印弁言》。

# 第 四 章

# 專題研究

本章由三個專題組成：《郭沫若全集》收錄金文著作編輯的問題，《大系》版本信息的謬傳，以及新見日藏郭沫若手批《兩周金文辭大系考釋》整理輯錄。

## 第一節 《郭沫若全集·考古編》金文著作的編輯問題

《郭沫若全集》包含文學、歷史、考古三編，是目前郭沫若著作中最通行易得且使用率最高的版本，但誠如不少學者所言，問題不少。過去的討論多集中在文學、歷史領域，本節主要探討金文著作中存在的問題。

### 一 "全集"不全

關於全集失收的問題，已有不少學者撰文指出。① 就《考古編》

---

① 丁茂遠：《〈郭沫若全集〉集外散佚詩詞考釋》，浙江大學出版社 2014 年版；蔡震：《郭沫若集外舊體詩詞的整理》，《新文學史料》2018 年第 3 期；魏建：《郭沫若佚作與〈郭沫若全集〉》，《文學評論》2010 年第 2 期等。

金文著作來看，明顯失收的一例是《周代彝銘進化觀》。該文曾作爲附録收入《古代銘刻彙考》，1945 年又改入《青銅時代》，1982 年《青銅時代》編入《歷史編》第 1 卷，卷首《説明》明確説抽出該文放進《考古編》，然而《考古編》中并没有收入。

全集是"收集整理作者生前出版過的文學、歷史和考古三方面的著作"，① 但實際上更像是文集的彙合，僅偶爾將一些零散文章新輯成書，如《考古論集》《金文叢考補録》。如此一來，就丢掉了作者不少文章、序跋及附録，如《答〈兩周金文辭大系〉商兑》，②《金文續考》中齱簋、命簋、䀇卣、新鄭古器四篇，③《古代銘刻彙考·序》等。④ 這些作者生前合併、改編文集時曾删去的篇目，在全集中便無處安身，但這些都是作者學術生涯中不可或缺的重要環節，具有重要的學術史意義，今後再版應考慮補入。

### 二 卷首《説明》的錯誤

《考古編》每卷卷首均載有編委會所撰《説明》，大致介紹各卷出版情況及編輯所作的工作。但最爲遺憾的是均未明確交代底本來源，且不少地方還有錯誤。

1. 《考古編》第六卷收録《金文叢考補録》，卷首《説明》：

> ……收録論文三十二篇。内容包括郭沫若在二十世紀四十年代發表的有關青銅器銘文的考釋文章，以及他對中華人民共和國成立後大量出土的青銅器銘文所作的考釋……

但其實全書只收入論文 31 篇，並不是 32 篇。其中收録最早的

---

① 《〈郭沫若全集〉出版説明》。
② 1932 年收入《金文餘釋之餘》附録，1954 年收入人民出版社改編本《金文叢考》時删削。
③ 初收《古代銘刻彙考》，1954 年收入人民出版社改編本《金文叢考》時删削。
④ 收入《古代銘刻彙考》。

一篇文章是 1934 年 12 月 15 日所作《正考父鼎銘辨僞》，初載《東方雜誌》第 32 卷第 5 號（1935 年 3 月 1 日）。另《樊季氏孫中屚鼎跋》作於 1937 年初秋。① 故《說明》當改爲"二十世紀三、四十年代"。

2.《考古編》第八卷收錄《兩周金文辭大系考釋》，卷首《說明》：

> ……一九三二年，作者編成《兩周金文辭大系》，由日本文求堂書店影印出版。其後經過整理和補充，又成<u>《兩周金文辭大系圖錄》，一九三四年由三聯書店出版</u>，第一次做成兩周銅器的參考圖譜。另著<u>《兩周金文辭大系考釋》，一九二六年由日本文求堂書店出版</u>……

事實上，《兩周金文辭大系圖錄》出版於 1935 年 3 月 5 日，《兩周金文辭大系考釋》出版於 1935 年 8 月 20 日，均由文求堂書店出版。且上世紀三十年代三聯書店還未成立。關於上文的三處錯誤，我們另有專文考訂，見本章第二節《一處誤讀牽出的連環錯》。

卷首《說明》這段文字貽誤讀者，流弊深遠，後來大量著作因襲了上述錯誤。

### 三　底本問題

古籍出版一般要求選擇內容完備、校勘精良的學術性善本作爲底本，且需交代底本來源。② 郭沫若的著作雖不算古籍，但其著作版本眾多，不同版本之間多有出入，故在整理排印特別是影印時，應務必交代所據底本。郭沫若生前親自校閱出版的《沫若文集》每卷

---

① 李紅薇：《〈郭沫若年譜〉訂補二則》，《郭沫若學刊》2020 年第 1 期。
② 許逸民：《古籍影印出版的規範問題》，《古籍整理釋例（增訂本）》，中華書局 2014 年版，第 311—322 頁。

《説明》均交代了收入文集的版本。全集《歷史編》各卷卷首亦注明了收入全集的版本。唯《考古編》卻未明確交代底本來源，僅第一卷卷首附有編委會撰寫的《〈郭沫若全集〉出版説明》對版本略有提及：

> 收入《全集》的著作在這次出版時，<u>一般采用作者親自校閱訂正的最後版本</u>，進行校勘工作，個別地方在文字上作了修訂；除保留作者自注之外，又增加了一些簡要的注釋。

但經過我們比對研究，《大系考釋》所用的底本實爲 35 版，並不是作者校閱訂正後的 57 版。

此外，《金文叢考補録》也並非全部經由郭沫若親自校閱，如《樊季氏孫中爾鼎跋》一文是 1990 年全集《金文叢考補録》發稿前才增補進去的。①

《考古編》多爲影印本，各卷卷首又不明確底本來源，出版説明很容易誤導讀者以爲全集收入的本子就是"作者親自校閱訂正的最後版本"。

### 四　有意隱去特定的人名或事件

初版《殷周青銅器銘文研究・戊辰彝考釋》中提及《新獲卜辭寫本》時出注"<u>董作賓著</u>，有單行本……"，1954 年版作"<u>董作賓編</u>，有單行本……"，1961 年版僅剩"有單行本……"，全集版同。

《陝西新出土器銘考釋》原載《説文月刊》"衛聚賢先生得器形全拓及銘拓各一，<u>囑爲考釋</u>"。收入《金文叢考補録》時，改爲"近得見其器形全拓及銘拓各一"。

《矢簋銘考釋》原載《考古學報》"<u>陳夢家與陳邦懷二同志曾加以考釋</u>"，收入《金文叢考補録》時，改爲"陳邦懷等曾加以考

---

① 李紅薇：《〈郭沫若年譜〉訂補二則》，《郭沫若學刊》2020 年第 1 期。

釋"。

《由壽縣蔡器論到蔡墓的年代》原載《考古學報》"陳夢家三'子白乃王僚之字……'",① 收入《金文叢考補錄》時,改爲"有人説'子白乃王僚之字……'"。

以上四條,是在特殊歷史環境下有意隱去的信息,某種程度上與古籍刊刻中的避諱類似。但參照古籍整理的一般通例,前代避諱字現在出版時一般應回改爲原字。如今"董作賓""衛聚賢""陳夢家"等人名早已不再是出版物中的禁忌,理應回改以存原貌。

### 五　圖片處理問題

35版、57版《大系圖録》多附帶原拓本鈐蓋的鑒藏印章,而全集版《大系圖録》除個别拓本存有印文外,絶大多數拓本周圍都没有印文。這應該是由於編委會在剪裁粘貼小開本《圖録》時有意識地作了剪除。

舊拓周圍多有題跋、鑒藏印章,可據此區分不同拓本,確認拓本收藏者,查考拓本的遞藏過程,追溯器物的收藏情況。剪掉拓本上的印文,其背後藴含的相關信息亦隨之湮没。

### 六　失於照應,不能統一

《大系》將原35版、57版"貉子卣一""貉子卣二"拓本互置,但《大系目録表》卻未作調整,導致"貉子卣一""貉子卣二"拓本對應的"諸家著録"信息誤倒。這種失於照應造成的錯誤又見於格伯簋一、格伯簋二等。

《大系》目録表"諸家著録"欄,將原35版、57版師遽簋"恒39"改作"恒上39"、鮴公簋"恒32"改作"恒上32",更爲準確的同時也與其他引用《恒齋吉金録》時分上下卷的形式相統一。但仍有大量遺漏未改,如鄭林叔賓父壺"恒55",趞觶"恒50"等。

---

① "三"應爲"曰"或"云"之誤排。

《金文叢考補錄》中絶大多數都不是郭沫若手跡，當爲專人謄抄。① 只有兩篇題跋《跋王伷方彝》《題越王句踐劍》爲作者手跡影印，另有一篇《樊季氏孫中𩰬鼎跋》是排印版。後三篇題跋收録較晚，距整理全集工作開展時已逾多年，很可能早年謄抄的書手由於某種原因不能繼續，致使同一部書中竟同時出現了印刷體、作者手跡、抄手手跡三種不同字體。

## 七　抄手或編輯産生的錯誤

這類錯誤主要集中於《金文叢考補録》《兩周金文辭大系圖録考釋》二書。關於《考古編》的出版情況，責編傅學苓曾有過一些説明：②

> 《金文叢考》……解放後，青銅器大量出土，1973 年以前出土的重要器物，郭老大多作了考釋。<u>1958 年考古研究所把當時已經在期刊上發表的這類文章收入《金文叢考》作"補録"。</u>其後科學出版社增收了郭老自三十年代至七十年代發表而未收入"補録"的有關文章和爲博物館藏品所作的釋文，"補録"乃增至將近 30 篇。<u>1964 年和 1973 年科學出版社曾對全書作了編輯加工記録，經郭老逐條審閲後，勘改了原稿或録在眉端。</u>

由此可知，《金文叢考》"補録"郭沫若生前是知道的。雖有些地方不能明確是作者變動還是編輯更改，但至少以下幾例可以確定不是作者所爲，因爲這些改動都是錯誤的。

1. 《金文叢考補録》中有書手抄録時産生的錯誤，如：
《安陽圓坑墓中鼎銘考釋》原載《考古學報》"彼蓋族徽之繁複

---

① 蒙王世民先生見告，爲商复九謄抄。
② 傅學苓：《郭沫若考古著作出版概況》，收入中國出版工作者協會編《中國出版年鑑（1983）》，商務印書館 1983 年版，第 82—84 頁。

者，此則略有省略"。收入《金文叢考補録》時，改爲"蓋彼族徽之繁複者，此則略有省略"。從上下文看顯然應以原來"彼蓋"爲是，《金文叢考補録》當乙正。①

2. 另有一些錯誤可能是編輯造成的。如：

《樊季氏孫中嗣鼎跋》原是郭沫若爲郭墨林所藏樊季氏孫中嗣鼎作的題辭，後以釋文形式排印收入《金文叢考補録》，文末署"民紀卅六年初秋"，核對原題跋手跡，我們認爲文末時間當爲"民紀廿六年初秋"。②

《金文叢考補録》第 343 頁文字與上文存有隔閡，找到原文對校，可確定 343 頁文字當與 353 頁銜接才對。

《大系》師湯父鼎器圖有誤，實爲康鼎器圖的重出。

《大系》目録表，"目次"欄"乖伯簋"與"師嫠簋一二"的次序誤倒；"諸家著録"欄虢季子組壺"錄 14"實爲 57 版《大系》"錄 17"之誤；"備考"欄原 35 版、57 版令簋"貞録器蓋二銘而互易"誤移置小臣單觶。

### 八 不明原因的增删

《輔師嫠簋考釋》，原載《考古學報》1958 年第 2 期，文末署時間爲"1958 年 4 月 24 日"。1961 年收入《文史論集》亦附有時間。

---

① 另有一則：《保卣銘釋文》原載《考古學報》"祉（誕）兄（荒）六品……兄讀爲荒，亡也"。收入《金文叢考補録》時，改作"祉（誕）兄（貺）六品……兄讀爲荒，亡也"。我們原認爲是抄手按金文通例將"兄"括注爲"貺"，但後文明確説"兄讀爲荒，亡也"，可見作者認爲此處的"兄"當讀爲"荒"。讀者讀及此處不免疑惑，誤以爲作者觀點前後牴牾，不知所從。吳振武師在審閲本文初稿時，提出"兄（貺）的問題，不一定是抄手改的，很可能作者改在出版物上，只是提醒自己，也就没改後面的文字。結果抄出便矛盾了。我懷疑，抄編是利用了郭老自存的出版物，很多作者會在自存的出版本上隨手修改，但只是作個標記而已。抄手是没有理由去改這種釋文的"。附記於此。

② 相關考證見李紅薇《〈郭沫若年譜〉訂補二則》，《郭沫若學刊》2020 年第 1 期。

收入全集《金文叢考補録》時，文末時間不存。《跋江陵與壽縣出土銅器群》，初載《考古》1963 年第 4 期，文末署時間爲"1963 年 3 月"。後收入《金文叢考補録》，亦未交代寫作時間。對校文章，除了個別異體字外正文並無太大差異，似可排除作者改寫後刪削，但不知是有意刪去還是無意漏抄。

《保卣銘釋文》，初載《考古學報》1958 年第 1 期，1961 年收入《文史論集》，文末均無寫作時間。收入《金文叢考補録》時加署"1958 年春"。此時間是編輯推算增加還是另有來源，難以判斷。

**九 是否應該改，改什麼，怎麼改**

《考古編》第五卷收録《金文叢考》卷首《説明》"……一九五四年由人民出版社出版。編入本卷時，我們作了校勘、注釋。爲保存郭老手跡，原書中對某些文字的寫法，作者生前未作校改，影印時一仍其舊"。

《考古編》第六卷《金文叢考補録》卷首《説明》"……編入本卷時，我們作了校改，更換了原稿中不甚清晰的拓片及照片"。

《考古編》第七卷《大系圖録》卷首《説明》"……我們作了校勘、注釋，增補了個別拓片並更換了原稿中不甚清晰的照片和拓片"。

《考古編》第八卷《大系考釋》卷首《説明》"……我們作了校勘、眉批，爲保存郭老手跡，原書中對某些文字的寫法，作者生前未作校改，此版一仍其舊"。

以上《説明》存在問題。全集新增的"注釋""眉批"或以"▲"標示或字體與作者字跡有明顯不同，讀者可以辨別。但所謂"校改""校勘"之處就很難辨識了。

此外，編輯聲明"爲保存郭老手跡，原書中對某些文字的寫法，作者生前未作校改，影印時一仍其舊"。《金文叢考》《大系》諸版均爲郭沫若手稿影印本，既然是影印，理論上至少正文當與歷史上的某一版一致才對。然而我們發現全集總會根據作者後來變動的觀點挖改之前著作，而又往往不能統一，有時改有時又不改。如：

蔡篡"■嗣王家外內"，■，32版《大系》釋"從"。初版、54版《金文叢考·周官質疑》釋"从"。35版《大系》釋"死"。《盠器銘考釋》釋"比"。02版《金文叢考·周官質疑》作"死"，蓋據《大系》挖改，但實際上釋"比"才是作者生前的最終意見。

邻醻尹鉦"■者父兄"，■，《公伐郳鐘之鑒別與其時代》釋文作"□"，不識。《金文韻讀補遺·邻醻尹鉦》、32版《大系》同。35版《大系》釋"次"。54版《金文叢考·金文韻讀補遺·邻醻尹鉦》釋文仍作"□"。02版《金文韻讀補遺·邻醻尹鉦》則據《大系》補改爲"次"。

召伯虎簋二"今余既一名"，32版《大系》認爲"一名"當讀爲"乙名"，猶言簽名畫押也。32版《金文叢考·金文韻讀補遺·召伯虎簋》從之。35版《大系》改動觀點，"一名"不破讀，認爲"一名"以文理推之，蓋謂簽名畫押之類。02版《金文叢考》釋文仍作"一（乙）名"，未從《大系》挖改。

枺氏壺"歲賢鮮于"，32版《金文叢考·金文韻讀補遺·枺氏壺》謂"歲讀爲伐，'賢鮮于'或即賢單于，古又有鮮虞複姓未知孰是"。《古代銘刻彙考續編·枺氏壺》改變觀點，認爲"歲賢"當是歲時聘問之意，賢當讀爲贄，鮮于當即鮮虞。諸版《大系》從之。54版《金文叢考·金文韻讀補遺·枺氏壺》較32版增加了"又中山之別名爲鮮虞"一句，02版又刪去。全集此處不據《古代銘刻彙考續編》《大系》的觀點改動《金文韻讀補遺·枺氏壺》，卻唯獨刪去"又中山之別名爲鮮虞"一句，不知出於何種考慮。

郳公華鐘"■"，初版《金文韻讀補遺·郳公華鐘》釋"襄"。35版《大系》改釋"畢"。54版《金文叢考·金文韻讀補遺·郳公華鐘》仍作"襄"，02版挖改爲"畢"。但鐘銘"■■吉金"，初版《金文韻讀補遺·郳公華鐘》釋文作"擇其吉金"。35版《大系》改作"罜畢吉金"。02版《金文叢考·金文韻讀補遺·郳公華鐘》

沿襲54版，釋文作"羃其吉金"，未挖改"其"字。

更有甚者，者減鐘"龢■■■"，初版《金文韻讀補遺·者減鐘》釋"龢金捨（欽）其"，"其字乃形容詞語尾，猶《詩》言'殷其雷''淒其以風'。'捨其'猶《詩》言'鼓鐘欽欽'"。32版《金文叢考·金文韻讀補遺·者減鐘》釋文仍作"龢金捨（欽）其"，注四"其字，用爲形容詞語尾，如詩言'殷其雷'之類"。35版《大系》改釋"龢々金々，其"，"其"屬下讀。全即捨之異，全々猶欽欽。54版《金文叢考·金文韻讀補遺·者減鐘》與32版同，未作改動。02版《金文叢考·金文韻讀補遺·者減鐘》釋文作"龢々金々其"，並刪去了注四"其字，用爲形容詞語尾，如詩言'殷其雷'之類"。此處全集據《大系》作了挖改刪削，但卻沒有改盡，"其"字仍屬上讀。也就是說，編輯只改動了釋文，但斷句卻一仍其舊，殊不知釋字的改動也會牽涉斷句以及文義的理解。全集此處與作者的任何一種觀點都不同，讀來一頭霧水。

由以上九例可以看出，全集挖改標準不一，改與不改，頗顯無據。讀者閱讀起來，總感覺作者觀點前後矛盾，蕪雜不堪，無所適從。這類問題還有很多，囿於篇幅不能備舉。

全集編輯的意圖應是根據作者最終觀點修正舊說，其動機可以理解。但這類做法誠如黃永年在《古籍整理概論》中所說的那樣"不但越出了校勘的範圍，而且要給從事考證者帶來很大的不方便"。[①] 更令人迷惑的是，編輯下了很大功夫采集郭沫若字跡挖補，讀者無法辨別。

類似的手段其實過去就使用過，著名的如涵芬樓影印《百衲本二十四史》的《史記》雖明言"據宋慶元黃善夫本影印"，但張元濟卻在古籍原本上直接挖改，且"修版之精細，堪稱天衣無縫"。[②]

---

[①] 黃永年：《古籍整理概論》，陝西人民出版社1985年版，第89—90頁。

[②] 杜澤遜：《論南宋黃善夫本〈史記〉及其涵芬樓影印本》，《中國典籍與文化論叢》第3輯，中華書局1995年版，第301—315頁。

比照現代古籍整理要求，這些做法不足爲訓。

　　黄永年在談到校勘時説："糾謬摘瑕自有益於史學，對研究歷史可起著'去僞存真'的作用，但不能用來改動原書。因爲校勘的目的是要恢復原書本來的面目，不是給原書修改錯誤，修飾文字。至於用本校法校出的其他錯誤，除非可確認爲傳抄刊刻致誤者，最好也不要在原書上徑行改正，可存其説於校記，以示審慎。"①

　　我們認爲或可仿效古籍整理方法，影印出版時除了誤排等明顯錯誤可校改外，其他當保持原貌，尤其是作者的見解，即使後來放棄，也具有珍貴的學術史意義。當然，編輯可以以校記、注釋等形式説明作者的變易，但絶不能將編輯改動混入正文，甚至去破壞作者原意。只有最大限度地保證出版物中文字的真實可據，才能真實了解著作原貌，才是真正的尊重作者，尊重歷史。

## 第二節　一處誤讀牽出的連環錯
——兼説涉及《大系》版本的各類錯誤

　　關於《大系》的版本情況我們在第一章第三節已做過論述，主要有文求堂書店 1932 年版《大系》、文求堂書店 1935 年版《大系圖録》、文求堂書店 1935 年版《大系考釋》、科學出版社 1957 年版《大系圖録考釋》、科學出版社 2002 年全集版《大系圖録考釋》。

　　但我們卻常看到大量工具書、普及讀物和學術著作提及《大系圖録》時記作 "1934 年版"，如《大辭海·語言學卷》②《郭

---

① 黄永年：《古籍整理概論》，陝西人民出版社 1985 年版，第 79—80 頁。
② 許寳華、楊劍橋主編：《大辭海·語言學卷》，上海辭書出版社 2013 年版，第 468 頁。

沫若傳略》①《楚國青銅禮器制度研究》，② 等等。那麼歷史上究竟有過 1934 年版的《大系圖錄》嗎？

就目前我們能檢索到的國内外圖書館所藏《大系》的版本來看，無外乎本節開頭所述五種，至今尚未見到一部《大系圖錄》明確標識出版於 1934 年。當然這并不能作爲没有 1934 年版的堅證，因爲也有可能我們目力不及，没有發現。

郭沫若與文求堂書店主人田中慶太郎及田中震二的信札，明確説明 1934 年《大系圖錄》還尚未印行。今將相關信函逐錄如次：

《圖錄》順序已列於《引言》之後。爲審慎計，復錄如左：一、《唐序》，《引言》，《著錄書目》，《目錄表》，《年代表》，《圖編》。以上第一册。二、《錄編》，四分册，後綴《補遺》及《附錄》。仍循尊説，釐爲五册。如此，可使各册保持大致均等。又，唐序之校樣，請寄下一、二葉，擬酌情删去。

(1934 年 12 月 17 日致田中慶太郎)

君之譯稿似題作《青銅器研究要纂》爲宜。<u>請於《圖錄》出版後出版該書。《圖錄》估計何時出版？</u>

(1934 年 12 月 24 日致田中震二)

尊譯一册拜領……可於再版時訂正。

(1935 年 1 月 30 日致田中震二)

<u>《圖錄》三部亦妥收。</u>内容雖陳腐，然全書風貌誠壯觀。謹向貴堂及印刷所、照相館各位，致作者之謝意。

(1935 年 3 月 9 日致田中)

---

① 王戎笙：《郭沫若傳略》，《中國現代社會科學家傳略》第 2 輯，山西人民出版社 1982 年版，第 296—316 頁。

② 張聞捷：《楚國青銅禮器制度研究》，廈門大學出版社 2015 年版，第 5 頁。

由以上書信可知，1934年12月作者仍在與出版商討論《大系圖錄》各章節的次序安排及分冊情況。同年12月24日作者又致信田中震二，詢問《圖錄》出版的大致時間。據此可斷定到1934年底《大系圖錄》尚未及付印出版。

那麼爲何很多著作在引用《大系圖錄》時都錯標爲"1934年出版"呢？僅目前可知已有數十種之多，可見決非某個人偶然筆誤所致。追根溯源，很可能是由於誤讀了1957年版《大系》的《增訂序言》而造成的。1956年10月30日郭沫若爲《大系圖錄考釋》作了《增訂序言》，提及之前版本時說道：

> 《兩周金文辭大系》初版以1932年1月印行于日本。其後二年，<u>1934年秋，彙集銘文拓本、摹本或刻本，並盡可能附入器形照片或圖繪而成《兩周金文辭大系圖錄》</u>。又其後一年，別成《兩周金文辭大系考釋》，于文辭説解加詳，於是初版遂作廢。

"1934年秋"作者集中時間忙於編製《大系圖錄》，並於年底完成編纂。學者對"1934年秋，彙集銘文……而成《兩周金文辭大系圖錄》"一句解讀有偏差，混淆了"成書"與"出版"兩個概念，才造成了"1934年出版"的錯誤認識。從學界的引書規範來說，一般當以圖書的實際出版年份爲準。最後我們來看一下文求堂書店版《大系圖錄》的版權頁。（見圖4-1、4-2）

版權頁明確記載"昭和十年三月一日印刷　昭和十年三月五日發行"，日本昭和十年即中華民國二十四年（1935）。結合前文所引1935年3月9日郭沫若致信田中，告知其"《圖錄》三部亦妥收"，我們相信版權頁所載日期屬實，文求堂書店於1935年出版《大系圖錄》。所以並不存在所謂的"1934年版"。

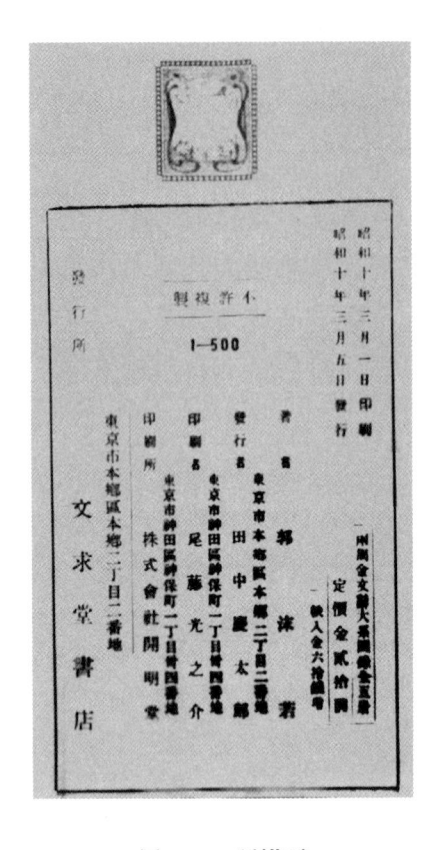

圖 4－1　版權頁　　　　　圖 4－2　版權頁局部

　　頗爲有趣的是，一些著作將 35 版《大系圖錄》的出版社錯記爲"三聯書店"，如《郭沫若著譯及研究資料》①《古漢語知識辭典》②《訓詁學研究》③《安徽壽縣朱家集出土青銅器銘文集釋》④《郭沫若

---

　　①　成都市圖書館編：《郭沫若著譯及研究資料》第 1 册，成都市圖書館 1979 年版，第 289 頁。
　　②　馬文熙、張歸璧等編著《古漢語知識辭典》，中華書局 2004 年版，第 124 頁。
　　③　鄧志瑗：《訓詁學研究》，湖南師範大學出版社 2006 年版，第 142 頁。
　　④　程鵬萬：《安徽壽縣朱家集出土青銅器銘文集釋》，黑龍江人民出版社 2009 年版，第 392 頁。

全集·考古編》（第七卷）① 等，其中最有影響的當屬《郭沫若全集·考古編》。該叢書第七卷收錄《兩周金文辭大系圖錄》，卷首附有郭沫若著作出版委員會撰寫的《説明》，相關文字摘録如下：

> 1932年，作者編成《兩周金文辭大系》，由日本文求堂書店影印出版。其後經過整理和補充，又成《兩周金文辭大系圖錄》，1934年由三聯書店出版，第一次做成兩周銅器的參考圖譜。另著《兩周金文辭大系考釋》，1936年由日本文求堂書店出版

這段文字共有三處錯誤，實際上《大系圖錄》《大系考釋》均由文求堂書店出版於1935年。後來的很多著作均沿襲了全集説明的三處錯誤。

就筆者所見，1979年出版的《郭沫若著譯及研究資料》較早提及"三聯版"《大系圖錄》。② 那麼，20世紀30年代郭沫若在三聯書店出版過《大系圖錄》嗎？

我們認爲絶無可能。三聯書店，全稱爲生活·讀書·新知三聯書店，其前身爲生活書店、新知書店和讀書出版社，1948年在香港三家出版社合併，故名"三聯書店"，後遷入北京。概言之，在1948年之前世界上就没有"三聯書店"，更不可能出版過《大系圖錄》了，其實到目前爲止也不存在三聯書店版的《大系圖錄》。

此外，還有不少著作在引述《大系》版本時，混淆諸版《大系》的源流演變，以致記述錯亂，偏離史實。今擇要舉述，如《20世紀中國社會科學·語言學卷》：③

---

① 郭沫若著作編輯出版委員會編：《郭沫若全集·考古編》第七卷，科學出版社2002年版。

② "《兩周金文辭大系圖錄》35年三聯版"。

③ 楊牧之總主編：《20世紀中國社會科學·語言學卷》，廣東教育出版社2014年版，第161頁。

《兩周金文辭大系圖錄考釋》（中國科學院，1957）（爲《兩周金文辭大系》《兩周金文辭大系圖錄》《兩周金文辭大系考釋》三書的合集）

《楚文化考古大事記》：①

《兩周金文辭大系圖錄考釋》，1953 年，科學出版社 1957 年 12 月再版。

《近現代書法史》：②

兩周金文辭大系圖錄考釋 郭沫若 1932 年。

《中國金文學史》：③

1932 年，郭沫若著《兩周金文辭大系圖錄考釋》。初爲影印本，1957 年科學出版社出增訂本。

《商周金文》：④

《兩周金文辭大系圖錄考釋》（1935 年初版）。

《故宫青銅器圖典》：⑤

---

① 楚文化研究會編：《楚文化考古大事記》，文物出版社 1984 年版，第 8 頁。
② 中國教育學會書法教育專業委員會編：《近現代書法史》，天津古籍出版社 2010 年版，第 476 頁。
③ 白冰：《中國金文學史》，學林出版社 2009 年版，第 324 頁。
④ 王輝：《商周金文》，文物出版社 2006 年版，第 15 頁。
⑤ 故宫博物院編：《故宫青銅器圖典》，紫禁城出版社 2010 年版，第 316 頁。

大系，兩周金文辭大系圖錄考釋，郭沫若，8 冊，1935 年，本書用 1958 年重印本。

更有甚者，如《中國文物大辭典》竟分列"兩周金文辭大系圖錄考釋""兩周金文辭大系"兩個詞條，且敘述完全不同，其中"兩周金文辭大系"實爲《彝器形象學試探》的主要內容。①

就筆者閱讀所見，錯記《大系》版本信息的各類著作已蔓延各領域、各學科，目之所及，比比皆是。或錯記出版社，或誤載出版年份，或兩項均有問題，甚至混淆不同版本之間的關係。可見，不少著作在引述《大系》版本時，使用二手材料輾轉相抄，層層因襲，以致一錯再錯。

## 第三節　新見日藏郭沫若手批《兩周金文辭大系考釋》輯錄

日本東京都三鷹市亞非圖書館（アジア・アフリカ圖書館）的"沫若文庫"，藏有郭沫若流亡時收藏的書籍、畫軸、甲骨等文物。這些資料係 1955 年由其次子郭博遵照郭沫若的意願贈給當時的中日文化研究所。② 文庫珍藏圖書凡 1349 冊，書內多夾有郭沫若撰寫的眉批、夾注、紙條，具有重要的學術價值。③ 其中即包括作者手批的

---

① 中國文物學會專家委員會編：《中國文物大辭典（下）》，中央編譯出版社 2008 年版，第 1340 頁。

② 菊地三郎著：《郭沫若先生流亡十年拾零》，荀春生譯，原載《萬馬齊喑的亞洲學——四十年親歷漫談》，1981 年 11 月 10 日初版發行，第 196—213 頁；譯文載《郭沫若研究》第 2 輯，文化藝術出版社 1986 年版，第 383—397 頁；成家徹郎著：《日本亞非圖書館——郭沫若文庫》，張培華譯，原載《東方》月刊，東方書店 2014 年版；譯文載《郭沫若學刊》2016 年第 2 期。

③ 《沫若文庫目錄》アジア・アフリカ文化財團創立五十周年記念誌別冊，アジア・アフリカ文化財團 2008 年 1 月 20 日。

《兩周金文辭大系考釋》（以下或簡稱"手批本"），① 該批本以 1935 年文求堂書店出版的《大系考釋》毛裝本爲底本，即沒有正式出版發行前的初印本，毛邊未切割整齊。該批本的底本與 1935 年正式出版的《大系考釋》相比主要有兩處差異：

其一，内封。手批本題"兩周金文辭大系攷醳 一九三五年四月 沫若"。1935 年正式出版時，重新書寫，作"兩周金文辭大系攷釋 一九三五年七月 沫若自題"。（見圖 4-3）

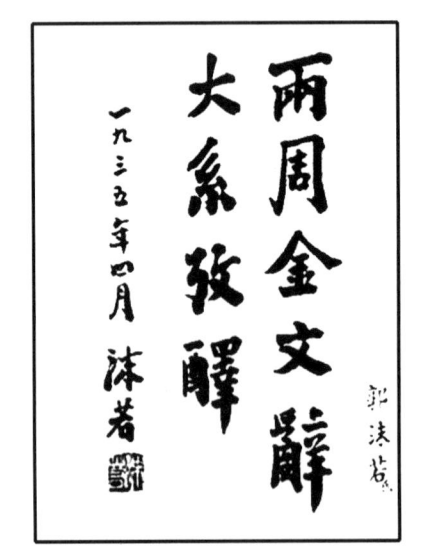

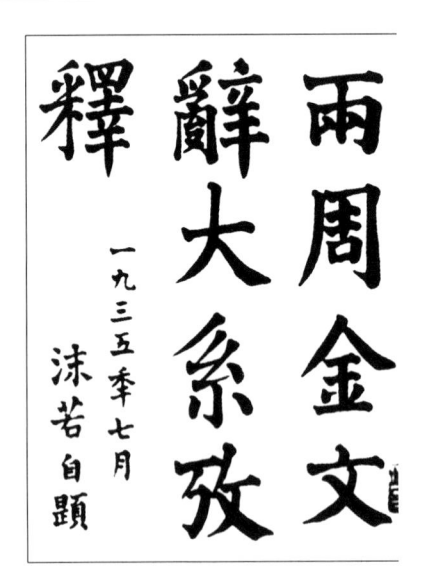

| 手批本 | 1935 年正式出版本 |

圖 4-3 内封

相關史料見 1935 年 7 月 20 日郭沫若致田中慶太郎函：

---

① 圖書館書號："史部 96—596/222.033.K.M"。藏書印："財團法人アジア・アフリカ圖書館藏書之印"。入藏印："1958 年 1 月 10 日"。

《大系》插圖及《補録》數紙收到。原有裏封面題字，俗不可耐，另書一紙奉上，務請更換爲禱。《考釋》勘誤一紙，請附在《圖録》勘誤後有半頁空白處。

　　由此可知，内封當爲 7 月 20 日作者重新題字後隨函寄與田中，正式出版前抽換的。

　　其二，插圖。手批本置於正文後，勘誤表前。1935 年正式出版時，移置總目後，正文前。

　　作者於手批本卷内天頭夾行處多作批注，或廣引群書加以補充修正，或校勘文字加以訂補，或用勾删符號削删字句。批注以藍色、紅色鋼筆爲主，間有毛筆、鉛筆。筆墨不同，應係不同時段所注，側面反映了作者每有新得，則予以訂補的治學特點。批注當作於 1935 年 8 月至 1937 年 7 月之間，[①] 應是爲日後增訂再版時所作的準備。但由於國際形勢與政治處境的改變，未及再版作者便"别妻抛稚"隻身秘密回國，在日期間的所有著作及資料便一直留在千葉縣市川市須和田舊居，直至 1955 年轉贈中日文化研究所。1957 年《兩周金文辭大系圖録考釋》在國内出版時，作者又重新作了一些增補修訂，然而手批本中的絶大多數意見幾乎都未得到體現。[②]

　　學者交相推許的《兩周金文辭大系圖録考釋》，奠定了現代青銅器分期斷代研究的基礎，展現了郭沫若對金文研究作出的巨大貢獻。"沫若文庫"所保藏的《大系考釋》中作者本人的批語從未公佈，相關的學術觀點也不見於作者的其他論著，幾十年來鮮爲人知，其文獻價值與學術價值自不待言。有鑒於此，我們將手批本中的批注逐條整理分類並加以研究。首先標出頁碼、所涉器物、行數及相關正文，其次交代批注位置、字跡顏色，迻録批注原文，作者原分行

---

　　① 1935 年 8 月 20 日《大系考釋》出版，1937 年 7 月 25 日爲郭沫若離開日本回國的時間。

　　② 僅有幾處文字校勘在增訂本中得到了修正，詳見後文。

則以"/"標示，最後加以我們的按語。

## 一　學術觀點的變動

【1】131 頁（矢人盤）①

上欄外天頭眉批：

⬜毛筆⬜　前六．42.8/▨▨/▨▨/▨▨/同43.1.亦有此/字，辭缺，在/于字下。

⬜毛筆⬜　契文疑斟字（假爲沈）/盤文从网以此爲/聲，蓋②

⬜藍色鋼筆⬜　當是罔/圂字，讀爲參也。/淮南説山．"越人/學遠射，參天"/注．參猶望也。

按：《大系》正文"羿殆含即、就、參、詣之意"，僅據銘文辭例推測了"羿"字的含義，並未作出考釋。眉批繫聯甲骨相關形體，懷疑"▨""▨"③ 是"斟"字，讀爲"沈"。進而考釋盤銘"羿"乃从网从"斟"聲，表示罔圂（罟）一類的字，讀爲"參"，並引《淮南子》，解釋"參"字含義。這一觀點後來未演繹成文，僅見於此條批注。

【2】93 頁（守宮尊）

上欄外天頭眉批：

⬜紅色鋼筆⬜　囡即因，/當是古文/簟。

按：《大系》正文釋尊銘"▨"爲䫉，即冪之異文，"囡"乃古文席。顯然並不正確，《説文》"席"之古文作囗，从石省聲，眉批認爲"囡"即因，當是古文簟。這一改釋觀點在《大系》增訂本

---

① 此條批注，詳見文末圖 4-4。另爲排版方便，我們迻録作者原批注時，均改爲横排。

② 原文"蓋"字用毛筆書寫，並用藍色鋼筆畫圈。

③ 字形分別采自羅振玉《殷墟書契前編》卷六四十二（《合集》15827 正）、同書卷六四十三（《合集》8253）。

未體現。①

【3】113 頁裏②（南季鼎）3 行"茻屯（袞）、䜌旂"

上欄外天頭眉批：

藍色鋼筆　以 × 號刪除第 3 行第 3 字（即"袞"字），並在上欄外天頭眉批"純"。③

按：作者意將"袞"訂正爲"純"，57 版未改，02 版已挖改訂正。④ 值得注意的是，1932 年《大系》初版時相關釋文作"茻屯"，同年所撰《金文叢考·周官質疑》《金文餘釋之餘·釋 ✡》亦徑釋作"茻屯"。35 版《大系》釋"茻屯（袞）"，嚴格隸寫作"屯"，並讀爲"袞"，觀點易動，手批本又改回爲"純"。

【4】180 頁裏（鄭䘒句父鼎）倒 1 行至次頁首行字"確"

倒 2 行"奠䘒（戎）句父"

毛筆　豎綫刪除倒 1 行至次頁首行字"確"．

藍色鋼筆　以 ○ 號標出倒 2 行第 3 字（即"戎"字），右側寫上"勇"字。

上欄外天頭眉批：

藍色鋼筆　說文：勇之變，一又作䘒。

按：墨筆豎綫刪除原文"䘒蓋戎字之異，从戈用聲，句父之氏也。舊釋爲勇，不確"一句，57 版、02 版未刪。1932 年作者撰《金文餘釋之餘·釋須句》一文時曾提及該鼎，名"奠勇句父鼎"，

---

① 我們懷疑這條批注係郭沫若據唐蘭《古文字學導論》（下編五十八頁）的觀點，勘記於此。《古文字學導論》1935 年出版後，唐蘭寄贈了一套給郭沫若，"沫若文庫"藏該書，書前記"沫若我兄先生正之唐蘭"。

② "裏"指綫裝書一頁紙的背面，本文采用 35 版《大系考釋》後附《考釋勘誤》中郭氏的用語。

③ 本條批注僅有一些圈點符號及零星文字，爲方便讀者理解，我們用文字將作者原意表述出來，並非批注原文。下【4】、【6】、【15】、【16】、【17】、【18】、【19】、【20】、【21】、【22】、【23】同。

④ 徑稱 57 版、02 版時即指 57 版《大系考釋》、02 版《大系考釋》。

35 版《大系》正文所謂"舊釋爲勇"蓋指此説。35 版《大系》改釋爲"戎"。眉批引《説文》勇之或體，並於"戎"字右側，再改回"勇"字，《大系》後來的版本並未吸收這一改釋意見。①

【5】191 頁裏（邾公釛鐘）

上欄外天頭眉批：

藍色鋼筆　莊子雜篇外物／"鹽蟫不得成"／陸德明云"司馬曰／鹽蟫讀曰㳂融"。蟫即此蠱，則此陸蠱寔也。

按：1930 年作者讚成王國維釋"陸蠱"爲陸終的意見，② 1932 年 8 月認爲"蠱"字从蚰章聲，求之聲類當以融字爲近，疑陸終即祝融。③ 35 版《大系》正文詳引王國維説法，與 32 版同，未作其他説明，後眉批又改回"陸蠱寔爲祝融"的觀點，57 版、02 版未吸收手批本意見。關於"陸蠱"的釋讀，作者意見前後變動過三次。

【6】216 頁裏（陳侯午鐘）倒 5 行 10 字至倒 1 行首字"欲求與攈古所録……故不免有鐸字奪畫也"

紅色鋼筆　豎綫删除倒 5 行第 10 字至倒 1 行首字，夾注補改爲"其後剔除者"。

按：35 版《大系考釋》後所附《考釋勘誤》④ 記"二一六葉裏八至十二行'聞是藏家'下七十六字删去，改爲'其後剔出者'"。手批本與之意見相同。

略有不同的是，57 版《大系》較《考釋勘誤》、手批本多删除了"聞是藏家"四字，即將倒 5 行 6 字至倒 1 行首字（"聞是藏家欲

---

① 需要注意的是，此器最早著録於 35 版《大系圖録》，目録表謂"新出"，57 版、02 版則增言"此器疑僞"。

② 先後見於《大豐簋韻讀》、32 版《大系》。

③ 《金文叢考·金文所無考》《金文餘釋之餘·釋乓氏》，劉節給郭沫若的信中説"邾公釛鐘不可靠，邾氏三鐘隹䍃鐘非僞"，郭沫若謂"邾公釛鐘是否僞器尚未敢必"。

④ 35 版《大系考釋》後所附《考釋勘誤》，大概寫於 1935 年 7 月 17 日前後，參 1935 年 7 月 17 日、1935 年 7 月 20 日郭沫若致田中慶太郎信函。

求與攗古所錄……故不免有鐸字奪畫也"）的文字首尾加［　］符號，表示刪除，並於這段文字上方增加一條批注："容庚云周氏得之吳氏，經余目擊。𦥑下文字及母字乃其後剔出者。"57 版《大系圖錄》陳侯午錞拓本旁，新增批注"今案容庚云前周季木藏器即得之吳式棻，'𦥑母'二字乃其后剔出者"。

**二　增補書證**

【7】38 頁（小盂鼎）

上欄外天頭眉批：

濃藍鋼筆　盜跖篇"驅人牛/馬，取人婦女"。

紅色鋼筆　淮南本經訓"大國出/攻，小國城守，驅人之/牛馬，僇人之子女，/毀人之宗廟，遷人之/重器"①。

按：驅，同敺。眉批增補《莊子》《淮南子》以佐證"敺亦猶俘也"。

【8】75 頁裏（牧簋）

上欄外天頭眉批：

藍色鋼筆　國·魯語·閔馬/父說"周恭王/能庇昭穆之闕/而爲恭"。②

按：《逸周書·諡法解》"既過能改曰恭"，牧簋銘"昔先王既令女（汝）乍嗣士。今余唯或（又）𢓊改"，作者釋"𢓊改"爲"寇改"，言王更改先王對牧的任命。作者從"改"字展開，並於眉批稱引典籍書證，進一步論證了將牧簋斷爲恭王的意見。

【9】86 頁裏（同簋）

上欄外天頭眉批：

紅色鋼筆　周語/司民協孤終/司商協民姓/司徒協旅/司寇協姦

---

① 《淮南子》原文作"遷人之寶器"。
② 《國語·魯語·閔馬》原文"父說"後有很長一段文字。

/牧協職/工協革/場協入/廩協出

按：眉批援引《國語·周語》闡明銘文"嗣昜（場）林吳（虞）牧"中"場""牧"的含義。

【10】144頁裏（召伯虎簋其二）

上欄外天頭眉批：

[紅色鋼筆] 周語"晉既克楚于/鄢，使郤至告慶于周。"

按：眉批援據《國語·周語》，補充"告慶"一詞的用法。

【11】146頁（師寰簋）

上欄外天頭眉批：

[紅色鋼筆] 周語"郤至告慶于周，未將事。"注"將，行也，未行高慶之事。"①

按：《大系》正文讀簋銘"牆"爲"將"，作者認爲與《論語·憲問》"闕黨童子將命"之"將"同義，眉批所引書證進一步闡發銘文中"牆（將）"的含義。

【12】205頁（叔夷鐘）

上欄外天頭眉批：

[藍色鋼筆] 左．昭七年/人有十等/王臣公/公臣大夫/大夫臣士/士臣皁/皁臣輿/輿臣隸/隸臣僚/僚臣僕/僕臣台馬有圉牛有牧

按：眉批稱引《左傳》闡釋鐘銘"鳌僕三百又五十家"之"僕"的等級地位。

【13】236頁裏（鼄芇鐘）

上欄外天頭第2行眉批：

[藍色鋼筆] 衛靈公時有司空狗。（見韓非難四）

按：批注徵引典籍中古人名字用例，補充《大系》正文"唯狗字在古並無惡意""釋鼄芇即讀爲鼄狗，亦無不可也"的例證。

【14】補錄1頁裏（越王鐘）

---

① 韋昭原注作"將行也，未行高慶之禮"。

上欄外天頭眉批：

[藍色鋼筆] 越人三世殺其君，王子搜/患之（淮南子云越王翳也）/逃乎丹穴。越國無君，求/王子搜而不得，從之丹穴。王/子搜不肯出，越人薰之以艾，/乘之以王輿。（仲春·貴生）

"越王授有子四人。越王之弟曰豫，欲盡殺之，/而爲之後。惡其三人而/殺之矣，國人不説，大/非上。又惡其一人而欲/殺之，越王未之聽。其/子恐必死，因國人之欲/逐豫，圍王宮。越王曰/余不聽豫之言，以罹/此難也。"①

右見吕·季秋紀·審己/注云越王授句踐五世之孫，未知孰當。

按：稱引《吕氏春秋》《淮南子》，補充典籍中其他有關越王世系的記載。

以上 8 條眉批，在 57 版、02 版《大系》中皆未增補。

## 三　校勘誤字、衍字、脱字

【15】81 頁裏（格伯簋）倒 1 行"與文意推之當是"

[藍色鋼筆]　以 × 號删除倒 1 行倒 7 字（即"與"字），並在上欄外天頭眉批"以"。

按："與"訂改爲"以"。57 版、02 版未訂正。

【16】88 頁裏（大鼎）4 行"犅爲特牛，則䮴當牡馬"

[藍色鋼筆]　在"當"字下標"乀"號，並在上欄外補"是"字。

按："當"後補脱字"是"。57 版、02 版未訂補。

【17】96 頁（效父簋）6—7 行"葡字典籍多作箙，又多省作箙"

[鉛筆]　以 ○ 號標出"箙"字，並在上欄外將其訂正爲"服"字。

---

① 《吕氏春秋》原文作"越王太息曰'余不聽豫之言，以罹此難也'"。

按：原文第二個"簠"字涉上而誤，批注改爲"服"。57 版未訂改，02 版挖改勘正。

【18】133 頁裏（番生簋）4 行"'龖圝'見番生簋"

⬜藍色鋼筆　以○號標出"番生"二字，並於右側訂正爲"叔向父"。

按："番生簋"訂改爲"叔向父簋"。57 版延續了這一錯誤，02 版已訂正。

【19】193 頁（邾太宰簠）倒 3 行"从田从土用意"

上欄外：

⬜藍色鋼筆　"同"

按：原文"用"乃"同"之形近訛字。57 版未訂改，02 版已勘正。

【20】196 頁裏（仲姬俞簠）倒 4 行"上二器同爲仲姬 俞所作之媵器"

⬜藍色鋼筆　"爲仲"兩字右側以"＜々"號表示脱字，並在上欄外補上"爲"字。

按：《大系》正文脱一"爲"字，批注於"爲"後補重文號，即"上二器同爲爲仲姬俞所作之媵器"。兩"爲"字讀音有別，前者讀平聲，後者讀去聲。57 版、02 版均未訂補。

【21】228 頁（枚氏壺）4 行"疑此枚氏蓋自狄人"

⬜藍色鋼筆　以"×"號删除"自"字，並在欄上訂正爲"是"字。

按："自"訂改爲"是"。57 版、02 版均未改正。

【22】203 頁（叔夷鐘）倒 4 行"女（汝）戒戎攸（作）"

⬜藍色鋼筆　"女（汝）"字下標出"｛"號，並在欄外補上"台（以）"兩字。

按："汝"後補入脱文"台（以）"。57 版、02 版已訂正。

【23】104 頁（虢季子白盤）首行"經緙（經）四方"

藍色鋼筆 以"○"號標出"經"字，右側將其訂正爲"緙"字。

按：原文第二個"經"字訂正爲"緙"。早在 35 版《大系》後所附的《考釋勘誤》中即有訂正，記作"一〇四葉一行'經緙（經）四方'小注經×字乃緙字之誤"。57 版挖改了誤字，02 版同。

【24】113 頁（克鐘）3 行"在古表樸之"

藍色鋼筆 "表"字右側標"×"號，並在上欄外將其訂正爲"素"字。

按："表"訂正爲"素"。57 版、02 版已勘正。

【25】130 頁裏（矢人盤）2—3 行"堆下必須有有某種標識物"

藍色鋼筆 以"○"號標出"有"字，並在上欄外標"×"號。

按：原文第二個"有"字用圓圈出，並標"×"，以示删除衍字。57 版用正方形黑釘塗掉第一個"有"字，02 版挖補後"須"字佔較大空間，僅存一個"有"字。

本節輯録郭沫若批注凡 25 條，關涉銅器 25 件、甲骨 2 片。其中僅【23】、【24】、【25】三條有關校勘的内容在《大系》增訂本中得以刊正，而絶大多數批注的觀點並未體現於作者後來的論著中。

附圖：①

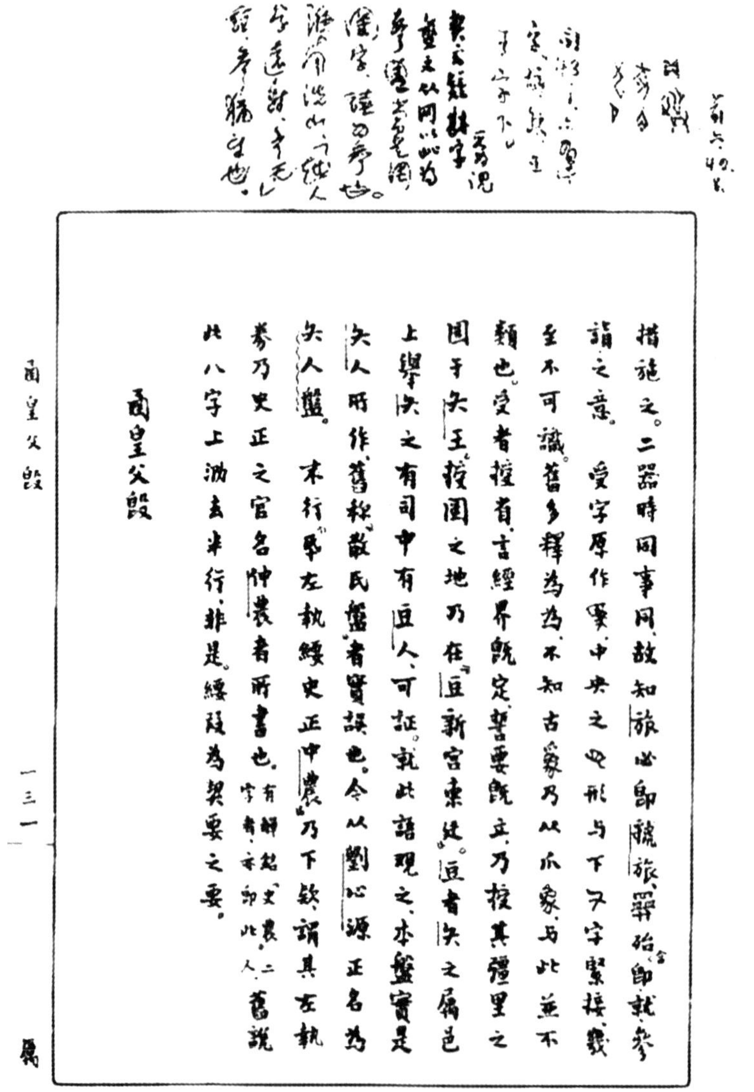

圖 4-4　手批本書影

---

① 崎川隆老師提供。

# 附　　錄

## 一　郭沫若金文著述編年長編①

郭沫若一生著作宏富，幾十年來已出版過數種述作編目，以筆者所能知見，專著即有：《郭沫若著譯系年》②《郭沫若著譯系年》③《郭沫若著譯書目》④《郭沫若著譯系年》⑤《郭沫若著譯分類書目》等。⑥ 年譜囊括譜主生前學術創作的相關史料，較爲通行的有：龔濟

---

① 此處用"長編"一詞，取其本來含義，即指"有遜於正式專著、有待於繼續提煉的初稿"。參陳福康《"年譜長編"的"長編"是什麼意思》，《中華讀書報》2016年2月23日第15版。
② 蘇川、倪波編：《郭沫若著譯系年》，吉林師範大學1979年版。
③ 成都市圖書館編：《郭沫若著譯及研究資料》第2冊，成都市圖書館1980年版。
④ 蕭斌如、邵華編：《郭沫若著譯書目》，上海文藝出版社1980年8月第1版、1989年10月第2版。
⑤ 上海市圖書館編：《中國當代文學研究資料 郭沫若著譯系年目錄》（1904—1949），上海市圖書館1980年版；上海師範大學中文系編：《中國當代文學研究資料 郭沫若著譯系年目錄》（1949—1979），上海師範大學1980年版。後整理成《郭沫若著譯系年》（1981年12月），收入王訓昭等編：《郭沫若研究資料》下冊，中國社會科學出版社1986年版；王訓昭等編：《郭沫若研究資料》下冊，知識產權出版社2010年版。
⑥ 上海圖書館編：《郭沫若著譯分類書目》（1982年9月），收入王訓昭等編《郭沫若研究資料》下冊，中國社會科學出版社1986年版；王訓昭等編：《郭沫若研究資料》下冊，知識產權出版社2010年版。

民、方仁念編《郭沫若年譜》,① 王繼權、童煒鋼編《郭沫若年譜》,② 盧正言編《郭沫若年譜簡編》,③ 林甘泉、蔡震主編《郭沫若年譜長編》四種。④ 此外,近年出版的郭沫若傳記、評傳、書信集,甚至其生前專著重印再版時,也常附有郭沫若著作年表,隨撿即得如《郭沫若評傳》所附《郭沫若學術著作年表》,⑤《郭沫若致容庚書簡》所附《郭沫若海外十年古文字著作繫年》,⑥ 商務印書館重印本《中國古代社會研究》所附《郭沫若先生學術年表》等等。⑦

學界對郭沫若生平著述的收集整理,已建立了較好基礎,但仍有不少弊病。一方面,一些篇目版本不全;另一方面,不少篇章的寫作出版時間、聚散情況失實,編著者並未目驗原文原書,轉引過程中不可避免地人云亦云,沿襲前人錯誤,更遑論對同一著作諸多版本之間演變情況梳理、考訂。

有鑒於此,我們搜集了郭沫若金文研究的全部著作,覆核原書,訂補修正前人編目,編成《郭沫若金文著述編年長編》。本編年依時間爲序,以文章、專著爲綱,簡述單篇論文的寫作、修改時間,先後收入文集情況,撮述同一著作諸多版本之間遞嬗情況。其中多數篇目時間明確,即依其自署時間先後編次。未標明時間者,或據相關史料,考證其大致範圍,或以其所入文集的初版時間爲下限,暫排於文集出版前。

---

① 龔濟民、方仁念:《郭沫若年譜》,天津人民出版社 1982 年版;龔濟民、方仁念:《郭沫若年譜(增訂版)》,天津人民出版社 1992 年版。
② 王繼權、童煒鋼編:《郭沫若年譜》,江蘇人民出版社 1983 年版。
③ 盧正言:《郭沫若年譜簡編》,收入王訓昭等編《郭沫若研究資料》下册,中國社會科學出版社 1986 年版;王訓昭等編:《郭沫若研究資料》下册,知識產權出版社 2010 年版。
④ 林甘泉、蔡震主編:《郭沫若年譜長編:1892—1978 年》,中國社會科學出版社 2017 年版。
⑤ 謝保成:《郭沫若學術思想評傳》,北京圖書館出版社 1999 年版。
⑥ 曾憲通編注:《郭沫若書簡——致容庚》,廣東人民出版社 1981 年版;廣東省博物館編:《郭沫若致容庚書簡》,文物出版社 2009 年版。
⑦ 郭沫若:《中國古代社會研究》,商務印書館 2011 年版。

1930 年

《由矢彝考釋論到其他》，初收上海聯合書店第一版《中國古代社會研究·追論及補遺》。①

2月1日作《附庸土田之另一解》，初收上海聯合書店第一版《中國古代社會研究·追論及補遺》。②

《矢令簋考釋》，③ 4月23日補作《矢令簋考釋·追記》，初收上海聯合書店第三版《中國古代社會研究·再版書後》。

《明保之又一證》，④ 初收上海聯合書店第三版《中國古代社會研究·再版書後》；1947年群益出版社改排時，文末增加1947年4月17日所記"後案"。⑤

《古金中有稱男之二例》，初收上海聯合書店第三版《中國古代社會研究·再版書後》；1947年群益出版社改排時，文末增加1947年4月17日所記"後案"。⑥

4月5日作，7月16日改作《新鄭古器之一二考核》，初收《殷周青銅器銘文研究》；後選入《沫若文集》第14卷。

7月5日作《殷彝中圖形文字之一解》，收入《殷周青銅器銘文研究》。

7月7日作《大豐簋韻讀》，收入《殷周青銅器銘文研究》。

7月12日作《令彝令簋與其它諸器物之綜合研究》，初收《殷

---

① 蔡震：《〈中國古代社會研究〉的寫作與版本》，《郭沫若生平文獻史料考辨》，社會科學文獻出版社2014年版。另1930年2月1日郭沫若致信容庚："昨偶將矢彝與王命明公尊作比較研究，始發明明公即魯侯，魯侯即伯禽……"。

② "1930年2月1日"或爲"追論及補遺"（3則）共同的寫作時間。

③ 正文的寫作時間，當在1930年2月9日—4月10日間，詳參李紅薇《〈郭沫若年譜〉訂補二則》，《郭沫若學刊》2020年第1期。

④ 當作於1930年2月9日—4月10日間，詳參李紅薇《〈郭沫若年譜〉訂補二則》，《郭沫若學刊》2020年第1期。

⑤ 《中國古代社會研究》版本眾多，其中群益出版社、新文藝出版社出版時均有後案。1954年人民出版社新一版中删削了"後案"，以後諸版從之。

⑥ 《中國古代社會研究》版本眾多，其中群益出版社、新文藝出版社出版時均有後案。1954年人民出版社新一版中删削了"後案"，以後諸版從之。

周青銅器銘文研究》；後選入《沫若文集》第 14 卷。

7 月 13 日作《公伐郘鐘之鑒別與其時代》，收入《殷周青銅器銘文研究》；後認識到公伐郘鐘銘文乃偽刻，削删原文，改為《雜說林鐘、句鑃、鉦、鐸》，收入 1954 年人民出版社排印版《殷周青銅器銘文研究》。

7 月 13 日作《魯侯角釋文》，收入《殷周青銅器銘文研究》；後改為《魯侯爵釋文》，收入 1954 年版《殷周青銅器銘文研究》。

7 月 14 日作《者瀘鐘韻讀》，收入《殷周青銅器銘文研究》。

7 月 17 日作《晉邦盦韻讀》，收入《殷周青銅器銘文研究》；1952 年 9 月 10 日作補記，收入 1954 年版《殷周青銅器銘文研究》。

7 月 17 日作《秦公簋韻讀》，收入《殷周青銅器銘文研究》。

7 月 19 日作《齊侯壺釋文》，收入《殷周青銅器銘文研究》。

7 月 20 日作《國差罎韻讀》，收入《殷周青銅器銘文研究》。

7 月 22 日作《釋丹枻》，收入《殷周青銅器銘文研究》。

7 月 24 日作《戈琱䫋䩸必彤沙説》，收入《殷周青銅器銘文研究》。

7 月 28 日作《説戟》，30 日為《説戟》所附"漢雄戟"拓本題跋，收入《殷周青銅器銘文研究》；後選入《沫若文集》第 14 卷。

7 月 29 日作《跋丁卯斧》，收入《殷周青銅器銘文研究》。

7 月 29 日作《殷周青銅器銘文研究·序》，收入《殷周青銅器銘文研究》。

9 月 19 日作《臣辰盉銘考釋》，23 日補作附錄一，1931 年 1 月 14 日補作附錄二，初載《燕京學報》第 9 期（1931 年 6 月）；收入《金文叢考·新出四器銘考釋》；① 後收入 1954 年人民出版社改編本《金文叢考·器銘考釋》。②

---

① 1932 年 8 月 1 日日本文求堂書店影印。
② 《臣辰盉銘考釋》一文，亦曾收入《殷周青銅器銘文研究》續編（郭沫若紀念館館藏資料 30—6）。

9月27日作《金文韻讀補遺·序》，收入《金文韻讀補遺》，初載日本《支那學》雜誌第6卷第1號（1932年初）。

《金文韻讀補遺》初稿（正文31條：者減鐘、郘醻尹鉦、南疆鉦、辛鼎、大克鼎銘之一、微䜌鼎、宗婦鼎、晉姜鼎、大豐簋、矢令簋、友簋、追簋、叔孫父簋、豐兮夷簋、郜公簋、秦公簋、陳侯因𧻚簋、仲師父盨、𨞥卣、寡子卣、庫壺、郘王義楚耑、拍舟、國差𦉜、叔多父盤、晉邦𥂴、秦盄龢鐘、齊侯鎛鐘、齊子仲姜鎛、邾公華鐘、邾大宰簠），1931年9月補記（追加8條：齊鎛氏鐘、郘王糧鼎、白康簋、甫人盨、曾伯陭壺、冧氏壺、夆叔盤、魚鼎匕），初載日本《支那學》雜誌第6卷第1號（1932年初）。1932年3月30日寫定《金文韻讀補遺》（40條），較《支那學》版各器順序略有調整，考釋有訂改，且增加了召伯虎簋韻讀，收入《金文叢考》。

10月1日作《謚法之起源》，亦見於郭沫若紀念館館藏資料30—6，① 初載日本《支那學》雜誌第6卷第1號（1932年初）；同年8月，收入《金文叢考》；後選入《沫若文集》第14卷。

★10月30日作《匡卣銘考釋》（郭沫若紀念館館藏資料30—6），② 收入《殷周青銅器銘文研究》續編。

★10月31日作《趞曹鼎第二器銘考釋》（郭沫若紀念館館藏資料30—6），收入《殷周青銅器銘文研究》續編。

★11月2日作《召伯虎二簋銘考釋》（郭沫若紀念館館藏資料30—6），收入《殷周青銅器銘文研究》續編。

★11月2日作《𫖯改彝銘考釋》（郭沫若紀念館館藏資料30—6），收入《殷周青銅器銘文研究》續編。

★11月4日作《乖伯簋銘考釋》（郭沫若紀念館館藏資料30—6），收入《殷周青銅器銘文研究》續編。

---

① 見《郭沫若年譜長編》。亦曾收入《殷周青銅器銘文研究》續編，據郭沫若紀念館館藏資料30—6《謚法之起源》改作於1930年11月12日。
② 此條據蔡震《〈殷周青銅器銘文研究〉的續作何在？》《郭沫若年譜長編》，此類均以"★"標示。

★11 月 5 日作《辛鼎銘考釋》（郭沫若紀念館館藏資料 30—6），收入《殷周青銅器銘文研究》續編。

★11 月 6 日作《大克鼎銘考釋》（郭沫若紀念館館藏資料 30—6），收入《殷周青銅器銘文研究》續編。

★11 月 15 日作《新泰所出杞伯諸器之考釋》（郭沫若紀念館館藏資料 30—6），收入《殷周青銅器銘文研究》續編。

★11 月 17 日作《曾大保盆銘跋》（郭沫若紀念館館藏資料 30—6），收入《殷周青銅器銘文研究》續編。

★《師衰簋銘考釋》，收入《殷周青銅器銘文研究》續編。①

★11 月 20 日作《殷周青銅器銘文研究》續編《序》（郭沫若紀念館館藏資料 30—6），收入《殷周青銅器銘文研究》續編。

11 月 25 日作，1931 年 3 月 14 日校改《毛公鼎之年代》，初載《東方雜誌》第 28 卷第 13 號（1931 年 7 月 10 日）；收入《金文叢考》；後選入《沫若文集》第 14 卷。②

11 月 26 日作《殷周青銅器銘文研究·追記四則》，收入《殷周青銅器銘文研究》。其中一則，後刪改爲"關於新鄭古物補記"，作爲附錄一，收入 1954 年版《殷周青銅器銘文研究》；又選入《沫若文集》第 14 卷。③

★12 月 28 日作《殷周青銅器銘文研究》續編《追記》，收入《殷周青銅器銘文研究》續編。於共懿諸王時器成文 13 篇，另有一篇"序"及一段"追記"，輯爲一冊，裝訂成冊並署"殷周青銅器銘文研究Ⅱ"，現存郭沫若紀念館，編號"郭沫若紀念館館藏資料 30—6"。"追記"謂"成文略有先後，第二冊中諸文最後得，餘二冊因已攝影無由改正，故所論列及表現有未能統一處"。

---

① 蔡震：《〈殷周青銅器銘文研究〉的續作何在?》，收入《郭沫若著譯作品版本研究》，東方出版社 2015 年版，第 127—131 頁。

② 《毛公鼎之年代》一文，亦曾收入《殷周青銅器銘文研究》續編，據郭沫若紀念館館藏資料 30—6《毛公鼎之年代》作於 1930 年 11 月 11 日。

③ 1954 年版《殷周青銅器銘文研究》相關章節吸收了其餘幾則追記的意見。

《戊辰彝考釋》，① 收入《殷周青銅器銘文研究》。

1931 年

2月15日作《湯盤孔鼎之揚搉》，初載《燕京學報》第9期（1931年6月）；收入《金文叢考》；後選入《沫若文集》第14卷。

6月，《殷周青銅器銘文研究》由上海大東書局出版，手稿影印本，綫裝一函二册。

《〈毛公鼎之年代〉追記》，載《東方雜誌》第28卷第16號（1931年8月25日）。

9月8日作《兩周金文辭大系·索引》，收入1932年版《兩周金文辭大系》。

9月9日，《兩周金文辭大系》全書錄成，作解題、序文，裏封（扉頁）以金文字體題寫書名"兩周金文辭大系"，且有副標題"兩周金文辭之歷史系統與地方分類"。

1932 年

1月10日，《兩周金文辭大系》由日本文求堂書店影印發行，洋裝一帙一册。

1月21日，草成《釋黄》，收入《金文叢考》。

《周彝中之傳統思想考》，收入《金文叢考》；後改爲《周彝銘中之傳統思想考》，收入1954年人民出版社改編本《金文叢考》；又選入《沫若文集》第14卷。

《金文所無考》，收入《金文叢考》；後選入《沫若文集》第14卷。

《周官質疑》，收入《金文叢考》；後選入《沫若文集》第14卷。

《諱不始于周人辨》，收入《金文叢考》。

《彝銘名字解詁》，收入《金文叢考》。

《金文餘釋》（包括16篇：釋鞞鞍、釋黄、釋朱旂旜金荅二鈴、

---

① 未署寫作時間，當作於1930年，暫置於此。

釋㠯、釋䯤、釋寏、釋䎽、釋韶、釋貪、釋鏊易、釋白、釋㢒、釋奭、釋鼄、釋中鵟虘鳸、釋干鹵），收入《金文叢考》；後增加一篇《釋亡斥》收入 1954 年人民出版社改編本《金文叢考》。

《沈子簋銘考釋》，收入《金文叢考·新出四器銘考釋》；後收入 1954 年人民出版社改編本《金文叢考·器銘考釋》。

《小臣謎簋銘考釋》，收入《金文叢考·新出四器銘考釋》；1952 年 9 月補作後記，收入 1954 年人民出版社改編本《金文叢考·器銘考釋》。

《𪊨羌鐘銘考釋》，收入《金文叢考·新出四器銘考釋》；後改爲《𪊨芍鐘銘考釋》，收入 1954 年人民出版社改編本《金文叢考·器銘考釋》。

6 月 6 日，《金文叢考》全書錄成後，作《金文叢考·跋尾》，收入 1932 年版《金文叢考》。①

6 月 23 日作《金文叢考·追記》，收入 1932 年版《金文叢考》。②

7 月 21 日作《金文叢考·追記之二》，收入 1932 年版《金文叢考》。③

8 月 1 日，《金文叢考》由日本文求堂書店影印出版，綫裝一函四冊。後刪削《跋尾》《追記》《追記之二》，收入 1954 年人民出版社改編本《金文叢考·器銘考釋》。

《周公簋釋文》，初收《金文餘釋之餘》；後收入 1954 年人民出版社改編本《金文叢考·器銘考釋》。

《壹卣釋文》，初收《金文餘釋之餘》；後收入 1954 年人民出版社改編本《金文叢考·器銘考釋》。

《丘關之釜考釋》，初收《金文餘釋之餘》；後收入 1954 年人民

---

① 1954 年版、全集版均未收。
② 1954 年版、全集版均未收。
③ 1954 年版、全集版均未收。

出版社改編本《金文叢考・器銘考釋》。

《答〈兩周金文辭大系〉商兌》，1932 年收入《金文餘釋之餘》附録。①

11 月 6 日，《金文餘釋之餘》（除收録《周公簋釋文》《壴卣釋文》《丘關之釜考釋》《答〈兩周金文辭大系〉商兌》四文外，還包括《金文餘釋之餘》部分的 19 篇：釋媾、釋軎、釋須句、釋孔、釋骨、釋其、釋貰屯、釋捧、釋槼、釋朱、釋鹽鸎鸎鸎、釋覃、釋叀、釋弋、釋屖、釋底魚、釋叔、釋󰀀、釋垕氏）由日本文求堂書店影印出版，綫裝一帙一册，書末附有《〈金文叢考〉再勘誤》。後删削附録，收入 1954 年人民出版社改編本《金文叢考》。

1933 年

9 月 15 日作《周代彝銘進化觀》，收入《古代銘刻彙考》附録；1945 年 2 月 11 日轉録收入《青銅時代》。②

《金文續考》（包括 13 篇：矢令簋追記、師旅鼎、獻彝、矗卣、命簋、鬳簋、季嚳簋、國󰀀戜簋、公克敦、陳騂壺、嗣子壺、新鄭古器、上郡戈），初收《古代銘刻彙考》；後删削鬳簋、命簋、矗卣、新鄭古器四篇，收入 1954 年人民出版社改編本《金文叢考》。

11 月 25 日作《古代銘刻彙考・序》，收入《古代銘刻彙考》。

12 月 10 日，《古代銘刻彙考》由日本文求堂書店影印發行，綫裝一函三册。

1934 年

《釋亢黄》，初收《古代銘刻彙考續編》；後收入 1954 年人民出版社改編本《金文叢考・金文餘釋之餘》。

---

① 1954 年版、全集版均未收。
② 1982 年，《青銅時代》編入《郭沫若全集・歷史編》第 1 卷，《第一卷説明》謂"原書作爲附録的三篇文章，即《〈兩周金文辭大系〉序》《周代彝銘進化觀》和《彝器形象學試探》，分別録自《兩周金文辭大系圖録考釋》和《古代銘刻彙考》兩書，現抽出改收入本全集考古編"。經核查發現《周代彝銘進化觀》一文《考古編》並未收録。

《釋非余》，初收《古代銘刻彙考續編》；後收入 1954 年人民出版社改編本《金文叢考·金文餘釋之餘》。

《枚氏壺——年代與國別之一考察》，初收《古代銘刻彙考續編》；後收入 1954 年人民出版社改編本《金文叢考·金文續考》。

《驫氏鐘補遺》，初收《古代銘刻彙考續編》；後收入 1954 年人民出版社改編本《金文叢考·金文續考》。

《壽縣所出楚器之年代》，初收《古代銘刻彙考續編》；後收入 1954 年人民出版社改編本《金文叢考·金文續考》。

5 月 20 日，《古代銘刻彙考續編》由日本文求堂書店影印發行，綫裝一帙一冊。

9 月 9 日，據 32 版《兩周金文辭大系·序》重錄，於國名次弟及器銘數目有所更改外，餘均仍舊成《兩周金文辭大系考釋·序文》，收入《兩周金文辭大系考釋》；後收入《青銅時代》附錄。①

11 月 20 日作《兩周金文辭大系圖錄·引言》，收入《兩周金文辭大系圖錄》。

11 月 25 日作《彝器形象學試探》，作爲《兩周金文辭大系圖編序說》，收入《兩周金文辭大系圖錄》；後收入《青銅時代》附錄。②

12 月 6 日爲《兩周金文辭大系圖錄》附錄作補記，收入《兩周金文辭大系圖錄》。

12 月 15 日作《正考父鼎銘辨僞》，初載《東方雜誌》第 32 卷第 5 號（1935 年 3 月 1 日）；收入《郭沫若佚文集》；③又收入《金文叢考補錄》。另 1937 年 5 月 19 至 24 日作《借問胡適——由當前

---

① 1982 年《青銅時代》編入《郭沫若全集·歷史編》第 1 卷時，抽出改入《郭沫若全集·考古編》。

② 1982 年《青銅時代》編入《郭沫若全集·歷史編》第 1 卷時，抽出改入《郭沫若全集·考古編》。

③ 王錦厚等編：《郭沫若佚文集（1906—1949）》上册，四川大學出版社 1988 年版。

的文化動態説到儒家》，將原《正考父鼎銘辨僞》重新整理爲第七節"論《正考父鼎銘》之不足據"，《借問胡適》一文，初載《中華公論》創刊號（1937年7月20日），後收入《青銅時代》。1942年7月作《論儒家的發生》，亦討論過"《正考父鼎銘》係僞作"的問題，收入《今昔集》，後收入《史學論集》。

1935年

4月22日作《兩周金文辭大系考釋·解題》，收入《兩周金文辭大系考釋》。

3月5日，《兩周金文辭大系圖録》由日本文求堂書店影印出版，綫裝一函五册。

8月20日，《兩周金文辭大系考釋》由日本文求堂書店影印出版，綫裝一函三册，文末載有福開森英譯《序文》。

1937年

初秋，爲樊季氏孫中嗣鼎作題跋，手跡見郭若愚《郭沫若佚文〈樊季氏鼎〉跋小記》；① 題跋經整理，收入《金文叢考補録》，名爲《樊季氏孫中嗣鼎跋》。②

1940年

1月，爲函皇父器群題辭，收入衛聚賢《函皇父諸器考釋》；③ 後經修改收入《金文叢考補録》，題爲《函皇父器雜識》④。

1943年

《陝西新出土器銘考釋》，初載《説文月刊》第3卷第10期渝

---

① 載《上海博物館集刊》第5期，第103—106頁。
② 跋末署"民紀廿六年初秋"，《郭沫若全集》整理者誤釋"民紀卅六年初秋"，詳李紅薇《〈郭沫若年譜〉訂補二則》，《郭沫若學刊》2020年第1期。
③ 載《説文月刊》第2卷第3期（1940年6月15日），第153—155頁。
④ 文末署"1930年1月12日"，蓋源於函皇父盤題跋"民國二十九年元月十二日晨沫若拜識"，但據常任俠日記（《戰雲紀事》）1930年1月16日"致郭沫若處，亦請其寫函皇父盤考證一條"可知，郭沫若對函皇父諸器的題跋、考證可能並非作於同一天。

版第 4 號（1943 年 5 月 15 日）；收入《郭沫若佚文集》；① 後更名爲《陝西新出土銅器銘考釋》，收入《金文叢考補録》，文末署"1940 年春"，② 並增加了一條 1973 年 4 月 6 日所作追記。

1944 年

4、5 月間，《商周古文字類纂》著成於重慶，原手稿分訂三册，每册封面均有作者題簽。1991 年文物出版社合爲一册出版，軟精裝。

1950 年

6 月 4 日作《吳王壽夢之戈》，初載《光明日報》1950 年 6 月 7 日；收入《奴隸制時代》；③ 又選入《沫若文集》第 17 卷；後增加補記，收入《金文叢考補録》。

1951 年

6 月 21 日作《禹鼎跋》，初載《光明日報》1951 年 7 月 7 日增刊；收入《金文叢考補録》。

1952 年

10 月 26 日作《新鄭古器中"蓮鶴方壺"的平反》，作爲附録三，收入 1954 年版《殷周青銅器銘文研究》；後選入《沫若文集》第 14 卷。

10 月 27 日作《金文叢考·重印弁言》，收入 1954 年人民出版社改編本《金文叢考》；後選入《沫若文集》第 14 卷。

1954 年

3 月 26 日作《殷周青銅器銘文研究·重印弁言》，收入 1954 年版《殷周青銅器銘文研究》。

6 月，人民出版社改編本《金文叢考》出版，將《金文叢考》

---

① 《郭沫若佚文集》稱"原載 1942 年 5 月 15 日《説文月刊》3 卷 10 期"，年份有誤，民國 32 年當系 1943 年。見王錦厚等編《郭沫若佚文集》（1906—1949）下册，四川大學出版社 1988 年版，第 19—23 頁。

② 原文初載《説文月刊》時，未署寫作時間。疑此處時間有誤。

③ 《奴隸制時代》，1984 年 8 月編入《郭沫若全集·歷史編》第 3 卷時剔除《吳王壽夢之戈》。

(1932)、《金文餘釋之餘》(1932) 以及《古代銘刻彙考》(1933)、《古代銘刻彙考續編》(1934) 中金文部分的文章彙集，並增加《重印弁言》，作者重新作了修訂、改編。

8月，人民出版社排印出版《殷周青銅器銘文研究》，作者對文字有所刪削，附注中略加後案，並增加附錄、重印弁言。

1955 年

《長由盉銘釋文》，初載《文物參考資料》1955 年第 2 期；收入《金文叢考補錄》。

10 月 3 日初作，1956 年 1 月 4 日改正，1956 年 2 月 12 日再改《由壽縣蔡器論到蔡墓的年代》，初載《考古學報》1956 年第 1 期；[①] 收入《文史論集》；又選入《沫若文集》第 17 卷；後收入《金文叢考補錄》。

1956 年

1 月 9 日初作，2 月 14 日改正《矢簋銘考釋》，初載《考古學報》1956 年第 1 期；收入《文史論集》；後收入《金文叢考補錄》。

10 月 30 日作《兩周金文辭大系圖錄考釋·增訂序記》，收入《兩周金文辭大系圖錄考釋》。

1957 年

3 月 4 日作《盠器銘考釋》，初載《考古學報》1957 年第 2 期；收入《文史論集》；又選入《沫若文集》第 17 卷；後收入《金文叢考補錄》。

10 月 29 日作《信陽墓的年代與國別》，初載《文物》1958 年第 1 期；收入《文史論集》；又選入《沫若文集》第 17 卷；後收入《金文叢考補錄》。

12 月，科學出版社將《兩周金文辭大系圖錄》(1935)、《兩周金文辭大系考釋》(1935) 增訂合印爲《兩周金文辭大系圖錄考

---

① 原文另有一條 2 月 13 日的附註，收入《金文叢考補錄》時刪去。

釋》，作爲"考古學專刊 甲種第三號"出版，綫裝一函八册。作者對《大系考釋》作了一些必要的修改和補充，請黄烈等對《大系圖錄》作了仔細校對和補充，抽换並增加了一部分新材料。

臺灣翻印《兩周金文辭大系考釋》（增訂本），平裝一帙一册，此書爲臺灣某出版社據1957年科學出版社增訂版《兩周金文辭大系圖録考釋》第六、七、八册的合訂盜版。削删了福開森英譯《序文》，新增四紙《目録表》，且有意抹除作者信息，無版權頁。

1958 年

《保卣銘釋文》，初載《考古學報》1958年第1期；收入《文史論集》；後收入《金文叢考補録》。①

2月21日作《者汈鐘銘考釋》，文末附有22日所作"者汈鐘銘摹本"，初載《考古學報》1958年第1期；收入《文史論集》；後收入《金文叢考補録》。

3月8日作《關於鄂君啓節的研究》，初載《文物參考資料》1958年第4期；收入《文史論集》；又選入《沫若文集》第17卷；後收入《金文叢考補録》。

4月24日作《輔師嫠簋考釋》，初載《考古學報》1958年第2期；收入《文史論集》；後收入《金文叢考補録》。②

6月10日作《由周初四德器的考釋談到殷代已在進行文字簡化》，初載《文物》1959年第7期；收入《文史論集》；又選入《沫若文集》第17卷；後收入《金文叢考補録》。

12月9日作《三門峽出土銅器二三事》，初載《文物》1959年第1期；收入《金文叢考補録》。

1959 年

12月31日作《弭叔簋及訇簋考釋》，初載《文物》1960年第2

---

① 初載《考古學報》時未署寫作時間，收入《金文叢考補録》時文末署"1958年春"。

② 原載《考古學報》，文末署時間爲1958年4月24日，後收入《金文叢考補録》時抹除了時間。

期；收入《文史論集》；後收入《金文叢考補錄》。①

1960 年

1月12日作《安陽圓坑墓中鼎銘考釋》，初載《考古學報》1960年第1期；收入《文史論集》；後收入《金文叢考補錄》。②

1月12日作《釋應監甗》，初載《考古學報》1960年第1期；收入《金文叢考補錄》。

1961 年

1月，《文史論集》由人民出版社出版。收輯作者自解放以來至1960年3月的部分論著，其中包括不少關於歷史研究的理論、專題述作，經作者校閱，有些文章作了修改。

10月，《殷周青銅器銘文研究》作爲"考古學專刊 甲種第7號"，由科學出版社出版，文字部分仍沿用1954年人民出版社排印本，勘定個別字句，圖錄、拓本略事增補。

1962 年

2月17日作《長安縣張家坡銅器群銘文彙釋》，初載《考古學報》1962年第1期；收入《金文叢考補錄》。③

2月26日作《扶風齊家村器群銘文彙釋》，收入《扶風齊家村青銅器群》；④ 後收入《金文叢考補錄》。

3月22日作《師克盨銘考釋》，初載《文物》1962年第6期；收入《金文叢考補錄》。

1963 年

2月，《沫若文集》第17卷由人民文學出版社出版，收入《奴隸制時代》《雄雞集》及1953年至1959年研究歷史、考古的著作二

---

① 原載《文物》，文末有附錄"陝西省博物館給郭沫若同志的兩封信"，收入《金文叢考補錄》時删去附錄。
② 原載《考古學報》，文末有兩個附錄，收入《金文叢考補錄》時删去附錄二。
③ 原載《考古學報》，文末有附錄，收入《金文叢考補錄》時删掉。
④ 陝西省博物館、陝西省文物管理委員會編：《扶風齊家村青銅器群》，文物出版社1963年版。

十篇。

《跋江陵與壽縣出土銅器群》，初載《考古》1963 年第 4 期；後收入《金文叢考補錄》。①

6 月，《沫若文集》第 14 卷由人民文學出版社出版，收入《中國古代社會研究》《甲骨文字研究》（選收 4 篇）、《殷周青銅器銘文研究》（選收 3 篇及附錄 3 篇）、《金文叢考》（選收 6 篇及重印弁言）。

1964 年

8 月 10 日作《曾子斿鼎、無者俞鉦及其它》，初載《文物》1964 年第 9 期；後經删削，改爲《曾子斿鼎、無者俞鉦》，收入《金文叢考補錄》。

1971 年

3 月，臺灣大通書局印行《周代金文圖錄及釋文》（增訂本），精裝一帙三册，以 1957 年科學出版社增訂版《兩周金文辭大系圖錄考釋》爲底本影印，有意删削作者信息，版權頁出版者題"大通書局"。

1972 年

1 月 2 日作《跋王妣方彝》，手跡收入《金文叢考補錄》。

《永盂銘釋文》，手跡載唐蘭《永盂銘文解釋》，《文物》1972 年第 1 期；後收入《金文叢考補錄》。

1972 年夏作《古代文字之辯證的發展》，初載《考古學報》1972 年第 1 期；後收入《考古論集》。

《關於眉縣大鼎銘辭考釋》，初載《文物》1972 年第 7 期；收入《金文叢考補錄》。

《〈班簋〉的再發現》，初載《文物》1972 年第 9 期；收入《金文叢考補錄》。

---

① 原載《考古》，未署寫作時間，收入《金文叢考補錄》時文末署"1963 年 3 月"。

12月30日作，1973年1月5日補記《〈屎敖簋銘〉考釋》，初載《考古》1973年第2期；收入《金文叢考補録》。

1973年

4月11日作《題越王勾踐劍》，手跡原載《文物》1973年6月；① 收入《金文叢考補録》。

1999年②

7月，上海書店出版社出版《兩周金文辭大系圖録考釋》，據1957年科學出版社增訂本影印，精裝上下兩册。

2002年

郭沫若著作編輯出版委員會編《郭沫若全集·考古編》（10卷），③由科学出版社出版，其中《殷周青銅器銘文研究》《商周古文字類纂》收入第4卷；《金文叢考》收入第5卷；新輯《金文叢考補録》收入第6卷；《兩周金文辭大系圖録考釋》收入第7、8卷。新輯《考古論集》收入第10卷。編輯作了不同程度的校勘、注釋，增加眉批。

2017年

科学出版社重印出版《郭沫若全集·考古編》（10卷）。

---

① 原爲《郭沫若同志爲中國出土文物展覽和河南省畫像石、碑刻拓片展覽的題辭》一文的前半部分，載《文物》1973年第6期。
② 此時作者已辭世。
③ 其中第一、九卷出版於1982年，第二卷出版於1983年，第十卷出版於1992年，餘七卷2002年出版。

## 二 著錄簡稱表

考——《考古圖》
博——《宣和博古圖》
嘯——《嘯堂集古錄》
薛——《歷代鐘鼎彝器款識法帖》
續——《續考古圖》
復——《復齋鐘鼎款識》
西——《西清古鑑》
寧——《寧壽鑑古》
甲——《西清續鑑甲編》
乙——《西清續鑑乙編》
錢——《十六長樂堂古器款識》
積——《積古齋鐘鼎彝器款識》
曹——《懷米山房吉金圖》
筠——《筠清館金文》
獲——《長安獲古編》
攈——《攈古錄金文》
從——《從古堂款識學》
敬——《敬吾心室彝器款識》
兩——《兩罍軒彝器圖釋》
攀——《攀古樓彝器款識》
恒——《恒軒所見所藏吉金錄》
奇——《奇觚室吉金文述》

陶——《陶齋吉金錄》
愙——《愙齋集古錄》
貞——《貞松堂集古遺文》
夢——《夢郼艸堂吉金圖》
存——《周金文存》
鄭——《新鄭古器圖錄》
澂——《澂秋館吉金圖》
寶——《寶蘊樓彝器圖錄》
武——《武英殿彝器圖錄》
容——《秦金文錄》
厲——《厲氏編鐘圖釋》
壽——《壽縣所出銅器考略》
雙——《雙劍誃吉金圖錄》
善——《善齋吉金錄》
泉——《泉屋清賞》
鶴——《白鶴吉金集》
歐——《歐米蒐儲支那古銅精華》
中——《中國古代青銅器》
洛——《洛陽古城古墓考》
研——《殷周青銅器銘文研究》
彙——《古代銘刻彙考》及《古代銘刻彙考續編》

初——初版（即 32 版）《兩周金文辭大系》

叢——《金文叢考》

餘——《金文餘釋之餘》

集成——《殷周金文集成》

銘圖——《商周青銅器銘文暨圖像集成》

# 主要參考文獻

## 一 著錄類

（宋）呂大臨：《考古圖》，明初刻本。
（宋）呂大臨：《考古圖》，清乾隆十七年（1752）亦政堂刻本。
（宋）薛尚功：《歷代鐘鼎彝器款識法帖》，民國二十四年（1935）于省吾影印明崇禎刻本。
（宋）薛尚功：《歷代鐘鼎彝器款識法帖》，清嘉慶十二年（1807）平津館刻本。
（宋）薛尚功：《歷代鐘鼎彝器款識法帖殘本》，民國二十一年（1932）影印本。
（宋）王厚之（復齋）：《鐘鼎款識》，清嘉慶七年（1802）阮元刻本。
（宋）王黼：《宣和博古圖》，明萬曆三十一年（1603）泊如齋重修本。
（宋）王黼：《宣和博古圖》，明嘉靖七年（1588）蔣暘翻刻本。
（宋）王俅：《嘯堂集古錄》，民國二十三年（1933）涵芬樓影印本。
（宋）佚名編，趙九成釋：《續考古圖》，清光緒十三年（1887）陸心源刻本。
（清）曹載奎：《懷米山房吉金圖》，清道光十九（1839）年翻刻本。
（清）端方：《陶齋吉金錄》，清宣統元年（1909）石印本。
（清）劉喜海：《長安獲古編》，清光緒三十一年（1905）刻本。
（清）劉心源：《奇觚室吉金文述》，清光緒二十八年（1902）印本。

（清）潘祖蔭：《攀古樓彝器款識》，清同治十一年（1872）刻本。
（清）錢坫：《十六長樂堂古器款識》，清嘉慶六年（1801）刻本。
（清）清高宗敕編：《寧壽鑑古》，民國二年（1913）涵芬樓據寧壽宮寫本影印本。
（清）清高宗敕編：《西清古鑑》，清光緒十六年（1890）邁宋書館刻本。
（清）清高宗敕編：《西清續鑑甲編》，宣統三年（1911）涵芬樓據寧壽宮寫本影印本。
（清）清高宗敕編：《西清續鑑乙編》，民國二十年（1931）北平古物陳列所據寶蘊樓鈔本影印本。
（清）阮元：《積古齋鐘鼎彝器款識》，清嘉慶九年（1804）阮氏刻本。
（清）王石經著，陳進整理：《西泉印存》，天津人民美術出版社2014年版。
（清）吳榮光：《筠清館金文》，清道光二十二年（1842）刻本。
（清）吳式芬：《攟古錄金文》，清光緒二十一年（1895）吳氏家刻本。
（清）吳雲：《兩罍軒彝器圖釋》，清同治十一年（1872）刻本。
（清）徐同柏：《從古堂款識學》，清光緒三十二年（1906）蒙學館石印本。
（清）朱善旂：《敬吾心室彝器款識》，清光緒三十四年（1908）印本。
北京圖書館編：《北京圖書館藏青銅器全形拓片集》，北京圖書館出版社1997年版。
陳承裘藏器，孫壯編：《澂秋館吉金圖》，民國二十年（1931）石印本。
故宮博物院編：《故宮青銅器圖典》，紫禁城出版社2010年版。
關百益：《新鄭古器圖錄》，民國十八年（1929）商務印書館影印本。

國家圖書館編：《銘刻擷萃：國家圖書館館藏精品大展金石拓片圖錄》，國家圖書館出版社2014年版。

劉體智：《善齋吉金錄》，民國二十三年（1934）印本。

劉體智：《小校經閣金石文字》，民國二十四年（1935）初版。

羅振玉：《夢郼艸堂吉金圖》，民國六至七年（1917—1918）年影印本。

羅振玉：《秦金石刻辭》，民國三年（1914）印本。

羅振玉：《三代吉金文存》，民國廿六年（1937）影印本。

羅振玉：《貞松堂集古遺文補遺》，民國二十年（1931）年刻本。

羅振玉：《貞松堂集古遺文》，民國十九年（1930）年刻本。

羅振玉：《貞松堂集古遺文續編》，民國二十三年（1934）年刻本。

容庚：《寶蘊樓彝器圖錄》，民國十八年（1929）北平古物陳列所影印本。

容庚：《秦金文錄》，民國二十年（1931）國立中央研究院影印本。

容庚：《武英殿彝器圖錄》，民國二十三年（1934）哈佛燕京學社影印本。

吳大澂：《恒軒所見所藏吉金錄》，清光緒十一年（1885）刻本。

吳大澂：《愙齋集古錄》，民國七年（1918）涵芬樓影印本。

吳鎮烽：《商周青銅器銘文暨圖像集成》，上海古籍出版社2012年版。

吳鎮烽：《商周青銅器銘文暨圖像集成續編》，上海古籍出版社2016年版。

西泠印社編著：《金石永年：金石拓片精品展圖錄》，上海書店出版社2008年版。

徐中舒：《驫氏編鐘圖釋》，民國二十一年（1932）國立中央研究院歷史語言研究所印本。

于省吾：《雙劍誃吉金圖錄》，民國二十三年（1934）北平琉璃廠來薰閣影印本。

中國社會科學院考古研究所編：《殷周金文集成》（修訂增補本），

中華書局 2007 年版。

中國社會科學院考古研究所編:《殷周金文集成》,中華書局 1984—1994 年版。

鄒安編:《周金文存》,民國十年 (1921) 廣倉學宭影印本。

［日］濱田耕作:《泉屋清賞》,泉屋博古館 1919 年版。

［日］濱田耕作:《泉屋清賞別集》,泉屋博古館 1922 年版。

［日］梅原末治:《歐米蒐儲支那古銅精華》,大阪山中商會 1934 年版。

［日］梅原末治:《白鶴吉金集》,白鶴美術館 1934 年版。

［英］Albert J. Koop, *Brozes Antiques de la China*, 1924.

［英］W. Perceval Yetts, *The George Eumorfopoulos Collection*: *Catalogue of the Chinese and Corean Bronzes*, London, 1929 – 1930.

［英］W. C. White, *Tombs of Old Lo-yang*, 1934.

［美］Smithsonian Institution, *The Staff of The Freer Gallery of Art*: *A Descriptive and Illustrative Catalogue of Chinese Bronzes*, 1946.

## 二 專著類

《清華北大教授推薦的 120 本必讀書》編委會編:《清華北大教授推薦的 120 本必讀書》,民主與建設出版社 2002 年版。

蔡震:《郭沫若生平文獻史料考辨》,社會科學文獻出版社 2014 年版。

蔡震:《郭沫若在日本二十年》,文化藝術出版社 2005 年版。

蔡震:《郭沫若著譯作品版本研究》,東方出版社 2015 年版。

蔡震:《文化越境的行旅:郭沫若在日本二十年》,文化藝術出版社 2005 年版。

陳紅彥主編:《金石碑拓善本掌故 (一)》,上海遠東出版社 2017 年版。

陳夢家:《殷虛卜辭綜述》,科學出版社 1956 年版。

陳英傑:《容庚青銅器學》,學苑出版社 2015 年版。

成都市圖書館編：《郭沫若著譯及研究資料》，成都市圖書館1980年版。

程鵬萬：《安徽壽縣朱家集出土青銅器銘文集釋》，黑龍江人民出版社2009年版。

楚文化研究會編：《楚文化考古大事記》，文物出版社1984年版。

董作賓：《董作賓先生全集》，藝文印書館1977年版。

杜澤遜：《文獻學概要（修訂本）》，中華書局2008年版。

龔濟民、方仁念：《郭沫若年譜（增訂版）》，天津人民出版社1992年版。

龔濟民、方仁念：《郭沫若年譜》，天津人民出版社1982年版。

廣東省博物館編：《郭沫若致容庚書簡》，文物出版社2009年版。

郭沫若、伊藤道治：《卜辭通纂——付日本所見甲骨錄》，朋友書店1977年版。

郭沫若：《卜辭通纂》，文求堂書店1933年版。

郭沫若：《反正前後》，現代書局1929年版。

郭沫若：《古代銘刻彙考》，文求堂書店1933年版。

郭沫若：《古代銘刻彙考續編》，文求堂書店1934年版。

郭沫若：《郭沫若全集·考古編》，科學出版社2002年版。

郭沫若：《郭沫若全集·文學編》，人民文學出版社1992年版。

郭沫若：《郭沫若選集》，開明書店1951年版。

郭沫若：《甲骨文字研究》，科學出版社1962年版。

郭沫若：《甲骨文字研究》，人民出版社1952年版。

郭沫若：《甲骨文字研究》，上海大東書局1931年版。

郭沫若：《金文叢考》，人民出版社1954年版。

郭沫若：《金文叢考》，文求堂書店1932年版。

郭沫若：《金文餘釋之餘》，文求堂書店1932年版。

郭沫若：《兩周金文辭大系——周代金文辭之歷史系統與地方分類》，文求堂書店1932年版。

郭沫若：《兩周金文辭大系考釋》，文求堂書店1935年版。

郭沫若:《兩周金文辭大系圖錄》,文求堂書店1935年版。
郭沫若:《兩周金文辭大系圖錄考釋》,科學出版社1957年版。
郭沫若:《兩周金文辭大系圖錄考釋》,上海書店出版社1999年版。
郭沫若:《沫若書信集》,泰東書局1933年版。
郭沫若:《沫若文集》,人民文學出版社1963年版。
郭沫若:《青銅时代》,文治出版社1945年版。
郭沫若:《商周古文字類纂》,文物出版社1991年版。
郭沫若:《石鼓文研究》,人民出版社1955年版。
郭沫若:《石鼓文研究》,商務印書館1940年版。
郭沫若:《天玄地黄》,大孚出版公司1947年版。
郭沫若:《文史論集》,人民出版社1961年版。
郭沫若:《文藝論集續集》,光華書局1931年版。
郭沫若:《我的幼年》,光華書局1929年版。
郭沫若:《殷契粹編》,科學出版社1965年版。
郭沫若:《殷契粹編》,文求堂書店1937年版。
郭沫若:《殷周青銅器銘文研究》,大東書局1931年版。
郭沫若:《殷周青銅器銘文研究》,科學出版社1961年版。
郭沫若:《殷周青銅器銘文研究》,人民出版社1954年版。
郭沫若:《櫻花書簡》,四川人民出版社1981年版。
郭沫若:《中國古代社會研究》,聯合書店1930年版。
郭沫若:《中國古代社會研究》,商務印書館2011年版。
郭沫若:《周代金文圖錄及釋文(增訂本)》,大通書局1971年版。
何景成:《商周青銅器族氏銘文研究》,齊魯書社2009年版。
黄淳浩:《郭沫若書信集》,中國社會科學出版社1992年版。
黄侯興:《郭沫若的文學道路》,天津人民出版社1981年版。
黄永年:《古籍整理概論》,陝西人民出版社1985年版。
黄永年:《古文獻學講義》,中西書局2014年版。
江淑惠:《郭沫若之金石文字學研究》,華正書局1992年版。
菊地弘:《沫若文庫目錄》,アジア・アフリカ文化財團創立五十周年記念誌別册：《アジア・アフリカ文化財團，2008 年版。

李一氓：《李一氓回憶錄》，人民出版社 1993 年版。

林甘泉、蔡震主編：《郭沫若年譜長編：1892—1978 年》，中國社會科學出版社 2017 年版。

馬良春、伊藤虎丸編：《郭沫若致文求堂書簡》，文物出版社 1997 年版。

馬子雲：《金石傳拓技法》，人民美術出版社 1988 年版。

裘錫圭：《裘錫圭學術文集》，復旦大學出版社 2012 年版。

容庚：《商周彝器通考》，中華書局 2012 年版。

容庚：《殷周青銅器通論》，中華書局 2012 年版。

容庚著，莞城圖書館編：《容庚學術著作全集》，中華書局 2011 年版。

容庚著，曾憲通編：《容庚文集》，中山大學出版社 2004 年版。

容庚著，曾憲通編：《容庚雜著集》，中西書局 2014 年版。

商承祚：《殷契佚存附考釋》，金陵大學中國文化研究所 1933 年版。

上海博物館編：《中國書畫家印鑑款識》，文物出版社 1987 年版。

上海師範大學中文系編：《中國當代文學研究資料 郭沫若著譯系年目錄（1949—1979）》，上海師範大學 1980 年版。

上海市圖書館編：《郭沫若著譯分類書目》，上海市圖書館 1982 年版。

上海市圖書館編：《郭沫若著譯系年》，上海市圖書館 1981 年版。

上海市文化廣播影視管理局、上海市文物局編：《上海百處名人故居品鑑》，上海書店出版社 2014 年版。

上海通社編：《上海研究資料續編》，上海書店 1984 年版。

上海圖書館文獻研究室、四川大學郭沫若研究室合編：《郭沫若集外序跋集》，四川人民出版社 1983 年版。

蘇川、倪波編：《郭沫若著譯系年》，吉林師範大學出版社 1979 年版。

唐蘭：《古文字學導論》，上海古籍出版社 2016 年版。

唐蘭：《唐蘭先生金文論集》，紫禁城出版社1995年版。

田中壯吉編：《田中慶太郎：日中友好的先驅者》，極東物產株式會社1987年版。

萬力編：《名人書法字彙（郭沫若卷）》，中州古籍出版社2003年版。

王崇人主編：《中國書畫藝術辭典·篆刻卷》，陝西人民美術出版社2002年版。

王國維：《觀堂集林》，中華書局1961年版。

王國維、羅福頤：《三代秦漢金文著錄表》，墨緣堂石印本1933年版。

王繼權、童煒鋼編：《郭沫若年譜》，江蘇人民出版社1983年版。

王錦厚、伍加倫、肖斌如編：《郭沫若佚文集（1906—1949）》，四川大學出版社1988年版。

王錦厚等編：《郭沫若佚文集》，四川大學出版社1988年版。

王世民：《商周銅器與考古學史論集》，藝文印書館2008年版。

王廷芳：《回憶郭沫若》，知識產權出版社2004年版。

王巍總編：《中國考古學大辭典》，上海辭書出版社2014年版。

王訓昭等編：《郭沫若研究資料》，知識產權出版社2010年版。

王訓昭等編：《郭沫若研究資料》，中國社會科學出版社1986年版。

王壯弘：《碑帖鑑別常識（修訂本）》，上海書店出版社2008年版。

魏奕雄：《郭沫若與夫人戰友朋友》，西南交通大學出版社1992年版。

吳闓生：《吉金文錄》，民國廿二年（1933）南宮邢氏刻本。

吳芹芳、謝泉：《中國古代的藏書印》，武漢大學出版社2015年版。

夏鼐：《夏鼐日記》，華東師範大學出版社2009年版。

蕭斌如、邵華編：《郭沫若著譯書目》，上海文藝出版社1980年版。

肖玫：《郭沫若》，文物山版社1992年版。

謝保成：《郭沫若學術思想評傳》，北京圖書館出版社1999年版。

新華月報資料室編：《悼念郭老》，生活·讀書·新知三聯書店1979

年版。

邢小群：《郭沫若的 30 個細節》，陝西人民出版社 2013 年版。

徐中舒著，徐亮工編：《古器物中的古代文化制度》，商務印書館 2015 年版。

許逸民：《古籍整理釋例（增訂本）》，中華書局 2014 年版。

楊逢彬整理：《積微居友朋書札》，湖南教育出版社 1986 年版。

楊勝寬、蔡震：《郭沫若研究文獻彙要（1920—2008）》，上海書店出版社 2012 年版。

葉德輝著，漆永祥點校：《書林清話（外二種）》，北京聯合出版公司 2018 年版。

葉桂生、謝保成：《郭沫若的史學生涯》，社會科學文獻出版社 1992 年版。

于連成編：《近百年書畫名人印鑑》，榮寶齋出版社 2001 年版。

于省吾：《甲骨文字釋林》，中華書局 1979 年版。

曾憲通編注：《郭沫若書簡——致容庚》，廣東人民出版社 1981 年版。

章文欽箋注：《吳漁山集箋注》，中華書局 2007 年版。

章學誠：《校讎通義》，中華書局 1936 年版。

張樹年編：《張元濟友朋書札》，上海古籍出版社 1987 年版。

張聞捷：《楚國青銅禮器制度研究》，廈門大學出版社 2015 年版。

張元濟：《校史隨筆》，上海古籍出版社 1998 年版。

張元濟：《張元濟全集》，商務印書館 2008 年版。

張越：《近現代中國史學史論略》，商務印書館 2017 年版。

張政烺：《甲骨金文與商周史研究》，中華書局 2015 年版。

張政烺著，朱鳳瀚等整理：《張政烺批注〈兩周金文辭大系考釋〉》，中華書局 2011 年版。

趙誠：《二十世紀金文研究述要》，書海出版社 2003 年版。

趙海明：《碑帖鑑藏》，天津古籍出版社 2010 年版。

趙平安：《新出簡帛與古文字古文獻研究》，商務印書館 2009 年版。

中國文物學會專家委員會主編：《中國文物大辭典》，中央編譯出版社 2008 年版。

鍾銀蘭主編：《中國鑑藏家印鑑大全》，江西美術出版社 2008 年版。

周斌主編：《中國近現代書法家辭典》，浙江人民出版社 2009 年版。

周法高主編：《金文詁林》，香港中文大學 1974 年版。

朱鳳瀚：《商周家族形態研究（修訂本）》，天津古籍出版社 2004 年版。

（清）李遇孫、陸心源、褚德彝；桑椹點校：《金石學錄三種》，浙江人民美術出版社 2017 年版。

［德］A. Michaelis 亞多爾夫・米海里司著，郭沫若譯：《美術考古學發展史》，湖風書局 1931 年版。

### 三 論文類

卜慶華：《新發現的郭沫若化名考釋》，《郭沫若研究新論》，首都師範大學出版社 1995 年版。

蔡震：《"郭沫若與日本"在郭沫若研究中》，《新文學史料》2007 年第 4 期。

蔡震：《郭沫若集外舊體詩詞的整理》，《新文學史料》2018 年第 3 期。

蔡震：《去國十年余淚血——郭沫若流亡日本的心路歷程（上）》，《郭沫若學刊》2006 年第 3 期。

蔡震：《去國十年余淚血——郭沫若流亡日本的心路歷程（下）》，《郭沫若學刊》2006 年第 4 期。

蔡震：《郭沫若流亡日本期間若干舊體佚詩考》，《新文學史料》2011 年第 3 期。

陳福康：《"年譜長編"的"長編"是什麼意思》，《中華讀書報》2016 年 2 月 23 日第 15 版。

陳抗：《"未知友"的知音——讀〈郭沫若書簡——致容庚〉》，《讀書》1982 年第 8 期。

陳平原：《"當代學術"如何成"史"》，《雲夢學刊》2005 年第 4 期。

成家徹郎著，張培華譯：《日本亞非圖書館——郭沫若文庫》，《郭沫若學刊》2016 年第 2 期。

董乃斌：《關於"學術史"的縱橫考察》，《文化遺產》1998 年第 1 期。

杜澤遜：《論南宋黃善夫本〈史記〉及其涵芬樓影印本》，《中國典籍與文化論叢》第三輯，中華書局 1995 年版。

馮錫剛：《張元濟與郭沫若》，《名人傳記》2000 年第 9 期。

傅學苓：《郭沫若考古著作出版概況》，《中國出版年鑑（1983）》，商務印書館 1983 年版。

郭沫若：《〈屍敖簋銘〉考釋》，《考古》1973 年第 3 期。

郭沫若：《〈班簋〉的再發現》，《文物》1972 年第 9 期。

郭沫若：《〈毛公鼎之研究〉追記》，《東方雜誌》第 28 卷第 16 號。

郭沫若：《〈中國古代社會研究〉後記》，《文萃叢刊》1947 年第 3 期。

郭沫若：《安陽圓坑墓中鼎銘考釋》，《考古學報》1960 年第 1 期。

郭沫若：《跋江陵與壽縣出土銅器群》，《考古》1963 年第 4 期。

郭沫若：《保卣銘釋文》，《考古學報》1958 年第 1 期。

郭沫若：《曾子斿鼎、無者俞鉦及其它》，《文物》1964 年第 9 期。

郭沫若：《長安縣張家坡銅器群銘文彙釋》，《考古學報》1962 年第 1 期。

郭沫若：《長由盉銘釋文》，《文物參考資料》1955 年第 2 期。

郭沫若：《臣辰盉銘考釋》，《燕京學報》第 9 期。

郭沫若：《扶風齊家村器群銘文彙釋》，《扶風齊家村青銅器群》，文物出版社 1963 年版。

郭沫若：《輔師嫠簋考釋》，《考古學報》1958 年第 2 期。

郭沫若：《孤鴻》，《創造月刊》第 1 卷第 2 期。

郭沫若：《關於〈美術考古一世紀〉》，《唯民週刊》第 4 卷第 3 期。

郭沫若：《關於鄂君啟節的研究》，《文物參考資料》1958 年第 4 期。
郭沫若：《關於古文字研究給容庚的信》，《學術研究》1978 年第 4 期。
郭沫若：《關於眉縣大鼎銘辭考釋》，《文物》1972 年第 7 期。
郭沫若：《郭沫若同志爲中國出土文物展覽和河南省畫像石、碑刻拓片展覽的題辭》，《文物》1973 年第 6 期。
郭沫若：《郭氏手跡廖仲愷先生遺像》，《宇宙風》第 47 期。
郭沫若：《借問胡適——由當前的文化動態説到儒家》，《中華公論》第 1 卷創刊號。
郭沫若：《金文韻讀補遺》，《支那學》第 6 卷第 1 號。
郭沫若：《跨著東海》，《今文學叢刊（第二本）》，春明書店 1947 年版。
郭沫若：《浪花十日》，《郭沫若日記》，山西教育出版社 1997 年版。
郭沫若：《盠器銘考釋》，《考古學報》1957 年第 2 期。
郭沫若：《煉獄》，《創造週報》第 44 號。
郭沫若：《毛公鼎之年代》，《東方雜誌》第 28 卷第 13 號。
郭沫若：《美術考古一世紀·譯者前言》，《美術考古一世紀》，群益出版社 1948 年版。
郭沫若：《弭叔簋及訇簋考釋》，《文物》1960 年第 2 期。
郭沫若：《三門峽出土銅器二三事》，《文物》1959 年第 1 期。
郭沫若：《陝西新出土銅器銘考釋》，《説文月刊》第 3 卷第 10 期，渝版第 4 號。
郭沫若：《十字架》，《創造週報》第 47 號。
郭沫若：《諡法之起源》，《支那學》第 6 卷第 1 號。
郭沫若：《釋應監甗》，《考古學報》1960 年第 1 期。
郭沫若：《湯盤孔鼎之揚搉》，《燕京學報》第 9 期。
郭沫若：《我的童年》，《沫若文集》第 6 卷，人民文學出版社 1958 年版。
郭沫若：《我的學生時代》，《野草》第 4 卷第 3 期。

郭沫若：《我是中國人》，《今文學叢刊（第二本）》，春明書店1947年版。

郭沫若：《我與考古學》，《生活學校》第1卷第2期。

郭沫若：《我怎樣開始了文藝生活》，《文藝生活》香港版第6期。

郭沫若：《我怎樣寫〈青銅時代〉和〈十批判書〉》，《民主與科學》第1卷第5—6期。

郭沫若：《吳王壽夢之戈》，《光明日報》1950年6月7日。

郭沫若：《信陽墓的年代與國別》，《文物》1958年第1期。

郭沫若：《由壽縣蔡器論到蔡墓的年代》，《考古學報》1956年第1期。

郭沫若：《由周初四德器的考釋談到殷代已在進行文字簡化》，《文物》1959年第7期。

郭沫若：《禹鼎跋》，《光明日報》1951年7月7日增刊。

郭沫若：《矢簋銘考釋》，《考古學報》1956年第1期。

郭沫若：《者汈鐘銘考釋》，《考古學報》1958年第1期。

郭沫若：《正考父鼎銘辨偽》，《東方雜誌》第32卷第5號。

郭沫若：《致金祖同（二函）》，《郭沫若研究》第十輯，文化藝術出版社1992年版。

郭沫若：《詛楚文考釋》，《中國建設》第4卷第6期。

郭若愚：《憶念郭沫若先生》，《落英繽紛：師友憶念錄》，上海書畫出版社2003年版。

郭若愚：《郭老在滬軼事三則》，《落英繽紛：師友憶念錄》，上海書畫出版社2003年版。

郭若愚：《郭沫若佚文〈樊季氏鼎〉跋小記》，《上海博物館集刊》第5期，上海古籍出版社1990年版。

何剛：《"恥不食周粟"——郭沫若〈甲骨文字研究〉出版前後》，《新文學史料》2011年第1期。

胡光煒：《壽縣新出楚王鼎考釋又一器》，《國風半月刊》第4卷第6期。

胡厚宣：《郭老與古文字學——深切懷念郭沫若同志》，《文獻》1993 年第 3 期。

菊地三郎著，荀春生譯：《郭沫若先生流亡十年拾零》，《郭沫若研究》第二輯，文化藝術出版社 1986 年版。

郎菁：《羅振常與蟬隱廬》，《天一閣文叢》第九輯，浙江古籍出版社 2011 年版。

李春桃：《庚壺銘文拾遺》，《中國文字研究》第十九輯，上海書店出版社 2014 年版。

李學勤：《容庚青銅器學序》，《清華簡及古代文明》，江西教育出版社 2017 年版。

李宗焜：《劉體智與容庚往來函札》，《古今論衡》第 13 期。

林甘泉、黃烈主編：《郭沫若與中國史學》，中國社會科學出版社 1992 年版。

劉釗：《古文字考釋叢稿》，嶽麓書社 2005 年版。

盧正言：《郭沫若年譜簡編》，《郭沫若研究資料（下冊）》，中國社會科學出版社 1986 年版。

馬子雲：《傳拓技法》，《文物》1962 年第 10 期。

馬子雲：《傳拓技法（續）》，《文物》1962 年第 11 期。

彭林祥：《論郭沫若的序跋》，《郭沫若研究三十年》，巴蜀書社 2010 年版。

容庚：《懷念郭沫若同志》，《學術研究》1978 年第 4 期。

容庚：《評〈明清畫家印鑑〉》，《頌齋述林》，中華書局 2012 年版。

容庚：《殷周禮樂器考略》，《燕京學報》第 1 期。

容媛編：《二十二年（七月至十二月）國內學術界消息》，《燕京學報》第 14 期。

上海圖書館編：《郭沫若著譯分類書目》，《郭沫若研究資料（下冊）》，中國社會科學出版社 1986 年版。

沈從文：《介紹〈中國新文學大系〉》，《沈從文文集》第 12 卷，湖南人民出版社 2013 年版。

孫稚雛:《金文釋讀中一些問題的商討》,《中山大學學報》1979年第3期。

唐蘭:《壽縣所出銅器考略》,《國學季刊》第4卷第1號。

唐蘭:《永盂銘文解釋》,《文物》1972年第1期。

王戎笙:《郭沫若傳略》,《中國現代社會科學家傳略》第二輯,山西人民出版社1982年版。

王世民:《郭沫若與夏鼐》,《文壇史林風雨路——郭沫若交往的文化圈》,浙江人民出版社1999年版。

王世民:《中國考古學史上劃時代的古文字研究著作——〈郭沫若全集·考古編〉》《中國文物報》2003年9月24日第4版。

王學典:《"20世紀中國史學"是如何被敘述的》,《清華大學學報》2008年第2期。

衛聚賢:《函皇父諸器考釋》,《說文月刊》第2卷第3期。

魏建:《郭沫若佚作與〈郭沫若全集〉》,《文學評論》2010年第2期。

吳國盛:《走向科學思想史研究》,《自然辯證法研究》1994年第4期。

蕭遠強:《郭沫若歷史著作年表》,《社會科學戰綫》1978年增刊。

謝保成:《郭沫若與容庚:從"未知友"到"文字交"》,《郭沫若與中國史學》,中國社會科學出版社1992年版。

嚴一萍:《董作賓先生年譜初稿》,《董作賓先生全集（乙編第七冊）》,藝文印書館1977年版。

楊永康:《抗戰時期衛聚賢與郭沫若的學術交往》,《史志學刊》2016年第2期。

尹達:《郭老與中國古代社會研究》,《中國史研究》1979年第2期。

于省吾:《憶郭老》,《理論學習》1978年第4期。

張政烺:《郭沫若同志對金文研究的貢獻》,《考古》1983年第1期。

趙家璧:《話說〈中國新文學大系〉》,《新文學史料》1984年第1期。

曾憲通、陳煒湛:《試論郭沫若同志的早期古文字研究——從郭老致容庚先生的信談起》,《學術研究》1978年第4期。

周恩來:《我要說的話》,《新華日報》1941年11月16日第1版。

# 索　引

## B

版式　39,108,276
避諱　289
辨僞　14,49,99,287
標準器　8,9,15,22,24,39,98,189,191,283

## C

長編　12,147
臣辰盉　8,23,54,59,74,111,146,153,154,162—164,167—169,281
陳夢家　96,99,109,131,149,288,289
陳騂壺　10,61,93,143,260,261
成書過程　11,21,31,72

## D

底本　8,9,11,40,41,43—46,48,107,108,254,275,276,280,284,286—288,302
董作賓　4,7,20,153,288,289

## F

傅斯年　25

## H

胡吉宣　49,89,104
花紋　12,15,19,22—24,47,58,63,96—98,163,166,169,230,239,241,266,270,271
回改　7,197,204,205,230,234,248,275,276,280,289

## J

鑒藏印　58,70,289
金祖同　86,96,104,105
經綫　28

## K

科學方法　16,20

## L

類型學　11,12,15,19,96,99,106

羅氏拓本　36,37,73—81,84—92, 95,104

羅振玉　12,14,20,36,37,99,100, 104,128,143,153,239,263,282, 304

## M

馬克思主義　15—21

毛公鼎　22,23,25,53,64,83,122, 138,139,146,178,206,208,219— 221,272

孟貞　25,26

母本　45

## N

内藤湖南　37,104

## Q

齊侯壺　7,256,257

青銅器斷代　19,96

## R

容庚　2—4,19,20,22,23,25—27, 41,61,65,68,74,75,79,80,82,92, 94,98—100,104,110,116,121, 123,127,128,152,154,157,160, 192,193,196,199,209—212,227, 233,240,246,254,258,259,274, 307

## S

善本　11,28,47,274,287

失收　50,51,285,286

手批本　205,244,250,284,301— 303,305,306,312

## T

唐蘭　4,20,35,38,40,64,65,68, 75,86,87,89,104,153,160,174— 176,209,265,267,283,304

體例　3,14,15,22,24,25,27,39, 96,98,99,228,271

田中慶太郎　26,28,31,37,50,67, 100,197,275,296,302,306

田中震二　31,296,297

通纂　25—28,43,147,165,166, 177,201,206,213

## W

挖改　7,9,11,41,45,48,107,108, 162,200,205,208,214,217,223, 224,232,255,257,281,293,294, 305,310,311

王國維　13,14,18—21,82,126, 141,149,178,182,201,206,212, 219,220,225—227,243,251,266, 274,306

僞刻　7,65,105

衛聚賢　288,289

文本系統　30,280

文求堂　14,26,28,29,35—39,41, 47,50,97—105,146,287,295— 297,299,302

文獻學　　1,5,6,8,11,21,59
紋飾　　13,22,23,47,68,97,98,106

## X

先聲　　21,24
寫作緣起　　30
新郪虎符　　28,29,69,70,95,130,145,274,275
形式　　15,17,19,22—24,31,47,55,98,100,107,108,266,289,291,295
形制　　15,23,96,97,101,106,128,143,163,166,169,238—241,270,271

## Y

亞非圖書館　　284,301
楊樹達　　280
異本　　11,45
于省吾　　3,4,20,36,69,74,100,104,131,150,220,222,231

## Z

張政烺　　5,10,44,260,261
子禾子釜　　10,52,54,61,93,260,261
姊妹篇　　30,146